THE
POLYMATH

# 通才是如何煉成的？

從達文西到桑塔格，文藝復興到當代最詳盡的知識人文化史

# 博學者與
# 他們的時代

A CULTURAL HISTORY
FROM LEONARDO DA VINCI TO SUSAN SONTAG

## 彼得‧柏克
Peter Burke

賴盈滿————譯

世上最美好之事，莫過於理解一切。

　　　　　　　　　　　　　　　　──柏拉圖


噢，但人的追求當超越自身的極限，
否則天堂又有何用？

　　　　　　　　　──白朗寧《沙托》（*Andrea del Sarto*）


昆蟲才需要分門別類。

　　　　　　　　　　　　　　──羅伯特・海萊因

謹以拙作紀念亞薩·布里格斯、大衛·道西斯、馬丁·懷特和
薩塞克斯大學的「重繪知識地圖」計畫。

並獻給一心三用的瑪莉雅·路西亞。

# 目錄

前言與謝辭     9

導論    何謂博學者？     13

第一章    東方與西方     27

第二章    「文藝復興人」時代：一四〇〇至一六〇〇     49

第三章    「博學怪物」時代：一六〇〇至一七〇〇     81

第四章    「文人」時代：一七〇〇至一八五〇     137

第五章    「領域化」時代：一八五〇至二〇〇〇     199

第六章    群像     263

第七章    產地     295

第八章    跨學科時代     325

尾聲    迎向第三波危機     361

附錄    西方博學者五百人     371

注釋縮寫說明     393

延伸閱讀     395

# 插圖出處

1. 達文西（1452-1519）肖像，梅爾齊（Francesco Melzi）繪（1515-17）
2. 達文西手繪插圖，出自帕西奧利（Luca Pacioli）《De Divina Proportione》（1509）
3. 哥白尼（1473-1543）手繪圖解，出自《De Revolutionibus Orbium Coelestium》（1543）手稿
4. 珍奇博物館（Museum Wormianum），溫恩多普（G. Wingendorp）版畫（1655）
5. 卡拉慕夷（Caramuel y Lobkowitz, 1606-1682）肖像，奧盧（Nicolas Auroux）繪（1675）
6. 瑞典女王克里斯蒂娜（1626-1689）肖像，貝克（David Beck）繪（約1650年）
7. 克里斯蒂娜女王與笛卡兒辯論，弗斯伯格（Nils Forsberg）臨摹杜梅斯尼爾（Pierre-Louis Dumensnil the Younger）原作（1884）
8. 萊布尼茲（1646-1716）肖像，法蘭可（Christoph Bernhard Francke）繪（1695）
9. 斯達爾夫人（Madame de Staël, 1766-1817）肖像，戈德弗瓦（Marie Eléonore Godefroid）繪（約1818-49年）
10. 《於喬芙蘭夫人沙龍閱讀伏爾泰悲劇〈中國孤兒〉》，雷蒙尼爾（Anicet Charles Gabriel Lemonnier）繪（1812）
11. 伏爾泰《Elémens de la philosophie de Newton》（1738）卷首圖畫
12. 史威登堡（Emanuel Swedenborg, 1688-1772）肖像，老克拉夫特（Per Krafft the Elder）繪（約1766年）
13. 楊格（1773-1829）肖像，布里格斯（Henry Briggs）繪（1822）
14. 赫歇爾（John Herschel, 1792-1871）肖像，卡麥隆（Julia Margaret Cameron）攝（1867）

15. 亞歷山大・洪堡（1769-1859）自畫像（1814）
16. 薩默維爾（Mary Somerville, 1780-1872）肖像，菲利普斯（Thomas Phillips）繪（1834）
17. Philosophers (S. N. Bulgakov and P. A. Florensky)，涅斯捷羅夫（Mikhail Nesterov）繪（1917）
18. 司馬賀（Herbert Simon, 1916-2001）肖像，拉帕波特（Richard Rappaport）繪（1987, Richard Rappaport/CC by 3.0）
19. 奧特萊（Paul Otlet, 1868-1944）於書桌前（1937）
20. 桑塔格（1933-2004），胡斯通（Jean-Regis Rouston）攝（1972, Roger Viollet via Getty Images）
21. 普林斯頓大學高等研究院的福德大樓（Fuld Hall），攝影者不明（1950年代初），出自高等研究院懷特與李維檔案中心（Shelby White and Leon Levy Archives Center）
22. 薩塞克斯大學，斯諾耶克（Henk Snoek）攝（RIBA Collections）

# 前言與謝辭

過去二十年來，我斷斷續續研究知識史，出版了一本通論《知識社會史‧兩卷》（*A Social History of Knowledge*, 2000-2012）、一本簡介《什麼是知識史》（*What is the History of Knowledge*, 2016）和近作《知識史裡的流亡與移居者》（*Exiles and Expatriates in the History of Knowledge*, 2017）。本書猶如《知識史裡的流亡與移居者》，也是從通論衍生而來，再獨立成書。我長年受到這個主題吸引，雖然缺乏數學及科學素養，使我無緣成為博學者，但我始終認同法國史學家費夫賀（Lucien Febvre）和布勞岱爾（Fernand Braudel）的知名見解：想書寫出更好的歷史，就要擺脫史學的限制──至少偶爾必須如此。

在牛津大學攻讀歷史的那三年，我修過不少其他領域的課程，像是萊爾（Gilbert Ryle）講哲學，哈羅德（Roy Harrod）講經濟學，托爾金講中世紀文學，阿蓋爾（Michael Argyle）講心理學，還有影響我未來最深遠的，溫德（Edgar Winter）講藝術史。研究所期間，我開始閱讀社會學及人類學，參加科學史專題討論，並出席由比恩包姆（Norman Birnbaum）和梅鐸（Iris Murdoch）主持的異化專題討論。

當我得知新成立的薩塞克斯大學將以跨領域的方式組成，便

立刻申請教職，並於一九六二至一九七九年在該校的歐洲研究學院（School of European Studies）任教，和同事合作，一起教授藝術史、社會學及英法文學。感謝當年，尤其是薩塞克斯大學的教學經驗，讓我覺得自己非寫這麼一本書不可，介紹一群個人和小團體，他們不僅在乎細節，也在乎全貌，並經常投身於將一個領域的觀念及實踐「翻譯」到另一個領域裡。

　　儘管只是間接，但能和書裡這群天賦異稟的博學者為伴，實在是樂事一件。其中有些博學之士我認識已久，有些甚至是朋友，其餘則是靠著這些年的研究才得知他們的成就。

　　我要感謝哈利迪（Tarif Khalidi）和羅界（Geoffrey Lloyd）對本書第一章的評論，也要感謝阿邁德（Waqas Ahmed）二〇一三年寄來的博學者問卷和他的作品初稿。謝謝隆德格林（Christoph Lundgreen）、克雷默（Fabian Krämer）以及柏林布蘭登堡科學院的「兩種文化」研究小組討論我的想法，並給出有益的意見。謝謝布萊爾（Ann Blair）、波爾地（Steven Boldy）、布倫德克（Arndt Brendecke）、克拉克（Chris Clark）、岡薩雷茲（José Maria García González）、芬尼根（Ruth Finnegan）、費茲納（Mirus Fitzner）、杭特（Michael Hunter）、喬西波維奇（Gabriel Josipovici）、肯尼（Neil Kenny）、連恩（Christel Lane）、連恩（David Lane）、李（Hansong Li）、米爾納—古蘭德（Robin Milner-Gulland）、歐萊利（William O'Reilly）、魯布雷克（Ulinka Rublack）、史匹維（Nigel Spivey）、譚姆（Marek Tamm）和托馬倫（Marianne Thormählen）提供資訊、建議與參考書目。

　　我對博學者的看法有不少已經以書面或演講的方式發表[1]。我希望這本更為完整的作品能彌補之前的概略及疏漏。在不同場合與環境下闡述相同的看法，往往會帶來調整與修正，因此我很感謝美景市（Belo Horizonte）、柏林、布萊頓、劍橋、哥本哈根、恩格斯堡、法蘭克福和哥達鎮（Gotha）的聽眾，對我提出寶貴的問題和意見。我也要衷心感謝耶魯大學出版社的巴達克（Robert Baldock）和麥卡倫（Heather McCallum）喜歡我的書稿，以及兩個匿名讀者和核稿編輯梅森（Richard Mason）的有益見解。最後我要感謝路西亞（Maria Lúcia）照例讀完本書全稿，並給我明智的建議。

---

[1]　尤其參見 Peter Burke, 'The Polymath: A Cultural and Social History of an Intellectual Species', in D. F. Smith and H. Philsooph (eds.), *Explorations in Cultural History: Essays for Peter McCaffery* (Aberdeen, 2010), 67–79.

# 導論

# 何謂博學者？

　　有人說「歷史對博學者不甚友善」，不是將他們徹底遺忘，就是「硬塞進我們所認知的某個領域」[1]。我們在本書將不斷看到，世人往往只記得他們諸多成就中的一項或寥寥幾項。該是平反的時候了。其實，或許是出於對當代專門化趨勢的反抗，近年來關於博學者的研究愈來愈多。我滿懷謝意從這些文獻裡擷取許多素材，除了萊布尼茲和達文西這樣的思想巨擘，還包括一些近乎被人遺忘的通才，如迪維爾（Dumont Durville）和里斯（William Rees）等[2]。對博學者進行通盤考察的作品相對少，不過正逐步增加中，尤其是期刊論文和廣播節目[3]。

---

1　Alexander Murray (ed.), *Sir William Jones, 1746–1794* (Oxford, 1998), v.

2　Edward Dyker, *Dumont Durville: Explorer and Polymath* (Dunedin, 2014); D. Ben Rees, *The Polymath: Reverend William Rees* (Liverpool, 2002).

3　Edward Carr, 'The Last Days of the Polymath', *Intelligent Life*, Autumn 2009; Burke, 'The Polymath'，收錄於 Smith and Philsooph (eds.), *Explorations in Cultural History*, 67–79; Eric Monkman and Bobby Seagull, 'Polymathic Adventure'，BBC第四台，二〇一七年八月二十一日。最近有一本通論，對「博學者」的定義比我寬鬆，見 Waqas Akbar Ahmed, *The Polymath: Unlocking the Power of Human Versatility* (Chichester, 2019).

　　本書嘗試對博學者進行通盤考察，藉此切入知識的文化史和社會史。所有知識，不論理論實務，都值得為其撰寫歷史。狩獵者需要掌握多種知識才能存活，農耕者則是地理學家拉采爾（Friedrich Ratzel）讚譽有加的「多面人」，更別說拉采爾本人也是博學之士[4]。工匠、助產士、商人、君王將相、音樂家、足球員和其他許多職業都需要掌握一定種類的知識，並且有少數人非常專精。過去幾年，「博學者」一詞更是不再僅限於學者，而是擴及其他領域，從體育到政治所在都有。

## 定義

　　根據某「博學討論小組」（polymath discussion group）的定義，博學者就是「對多方主題感興趣且有深入研究的人」[5]。然而，本書只探討學術知識，也就是早前所謂的「學識」（learning），只研究對學識具有「百科全書般」興趣的知識人。這裡的「百科全書」取其原意，也就是含括所有知識「領域」與「科目」，至少包括首要的類別。

　　由此，我將不列入兩名企業家：一是馬斯克（Elon Musk），他在創立特斯拉和其他公司之前取得經濟學和物理學的雙學位；另一人則是布林（Sergei Brin），他在和另一名資訊科學家佩吉創立谷歌之前，同時修讀了數學和資訊科學。我在納入凱因斯

---

4　引文出自 Woodruff D. Smith, *Politics and the Sciences of Culture in Germany, 1840–1920* (New York, 1991), 138.

5　www.dubage.com/API/ThePolymath.html，查詢日期二〇一六年七月十五日。

之前也猶豫了許久，因為他的多數面向都不在學術範圍內。凱因斯的好友伍爾夫（Leonard Woolf）形容他身兼「教師、公務員、投機家、生意人、記者、作家、農夫、畫商、政治家、劇院經理、藏書家和其他五六種身分」。另一方面，凱因斯本人曾表示，「經濟學大師必須擁有罕見的天賦組合，不僅要在數個領域達到頂尖，還要集平常很少同時出現的天賦於一身。他必須是數學家、歷史學家、政治家和哲學家——至少到一定水準」。根據這個標準，更別提他和牛頓有許多興趣相同，凱因斯無疑是博學之人 [6]。

　　本書還會提到幾位知名的小說家，包括歌德、喬治・艾略特、阿道斯・赫胥黎（Aldous Huxley）及波赫士，不過基本上是因為他們也寫小說以外的作品，通常是散文。同理，納博科夫也包含在內，不是因為他寫了《蘿莉塔》這本小說，而是因為他身兼文評、昆蟲學家和棋藝作家；斯特林堡（August Strindberg）比起劇作家更像是文化史學家；而艾可在本書裡則是會寫小說的學者。

## 學科

　　將博學者定義為精通多個學科的人會引來一個問題：什麼是學科？學科的演進史包含兩個層面，一是知識的，二是建制的。

---

6　伍爾夫的發言引自 Richard Davenport-Hines, *Universal Man: The Seven Lives of John Maynard Keynes* (London, 2015), 7; Keynes 引自前註，137.

「學科」的英文discipline源自拉丁文discere，意為「學習」，而disciplina則是譯自古希臘文askesis，意指「訓練」或「鍛鍊」。在古典時代，「discipline」涉及的對象反覆，至少曾經和四種範疇有關：競技、宗教、戰爭與哲學，主要是指遵照大師的規矩（因而成為對方的「學徒」）行事，並加以內化，從身體到心靈遂行一種禁欲式的自我控制。

隨著時間過去，discipline開始指稱單一知識領域，也就是學科。古羅馬將研究雷電的學問稱為伊特拉斯坎之學（disciplina etrusca），因為這是伊特拉斯坎人最擅長的領域。西元五世紀，拉丁散文家卡佩拉（Martianus Capella）提到七個「學科」，又稱七藝，也就是文法、邏輯、修辭、算數、幾何、音樂與天文學。既然有多個「學科」，就代表組織與建制，也就代表漫長的專門化正式開始[7]。為了避免以今釋古，我在談到十六和十七世紀時，將法術也算作一門學科；而在論及「生物學」和「人類學」等學科尚未誕生的年代時，也盡量避免使用這些專有名詞。

過去六百年來，什麼樣的學者才算「博學者」，標準一直在變，以致史學家研究起來更加困難。隨著傳統學科愈分愈細，跨足「多」學科變得愈來愈容易，要求也愈來愈低。近來甚至有一篇文章，將同時對兩門學科（如法學和經濟學）做出原創貢獻的人稱作「博學者」。儘管將二稱之為「多」似乎很怪，但在這個

---

7 「學科化」初期階段的比較分析，參見Geoffrey Lloyd, *Disciplines in the Making* (Oxford, 2009).

時代，能同時拋接兩顆學術球已經算是了不得的成就了[8]。

## 目的與研究方法

本書研究以群體傳記學為主幹，記述五百位活躍於十五至廿一世紀西方世界的知識人的集體生平。附錄裡詳盡列出這五百位博學者。十七世紀最傑出的博學者貝爾（Pierre Bayle）[9]曾說，「學者群傳」是他「向來熱中」的興趣之一，這話由他道來真是再適合不過了。雖然本書以群傳為主，但沒有使用太多統計數據，除了男女比例、神父牧師和平民人數之外，許多關於博學者的問題都無法以數字給出精確回答。

有時就連判斷某位博學者是天主教或新教徒都有困難。從天主教改信新教的有數學家敏斯特（Sebastian Münster）和神學家墨蘭頓（Philipp Melanchthon），反之，從新教改信天主教的有人文主義者霍斯騰紐斯（Lucas Holstenius）、瑞典克莉絲蒂娜女王、歷史學家蘭貝克（Peter Lambeck）及地質學家斯坦諾（Nicolaus Steno）；哲學家利普修斯（Justus Lipsius）則是不停擺盪於兩種信仰之間。人文主義者阿里亞斯（Benito Arias Montano）表面上信奉天主教，實際卻是祕教慈愛教（Family of

---

8　Carr, 'The Last Days of the Polymath' 論法官波斯納（Richard Posner）的段落；森（Amartya Sen）兼擅經濟學和哲學，是另一個類似的例子。

9　「學者群傳……是我向來熱中的事情之一」，貝爾一六七五年致信兄長雅各，收錄於 Hubert Bost, *Pierre Bayle* [Paris, 2006], 387）。這件事後來由約謝爾（Christian Gottlieb Jöcher）實現，編纂了 *Allgemeines Gelehrten- Lexicon* (Leipzig, 1750).

Love）的信徒。政治思想家博丹（Jean Bodin）改宗猶太教，哲學家布魯諾（Giordano Bruno）似乎自己發明了一個新宗教，而牛頓雖然隸屬聖公會，卻不相信三位一體。

本書除了通論，也包含個案研究，主要對象為通才界的佼佼者，也就是所謂的「博學怪物」（monster of erudition）。最早使用這個詞的是荷蘭人布爾哈夫（Herman Boerhaave），活躍於十七、十八世紀之交的他本身也以博學著稱，對醫學、生理學、化學和植物學都有貢獻。本書還會概略描述次一級的博學者，探討各自的發展歷程及特殊之處。

雖然這些博學者個個精采，然本書無意成為展示他們肖像的畫廊。這些博學者的肖像需要置入框架，有時是互相比較，但更重要的是脈絡化。本書研究的主要目的之一，就是找出特定的智性和社會趨勢，以便回答通則問題：哪些社會組織型態和意見氛圍對博學多聞有益，哪些則有礙？為此，我們必須找出哪些時空背景鼓勵好奇，哪些企圖遏阻，其中後者往往出於宗教因素。聖奧古斯丁就是有名的例子，他將「探究自然」視為「知道也無益，純粹是為了知道而知道的事情」之一。然而，奧古斯丁自己也感受過知道的樂趣（rerum cognitione laetitia）[10]。

本書呈現的歷史有走向專門化的經過，也有走向整合的歷程；兩者雖然相反，卻始終相互交織。將歷史化約成單線敘事往往不正確，甚至永遠是錯的。許多歷史大勢其實都伴隨著逆流。集體專門化有很長一段時間一直是出於對集體跨領域化的反制。

---

10　Augustine, *De vera religione*, section 49.

隨著學術分工愈來愈細，連博學者也成了某種專家，經常被人冠上通才的稱號，因為通曉萬物是他們的專長，至少熟悉多個領域的知識。他們對知識史的獨特貢獻是看出原本獨立的學科之間有所關聯，察覺到某個領域的專家或內行人未能察覺的事物。從這點看來，他們就像一群離開祖國的學者，不論是移居或被放逐，隻身前往不同知識文化的國度[11]。

本書關切的焦點之一，是博學者如何在日益專門化的文化裡生存。或許有不少人以為，這類知識人早在十八或十九世紀就銷聲匿跡，至少活不過二十世紀，但事實證明他們韌性驚人。要解釋這股韌性，就必須研究培育出這些人的地方及文化根據地，通常是大學，但也包括其他地方。不過，大學對博學者有時有利，有時不利。有些博學者寧可放棄教職，以獲取更多自由；有些則是更換系所，似乎想反抗既有學科的限制。我們稍後將會看到，有些大學特別有彈性，能接受這些調動。

從相對個人的層面來看，關於博學者的問題包括：這些人多方涉獵的動力是什麼？純粹出於無所不包的好奇，猶如聖奧古斯丁形容的「為了知道而知道」？還是另有因素促成政治學家拉斯威爾（Harold Lasswell）在其回憶錄裡提到的「對全知的渴求」[12]？是什麼誘使一個人轉換學科？是因為太容易無聊，抑或是心胸過度開放？博學者哪來的時間與力氣博覽群書？他們又如

---

11　Peter Burke, *Exiles and Expatriates in the History of Knowledge, 1500–2000* (Waltham, MA, 2017).

12　Leo Rosten, 'Harold Lasswell: A Memoir', in Arnold A. Rogow (ed.), *Politics, Personality and Social Science in the 20th Century* (Chicago, 1969), 1–13, at 5.

何謀生？

## 博學者的種類

本書將一再提及不同博學者的區別，而且看起來很有幫助的是，將博學者分成被動和主動、片面與全面、歷時和共時通才。所謂「被動」通才是指無所不知，但毫無創造（至少沒有創造新知）的博學者；建構或整合知識系統者，例如法蘭西斯・培根（Francis Bacon）和孔德（Auguste Comte），則是介於主動和被動通才之間。「片面」通才感覺自相矛盾，不過這個詞正好用來指稱專精數個領域，但這些領域都彼此關聯（人文、自然或社會學科不論）的學者。本書接下來一律稱呼他們為「叢集」（clustered）通才。

有些學者幾乎同時涉獵多種學科，和所謂的「歷時」（serial）通才形成對比。歷時通才就像連續再婚者，會隨著個人知識的推展不斷變換領域。譬如李約瑟（Joseph Needham）就曾在一篇自傳式隨筆的開頭問道，「像我這樣一位生物化學家，怎麼會變成史學家和漢學家？[13]」跟隨這類通才的腳步，了解他們的心路歷程，是撰寫本書最大的樂趣之一。

還有一種區別博學者的方式，就是將他們分成離心通才和向心通才。離心（centrifugal）通才累積知識，但不在乎其間的關

---

13　'Henry Holorenshaw', 'The Making of an Honorary Taoist', in Mikuláš Teich and Robert Young (eds.), *Changing Perspectives in the History of Science* (London, 1973), 1–20, at 1.

聯；向心（centripetal）通才憧憬於知識的統一，努力將不同知識整合成一個宏大的體系。前者為了自己無所不包的好奇心，時而而歡喜，時而受苦，後者則是醉心──有人會說執迷──於神學家阿斯特德（Johann Heinrich Alsted）所謂的「秩序之美」[14]，而他本人也是其中之一。

離心、向心之分，正好呼應柏林（Isaiah Berlin）的狐狸與刺蝟說。柏林在那場論托爾斯泰的著名演講裡效法古希臘詩人阿基羅庫斯（Archilochus），以狐狸和刺蝟為比喻，稱呼知道「許多事情」的人為狐狸，只知道「一件大事」的人為刺蝟[15]。不過，我們不該過度強調這個對比，因為柏林本人正是明白這一點，才會形容托爾斯泰是相信自己應該成為刺蝟的狐狸。大多數（甚至所有）博學者都位於這兩極的中間，有些曾經或正受到兩邊拉扯。這是離心和向心造成的一股充滿創造力的張力。

比方說，十七世紀德國人貝歇爾（Johann Joachim Becher）從醫師變成數學家、煉金術士和利奧波德一世的顧問，負責提供所謂「經濟政策」的建言。用當時的話來說，貝歇爾就是個「畫大餅的」（projector），構想遠大卻往往不切實際，而他的構想就是讓沙子變黃金。「他的作品涵蓋化學、政治、商業、通用語言、講授法、醫學、道德哲學與宗教」，感覺很離心，但背後始終有個貫串一切的概念，就是循環相生（circulation）。自然如

---

14　Johann Heinrich Alsted, *Encyclopaedia* (1630), preface.

15　Isaiah Berlin, *The Hedgehog and the Fox: An Essay on Tolstoy's View of History* (London, 1953). Cf. Stephen J. Gould, *The Hedgehog, the Fox and the Magister's Pox* (London, 2003)，書中呼籲我們「將這兩個看似對立的極端有益地統合起來」。

此，社會也不例外[16]。

## 博學者的神話

　　博學者的學識時常被誇大，以致出現不少關於他們的「神話」。他們有時被說成無所不知，而非只通曉自己文化裡的學術知識。這種說法由來已久。中世紀詩人高爾（John Gower）就曾表示，尤里西斯「這個人無所不知」，而十七世紀耶穌會士基爾學（Athanasius Kircher）則被稱作「最後一位無所不知的人」[17]。後來角逐這個稱號的的人還包括劍橋大學導師楊格、美國古生物學教授萊迪（Joseph Leidy），以及最近期的角逐者義大利物理學家費米（Enrico Fermi）。費米在世時不只一次受人如此讚揚，不過就如最近一名傳記作者指出的，「他對物理以外的科學知識非常淺薄，對歷史、藝術和音樂等的理解充其量也很有限」[18]。「最後一位」這個詞用得如此輕率，代表我們在這件事上缺乏長期研究。

16　Pamela H. Smith, *The Business of Alchemy: Science and Culture in the Holy Roman Empire* (Princeton, NJ, 1994), 14; Mikuláš Teich, 'Interdisciplinarity in J. J. Becher's Thought', in Gotthardt Frühsorge and Gerhard F. Strasser (eds.), *Johann Joachim Becher* (Wiesbaden, 1993), 23–40.

17　Paula Findlen (ed.), *The Last Man Who Knew Everything* (London, 2004).

18　Andrew Robinson, *omas Young: The Last Man Who Knew Everything* (London, 2006); Leonard Warren, *Joseph Leidy: The Last Man Who Knew Everything* (New Haven, 1998); David Schwartz, *The Last Man Who Knew Everything: The Life and Times of Enrico Fermi* (New York, 2017), 365。主題式百科網站 Hmlopedia 列了至少十八位「最後一位無所不知的人」：http://www.eoht.info/page/Last+person+to+know+everything。

　　有些說法比較含蓄。例如某本論艾可的論文集的副標題是「一個知道太多的人」(l'uomo che sapeva troppo)[19]，顯然是向希區考克致敬。資訊科學兼密碼破譯專家圖靈和自然哲學家虎克也被這麼形容過[20]。同樣的，被稱作「最後一位文藝復興人」的博學者亦所在多有，諸如哲學家克羅齊和行為科學家司馬賀(Herbert Simon)。生物化學家出身的漢學家李約瑟被稱作「二十世紀的文藝復興人」，文學批評家史坦納則是「離我們最近、最近的一位文藝復興人」。虎克是「倫敦的達文西」，神學家弗洛連斯基(Pavel Florensky)是「俄羅斯的無名達文西」，拉斯威爾則被稱作「行為科學界的達文西」，是「這個領域裡最接近文藝復興人的政治科學家」[21]。「文藝復興人」也常用來形容女性，從音樂學

19 譯註：希區考克一九五六年的電影《擒兇記》，英文原名就叫「知道太多的人」。

20 Sandro Montalto (ed.), *Umberto Eco: l'uomo che sapeva troppo* (Pisa, 2007). Cf. Stephen Inwood, *The Man Who Knew Too Much: the Strange and Inventive Life of Robert Hooke* (London, 2002), and David Leavitt, *The Man Who Knew Too Much: Alan Turing and the Invention of the Computer* (London, 2006).

21 這麼形容克羅齊的是共產主義思想家葛蘭西；這樣形容西蒙的是經濟學家張夏准，見 *23 Things They Don't Tell You about Capitalism* (London, 2011), 173; Maurice Goldsmith, *Joseph Needham: Twentieth-Century Renaissance Man* (Paris, 1995)；這樣形容斯坦納的是小說家拜雅特(Antonia Byatt)；這麼形容弗洛連斯基的是俄文翻譯家彼曼(Avril Pyman)，見 *Pavel Florensky, a Quiet Genius: The Tragic and Extraordinary Life of Russia's Unknown Da Vinci* (New York, 2010)；這麼形容拉斯威爾的是政治學家彼得森(Steven A. Peterson)和史密斯(Bruce L. Smith)，'Lasswell, Harold Dwight', in Glenn H. Utter and Charles Lockhart (eds.), *American Political Scientists: A Dictionary* (2nd edn, Westport, CT, 2002), 228–30, at 229, and by Bruce L. Smith, 'The Mystifying Intellectual History of Harold D. Lasswell', in Arnold A. Rogow (ed.), *Politics, Personality and Social Science in the 20th Century* (Chicago, 1969), 41.

到「性學」都有[22]。

這些形容無不強化了一個迷思，那就是博學者都是離群索居的天才，全靠一己之力成就一切。例如最有名的，巴斯卡童年沒有書本或老師，單靠自己就重新發現了整套幾何學。有些博學者確實接近離群索居，達文西尤其如此，但他年輕時可是名聞米蘭宮廷的樂手。哲學家維科（Giambattista Vico）雖然常被稱作隱士，但他在拿坡里的社交生活非常活躍，至少青年時期如此。小團體通常能激發內部成員的創意，不少博學者賴以成名的創見很可能就源自本書第八章介紹的那種交流討論[23]。但話說回來，要是我不認為博學者對學識界貢獻良多，就不會寫這本書了。

本書將探討博學者的許多成就，至少也會提及它們，但書中所傳達的，不是簡單愉快的成功故事。博學是要付出代價的。例如之後會談到的「半瓶醋」，有時那代價便是失之淺薄。博學者只是虛有其表的想法由來已久，至少可以回溯到古希臘，譬如畢達哥拉斯就曾被斥為騙子。十七世紀的蘇格蘭主教柏內特（Gilbert Burnet）由於興趣廣泛，也遭遇相同的困擾。連他自己也說，「多方涉獵者往往淺嘗輒止，學雜而不精[24]。」另外，有些

---

22 N. J. Pearce, 'Janet Beat: A Renaissance Woman', *Contemporary Music Review* 11 (1994), 27; Melanie Davis, 'Sandra Risa Leiblum, Ph.D: Sexology's Renaissance Woman', *American Journal of Sexuality Education* 5 (2010), 97–101.

23 Cf. Robert K. Merton, ' The Matthew Effect in Science', *Science* 159 (1968), Issue 3810, 56–63。後人常將小科學家的發現歸在大科學家名下，讓人聯想到《馬太福音》裡的「凡有的，還要加給他」。

24 柏內特致信萊布尼茲，一六九九年二月二十七日，引自 Maria Rosa Antognazza, *Leibniz: An Intellectual Biography* (Cambridge, 2009), 559.

博學者則可說是罹患了「達文西症候群」，花費太多力氣在各式各樣新奇有趣的計畫上，結果不是有說沒有做，就是半途而廢。

　　本書只談十五至二十一世紀的歐洲與美洲。雖然是從文藝復興時期的通才（uomo universale）講起，但焦點主要放在所謂的兩次知識危機的長期後果。這兩次危機分別發生於十七世紀中葉和十九世紀中葉，都和書的激增有關（至於數位革命帶來的第三波危機會有什麼長期後果，目前仍言之過早）。這三次危機都源自知識「爆炸」，也就是知識的急速擴張與片段化（fragmentation）。至於人們對知識片段化的回應，我們也將在恰當的時機討論。

　　為了提醒讀者，博學者不是現代西方特有的產物，接下來一章將會概略介紹古希臘到中世紀末葉的通才學者，同時以更簡略的篇幅提及中國和伊斯蘭世界。撰寫這些內容需要筆者跨出智識的舒適圈，但要記述博學者，就得做好自暴其短的準備。

# 第一章

# 東方與西方

在學科尚未奠立或只有少數學科存在的中世紀時期,似乎不大需要「博學者」這樣的概念。同時對許多事物感到好奇不僅正常,甚至可以說是基本需求,寫書時論及多種主題也是如此。由於當時可以知道的事情比文藝復興以後少,因此只要努力,至少就能精通主要的知識領域(從日常生活中得到的知識不計)。不過,無論是西方的(希臘、羅馬)古典時代和中世紀,或是古代中國和伊斯蘭世界,依然已經有人因為知識廣博而受景仰,同時也有人被批評學雜而不深。

## 古希臘

和許多議題一樣,對於知識有何價值的討論,最早的歷史記載出現於古希臘。哲學家赫拉克利特(c.535-c.475 BC)[1]提到幾位

---

博學者，並表示「學得多（*polymathiē*）不代表懂（*noos*）得多」（殘篇四十）[2]。另一方面，哲學家恩培多克勒（c.495-435 BC）則是主張，「學習（*mathē*）能長智慧」（殘篇十七），而不少古希臘人對謬斯波里瑪西亞（Polymatheia）敬畏有加，顯然意味深長。

其後數百年，這個議題一再改頭換面重新出現；雖然主旨不變，但強調的面向和條件卻是不盡相同。爭執的焦點始終在知識的廣度與深度，也就是柏林口中「知道許多事情」的「狐狸」和「只知道一件大事」的「刺蝟」。然而，在不同的時空下，這個對比又分別和業餘與專業、理論與實務、純粹知識與應用知識、見樹與見林、寫實與寫意糾纏在一起[3]。

從概觀轉到個人，說到對多重知識的超常渴望，我們或許可以從畢達哥拉斯和詭辯家（sophist）講起。不過，我們只能透過門徒或批評者的轉述，以及他們留下的少數殘篇來認識這些博學者。

身為心靈導師或說大師的畢達哥拉斯（Pythagoras of Samos, c.570-c.495 BC）創立了一個類似教派的團體，其興趣包括轉世、競技和素食主義（但門徒不准食用豆子）。後世公認他是數學家，尤其是知名的畢氏定理的發現者，但這些說法都有人質

---

2　不過，這則殘篇之所以留存下來，是因為後來一名哲學家拉爾修（Diogenes Laertius）的記述。只是拉爾修記下這段話另有其目的。總之，古希臘文的 noos 最好不要譯成名詞「理解」，而是譯成動詞「懂」，也就是理解力。感謝羅界（Geoffrey Lloyd）向我指出這一點。

3　Isaiah Berlin, *The Hedgehog and the Fox* (London, 1953).

疑。同代人對畢達哥拉斯的看法，就和後世許多博學者得到的評語一樣，也是有好有壞。恩培多克勒和赫拉克利特再次意見相左。前者稱讚畢達哥拉斯「知識無邊」，後者則批評他是「冒牌之王」和「話癆」（kopidōn）。

詭辯家的興趣比畢達哥拉斯還要廣，甚至可說是活百科。他們周遊列城，講授各種主題，教導所有課程（希臘文為 *encyklios paideia*，「百科全書」的英文 encyclopedia 便是源自於此）。據稱他們當中甚至有人能回答任何問題，誰都可以請教他們，就像我們查閱紙本或線上百科一樣。

最有名的詭辯家首推希庇亞（Hippias of Elis, c.460-199 BC）。據說他教過天文、數學、文法、修辭、音樂、歷史、哲學與記憶術──這項技藝顯然對演說者很有用。後世記得這號人物，主要歸功於柏拉圖的《小希庇亞篇》（*Hippias Minor*）對話錄。希庇亞在文中傲慢自負，吹噓「只要是我準備好的主題，不論誰挑什麼我都能談，誰問什麼我都能答」[4]，不過牛皮後來就被蘇格拉底戳破了。

再舉個正面的例子。亞里斯多德（Aristotle, 384-322 BC）以著述主題之多之廣而聞名，不過他的廣度似乎並未帶來「淺薄」的罵名。後世主要視他為哲學家，探討理則學、倫理學和形上學，但他的書寫，也同時論及數學、修辭學、詩學、政治理論、

---

4　W. K. C. Guthrie, *The Sophists* (Cambridge, 1971), 280–5; Patricia O'Grady, 'Hippias'，收錄於歐葛雷迪編輯 O'Grady (ed.), *The Sophists* (London, 2008), 56–70.

物理學、宇宙論、解剖學、生理學、自然史和動物學[5]。

還有兩位多才多藝的學者則被比作運動員，那就是波希多尼（Posidonius of Rhodes, c.135–c.51 BC）和埃拉托斯特尼（Eratosthenes of Cyrene, 245–194 BC）。

波希多尼綽號「運動員」，除了書寫哲學，也及天文學、數學、地理和歷史。他為何會得到這樣的綽號始終是個謎。在奧林匹克競賽中，所謂的「全能選手」特別擁有一席之地，尤其是同一天參與五項競技（也就是「五項全能運動」〔pentathlon〕）的人。不過，將博學者比作運動員不是什麼好事，因為最早使用這個類比的正是柏拉圖筆下的蘇格拉底，而對象正是希庇亞。

埃拉托斯特尼的情況也一樣模稜兩可。身為古希臘羅馬時代最著名的亞歷山大圖書館的館長，他因為專精五種學問而被稱為「五項運動員」。其實，以我們現在的分法，他鑽研的主題至少包括七種學科：文法、文學、哲學、幾何、地理、天文與數學。埃拉托斯特尼還被稱作「Beta[6]」。這綽號讓人不禁想起一名英國歷史學家曾經形容某個同行是「二軍隊長」（captain of the second eleven）。換句話說，「五項全能運動員」這個稱號就算

---

5　研究亞里斯多德的二手文獻汗牛充棟，包括Maurice Manquat, *Aristote naturaliste* (Paris, 1932), and Geoffrey Lloyd, *Aristotle: The Growth and Structure of his ought* (Cambridge, 1968). 。亦可參見G. E. L. Owens, D. M. Balme and Leonard G. Wilson, 'Aristotle', *DSB* 1, 250–81（光是亞里斯多德對自然科學的貢獻，就需要三位專家合寫）。

6　譯註：beta (β)是希臘文的第二個字母。

是讚揚，也帶有貶意[7]。

## 古羅馬

古羅馬和古希臘不同，不僅稱許傑出的「智識全能選手」，還建議鑽研單一學科的人向外拓展知識，原因或許是為了反制當時開始萌芽的專門化傾向。

西塞羅（Cicero, 106-43 BC）是古羅馬口才最好的演說家之一。他在論演說家的作品《理想的演說家》（*De oratore*）裡強調，要想掌握這門技藝，就必須知識廣博（*scientia...rerum plurimarum*）。這部作品以兩人對話的方式進行。克拉蘇（Marcus Crassus）向安東尼（Mark Anthony）表示，「不論什麼主題」，演說家都會講得比只懂這個主題的人好[8]。另一本談論修辭的名著是坤體良（Marcus Fabius Quintilianus, 35-100）的《辯學通論》（*Institutes*），書中同樣主張，想成為演說家就要通曉所有主題。坤體良列舉了八位博學者，其中包括五個希臘人（包括希庇亞）、三個羅馬人（含西塞羅）。諷刺的是，在他著述當時，修辭、文法和法學正逐漸分家[9]。

7　Christian Jacob, 'Un athlète du savoir'，收錄於 C. Jacob and F. de Polignac (eds.), *Alexandrie* (Paris, 1992), 113–27; Klaus Geus, *Eratosthenes von Kyrene* (Oberhaid, 2011, 32–4).

8　這段對話也出現在 Plato's *Gorgias*。再次感謝羅界向我指出這一點。

9　Quintilian, *Institutio Oratoria*, 12.xi.21–4.

不只西塞羅和坤體良對演說家有此要求，維特魯威（Marcus Vitruvius Pollio）對建築師也有同樣主張。西元十五年過世的他認為，建築是「跨領域」的知識（*scientia pluribus disciplinis et variis eruditionibus ornata*），理想的建築師應該通曉文學、製圖、幾何、歷史、哲學、音樂、醫學、法律和「占星學」（包括我們現今所謂的「天文學」）[10]。

坤體良提到的博學者還包括前希臘人亞歷山大（Lucius Cornelius Alexander），又名米利都的亞歷山大（d. 36 BC）[11]。他曾被俘虜到羅馬，以奴隸身分擔任教師，綽號「波里希斯托」（Polyhistor），意思是雜學之人。另外，古典文獻常提到的三位羅馬博學者分別是加圖（Cato, 234-149 BC）、瓦羅（Varro, 116-27 BC）和老普林尼（Pliny the Elder, 23-79）。

人稱「老加圖」的馬庫斯・波爾修斯・加圖（Marcus Porcius Cato），坤體良形容他精通戰爭、哲學、演說術、歷史、法律與農業，因為根據西塞羅筆下的克拉蘇說，「當時（一百年前）所有能知能學的事理，沒有他鑽研不會、掌握不到，甚至不曾著述立說的[12]。」而瓦羅（Marcus Terentius Varro）曾經擔任政軍要職，長壽的他著書超過七十冊，主題遍及古文物、語言、農業、歷史、法律、哲學、文學與航海術，更別提他的諷刺作品了。西塞羅形容瓦羅「智識超群，博學多聞」（*vir ingenio praestans omnique doctrina*），坤體良則說他著述「知識種類繁多，甚至無

---

10　Vitruvius, *De Architectura,* 1.i.1, 1.i.3.

11　譯註：d. 為 died（過世）的縮寫，以下不再註明。

12　Cicero, *De Oratore*, 3.xxxiii.135

所不談[13]」（*quam multa paene omnia tradidit Varro!*）。瓦羅論學科的作品《學科九書》（*Disciplinae*）被後世稱為「第一部名副其實的百科全書」[14]，雖然已經失傳，但據稱內容除了七藝之外，還包括建築與醫學。

老普林尼身兼律師、艦隊司令和資政，但一如他的外甥小普林尼所形容的，老普林尼「將時間都拿來思考，而非浪費在讀書上」，因此經常是奴隸讀書給他聽，再親自口述想法給奴隸謄錄。老普林尼寫文法、修辭、軍事史、政治史和騎兵術，還完成了百科全書式的《自然史》（*Natural History*）。這本書讓他一舉成名，範圍更超過了後世理解的自然史。他在序裡自詡，他可是查閱過近兩千本書，還說沒有其他希臘人像他獨力寫下這麼多主題。雖然書裡有些說法確實是他本人的見解，但老普林尼主要做的還是彙整各家之言。不過，他在序裡大力譴責剽竊者，或許已經猜到後人會抄襲他的心血。

## 古中國

若說只有西方傳統具備廣博的好奇心與求知欲，那就太莫名所以了。事實上，中國古代典籍《中庸》便曾表達「廣博學習」的意含，而且不只如此，除了「博學」之外還有「博物」；至於

---

13　Quintilian, *Institutio*, 12.xi.24. Cf. D. J. Butterfield (ed.), *Varro Varius: The Polymath of the Roman World* (Cambridge, 2015).

14　Trevor Murphy, *Pliny the Elder's Natural History: The Empire in the Encyclopaedia* (Oxford, 2004), 13.

博學之人則被稱作「博士」。這些概念於西元前五到二世紀便在中國出現了[15]。

古代中國和希臘一樣，也出現過學習範圍的辯論，並且對知名的科舉制度產生了深遠影響[16]。宋代（960-1279）的科舉考生需要通曉古籍、詩歌、歷史和政治。而北宋名相王安石（1021-86）在變法失敗後，寫下長達萬言的《上仁宗皇帝言事書》，痛陳官宦教育太過浮濫，強調「夫人之才，成於專而毀於雜」[17]。其後數百年，中國就在專雜之間來回擺盪。例如，明代思想家王陽明（1472-1529）在《傳習錄》裡批評博學只會流於淺薄，主張自我省察與自我修為勝過追求外在知識[18]。然而，清代於康熙和雍正年間（1679-1736）又曾施行「博學鴻儒科」的考試[19]。

由於用語不同，使得中西難以直接比較。譬如中國古代思想裡「就沒有和古希臘文philosophia（哲學）相應的語詞」及類別，而中國的「學科劃分，從理論到實務應用，都和古希臘或我們現今大不相同」[20]。中國和古希臘對主次要學問的看法不同，同

---

15　Howard L. Goodman, 'Chinese Polymaths 100–300 AD', *Asia Major* 18 (2005), 101–74, at 110.

16　John Chaffee, *The Thorny Gates of Learning in Sung China: A Social History of Examinations* (Cambridge, 1985); Benjamin A. Elman, *A Cultural History of Civil Examinations in Late Imperial China* (Berkeley, CA, 2000).

17　引自John Meskill (ed.), *Wang An-shih: Practical Reformer?* (Boston, MA, 1963), 8.

18　Wang Yangming, *Instructions for Practical Living* (English translation, New York, 1963), 13, 62. Cf. Benjamin A. Elman, *On eir Own Terms* (Cambridge, MA, 2005), 4–7.

19　Hellmut Wilhelm, 'The Po-Hsüeh Hung-ju Examination of 1679', *Journal of the American Oriental Society* 71 (1951), 60–6.

20　Geoffrey Lloyd, *Disciplines in the Making* (Oxford, 2009), 10, 45.

樣造成比較的困難。例如對中國文人來說，樂理、卜卦和書畫賞
析都是必備的學問。

　　從以下三人的生平著作，或許能看出中國博學者對哪些事
物感興趣，範圍多廣。戰國時代的惠施（370-310 BC）興趣廣
泛，雖然作品多已失傳，但道家經典《莊子》裡有許多關於他的
著名軼事。《莊子》形容惠施「多方，其書五車」，但就像其他
博學者常受到的批評，《莊子》也說惠施「其道舛駁，其言也不
中」[21]。

　　宋代則出了兩名傑出的仕宦──蘇頌（AD 1020-1101）和沈
括（AD 1031-1095）。蘇頌最有名的事蹟是製作「水運儀象台」
供官吏觀天象，並在書裡文圖並茂描述了其中以水車推動的機械
時鐘的構造。此外，蘇頌也繪製不少圖像，包括星圖，並且和同
僚合力完成了《本草圖經》，說明如何使用植物、礦物和動物治
病[22]。

　　至於沈括，有人說他「或許是中國科學史上最有意思的人
物」[23]。沈括寫儀禮、天文（包括天文及占星）、音樂、數學、醫
學、施政、兵法、繪畫、茶藝、醫學和詩歌，還會繪製地圖，包
括頗具雛形的地勢圖。出使契丹期間，他記下當地人的風俗民
情。當時一名史家評論他學識「淵博」，到了二十世紀更有人形

21　*Zhuangxi*, chapter 33, in *Complete Works of Chuang Tzu* (New York, 1968), 374, 377. Cf. Angus G. Graham, *Disputers of the Tao* (Chicago, 1989), 76–81, 174–83.

22　Joseph Needham and Wang Ling, *Science and Civilization in China* (Cambridge, 1965), vol. 4, part 1, 446–65.

23　Needham and Wang Ling, *Science and Civilization* (Cambridge, 1954), vol. 1, 135. 再次感謝羅界讓我注意到沈括的重要。

容他是中國的萊布尼茲，只是他和萊布尼茲不同，似乎不曾想過將不同的知識統合起來[24]。沈括最有名的作品完成於他退隱之後，名為《夢溪筆談》，類似西方的隨筆集，內容按照中國許多百科全書式作品的分類法，分成「故事」、「辯證」、「異事」和「書畫」等[25]。「筆談」這種隨興所至的文體非常適合博學者。

　　比較古希臘和中國博學者或許可以帶來不少啟發，如同比較這兩個文化對自然研究的古典解釋[26]。古希臘博學者對知識的貢獻，通常和他們的老師身分有關，從畢達哥拉斯、蘇格拉底、柏拉圖到詭辯家都是如此。中國漢朝以降的博學者對知識的貢獻則和他們在朝廷中的身分有關，因為在中國文化裡，博學的人才能通過科舉，而非專家。英國公務員有時被稱作「滿大人」（mandarin），便是出於同樣期望，因為他們的考試就是參考中國科舉制而設計的。

　　上述博學者中，蘇頌曾經出任刑部和吏部尚書；沈括擔任過司天監、也曾修築渠堰、帶兵和主掌財政，他的興趣「深受為官經驗影響」[27]。當他因為派系之爭而遭貶職，才有機會撰寫筆談

---

24　Joël Brenier et al., 'Shen Gua (1031–1095) et les sciences', *Revue d'histoire des sciences* 42, 333–50. On his 'vast' knowledge, 335. Nathan Sivin, 'Shen Gua', *Science in Ancient China: Researches and Reflections* (Aldershot, 1995, vol. III, 1–53)，提到沈括「好奇心無窮」，以及有人拿他和萊布尼茲與羅蒙諾索夫（Lomonosov）比較，在「中國和蘇聯關係融洽的時候」，見頁11。

25　Daiwie Fu, 'A Contextual and Taxonomic Study of the "Divine Marvels" and "Strange Occurrences" in the *Mengxi bitan*', *Chinese Science* 11 (1993–4), 3–35.

26　Geoffrey Lloyd, *The Ambitions of Curiosity: Understanding the World in Ancient Greece and China* (Cambridge, 2002).

27　Sivin, 'Shen Gua', 53.

（在歐洲，出於類似遭遇而完成的大作則有馬基維利的《君王論》和克拉倫登伯爵的《英國叛亂和內戰史》）。

## 中世紀早期歐洲

回到西方，世俗知識在古典時代晚期和中世紀早期不僅受到批評，也多所佚失。許多基督教大作家全面反對求知。例如特土良（Tertullian, c. AD155-c. 240）便宣稱，基督之後「我們再也無須好奇」（*Nobis curiositate opus non est*）。前面提到的奧古斯丁則是另一人。他批評「以理解和知識為名的好奇只是徒勞」（*vana et curiosa cupiditas nomine cognitionis et scientiae palliata*）[28]。

儘管我們如今不再認為中世紀早期是「黑暗時代」、無知橫行，但依舊難以否認，西元五百至一千年是知識亡佚期，至少有些知識消失了；城鎮衰敗，識字率亦隨之降低，圖書館不斷減少。老普林尼得以取得兩千本書，但在西元九世紀，德國萊赫瑙島和瑞士聖加侖修道院貴為當時的智識中心，兩者的藏書都只有四百本上下。後世博學者遭遇的問題是「要知道的太多」，中世紀早期的博學者則是「能知道的太少」。古希臘的各種知識，連同許多古代傳統，都被斥為異端而在西歐佚失了。許多典籍，包括瓦羅對古代知識的彙整，也不再有人謄錄，就此消失。大多數的醫學和數學知識業已失傳。拉金波德（Raginbold of Cologne）

---

28 Tertullian, *De praescriptione haereticorum,* Book 7, ch. 14; Augustine, *Confessiones,* Book 12, ch. 14.

和拉朵夫（Radolf of Liège）這兩位十一世紀的學者甚至在信裡討論三角形的「內角」是什麼意思。誠如某個研究中世紀的大學者所說，這件事「強烈提醒我們，那個時代墮入的科學無知是何等巨大」[29]。

面對這種情況，搶救典籍、竭力保存和彙整殘留的古典傳統，而非增加新知，成了學者的當務之急（羅馬帝國那群「蠻人」入侵者雖然也帶來知識，但通常只靠口耳相傳，無法傳承數百年）。這時期的學者除了蒐集古希臘與羅馬的斷簡殘篇，更進一步加以分類，放入百科全書和教會學校課程裡原本的「七藝」進一步分成前三藝（trivium）和後四藝（quadrivium）。前者（文法、邏輯和修辭）以文詞為主，後者（算術、幾何、天文與樂理）和數字有關。

感覺起來，這時期要成為博學者似乎比較容易，因為能學的有限，而要找到相關典籍就困難許多。這時期比過往任何年代都需要多方涉獵又能整合零碎知識的人。在這群博學者當中，最出色的三人首推波愛修斯（Boethius）、聖伊西多祿（Isidore of Seville）和葛培特（Gerbert of Seville）[30]。

波愛修斯（c.480-524）曾任羅馬元老院成員、執政官與執事長官（magister officiorum），輔佐在義大利拉文納附近建國的狄奧多里克大帝，是萬人之上的大宰相。除了最有名的代表作《哲學的慰藉》（The Consolation of Philosophy），波愛修斯也論

---

29　Richard Southern, *The Making of the Middle Ages* (London, 1953), 210.

30　其他博學者包括卡西德魯斯（Cassiodorus）、比德（Bede）和阿爾昆（Alcuin of York）。

及邏輯、修辭、算術、音樂以及神學，並翻譯或評論畢達哥拉斯、亞里斯多德、柏拉圖、阿基米德、歐幾里德、托勒密及西塞羅等人的著述。當時的人形容他「滿腹經綸」（*multa erudition saginatum*）[31]。由於深感知識受到威脅需要保存，他努力向拉丁文讀者傳播古希臘的學問，挽救了為數可觀的古典知識[32]。

聖伊西多祿（c.560-636）自稱所寫的百科全書為《詞源》（*Etymologies*），因為每個主題（第一個主題就是「學科」）他都從該主題的詞源談起。談完七藝之後，接著是醫學、法律、神學、語言、動物、宇宙、建築、造船、糧食與服飾（聖伊西多祿對技術知識的興趣令人印象深刻）。人稱「基督教世界的瓦羅」的他在書裡引用了瓦羅廿八次，但都是出自二手文獻，讓人想起許多古代典籍到了中世紀早期盡皆佚失的事實。一般認為他有一群助手幫忙[33]。

葛培特（c.946-1003）是法國修士，於西班牙學成歸國後，先在漢斯一所主教座堂學校教書，後來出任義大利北部赫赫有名的巴比奧修道院院長，進而成為教宗，名為思維二世。除了醉心古羅馬文學，尤其是維吉爾的詩作和特倫斯的戲劇，他還喜好音樂、數學、天文學及我們現在稱作「科技」的知識，他不僅會使用希臘星盤和算盤，據稱還製作了一台管風琴。

---

31  Cassiodorus, *Variarum Libri XII*, ed. Å. J. Fridh (Turnhout, 1973), Book I, no. 44.

32  Henry Chadwick, *Boethius* (Oxford, 1981); Lorenzo Minio-Paluello, 'Boethius', *DSB* 2 (New York, 1981), 228–36.

33  Isidore of Seville, *Etymologies*，英譯本（Cambridge, 2006）。有關聖伊西多祿，參見亨德森（John Hemderson）*The Medieval World of Isidore of Seville* (Cambridge, 2007).

　　葛培特和老普林尼一樣，醒著的時間幾乎都在讀書。「不論工作休息，」他這麼形容自己：「我不是在講授自己知道的，就是在學習自己還不知道的事物[34]。」他的學識後來蔚為傳說。十二世紀英國修士兼編年史家威廉（William of Malmesbury）就寫道，後四藝對葛培特來說太過容易，感覺根本「不及他的智識於萬一」，而他對天文學的掌握更是勝過亞歷山大時代的托勒密。威廉還稱葛培特為巫師，因為沒有超自然力量協助，一個人似乎不可能知曉那麼多事。據他表示，葛培特製作了一座可以回答所有問題的頭像。用當今的話來說，那座頭像猶如十世紀的語音助理[35]。這則傳聞與其說凸顯了葛培特的驚人學識，不如說透露了十和十一世紀的普遍想像，因此最好看作在讚歎葛培特知道一些（至少在西歐）無人知曉的事物，而非他真的無所不知。

## 伊斯蘭世界

　　威廉對葛培特質疑出於另一個原因，就是他曾師事穆斯林。葛培特在西班牙加泰隆尼亞求學時，確實曾經向當時稱作撒拉森人（Saracenis）的穆斯林學習。當時阿拉伯、突厥和波斯出身的學者救回的古希臘知識比西歐學者掌握的還多，大量古希臘文本被直接或間接（由會說敘利亞語的基督教學者）翻譯成阿拉伯文和巴列維語。十到十二世紀在伊斯蘭世界裡，有不少最有學問的

---

34　Pierre Riché, *Gerbert d'Aurillac, le pape de l'an mil* (Paris, 1987).

35　William of Malmesbury, *Gesta Regum Anglorum*, ed. and trans. R. A. B. Mynors (Oxford, 1998), Book II, sections 167–9, 172.

學者評論亞里斯多德的著作或假託其名的作品，或許進而受到鼓舞，也想仿效他的博學。

阿拉伯語有一個詞「塔法南法亞阿朗」（tafannun fi al-'ulum），意思類似博學者，直譯為知識「多面」（*mutafannin*）的學者。不過，雖然這些學者需要精熟的學科和西方學者相去不遠，兩者仍不盡相同。伊斯蘭世界的「法爾沙法」（Falsafa）可以翻譯成英文的哲學（philosophy），因為兩者確實是同一個詞，都是從希臘文直譯而來。而阿拉伯文的費卡（Fikh）譯作「法律」，阿達朋（Adab）則多少接近希臘文的「教育」（*paideia*），目的在培養阿迪朋（Adib），也就是「仕紳學者」。這些人的標準知識配備「通常包括為數可觀的當代技藝與學問，除了由宗教科學、詩歌、語文學、歷史和文學批評交織而成的知識之網，也要通曉自然科學，包括算術、醫學和動物學等」[36]。

和坤體良論演說家及維特魯威論建築師一樣，大學者赫勒敦（Ibn Khaldun）也表示，一名好書記必須「關注那些主要的學問」[37]。在那些學問裡，和西方最不相同的包括詮釋可蘭經（*Tafsir*）、研讀穆罕默德的言行錄（*Hadith*）和我們稱作「藥理學」（*Saydalah*）的學問。而伊斯蘭世界在界定知識時，其中一種方式是將知識分為「理性知識」（al-'ulum al-'aqliyya）和「先人知識」（al-'ulum al-awaa'il）。

---

36　Tarif Khalidi, *Images of Muhammad* (New York, 2009), 104–5. My thanks to Professor Khalidi for help with this section.

37　引自 Robert Irwin, *Ibn Khaldun: An Intellectual Biography* (Princeton, NJ, 2018), 24.

　　另一種讚美伊斯蘭學者的方式是稱他們為「全面」（kāmil）。據稱「全面是所有讀書人的理想」[38]，而清真寺附設學校「馬德拉沙」（madrasa）的教育也鼓勵學生多方涉獵，因為向不同老師（shaykh）請益很容易。就有研究中世紀大馬士革的學者指出，「當時的理想是接觸各個領域和老師，而非專攻一個主題」[39]。

　　這類博學者對知識的貢獻就算能估計，也很難明確衡量。一般認為，不論伊斯蘭世界或中世紀西方的學者，主要任務都在傳遞傳統知識，而非傳播新知。儘管還是有實證研究及新發現，但大多數學者的作品都是評述前人著作。總而言之，抄本時代對作者的重視並不如印刷時代，門徒的作品經常以老師為名發表，抄寫員也經常自行刪除或添加段落（有些作品甚至咒罵起這類抄寫員）。

　　根據西元紀年，九至十四世紀在伊斯蘭世界特別突出的「多面」學者包括以下四位：肯迪（Al-Kindi）、西那（Ibn Sina）、魯世德（Ibn Rushd）和赫勒敦（Ibn Khaldun）[40]。

---

38　Geert Jan Van Gelder, 'Compleat Men, Women and Books', in Peter Binkley (ed.), *Pre-Modern Encyclopaedic Texts* (Leiden, 1997), 241–59, at 247; George Makdisi, *The Rise of Humanism in Classical Islam and the Christian West* (Edinburgh, 1990), 110.

39　Michael Chamberlain, *Knowledge and Social Practice in Medieval Damascus* (Cambridge, 1994), 86.

40　其他重要學者包括西方人稱「葛博（Geber）」的哈揚（Jabir ibn Hayyan, c.721-c.815）、歐洲人稱「阿芬巴塞」（Avempace）的巴哲（Ibn Bajja, c.1085-1138）、西方人稱「阿法拉比烏斯」（Alpharabius）的法拉比（Al-Farabi, 872-950）和比魯尼（Al-Biruni, 973-c.1050）。

　　肯迪（801-873）生於巴斯拉（Basra），在巴格達求學。其著任內容包括哲學、數學、音樂、天文、醫學、光學與密碼，也包括如何製造玻璃、珠寶、盔甲和香水。這些應用知識足以讓他和先前提到的蘇頌相提並論。一名十四世紀的作家形容肯迪「多才多藝」，通曉「哲學各個領域」[41]。最近一項研究也提到，「肯迪興趣廣泛得不可思議」[42]，難怪達文西也研讀過他不少著作。

　　西那（c.980-1037），以阿維森納（Avicenna）為人所知，生於布哈拉（Bukhara），十多歲就得到曼蘇爾二世允許，得以自由進出藏書豐富的王室圖書館。他綽號「醫師之王」，以其醫學著作和對亞里斯多德的評論著稱，廿一歲便編纂了百科全書式的《典籍》（Kitab al-Majmu），之後又完成兩部百科全書式的作品，一部是談論醫學的《醫典》（Al-Qanun），另一部則是《治療論》（Al-Shifa），嘗試藉由闡述邏輯、物理、形上學、數學、音樂和天文學來治療無知。西那還著述討論地理學及詩歌，研究煉金術並加以批評，除了是活躍的法學家，也擔任過某穆斯林國（伊朗前身）的宰相[43]。

---

41　引文出自 George N. Atiyeh, *Al-Kindi: Philosopher of the Arabs* (Rawalpindi, 1966), 9.

42　Peter Adamson, *Al-Kindī* (Oxford, 2007), 7. Cf. Fritz W. Zimmerman, 'Al-Kindi', in M. J. L. Young, J. D. Latham and R. B. Serjeant (eds.), *Religion, Learning and Science in the Abbasid Period* (Cambridge, 2014), 364–9.

43　G. C. Anawati and Albert Z. Iskander, 'Ibn Sina', *DSB Supplement* 1, 495–501; Lenn E. Goodman, *Avicenna* (revised edn, Ithaca, NY, 2006); Robert Wisnovsky, 'Avicenna and the Avicennian Tradition', in Peter Adamson and Richard C. Taylor (eds.), *The Cambridge Companion to Arabic Philosophy* (Cambridge, 2006), 92–136.

　　魯世德（1126-98）又名亞維侯（Averroes），生於哥多華（Córdoba），身兼醫師及法官。由於評論了亞里斯多德的幾乎所有作品，因此人稱「評論者」。此外，他也對修辭學、天文學、詩學、醫學、哲學、數學和音樂有研究[44]。

　　魯世德之後，伊斯蘭博學者一時後繼無人，直到赫勒敦（1332-1406）出現才結束這段空白。赫勒敦生於突尼斯（Tunis），曾住在摩洛哥的菲斯（Fez）和西班牙的格拉納達（Granada），最終於開羅過世。他的職業生涯分成政治、法律與學術三個階段，擔任過外交官、資政、法官和教師，轉換跑道的空檔就著述立說。他曾經在現今阿爾及利亞的一處城堡裡退隱四年，完成其代表作《歷史緒論》（*Muqaddimah*），預計作為另一本書《世界通史》的導論（Kitab al-'ibar）。雖然那個年代尚未有社會學及政治科學，但後人讚揚這部作品對這兩門學科都頗有貢獻。根據當時的知識分類，我們或許可以說，魯世德能寫出《歷史緒論》，除了他通曉地理學、哲學、神學與醫學，還要歸功於他對歷史的敏銳洞察，以及掌握通則的天賦。和他的前輩不同，赫勒敦晚近才為西方世界所知，這實在是一大損失。他的《歷史緒論》抄本於十七世紀傳入荷蘭萊頓，但直到十九世紀才出現歐洲語言的譯本，二十世紀才逐漸在西方廣為人知[45]。

---

44　Dominque Urvoy, *Ibn Rushd (Averroes)* (London, 1991).

45　Warren E. Gates, ' The Spread of Ibn Khaldun's Ideas on Climate and Culture', *Journal of the History of Ideas* 28 (1967), 415–22; Aziz al-Azmeh, *Ibn Khaldun in Modern Scholarship: A Study in Orientalism* (London, 1981); Robert Irwin, *Ibn Khaldun: An Intellectual Biography* (Princeton, NJ, 2018).

# 中世紀中期

　　據傳十二世紀法國學者貝納德（Bernard of Chartres）曾經自述，他們「就像站在巨人肩上的侏儒」，其中的巨人指的便是古希臘羅馬人。嚴格來說，中世紀的西方學者其實是站在穆斯林學者的肩上，而穆斯林學者則是站在古人的肩上。中世紀早期西方學者的挑戰是搶救和保存古典傳統，到了中世紀中期，則是除了重拾和熟讀之前失傳的古希臘學識之外，還要學習伊斯蘭世界帶來的新知。

　　十一世紀以降的主要創新就是大學興起，尤其是波隆納和巴黎兩所大學，讓學科組合正式建制化。大學生必須修習七藝，也就是前面提到的前三藝和後四藝，研究生則是學習神學、法律與醫學，以便日後成為神職人員、律師和醫師。雖然這時期開始出現專門化的前兆，仍有不少學者承繼了博學的傳統，其中最突出的包括以下六位：休格（Hugh of St Victor）、樊尚（Vincent of Beauvais）、聖大亞伯（Albert the Great）、格羅斯泰斯特（Robert Grosseteste）、羅傑・培根（Roger Bacon）和柳利（Ramón Lull）[46]。

　　休格和樊尚雙雙因為撰寫百科全書式的作品而聞名於世。身為修道士的休格（c.1096-1141）生於德國薩克森，任職於巴黎。為文以神學、音樂、幾何與文法為主，但以《論教學》（*Didascalicon*）最為著稱。這部百科式作品將知識分成三類：理

---

46　此處略過聖多瑪斯阿奎納，因為這名大學者只鑽研神學與哲學。

論（如哲學）、實務（如政治）與機械（如建築與航海）[47]。樊尚（c.1190-1264）隸屬道明會，和助理合力編纂了一部名為《大寶鑑》（*Speculum Maius*）的百科式作品，除了西那等穆斯林學者的著作外，也參考古希臘羅馬人的論述。如同《論教學》，這部作品也將知識分成三類，分別是自然、學理和歷史，其中七藝、技藝、法律和醫學都歸為「學理」（doctrine）類[48]。

　　這時期有兩位英格蘭博學者特別活躍，分別是格羅泰斯特（Robert Grosseteste, c.1175-1253）及羅傑‧培根（Roger Bacon, c.1214-c.1292）。格羅泰斯特為林肯教區主教，顯然因為博學多聞而獲得「巨頭」的綽號。他在牛津大學教授哲學和神學，是拉丁文世界第一位評論亞里斯多德作品的學者，但以論自然的著述最為人知，主題橫跨星星、光、顏色、聲音起源以及太陽熱，甚至包括潮汐。他也是「史上首位提出折射是彩虹成因的思想家」[49]。他晚年才學習希臘文，是中世紀少數懂得該語言的西方學者[50]。

　　培根是方濟會修士，可能當過格羅泰斯特的學生。雖然在牛津大學修習和教授哲學與神學，但最著名的同樣是他對自然的考

---

47　對休格的研究不是針對其神學，就是針對其歷史學或「心理學」，在在顯示了我們這個時代的知識碎片化。

48　Serge Lusignan and Monique Paulmier-Foucart (eds.), *Lector et compilator: Vincent de Beauvais* (Grâne, 1997).

49　Tom McLeish, 'In Conversation with a Medieval Natural Philosopher', *Emmanuel College Magazine* 100 (Cambridge, 2018), 147–62, at 147.

50　Alistair C. Crombie, *Robert Grosseteste and the Origins of Experimental Science* (Oxford, 1953); Richard W. Southern, *Robert Grosseteste* (Oxford, 1986); idem., 'Grosseteste, Robert', *ODNB* 24, 79–86.

察，包括天文學、煉金術和光學。他和後輩達文西一樣，都曾嘗試製作飛行器[51]。當時蒙古西征讓許多歐洲人民聞之喪膽，多虧了三位方濟會修士同僚的第一手紀錄，讓培根得以掌握蒙古人的最新資訊[52]。他還著述談論數學和語言。當時有個傳聞（同樣的傳聞也發生在葛培特身上）反映出他博學多聞的聲名：據說他的書房裡有一尊可以回答任何問題的黃銅頭像。博學者的傳說還真是千篇一律。

說到中世紀最具企圖心的博學者，絕非聖大亞伯（Albert the Great, c.1200-80）和柳利（Ramón Lull, 1232-1316）莫屬。聖大亞伯不是對邏輯、數學和物理學卓有貢獻的薩克森的亞伯（Albert of Saxony, c.1316-90）。他是德國道明會修士，在當時擁有「萬能博士」（Doctor Universalis）和「專家博士」（Doctor Expertus）的稱號，充分顯示他的博學。一名學生形容他「對各種知識都有如上帝無所不知（*vir in omni Scientia adeo divinus*），無疑可以稱作我們這個時代的奇蹟」[53]。聖大亞伯研究神學、哲

---

51　Alistair C. Crombie and John North, 'Bacon, Roger', *DSB* 1 (New York, 1981), 377–85; G. Mollant, 'Bacon, Roger', *ODNB* 3, 176–81.

52　三位方濟會修士為柏郎嘉賓（Giovanni da Pian del Carpine）、波蘭的本篤（Benedict of Poland）和魯伯克的威廉（William of Rubruck）。參見 Bert Roest, *Reading the Book of History: Intellectual Contexts and Educational Functions of Franciscan Historiography, 1226–c.1350* (Groningen, 1996), 114, 120.

53　Ulrich of Strasbourg，引自 Irven M. Resnick (ed.), *A Companion to Albert the Great* (Leiden, 2013), 1. Cf. James A. Weisheipl (ed.), *Albertus Magnus and the Sciences* (Toronto, 1980); Gerbert Meyer and Albert Zimmermann (eds.), *Albertus Magnus, Doctor Universalis 1280/1980* (Mainz, 1980)，書中有專章介紹聖大亞伯對醫學、動物學和植物學的貢獻。

學、煉金術、占星學和音樂,評論當時已知的亞里斯多德所有著作,對不少穆斯林大學者的作品也如數家珍。他還觀察植物與礦物,予以分類,並有傳聞說他擁有一尊雕像(以現今的說法是機器人),雖然不清楚是否跟葛培特和培根的頭像一樣能回答所有問題,但據說可以走動和說「你好」(*salve*)。

　　至於加泰隆尼亞修士柳利,他一生著述將近兩百六十冊,充分顯示他的多才多藝。其中包括兩本羅曼史、《知識樹》(*Arbor Scientiae*)和一本論愛的藝術的作品。此外,柳利為了到北非宣教而學會阿拉伯語,他的《鴻篇》(*Ars Magna*)更是被艾可譽為「用來說服不信者皈依的完美語言體系」。該書使用邏輯、修辭及數學帶領讀者發掘、記憶和表達論證,並使用輪盤(wheel)綜合不同觀念。這個技巧稱作組合術(*ars combinatoria*),顯然引自或改造自阿拉伯占星學家的星盤(*zairja*)。三百年後,柳利的作品吸引了十七世紀最偉大博學者萊布尼茲的注意。可想而知,在我們這個資訊科學時代,柳利對組合術的討論更是受到矚目[54]。

---

54　Paolo Rossi, *Clavis Universalis: arti mnemoniche e logica combinatorial da Lullo a Leibniz* (Milan and Naples, 1960), esp. 61–74; Dominique Urvoy, *Penser l'Islam. Les présupposés Islamiques de l'"'art" de Lull* (Paris, 1980); Umberto Eco, *The Search for the Perfect Language* (Oxford, 1995), 53–72, at 53; John N. Crossley, *Raymond Llull's Contributions to Computer Science* (Melbourne, 2005); Anthony Bonner, *The Art and Logic of Ramon Llull: A User's Guide* (Leiden, 2007).

# 第二章

# 「文藝復興人」時代
## 一四○○至一六○○

　　十五、十六世紀，歐洲境內流通的資訊大幅增加。在現代人稱作「文藝復興」的那個時代，學者努力重拾中世紀失傳的古希臘羅馬知識；而對歐洲某些地區、亞洲以及美洲的探索和征服也帶來新知，印刷術的發明則讓新舊知識流通得更遠、更快。不過，這個時期仍有不少學者通曉大學傳授的各種學問，不僅熟習中世紀的前三藝和後四藝，也精通「人文學」（*studia humanitatis*）：文法、修辭、詩學、歷史和倫理學。當時的人認為，掌握這五門學問，便能成為更完全的人。

　　但現代人說起文藝復興，想到的通常不只是學者，還有藝術家，尤其是所謂的「文藝復興人」（Renaissance Man）。多年來以其為名的學術書籍不在少數[1]，而且如我們先前所見，二十世紀有不少博學者，從克羅齊（Benedetto Croce）、司馬賀（Herbert

---

1　Agnes Heller, *Renaissance Man* (1982: English translation, London 1984); Dorothy Koenigsberger, *Renaissance Man and Creative inking* (Atlantic Highlands, NJ, 1979).

Simon）到李約瑟（Joseph Needham），都曾經被推崇為當代的文藝復興人。這一切都要感謝瑞士文化史大師布克哈特（Jacob Burckhardt），我們才會將多才多藝的人和文藝復興連在一起。

一八六〇年，布克哈特發表經典之作《義大利的文藝復興文明》（*The Civilisation of the Renaissance in Italy*）。在這本傳誦至今的書裡，布克哈特列舉了幾個人，包括佩脫拉克（Francesco Petrarca）、阿伯提（Leonbattista Alberti）、米蘭多拉（Giovanni Pico della Mirandola）和達文西，並稱他們為「全面人」（der allseitige Mensch）或「多面人」代表（der vielseitige Mensch）[2]，尤其阿伯提和達文西這兩位「巨人」更是受他青睞。

不少十九世紀作者也這麼形容文藝復興時期的重要人物。如在布克哈特之前，法國史學家基內（Edgar Quinet）就曾形容達文西「從解剖、化學、音樂、地質、即興演奏、詩歌、工程到物理學……所有世界他都參與其中」[3]。而在布克哈特之後，或許出自布克哈特的影響，喬治·艾略特也曾在《羅慕拉》（*Romola*）裡讚揚阿伯提「心靈強健全面，既理論又實際，既是藝術家，也是科學家、發明者和詩人」[4]。

---

2　Jacob Burckhardt, *The Civilisation of the Renaissance in Italy* (1860: English translation, London 1878), ch. 2, section 2.

3　Edgar Quinet, *Révolutions d'Italie* (Paris, 1849)，引用及翻譯自 J. B. Bullen, *The Myth of the Renaissance in Nineteenth-Century Writing* (Oxford, 1994), 175.

4　George Eliot, *Romola* (1863)，引自 Bullen, *Myth*, 218.

## 通才的理想

多面（many-sided）及「通才」正是文藝復興時期提出的理想。十五世紀義大利最偉大的導師維多利諾（Vittorino da Feltre）就曾「讚揚古希臘人稱之為博通百科（encyclopaedia）的全方位學識，並指出一個完美的人必須能談論自然哲學、倫理學、天文學、幾何、和聲、算術與研究，才能造福同胞」。在他心目中，通曉「各種不同學科」的知識是應當追求的理想[5]。此外，帕爾米耶里（Florentine Matteo Palmieri）在談到「公民生活」（la vita civile）時，也假借對話主角之口詢問「人該如何學習各種事物，以便通曉（farsi universale）許多卓越的技藝」[6]。浮士德便是著名的通才化身。一五八七年，作者不詳的《浮士德演義》（Faustbuch）在德國出版，書中形容主角「對知識充滿了難以饜足的渴望」[7]。

這些對通才的描繪都以學識為主，恰巧是本書的主題。其他說法要求更高。成為通才不僅要具備思想能力（vita contemplativa），還需要行動能力（vita activa）。用當時的生動比喻來說，就是允文（letters）允武（arms）[8]。有些說法甚至要求

5　William H. Woodward, *Vittorino da Feltre and Other Humanist Educators* (Cambridge, 1897), 1–92，書中提及普拉提納（Bartolomeo Platina）對維多利諾的描述。

6　Matteo Palmieri, *Vita Civile*, ed. Gino Belloni (Florence, 1982), 43.

7　Eliza M. Butler, *The Fortunes of Faust* (Cambridge, 1952), ch. 1.

8　James J. Supple, *Arms versus Letters: The Military and Literary Ideals in the Essais of Montaigne* (Oxford, 1984).

通才必須精通藝術。譬如卡斯提里奧內（Baldassare Castiglione）
一五二八年出版的對話錄裡就有角色指出，完美的侍臣除了要善
於打鬥，對人文學科「不只略知一二」（più che mediocrementte
erudito），還必須精通舞蹈、繪畫與音樂[9]。

　　通才理想也出現在馬克西米連一世所寫的《白國王》
（Weisskunig）裡，比卡斯提里奧內的對話錄早了幾年。這部騎士
羅曼史的主角擅長書法、七藝、魔法、醫學、占星、音樂、繪
畫、建築、狩獵、打鬥及木作，甚至通曉十一種語言[10]。法國大
作家拉伯雷則是在他虛構的巨人傳裡對多面教育做出生動的描
繪。巨人高康大（Gargantua）熟習七藝，研究醫學與兵法，雨
天還去看工匠勞動。他建議兒子龐大固埃（Pantagruel）效法自
己鑽研七藝、法律、醫學和自然史，簡而言之就是窮究「知識之
淵」（abysme de science）[11]。

　　在英國，通才的想法可以上溯到十六世紀。出版人卡克斯頓
（William Caxton）首次提到「幾乎熟悉所有學問的通才」[12]，而外
交官埃利亞特（Thomas Elyot）則是在一五三一年出版的《統治

---

9　Baldassare Castiglione, *Il Cortegiano* (1528: ed. Bruno Maier, Turin 1964), Book 1,
　　sections 44–9.

10　Maximilian, *Weisskunig*, ed. H. T. Musper (Stuttgart, 1956), part 2.不過，穆勒
　　（Jan-Dirk Müller）反對從文藝復興人的角度詮釋這個文本，參見 *Gedachtnus:
　　Literatur und Hofgesellschaft um Maximilian I* (Munich, 1982), 242。

11　François Rabelais, *Pantagruel* (c.1532), ch. 8; *Gargantua* (1534), chs. 23–4.後來
　　也有人用「知識之淵」形容法國博學者波斯特（Guillaume Postel）學識淵
　　博。

12　William Caxton, *Chronicle* (1520)，引自 *Oxford English Dictionary* under
　　'universal'.

者》（*Book Named the Governor*）裡，提出了多面教育的構想。這本書主要探討上層男性的教育，除了提到應該修習的「學群」（circle of doctrine），還建議紳士追求學識之餘也要懂得作曲和繪畫，甚至要會雕塑[13]。這種對貴族業餘者的想像，在卡斯提里奧內提到「不只略知一二」時便已略見端倪。只是這些人和「做什麼都追求卓越」的人（如阿伯提）並不相同，必須有所區隔。

## 通才的神話

雖然令人讚歎的全才並不少，前面也提到幾位，但或許有人會說，布克哈特和他那個時代的人誇大了「通才」和「文藝復興人」的特別（本章稍後會談到博學的女性）。前面舉出的種種當代人說法，有些並不如乍看那麼明確、正面。譬如卡斯提里奧內的對話錄裡就有角色質疑多方涉獵，批評有些人「老是愛做自己不懂的事，不做自己懂的事」。咸認為，此處所指為達文西[14]。

同樣的，拉伯雷筆下的「高康大式」（gargantuan）教育通常被當成文藝復興的理想，但其實也可能是對這種教育的嘲謔。至於《浮士德演義》提到浮士德求知若渴，則是想凸顯他心靈過於自大。浮士德博士在書裡不是英雄，而是警惕。十六世紀的人對於聖奧古斯丁和其他神學家對好奇心的譴責，仍然不敢大意。

布克哈特本人也是多才多藝。除了教授歷史和藝術史（這

---

13　Thomas Elyot, *The Book Named the Governor* (1531: facsimile edn, Menston, 1980), ch. 8.

14　Castiglione, *Il Cortegiano*, Book 2, section 39.

兩門學科在當時的德語世界已經分家），撰寫相關著作，還會寫詩、素描及彈鋼琴。身為歷史學家，布克哈特拒絕鑽研單一時期，因此，他既寫古希臘文化史，也寫君士坦丁時代和（在他離世後出版的講稿裡）他所處時代的世界危機。難怪他會受阿伯提和達文西那樣的通才吸引，並且想將他們舉為文藝復興時期的代表，因為那是一個智識和文化的專門化鐵幕尚未降下的黃金年代。前面曾經提到博學者的「神話」，於是，布克哈特就這麼在神話誕生的路上貢獻己力[15]。

　　博學者神話的版本很多，本書採用的版本有兩個特點。它是用過去來支持或批評現況的寓言，也是主角勝於一切的故事。故事可能完全錯誤，但也不盡然如此；在誇大的外衣之下往往包含著真實。接下來，就讓我們介紹當時幾位博學者，看看他們有多符合通才的理想。

## 行動與思想

　　阿伯提（Leon Battista Alberti）擁有多方才能，布克哈特已強調過了。一般認為，現存那本作者不詳的阿伯提傳記應該是他本人的自傳。書中形容他「多才多藝」，不僅精通各種藝術，還

---

15　Werner Kaegi, *Jacob Burckhardt: eine Biographie* (6 vols., Basel, 1947–77); Hugh R. Trevor-Roper, 'Jacob Burckhardt', *Proceedings of the British Academy* 70 (1984), 359–78. Cf. J. B. Bullen, *The Myth of the Renaissance in Nineteenth-Century Writing* (Oxford, 1994).

擅長馬術、跳高以及標槍等運動[16]。運動這部分我們無從證實，
但當時確實有些人對阿伯提的學識豐富印象深刻。人文學家蘭
迪諾（Cristoforo Landino）就曾問道：「有哪個數學領域他不知
道？幾何、算術、天文、音樂——他真是令人讚歎。」總之，阿
伯特有些成就留存至今，包括他設計的建築、論繪畫以及建築的
文章、論家族的對話、一本論數學遊戲的小書，以及一幅刻在銅
牌上的自畫像[17]。

　　多虧門徒書寫的傳記，我們才知道以理則學聞名的十五世
紀荷蘭學者阿格里科拉（Rudolf Agricola）也是擁有「多面知識」
（multiplex scientia）的通才。他和阿伯提一樣擅長繪畫、雕塑、
音樂和體操，還製作過一台管風琴[18]。

　　十六世紀有不少人雖然不如阿伯提或阿格里科拉那般多才多
藝，生活依舊是允文允武，既有思想也有行動。例如，西班牙貴
族維加（Garcilaso de la Vega）和埃爾西利亞（Alonso de Ercilla）
即身兼詩人和軍人。維加在歐洲和北非作戰，並以抒情詩聞名。
埃爾西利亞則曾經派駐現今的智利，將當地原住民和西班牙軍隊
的戰爭譜成一首史詩。英國伊莉莎白女王時代，軍人出身的西德

---

16　Riccardo Fubini and Anna Nenci Gallorini, 'L'autobiografia di Leon Battista Alberti', *Rinascimento* 12 (1972), 21–78, at 68; English translation in James B. Ross and Mary M. McLaughlin (eds.), *The Portable Renaissance Reader* (revised edn, Harmondsworth 1978), 480. Cf. Anthony Grafton, *Leon Battista Alberti: Master Builder of the Italian Renaissance* (London, 2001), 17–29.

17　Cristoforo Landino, *Apologia di Dante*，引自 Joan Gadol, *Leon Battista Alberti: Universal Man of the Early Renaissance* (Chicago, 1969), 3.

18　Werner Straube, 'Die Agricola-Biographie des Johannes von Plieningen', in Wilhelm Kühlmann, *Rudolf Agricola 1444–1485* (Bern, 1994), 11–48.

尼（Philip Sidney）以詩作和羅曼史《阿卡迪亞》聞名，後來不幸戰死荷蘭。

伊莉莎白時代還有一位文武雙全的人物很接近通才的理想，那就是冒險家雷利（Walter Raleigh）。他後來被控顛覆詹姆斯一世而被處決，臨死前在絞刑台上稱自己是「士兵、陸軍上尉、海軍上校與侍臣」。但他或許還能加上詩人、學者和世界史作者。此外，他去過美國維吉尼亞和今委內瑞拉探險。從一五九六年出版的《發現圭亞那》（*Discovery of Guiana*）裡可以看出他對異國風土民情的興趣。當時的人形容雷利「手不釋卷」，是「了不起的化學家」（換句話說就是煉金術士）[19]。

至於克萊登（James Crichton）這名蘇格蘭貴族青年，當時的人形容他「各方面學識都很可敬」（*omnibus in studiis admirabilis*），因此至今仍被人稱作「可敬的克萊登」。一五七九年，十九歲的克萊登前往義大利，隨即成為俠客般的人物，到處挑戰大學教授，要他們和他辯論。雖然英年早逝，被雇主曼圖亞公爵之子殺害，但他仍在不少義大利人心中留下正面的印象。譬如有人這麼形容：「他懂十種語言……還懂哲學、神學、數學和占星……他對卡巴拉瞭若指掌……出口成詩……對政治也很有見地」，更別提他是出色的軍人、運動員以及舞者，還是「傑

---

19　Stephen Greenblatt, *Sir Walter Ralegh: The Renaissance Man and his Roles* (New Haven, 1973); Mark Nicholls and Penry Williams, 'Raleigh, Walter', *ODNB* 45, 842–59; Nicholls and Williams, *Sir Walter Raleigh in Life and Legend* (London, 2011).

出的侍臣」[20]。

這時期還有兩位英國律師同樣結合了學識和公共生活，而且都位居業界的最高職等，成為大法官。這兩位律師就是摩爾（Thomas More）和法蘭西斯‧培根（Francis Bacon）。摩爾是人文學者兼神學家，也是《烏托邦》的作者；培根則是撰寫散文、亨利七世傳記和《學術的進步》（*Advancement of Learning*），探討促進知識進展的方法。他透過實驗來研究自然哲學，後來感染肺炎過世，據說是為了實驗冷凍雞肉是否可以保鮮而著涼，結果喪命[21]。

## 學者

嚴格說來，前面提到的「文藝復興人」僅少數算得上博學者，但當時歐洲不乏學識多面的人物。當時的人不是仿效西班牙人文學家維渥斯（Juan Luis Vives），稱呼這些人「知多識廣」（multiscius），就是和阿格里科拉的傳記作者一樣，形容他們擁有「多面知識」。之前提過，想成為人文學家或教授人文學都需要精通五藝；歷史上最偉大的人文學家伊拉斯謨（Desiderius Erasmus）甚至熟習語文學與神學。然而，伊拉斯謨不想再多探

---

20　Aldo Manutio, *Relatione de Iacomo di Crettone* (Venice, 1581); James H. Burns, 'Crichton, James', *ODNB* 14, 183–6, at 184.

21　Paolo Rossi, *Francis Bacon, from Magic to Science* (1957: English translation, London 1968); J. Martin, *Francis Bacon, the State, and the Reform of Natural Philosophy* (Cambridge, 1992).

究其他知識，並提醒他的讀者，蘇格拉底曾經批評人不該對「不必要的學問」感興趣，諸如占星和幾何，人唯一該研究的就是人。套用一名認同他看法的史學家的話，伊拉斯謨只想「追求某一種博學」[22]。

其他人文學家更是大膽，選擇追隨亞里斯多德，而非蘇格拉底。譬如馬丁路德在威登堡的左右手墨蘭頓（Philip Melanchthon），雖然以神學家的身分為後人所知，但他不僅學過或教授過修辭學和希臘文，同時通曉數學、天文學、占星和植物學[23]。

米蘭多拉（Giovanni Pico della Mirandola）特別渴望成為通才。他的代表作《論人的尊嚴》（*Oration on the Dignity of Man*）可說是文藝復興的人文主義宣言，但他的興趣不止於此。一四八六年，年僅廿三歲的他宣稱，將向羅馬提出九百論題，主題涵蓋「辯證、倫理學、物理學、數學、形上學、神學、魔法與卡巴拉」，只是未曾實現。米蘭多拉主張，數學是探究所有可知事物的方法（*via ad omnis scibilis investigationem*）。他懂希伯來文、亞蘭語和阿拉伯文，對猶太神祕思想卡巴拉尤其著迷，「將之引入⋯⋯基督教世界」。米蘭多拉不僅對卡巴拉的神祕傳統感興

---

22　André Godin, 'Erasme: *Pia/Impia curiositas*', in Jean Céard (ed.), *La curiosité à la Renaissance* (Paris, 1986), 25–36; Brian Cummings, 'Encyclopaedic Erasmus', *Renaissance Studies* 28 (2014), 183–204, at 183.

23　Dino Bellucci, 'Mélanchthon et la défense de l'astrologie', *Bibliothèque d'Humanisme et Renaissance* 50 (1988), 587–622; Sachiko Kusukawa, *The Transformation of Natural Philosophy: The Case of Philip Melanchthon* (Cambridge, 1995).

趣，也對使用希伯來文字施行魔法充滿好奇，甚至比較起卡巴拉和柳利的組合術[24]。

伊拉斯謨的對話錄作品《西塞羅信徒》（*Ciceronianus*）中，有個角色形容米蘭多拉是「全面人」（*ingenium ad omnia factum*）。米蘭多拉的姪子也說他是「精通所有學科之人」（*viri omni disciplinarum genere consumatissimi*）的代表。我們接下來會看到，諸多後世博學者和他們的仰慕者都以米蘭多拉為榜樣[25]。

米蘭多拉不是離經叛道者。他的九百論題總計十六個結論，全以「亞伯說」開頭，換句話說就是「萬能博士」聖大亞伯的看法。他還提到魯世德、西那與法拉比，而他叫陣羅馬的作法也是沿習中世紀的論爭（quodlibet）傳統。布拉格大學和其他學校都可見這類作法，老師會準備問題，針對所有學科進行辯論[26]。

稱得上文藝復興博學者的人不少，在我列出的五百位博學者裡足足占了五十位，全是出生於一五六五年以前。接下來介紹的五位博學者包括一個德國人、兩個法國人、一個英國人和一個瑞士人，分別是阿格里帕（Heinrich Cornelius Agrippa）、博丹（Jean Bodin）、斯卡利傑（Joseph Scaliger）、迪伊（John Dee）

---

24　Chaim Wirszubski, *Pico della Mirandola's Encounter with Jewish Mysticism* (Cambridge, MA, 1989), 121, 259.

25　Eugenio Garin, *Giovanni Pico della Mirandola: vita e dottrina* (Florence, 1937); Frances Yates, 'Pico della Mirandola and Cabalist Magic', in *Giordano Bruno and the Hermetic Tradition* (London, 1964), 84–116; William G. Craven, *Giovanni Pico della Mirandola, Symbol of his Age* (Geneva, 1981); Steve A. Farmer, *Syncretism in the West: Pico's 900 eses* (Tempe, AZ, 1998).

26　W. Craven, *Giovanni Pico della Mirandola* (Geneva, 1981)，書中強調米蘭多拉的中世紀傳承，反對米蘭多拉的九百論題觸及所有主題。

和格斯納（Conrad Gesner）。

　　阿格里帕據稱是有全知象徵的浮士德博士的原型。在英國劇作家馬羅創作的同名劇作當中，浮士德吹噓自己會變得「和阿格里帕一樣靈光（cunning）」──靈光這個詞在當時泛指知識。阿格里帕投身學術之前是個軍人，因此算是允文允武，同時也擔任過外交官和醫師。他的興趣包括神學、哲學、法律、醫學、煉金術、法術和（同樣讓米蘭多拉著迷的）猶太祕術卡巴拉。他自稱「書饕」（helluo librorum），除了大量引用老普林尼的作品，也評論過柳利的書。他的著作有以懷疑眼光檢視科學的《科學之虛幻》（The Vanity of the Sciences, 1527）和討論（自然、天體和宗教）法術的《神祕哲學》（Occult Philosophy, 1531-33），書中並主張魔法可以解決懷疑論的問題。有傳言說他養的黑狗其實是魔鬼。和葛培特、羅傑・培根及聖大亞伯一樣，阿格里帕在人們眼中也是既神奇又可疑[27]。

　　英國歷史學家崔姆─路普（Hugh Trevor-Roper）形容博丹「無疑是十六世紀晚期的智識大師」[28]。他的名聲主要來自《國家六書》（Les Six Livres de la République, 1576），內容探討國家的作品支持君主專制（書名裡的République不是指共和，而是共利

---

27　Yates, 'Cornelius Agrippa's Survey of Renaissance Magic', in *Giordano Bruno*, 130–43; Charles G. Nauert Jr., *Agrippa and the Crisis of Renaissance ought* (Urbana, IL, 1965); Rudolf Schmitz, 'Agrippa, Heinrich Cornelius', *DSB* 1, 79–81; Christoph I. Lehrich, *The Language of Demons and Angels: Cornelius Agrippa's Occult Philosophy* (Leiden, 2003).

28　Hugh R. Trevor-Roper, *The European Witch-Craze of the 16th and 17th centuries* (1969: Harmondsworth, 1978 edn), 47.

〔commonwealth〕），書中結合政治理論和後來稱之為「政治科學」的研究方法，成為政治制度比較分析的先驅之作。博丹還以書目形式完成一本給學生看的指南《歷史簡要理解法》（*Method for the Easy Comprehension of History*, 1566），將歷史研究和法學研究結合起來，主張比較「所有或大多數主要國家」的法律，以便選出最好的法制。他指出，理想的法學家應該是「活百科全書」，同時強調史學家必須研讀哲學與地理（包括氣象），並稱達到這兩要件的史學家為地理史學家（Geographistorici）和哲學史學家（Philosophistorici）[29]。

博丹其他著作只在專家之間流傳。首先是一五八〇年出版的《魔附妄想》（*Demonomania*），書中描述巫師的作為和他們跟魔鬼的交易，以及魔鬼嘗試說服法官對這些巫師從輕發落。他還批評阿格里帕研究祕術。接著是一五九六年出版的《自然劇場》（*Theatre of Nature*）。這本書類似百科全書，以對話方式進行，書中結合自然史及自然哲學，並援引天文學和動物學的例子，闡明自然萬物都在神的安排裡，各有用處。博丹還對現今所謂的經濟學做出貢獻。當時物價上揚，而博丹針對某個朝臣的發言所做

---

\* 譯註：commonwealth 一詞原指公眾福祉，後來指稱為促進共同利益而成立的政治群體，可以是單一共和國，也可以是一群主權國家的聯合體，如大英「國協」。

29 Beatrice Reynolds (ed. and trans.), *Method for the Easy Comprehension of History* (New York, 1945), 2 (the dedication), 79, 81. On Bodin's studies of law, history and politics, Julian H. Franklin, *Jean Bodin and the Sixteenth-Century Revolution in the Methodology of Law and History* (New York, 1963); Donald R. Kelley, ' The Development and Context of Bodin's Method' (1973: rpr. Julian H. Franklin [ed.], *Jean Bodin* [Aldershot, 2006], 123–50).

的回應「堪稱貨幣數量論的先聲」[30]。

博丹可能是匿名發表的《七人對話錄》（*Colloquium Heptaplomeres*）的作者。書中的對話者談論天主教、喀爾文教派、路德教派、猶太教、伊斯蘭和自然宗教的優缺點。總之，博丹積極尋求天主教和新教在法國的衝突得以結束[31]。

另一個法國人斯卡利傑可以說是博丹「智識大師」的有力挑戰者。當時的人形容他是文學國度的「海克力士」，康德稱讚他是記憶「奇人」，晚近則有學者說他是「學識巨人」。斯卡利傑基本上是語文學家，出類拔萃的學者中的學者，我們稍後會介紹的塞爾登（John Selden）更是心嚮往之[32]。他編輯古代典籍，包括羅馬博學者瓦羅、詩人卡圖盧斯、提布魯斯和普羅佩提烏斯的作品，不僅進行出色的修訂，方法也有創新，尤其是重建文本歷史的作法。

斯卡利傑的治學方法綜合了傳統語文學家和律師之長。他曾經師事律師居亞斯（Jacques Cujas），學習如何整合證據。為了編輯古羅馬詩人曼尼里烏斯（Marcus Manilius）的一首天文

---

30 Denis P. O'Brien, 'Bodin's Analysis of Inflation' (2000: rpr. in Franklin [ed.], *Jean Bodin*, 209–92).

31 Marion Kuntz, 'Harmony and the *Heptaplomeres* of Jean Bodin', *Journal of the History of Philosophy* 12 (1974), 31–41; Noel Malcolm, 'Jean Bodin and the Authorship of the "Colloquium Heptaplomeres', *Journal of the Warburg and Courtauld Institutes* 69 (2006), 95–150.

32 有關斯卡利傑是「記憶奇人」（Wündermännern des Gedächtnisses），Immanuel Kant, *Gesammelte Schriften* 7 (Berlin, 1907), 184；有關他是「學識巨人」，見 *Joseph Scaliger: A Study in the History of Classical Scholarship*, 2 vols. (Oxford, 1983–93), vol. 2, 22.

詩，他學習天文學的歷史。斯卡利傑還是東方學家，精通希伯來文、亞蘭語和阿拉伯文。他將這些知識全用在代表作《論時間校正》（*De emendatio temporum*, 1583）裡，並編纂《時間文選》（*Thesaurus temporum*, 1606 ）做為補遺。他在這兩本書裡有系統地批評了以古典語言撰寫的資料，並且和一世紀後的牛頓一樣，嘗試用天文資訊化解希臘、羅馬、巴比倫和其他曆法之間的矛盾[33]。

有些人認為，英國學者迪伊是馬羅《浮士德博士》主角的原型，如同阿格里帕被視為德文原版《浮士德演義》的主角原型。他直到晚近才受到史學家重視——這點也和阿格里帕類似——因為他的研究主題包括占星術、天使學、法術和煉金術這類依然受到祕術愛好者青睞，卻已不再有主流學者認真看待的學問。迪伊的興趣還包括數學、天文、哲學、法律、物理、航海與地理，而他的地理老師正是鼎鼎大名的荷蘭製圖師麥卡托。他也對之前的博學者特別感興趣，例如聖大亞伯、羅傑・培根、柳利和米蘭多拉。迪伊的藏書量在當時可謂首屈一指，包括四千本書和手稿，主題涵蓋建築、音樂、古文物、紋章、系譜學和前面提到的那些學問。簡而言之，「他無所不涉獵，是道道地地的文藝復興人」，基本上「縱橫所有領域」[34]。

---

33 Jakob Bernays, *Joseph Justus Scaliger* (Berlin, 1855); Grafton, *Joseph Scaliger*, vol. 2.

34 Peter J. French, *John Dee: The World of an Elizabethan Magus* (London, 1972), 209; Nicholas H. Clulee, *John Dee's Natural Philosophy* (London, 1988); J. Roberts and A. Watson, *John Dee's Library Catalogue* (London, 1990); William H. Sherman, *John Dee: The Politics of Reading and Writing in the English Renaissance* (Amherst, MA: University of Massachusetts Press, 1995); R. Julian Roberts, 'Dee, John', *ODNB* 15, 667–75; Stephen Clucas (ed.), *John Dee: Interdisciplinary Studies in English Renaissance ought* (Dordrecht, 2006).

　　格斯納英年早逝——四十九歲便離開人間。他以人文學家、醫師、自然學家和百科全書作者而聞名，除了有「雜學者」和「德國的老普林尼」的稱號，後世稱他「博學怪物」——我們下一章會介紹這個稱號[35]。

　　格斯納在洛桑大學教授希臘文，曾經出版幾本古希臘典籍，但最常為人記得的，是一五四五年出版的目錄學兼傳記詞典《世界圖書》（*Bibliotheca universalis*）。在這本厚達一千三百頁的巨著裡，格斯納收錄了三千名希臘文和拉丁文作者約一萬本作品，成為試圖發掘和保存古代典籍的人的寶貴參考資料[36]。一五五五年，他又完成一本比較一百三十種語言的書，名為《密特里達提》（*Mithridates*）。

　　不僅如此，格斯納除了在蘇黎世當醫師，還跟他那個世代的許多人文學家一樣，積極研究自然與文化，並陸續完成關於動物（《動物史》〔*Historiae animalium*, 1551-8〕）、浴場（《德國與瑞士溫泉》〔*De Germaniae et Helvetiae Thermis*, 1553〕）和化石（《化石類別》〔*De fossilium genere*, 1565〕）的書，還留下植物學手稿，可惜他太早離世，不然應該又能寫成一本書。儘管格斯納依然維持文藝復興人文學家的傳統，會參考亞里斯多德和老普林尼等古典大家的意見，卻也仰賴自身對動植物的觀察。分別有一

---

35　Helmut Zedelmaier, *Bibliotheca universalis und Bibliotheca selecta: das Problem der Ordnung des gelehrten Wissens in der frühen Neuzeit* (Cologne, 1992), 101, 297n.

36　Ann Blair, 'Humanism and Printing in the Work of Conrad Gessner', *Renaissance Quarterly* 70 (2017), 1–43, at 9.

屬花卉和一屬飛蛾以他命名。

晚近學者為了釐清格斯納為何能在短短一生中，針對那麼多主題完成那麼多作品，紛紛著手研究他的工作方法，由此發現他有許多資訊來自書信往返，再由他剪輯重排，收錄於不同主題之下。其他資訊則是來自訪客，以及他的廣泛閱讀。至於整理編排這些資料的工作，則有助理和抄寫員替他分擔。即便如此，格斯納的成就仍相當可觀[37]。

## 統合與調和

這些人為何要研究那麼多主題？格斯納可能純粹出於狐狸式的好奇，但對秩序的熱情和想補救他口中的「群書無序」肯定也是原因。至於其他的「刺蝟型」博學者，則是以統合知識為主因。本書接下來幾章還會聽到這個說法。例如，米蘭多拉就是很明顯的例子，他希望調和互相衝突的觀念（如亞里斯多德和柏拉圖的主張）與文化（如基督教、猶太教與穆斯林）。難怪當時不少人稱他「協調王」（Prince of Concord），尤其他家族擁有義大利的孔蔲帝亞鎮（Concordia），更顯得這個稱號實至名歸。

---

37　出處同前，頁14；Alfredo Serrai, *Conrad Gesner* (Rome, 1990); Massimo Danzi, 'Conrad Gessner (1516–1565: Universalgelehrter und Naturforscher der Renaissance', *Bibliothèque d'Humanisme et Renaissance* 78 (2016), 696–701; Urs B. Leu and Mylène Ruoss (eds.), *Facetten eines Universums: Conrad Gessner, 1516–2016* (Zurich, 2016).

　　另外，尼各老（Nichola of Cusa）也是為了調和各方觀念而博覽群書。這位樞機主教身兼哲學家、神學家、律師、數學家、天文學家和外交官，曾經撰寫《論公教的一致》（De Concordantia Catholica），試圖化解教會的分歧[38]。米蘭多拉知道有尼各老這個人，還希望去德國參觀他的藏書[39]。法國博學者波斯特（Guillaume Postel）也是如此。他的《論世界的調和》（De orbis terrae concordia）便特別強調不同宗教裡的共同元素[40]。

　　博丹也關切合諧的問題。由於法國當時正在進行宗教戰爭，他的反應不難理解。博丹認為自然是一個和諧的體系，而他討論政治上的和諧正義（harmonic justice）的著作，後來還被天文學家克卜勒拿來討論，並出現在克卜勒一六一九年出版的《世界的和諧》（Harmonies of the World）一書中。有學者認為，「博丹所有論法律的著作都在追求統合」，他「執迷於系統」，《七人對話錄》核心主題是和諧，《自然劇場》則是嘗試「為不斷增加的知識賦予秩序與一致性」的代表作。我們接下來會看到，從十七世紀起，這樣的嘗試變得愈來愈困難[41]。

38　Christopher, Bellitto, omas M. Izbicki and Gerald Christianson (eds.), *Introducing Nicholas of Cusa: A Guide to a Renaissance Man* (New York, 2004).

39　Garin, *Pico*, 120n.

40　William J. Bouwsma, *The Career and ought of Guillaume Postel* (Cambridge, MA, 1957); Marion Kuntz, *Guillaume Postel: Prophet of the Restitution of all ings* (The Hague, 1981).

41　Franklin, *Sixteenth-Century Revolution*, 59; Kelley, 'Development', 145; Marion D. Kuntz, 'Harmony and the Heptaplomeres of Jean Bodin', *Journal of the History of Philosophy* 12 (1974), 31–41; Ann Blair, *The eater of Nature: Jean Bodin and Renaissance Science* (Princeton, NJ, 1997), 7.

　　編纂百科全書往往蘊含「整全」的概念，而那時期雖然印刷書籍數量倍增，使得編纂百科全書愈來愈困難，不過仍有學者嘗試。西班牙人文學家維渥斯（Juan Luis Vives）在一五三一年出版的《論陶冶》（*On Disciplines*）裡談論學識的整全。格斯納曾編纂書籍和動物的百科全書。義大利醫師卡爾達諾（Gerolamo Cardano）以其數學成就為後人所知，但他也寫下兩部百科全書式作品，分別是一五五○年的《事物之精妙》（*De Subtilitate rerum*）和一五五八年的《世間萬物》（*De rerum varietate*）。克羅埃西亞學者斯卡利奇（Paul Skali ）一五五九年出版了《百科全書》，瑞士巴塞爾大學教授茨溫格（Theodor Zwinger）一五六五年出版《人類生命劇場》（*Theatri humanae vitae*），書中依據道德範疇分類，收錄大量人類行為案例，本書第三版厚達四千五百頁，超過六百萬字[42]。

## 藝術家和工程師

　　文藝復興運動的參與者為何充滿創造力，有些人認為關鍵在於「去分隔化」，亦即打破（或至少削弱）不同群體之間的溝通障礙，抹除「學者和思想家跟實踐者原有的隔閡」[43]。

---

42 字數統計出自 Ann Blair, 'Revisiting Renaissance Encyclopaedism', in Jason König and Greg Woolf (eds.), *Encyclopaedism from Antiquity to the Renaissance* (Cambridge, 2013), 379–97, at 385.

43 Erwin Panofsky, 'Artist, Scientist, Genius', in Wallace K. Ferguson (ed.), *The Renaissance: Six Essays* (New York, 1962), 121–82.

比方說，不少人文學家跟畫家或雕刻家交情匪淺，聖大亞伯就跟馬薩喬（Masaccio）和多那太羅（Donatello）關係不錯。他主張，畫家應該接受普通教育，並且和古羅馬的維特魯威一樣，認為建築師亦然。阿格里科拉（Georg Agricola）是醫師，在煤礦小鎮約阿希姆斯塔爾（今捷克亞希莫夫）執業，一五五六年出版的《論礦冶》（De re Metallica）是他最知名的作品，書中除了他自己的閱讀和觀察心得，還有他從礦工身上學到的實務知識[44]。

這時期的「多面人」不再是學者的專利，因為當時要成為藝術家或工程師也必須博學多聞。大亞伯的建築師朋友布魯涅斯基（Filippo Brunelleschi）便因為兩項頗為不同的成就而聞名，一是設計和監造佛羅倫斯大教堂的圓頂，克服了其他人認為無法解決的結構問題，二是重新發現線性透視的規則。布魯涅斯基曾經使用這些規則，繪製一幅堪稱幻覺技法傑作的作品。這幅佚失的畫作以佛羅倫斯洗禮堂為對象，要從畫後面的窺孔對著鏡子看。據說布魯涅斯基在畫中使用了他在羅馬測量古建築遺跡的勘查法。假如真有其事，那麼他的成就可以說充分展現博學者對知識的貢獻，將一門學科的觀念及方法轉移到另一門學科。

布魯涅斯基其實是金匠出身，所以也會雕刻。他參加有名的佛羅倫斯洗禮堂大門設計大賽，取得第二名，僅次於專攻雕刻的吉伯第（Lorenzo Ghiberti）。他也擅長發明各種尺寸的機器，是

---

44　Eugenio Battisti, *Filippo Brunelleschi* (Florence, 1976); Bertrand Gille, 'Brunelleschi, Filippo', *DSB* 2, 534–5.

歷史上首位取得發明專利的人。他的心血結晶包括鬧鐘和起吊橫樑的機器。他設計的知名圓頂的主梁便是用那台機器吊上去的。早年曾有傳記指出，布魯涅斯基既是數學家，也「熟習聖經」，還研究過但丁的作品。除此之外，他也寫韻文，並用十四行詩來羞辱他的對手和批評者[45]。

布魯涅斯基的朋友塔可拉（Mariano Taccola）有「錫耶納的阿基米德」之稱，除了擔任公證人、雕刻家和道路監管人，也是神聖羅馬帝國皇帝西吉斯蒙德的軍事工程師。他以兩部論機械的著作最為人知，除了討論布魯涅斯基的發明，並附上圖說，論及不少極富創意的武器[46]。

另一個錫耶納人馬丁尼（Francesco di Giorgio Martini）是塔可拉的門生，畫家出身，但是多才多藝，曾經負責錫耶納的水利工程，後來成為烏爾比諾公爵和兩任拿波里國王的建築師和軍事工程師。他承繼布魯涅斯基和塔可拉的傳統，著述主題橫跨建築、防禦工事和機器，包括泵浦、鋸子及一輛可能用作歷史劇道具的活動馬車[47]。

瓦薩里（Giorgio Vasari）寫過一本傳記經典《藝苑名人傳》（*Lives of the Artists*），其中稱呼羅馬諾（Giulio Romano）、普里馬蒂喬（Primaticcio）和一些藝術家為「通才」（universale）。烏

45　Bertrand Gille, *The Renaissance Engineers* (1964: English translation, Cambridge, MA, 1966), 81–7; Paul L. Rose, 'Taccola', *DSB* 13, 233–4.

46　Bertrand Gille, *The Renaissance Engineers* (1964: English translation, Cambridge, MA, 1966), 81–7; Paul L. Rose, 'Taccola', *DSB* 13, 233–4.

47　Gille, *The Renaissance Engineers*, 101–15; Ladislao Reti, 'Martini, Francesco di Giorgio', *DSB* 9, 146–7.

爾比諾公爵更進一步，自創一形容詞「全才」（omniversale）來描述建築師簡嘎（Bartolomeo Genga）。這兩個詞用在這些藝術家身上可能專指才藝[48]，但用在達文西身上可就不止於此了。

## 達文西

　　達文西是最有名的「文藝復興人」，也是最不典型的一個[49]。他不是人文學家，也和上節提到的工程師不同，沒有受過人文教育。他可能根本沒有上過學，長大後也只能勉強讀懂拉丁文。他在知名的佛羅倫斯藝術大師維洛奇奧（Andrea Verrocchio）門下修習藝術，不僅學會繪畫與雕刻，甚至設計武器，並從布魯涅斯基和馬丁尼（後來成為他的朋友）手中承襲了托斯卡尼的工程傳統。他是十五、十六世紀佛羅倫斯發明潮的傑出典範。師傅在工房裡將知識傳給學徒，如此代代相承，每個藝術家都曾拜更早的藝術家為師，而後自創風格。譬如維洛奇奧不僅是達文西的老師，也教導過基蘭達奧（Ghirlandaio），而基蘭達奧又教過米開朗基羅。

　　達文西從佛羅倫斯搬到米蘭後，答應為米蘭公爵斯福爾札（Ludovico Sforza）興建橋梁、大砲、投石機和（第十項才提到）

---

48　引自Martin Warnke, *The Court Artist* (1985: English translation, Cambridge 1993), 177.

49　達文西通論包括Vasilii Zubov, *Leonardo da Vinci* (1961: English translation, Cambridge, MA 1968); Martin Kemp, *Leonardo da Vinci: The Marvellous Works of Nature and Man* (London, 1981); Walter Isaacson, *Leonardo: The Life* (New York, 2017).

創作雕刻及建築作品，因而受到公爵賞識，任命他為御用工程師（*ingeniarius ducalis*），除了處理運河和防禦工事，還要負責宮廷歷史劇裡的「特效」。他在米蘭宮廷裡更是有名且精湛的音樂家，會唱歌也會彈奏里拉琴。這些天賦在卡斯提里奧內宮廷備受青睞。除此之外，達文西也發明新樂器，並研究聲音[50]。他後來擔任威尼斯共和國的軍事工程師，也在教宗兒子波吉亞（Cesare Borgia）出兵征服羅馬涅期間，擔任其軍事工程師。達文西設計過許多機器，包括機械獅子、巨石弓、齒輪簧板槍、飛行機和類似潛艇的水底船艦[51]。

　　除了畫家和雕刻家身分，達文西亦承襲托斯卡尼藝術家兼工程師傳統。前面提到的布魯涅斯基、塔可拉和馬丁尼亦在其中，因此很難判斷他在筆記裡描繪的機器確實是他本人的發明，抑或只是取自共有的知識與想法。不過，達文西在許多方面都超過了前人。

　　雕刻家切利尼（Benvenuto Cellini）表示，法蘭西斯一世曾說「他不相信有哪個人知道的比達文西還多的」[52]。但我們無需法國國王背書。達文西厚達七千多頁的筆記，我們稱作「亞特蘭提斯抄本」的浩瀚手稿，充分顯示了他的興趣有多廣泛，連聖大亞伯都瞠乎其後。

---

50　Emmanuel Winternitz, *Leonardo da Vinci as a Musician* (New Haven, 1982).

51　Raffaele Giacomelli, 'Leonardo da Vinci aerodinamico' and Luigi Tursini, 'La navigazione subacquea in Leonardo', in *Atti del Convegno di Studi Vinciani* (Florence, 1953), 353–73 and 344–52; Mario Taddei and Edoardo Zanon, *Le macchine di Leonardo* (Milan, 2005).

52　引文出自 Martin Kemp, *Leonardo* (Oxford, 2011), 45.

　　達文西在多數領域都是自學成材。他曾在某份筆記裡形容自己是「不學無術之人」（*omo sanza lettere*），隨即又自豪表示他的知識都來自經驗，而非書本[53]。其實他一點一滴蒐集了不少書籍，一五○四年總數為一百一十六冊。譬如他曾經研究托勒密對宇宙學的看法、維特魯威對建築的見解、中世紀針對光學和解剖學的討論，以及前輩博學者如老普林尼、羅傑・培根、肯迪和西那的著述[54]。

　　達文西的知識似乎更多來自他向專家的請益。他曾用筆記提醒自己：「去找算盤專家示範三角形變正方形的算法……請教安東尼奧大師堡壘裡的迫擊砲白天和晚上該擺在哪個位置；請教波提那里（Benedetto Portinari）如何在法蘭德斯的冰上行走」。定居米蘭期間，達文西和帕維亞大學醫學教授托爾（Marcantonio della Torre）成為朋友，兩人曾經一起解剖屍體。

　　達文西的學問幾乎都是靠這種「動手」研究與觀察而來的。他研究解剖學，甚至親自解剖屍體，起初是為了更準確地描繪人體和馬，後來則是純粹出於好奇。有學者認為，解剖學是「達文西做出影響最深遠的發現的學科。他似乎是第一個研究動脈硬化形成的人，並發現了心臟主動脈瓣的功能」[55]。同理，達文西一開始研究光學是為了提升繪畫技巧，最後卻發現了「瞳孔會因為眼

53　Leonardo, 'Codice Atlantico', 119, a passage discussed in Kemp, *Marvellous Works*, 102–3.

54　Giorgio di Santillana, 'Léonard et ceux qu'il n'a pas lus', in *Léonard de Vinci et l'expérience scientifique* (Paris, 1953), 43–9.

55　Martin Clayton and Ron Philo, *Leonardo Anatomist* (London, 2012), 7.

前物體的明暗而張縮」[56]。

　　達文西也對幾何深深著迷，不僅自稱發現了將圓形變成正方形的方法，還寫道「別讓不懂數學的人讀我的筆記」。他鑽研過現今稱作機械力學、水力學、化學、植物學、動物學、地質學和製圖學的學問。諷刺的是，現今我們有賴很多專家才能衡量達文西在這些領域的成就。

　　譬如他深受水的流動吸引，曾經將麥子或染料放進水裡觀察[57]，還對顏料和繪畫表面進行過化學實驗[58]。從筆記裡可以看到，他曾經仔細觀察植物，他的名畫《岩間聖母》也是如此。畫中的花朵只有某個季節在某個潮濕洞穴才見得到。這幅收藏在羅浮宮的畫作對高山地質和植物的描繪非常精確，「岩石裂縫表面的風化程度和該岩石的硬度完全符合」[59]。達文西也收藏化石，他認為化石是地球歷史的證據，並根據年輪計算樹的年齡[60]。他不僅仔細觀察馬和鳥，還觀察蝙蝠、蜥蜴和鱷魚[61]。他繪製的地

56　Francesca Fiorani and Alessandro Nova (eds.), *Leonardo da Vinci and Optics* (Venice, 2013).

57　Zubov, *Leonardo,* 188–9, 109; Mario Taddei and Edoardo Zanon (eds.), *Leonardo, l'acqua e il Rinascimento* (Milan, 2004).

58　F. Sherwood Taylor, 'Léonard de Vinci et la chimie de son temps', in *Léonard de Vinci et l'expérience scientifique* (Paris, 1953), 151–62.

59　Ann Pizzorusso, 'Leonardo's Geology', *Leonardo* 29 (1996), 197–200.

60　Annalisa Perissa Torrini, 'Leonardo e la botanica', in Perissa Torrini (ed.), *Leonardo da Vinci uomo universale* (Florence, 2013), 99–107.

61　F. S. Bodenheimer, 'Léonard de Vinci, biologiste', in *Léonard de Vinci et l'expérience,* 171–88.

圖也顯露他對地理學的興趣[62]。就像曾為達文西作傳的藝術家瓦薩里所說，「不論他心思轉到哪件困難的事上，他都能輕鬆解決。」

　　瓦薩里當然誇大了偶像的成就。不難想見，達文西興趣廣泛也有缺點，那就是大量失敗。他設計的巨弩無法作用，圓形無法變成正方形，名作《最後的晚餐》保存狀況不佳更是完成幾年後便看得出來，顯示他的化學實驗沒有成功。如同當時的人注意到的，不論開心痛苦，達文西經常未能按時完成雇主的託付，甚至半途而廢，最有名的例子就是斯爾福札公爵的父親法蘭切斯科的騎馬像。達文西直接用「馬」來稱呼這個作品。他計畫著述討論繪畫、水力、解剖、光學、飛行和機械力學，但都沒有完成，有些可能不曾動筆。達文西就算不是歷史上最偉大的藝術家，也是他那個時代最偉大的藝術家，卻有同代人形容年近五十歲的他「一拿起畫筆就不耐煩」（*impacientissimo del panello*）[63]。本書接下來還會提到一些博學者，也是由於興趣和精力分散而未能完成他們的計畫。正是因為這個理由，我才會發明「達文西症候群」這個詞。

　　乍看之下，達文西是最傑出的狐狸典型，對什麼事幾乎都有興趣，並以各種方式探求知識。然而，如同一些學者指出的，說他興趣「廣泛」是種誤導。表面上出於好奇的興趣，其實通常都

---

62　Roberto Almagià, 'Leonardo da Vinci geografo e cartografo', in *Atti del Convegno di Studi Vinciani* (Florence, 1953), 451–66.

63　Fra Pietro da Novellara，引文出自 Kenneth Clark, *Leonardo da Vinci* (1936: new edn, Harmondsworth, 1958), 63.

和他當時關注的事情有關。他發現了光和聲音，樹枝、河流和血管，飛行和游泳，動物和機器之間的相似性，寫下諸如「鳥是依據數學定律運作的樂器」之類的見解。他的一些發現便是源自這種類比，諸如將人體內的血液流動比做水流，藉此解釋心臟瓣膜的作用。總之，達文西假定「自然界的多樣只是內在一體（unity）的外在徵狀」[64]，而這些「串起片段的隱形線索」就散布在他浩瀚筆記裡的各個角落[65]。

## 文藝復興女

如今只要提到「文藝復興人」（Renaissance Man），免不了有人會問：那有沒有「文藝復興女」（Renaissance Woman）？這個問題立刻會引來另一個問題：從前那些學識豐富的女性呢？古典時代晚期確實有個名叫希帕提婭（Hypatia of Alexandria）的博學女性，其作品涵蓋哲學、數學與天文學[66]。

十二世紀，後來成為修道院院長的德國修女賀德佳（Hildegard von Bingen）不但是先知、詩人與劇作家，也是學者和修女導師（*magistra*）。她依據自己在修道院醫務室的經驗完成了一本論藥草的指南《自然界》（*Physica*）和一本論疾病、病因與療法的書《病因與療法》（*Causae et curae*）。她同時鑽研哲

---

64　Kemp, *Leonardo*, 4.

65　Zubov, *Leonardo*, 65.

66　Edna E. Kramer, 'Hypatia', *DSB* 6, 615–6; Charlotte Booth, *Hypatia: Mathematician, Philosopher, Myth* (London, 2017).

學、神學、音樂、天文學與占星術，並著述討論[67]。

　　女詩人德‧皮桑（Christine de Pizan）活躍於中世紀晚期到文藝復興時期這段期間。生於威尼斯的她後來定居法國，一生共完成四十多本書，除了自傳，也包括論道德（《三德之書》〔*Livre des trois vertus*, 1405〕）、戰爭（《論武藝》〔*Livre des Faits d'Armes*, 1410〕）、機運（《命運無常》〔*Livre de la Mutacion de Fortune*, 1403〕）和政治哲學的著作，以及一四○五年出版的代表作《婦女城》（*Cité des Dames*），書中以歷史劇的方式介紹過去的知名女性，以呈現女性的能力[68]。

　　文藝復興時期的歐洲女性備受壓抑，不僅難以獲得學識，更無法從軍，必須克服重重阻礙才能取得求知的門票，除了大學不收女性，社會普遍看法也是女性原則上不適合讀書求學，而是應該在家相夫教子或當修女。卡斯提里奧內在他知名的對話錄裡雖然除了男官也提到女官（*gentildonna da courte*），但她們的學識只限於文學、音樂、繪畫、舞蹈和優雅地取悅男性[69]。

　　同樣的，布克哈特和其他十九、二十世紀的作者也先入為主認為，文藝復興時期的多面學者全是男性。這個看法後來受到女

---

67　Sabina Flanagan, *Hildegard of Bingen, 1098–1179, a Visionary Life* (London, 1989); Charles Burnett and Peter Dronke (eds.) *Hildegard of Bingen: The Context of her Thought and Art* (London, 1998), especially the essays by Burnett, Jacquart and Moulinier; Heinrich Schipperges, *The World of Hildegard of Bingen* (Collegeville, MN, 1999).

68　Margaret Brabant (ed.), *Politics, Gender, and Genre: The Political Thought of Christine de Pizan* (Boulder, CO, 1992); Kate Forhan, *The Political Theory of Christine de Pizan* (Aldershot, 2002).

69　Castiglione, *Il Cortegiano*, Book 3, section 9.

性主義歷史學家的質疑，指出當時有一小群女性克服了這些阻礙，不僅研讀人文學科，寫信寫講稿也寫詩，有些還用拉丁文或地方語著書立說。這些女性多半出身貴族，通過家教獲得學識，可惜我們對她們所知極少，只有少數幾位知道得多一些。

　　根據一名史學家的看法，一三五〇至一五三〇年期間，義大利有三名女性因博學而「廣為人知」，另有九名女性「小有名氣」[70]。因博學而知名的三名女性分別是諾卡蘿拉（Isotta Nogarola）、契芮塔（Laura Cereta）和費德蕾（Cassandra Fedele）。諾卡蘿拉於維洛納出生，除了和同城的知名人文學家薇若妮絲（Guarino Veronese）通信，也寫過演講稿和一本論亞當與夏娃的對話錄[71]。契芮塔生於布雷西亞，在修道院研習拉丁文、哲學、數學和天文學，經常寫信和男性人文學家討論女性的教育，並將其中八十二封信彙整成書[72]。費德蕾來自威尼斯，精通古代典籍和哲學，除了寫詩，也在帕多亞和威尼斯多次發表演說讚揚讀書求知，並且和當時的頂尖男性人文學家通信。她寫過一本談論知識系統的書

70 Margaret L. King, 'Book-Lined Cells: Women and Humanism in the Early Italian Renaissance'，收錄於Patricia H. Labalme (ed.), *Beyond eir Sex: Learned Women of the European Past* (New York, 1980), 66–90, at 81n. Cf. 參見Paul O. Kristeller, 'Learned Women of Early Modern Italy'， 收 錄 於Labalme, *Beyond Their Sex*, 91–116; Lisa Jardine, 'The Myth of the Learned Lady', *Historical Journal* 28 (1985), 799–819.

71 Lisa Jardine, 'Isotta Nogarola', *History of Education* 12 (1983), 231–44; Margaret King, 'Isotta Nogarola'，收錄於Ottavia Niccoli (ed.), *Rinascimento al femminile* (Rome and Bari, 1991), 3–34.

72 Albert Rabil Jr, *Laura Cereta: Quattrocento Humanist* (Binghamton, NY, 1981); M. Palma, 'Cereta, Laura', *DBI* 23, 729–30.

《科學系統》（*De scientiarum ordine*），可惜已經佚失[73]。

這些女性雖然博學，卻很少涉獵廣泛。例如有研究指出，契芮塔「對思辨哲學、辯證、神學、法律和醫學毫無興趣」[74]；至於其他女性人文學家，她們「作品往往很是普通，但話說回來，多數男性人文學家的著作也不甚了了」[75]。由於本書不介紹表現普通的博學者，因此若要避免雙重標準，就只有費德蕾符合我們的標準。

義大利之外的女性博學者有卡莉塔絲・庇爾克海默（Caritas Pirckheimer）。她是人文學家威利波德・庇爾克海默（Willibald Pirckheimer）的姊姊，在紐倫堡出生，接受完家庭教育之後，進入當地的聖克萊爾修道院求學，隨後成為修女，最後當上院長。她的學識受到不少頂尖人文學家的讚揚，包括伊拉斯謨[76]。同一時期，綽號「拉丁人」（La Latina）的西班牙女性卡琳諾（Beatriz Galindo）除了在薩拉曼卡大學讀書，還被卡斯提爾女王伊莎貝拉一世欽點入宮，教導女王和公主拉丁文，並著書評論亞里斯多德[77]。

---

73　C. Cavazzana, 'Cassandra Fedele erudita veneziana del Rinascimento', *Ateneo veneto*, XXIX (1906), 74–91, 249–75, 361–97; Franco Pignatti, 'Fedele, Cassandra', *DBI* 45, 566–8.

74　Rabil, *Laura Cereta*, 25.

75　King, 'Book-Lined Cells', 69.

76　Georg Deichstetter (ed.), *Caritas Pirckheimer, Ordensfrau und Humanistin* (Cologne, 1982).

77　Almudena de Arteaga, *Beatriz Galindo, La Latina, maestra de reinas* (Madrid, 2007).

英國知名的女性博學者有《烏托邦》作者摩爾的女兒羅珀（Margaret Roper）。摩爾曾經寫信建議女兒，除了醫學和宗教書籍，也要研習「人文學和所謂的通識科目」。羅珀會拉丁文也會希臘文，曾經翻譯伊拉斯謨的作品。另外，新教人文學家庫克（Anthony Cooke）的五個女兒也都通曉拉丁文、希臘文、希伯來文、義大利文和法文。其中安和伊莉莎白都從事過翻譯，安是翻譯拉丁文作品，伊莉莎白則是翻譯法文[78]。當時普遍認為，翻譯比寫書更適合女性。

說起文藝復興女性，法國的德古內（Marie de Gournay）應該算是最具代表性的，雖然她過世時已是一六四五年。德古內是貴族之後，拉丁文無師自通，一五八四年偶然讀到蒙田的隨筆集。由於年紀尚輕的她太興奮，母親還給她吃藥，讓她冷靜。德古內後來親眼見到蒙田。蒙田對她視如己出，將後來版本的隨筆交由她編輯。德古內除了寫詩，還寫了一本羅曼史，並翻譯古代典籍、從事煉金術、出版雜文集《影子》（*L'Ombre*, 1626）和一本探討男女平等的論戰之作[79]。

然而，我們必須承認，這些女性雖然學識出眾，卻未能達到當時的「多面」標準。讀者稍後將會發現，一直要到十七世紀，歐洲才出現了足以和中世紀的賀德佳相提並論的女性博學者。

---

78　Retha M. Warnicke, 'Women and Humanism in the English Renaissance'，收錄於 Albert Rabil Jr (ed.), *Renaissance Humanism* (Philadelphia, 1988), vol. 2, 39–54.

79　Marjorie H. Ilsley, *A Daughter of the Renaissance: Marie Le Jars de Gournay* (The Hague, 1963); Eva Sartori, 'Marie de Gournay', *Allegorica* 9 (1987), 135–42; Michèle Fogel, *Marie de Gournay: itinéraires d'une femme savante* (Paris, 2004).

# 第三章

# 「博學怪物」時代
## 一六〇〇至一七〇〇

　　若說文藝復興時期是「通才」時代，首重思想與行動的結合，那麼下一個時代便是學術知識掛帥，以通曉百科的學者為理想。以本身也是博學者的荷蘭人布爾哈夫的話來說，就是「博學怪物」的時代[1]。

## 博學者的時代

　　如今想來，十七世紀似乎是多面學者的黃金年代。雖然那個時期的學者不像文藝復興時期的某些通才那般擅長擊劍、歌唱、舞蹈、馬術或運動，但本書附錄列舉的博學者有九十二人生於一五七〇至一六六九年之間，生於一四七〇和一五六九年之間的只有三十九位，足足少了一半之多。

---

[1]　Hermann Boerhaave, *Methodus studii medici* (Amsterdam, 1751), 73。艾略特在《米德爾馬契》裡喜歡用「博學英雄」來稱呼，物理學家費曼的自傳則是用「怪物心靈」來形容馮紐曼等人。

　　過去受神學家如奧古斯丁和喀爾文貶低的智識好奇心，重新受到一些重量級哲學家的推崇，尤其是法蘭西斯·培根。他除了被視為「文藝復興人」的典範，更對十七世紀的學識做出最重大的貢獻。培根宣稱，他的疆土是「所有知識」，不僅替知識分類，還探討認識論的問題。他的格言是「超越極限」（Plus Ultra），意思是「超越」已知，不在智識世界的海克力士之柱停留。一六二〇年，培根出版《偉大的復興》（Great Instauration），標題頁畫了一艘正要通過海克力士之柱的船，以及一句拉丁文格言：「必有許多人往來奔跑，知識就必增長」（multi pertransibunt et augebitur scientia）[2]。

　　我們很容易忽略十七世紀博學者涉獵的學術範圍有多廣，因為現代人只記得他們其中幾項主要成就。如荷蘭學者格老秀斯（Hugo Grotius）以法學家聞名，但他也是荷蘭史專家和平信徒神學家。德國人普芬多夫（Samuel Pufendorf）以政治理論著稱，但他也是律師、史學家、哲學家及政治經濟學家，並且和格老秀斯一樣是世俗神學家。

　　自然科學方面，丹麥貴族第谷（Tycho Brahe）和他的前助手克卜勒今日都被歸類為天文學家，但第谷除了觀測天象外，也鑽研醫學及煉金術，克卜勒則對數學與光學做出了重要貢獻，更別提現在所謂的「科學史和科學哲學」，甚至連「科幻小說」他也出了一份力——其作品《夢》（Somnium）便是造訪月球的故

----

2　Hans Blumenberg, *Die Legitimität der Neuzeit* (1966: English translation, The Legitimacy of the Modern Age, Cambridge, MA, 1983), 191–200。在 *Uses of Curiosity* 裡，Neil Kenny反對我們理所當然認為培根「無條件」支持好奇心，頁167。

事[3]。至於伽利略，他的興趣遠不只有讓他留名千古的數學、物理和天文學，還包括醫學與藝術。除了撰文討論繪畫與雕刻的優缺點，也曾經評論阿里奧斯托和塔索的詩作[4]。

法國方面，笛卡兒如今以哲學家為人所知，但他也對數學貢獻卓著，並且有天文學和光學的著作。他在〈論靈魂的激情〉探討的主題就是現今的心理學[5]。法國學者伽森狄（Pierre Gassendi）也被歸為哲學家，但他除了擅長天文學與數學，對古典時代和音樂理論也有所貢獻。當時，甚至有一個英國人形容他是「當代最全面的博學者」[6]。巴斯卡就幸運多了。現代人不只知道他是哲學家，也曉得他是神學家、數學家和物理學家，因為他做了一個有名的氣壓實驗。

雖然伊夫林（John Evelyn）於悼辭裡讚揚雷恩爵士（Sir Christopher Wren）「在所有最實用的知識及深奧學問上都成就斐然」，但後人通常只記得他是建築師[7]。其實雷恩爵士同為天文學教授，曾先後在倫敦格雷沙姆學院和牛津大學任教。他改善了望遠鏡，觀察過彗星，並且對土星環提出新的解釋。他解剖過魚和狗，設計出不少精巧的機器，包括讓作者一稿同時產出兩份的機

---

3　Nicholas Jardine, *The Birth of History and Philosophy of Science: Kepler's A Defence of Tycho against Ursus* (Cambridge, 1984).

4　Erwin Panofsky, *Galileo as a Critic of the Arts* ( The Hague, 1954).

5　Stephen Gaukroger, *Descartes: An Intellectual Biography* (Oxford, 1995).

6　Meric Casaubon, *Generall Learning: A Seventeenth-Century Treatise on the Formation of the General Scholar*, ed. Richard Serjeantson (Cambridge, 1999), 149.

7　*Parentalia, or memoirs of the family of the Wrens* (London, 1750), 343: https://books.google. co.uk/books?id=Tm1MAAAAcAAJ

器。雷恩對數學、磁學、力學和氣象學都有貢獻。要不是倫敦大
火，這位英國最偉大的建築師可能一輩子是學者，不會受命設計
聖保羅大教堂，也不會和另一位博學者虎克（Robert Hooke）繼
續設計完成許多「雷恩教堂」。此外，肯辛頓宮和劍橋大學的三
一學院圖書館、伊曼紐爾學院禮拜堂及彭布羅克學院禮拜堂也是
他的建築作品[8]。

　　至於牛頓，學者直到晚近才一副突然記起來的樣子，應該說
之前都刻意忽略，牛頓在對數學及自然哲學做出重大貢獻之餘，
其實花費了大量時間研究神學、煉金術和編年史[9]。一七二八年，
牛頓出版《古代王國編年史補正》（*Chronology of Ancient Kingdoms
Amended*），書裡仿效十六世紀博學者斯卡利傑的作法，使用天
文學知識來調和不同的編年系統，主張「天文現象是確定年代的
最有力證據」[10]。他一方面嘗試解釋聖經裡的預言，和當時頂尖的
神學家通信，一方面卻又隱瞞自己和正統基督教的分歧。儘管牛
頓不像對手萊布尼茲一樣是博學怪物，但絕對是個博學者。

---

8　Adrian Tinniswood, *His Invention So Fertile: A life of Christopher Wren* (London,
　　2001); Lisa Jardine, *On a Grander Scale: The Outstanding Career of Sir Christopher
　　Wren* (London, 2002); Kerry Downes, 'Wren, Christopher', *ODNB* 60, 406–19.

9　Betty J. T. Dobbs, *The Foundations of Newton's Alchemy* (Cambridge, 1975); Karin
　　Figala, 'Newton's Alchemy'，收錄於I. Bernard Cohen and George E. Smith (eds.),
　　*Cambridge Companion to Newton* (Cambridge, 2002), 370–86. Frank E. Manuel,
　　*Isaac Newton, Historian* (Cambridge, 1963); idem., *The Religion of Isaac Newton*
　　(Oxford, 1974); Rob Iliffe, *Priest of Nature: The Religious Worlds of Isaac Newton*
　　(Oxford, 2017).

10　Yaël Nazé, 'Astronomie et chronologie chez Newton', *Archives Internationales
　　d'Histoire des Sciences* 62 (2012), 717–65; Jed. Z. Buchwald and Mordechai
　　Feingold, *Newton and the Origin of Civilization* (Princeton, NJ, 2013), 244.

## 女性博學者

參與這個黃金時代的博學者不只男性，也有女性，其中特別重要的至少有八位，分別是前一章提到的「文藝復興女」德古內、瑪金（Bathsua Makin）、凡舒爾曼（Anna Maria Van Schurman）、普法爾茨公主伊莉莎白（Elizabeth, Princess Palatine）、卡文迪許（Margaret Cavendish）、瑞典女王克莉絲蒂娜、科爾納（Elena Corner）和胡安娜修女（Juana Inés de la Cruz）。

瑪金（娘家姓氏雷諾茲）生於英國，和哈蒂里布（Samuel Hartlib）同一個社交圈，是捷克教育家康門紐斯（Comenius）的朋友，當時有人稱她是「英國最有學問的女性」。她的興趣涵蓋語言、詩歌、速記、醫學和教育，年輕時出版過一本詩集，使用的語言包括希臘文、拉丁文、希伯來文、西班牙文、德文、法文和義大利文；晚年發表《論恢復古代仕女教育》（*An Essay to Revive the Ancient Education of Gentlewomen*, 1673，主張女性有權接受良好的基本教育[11]。

凡舒爾曼有「荷蘭智慧女神」（Minerva）之稱，瑪金和她用希伯來文通信。她是第一位獲准就讀大學的荷蘭女性。在烏特勒支大學求學時期，她必須坐在屏風後面聽課，免得男學生盯著她

---

11  Jean R. Brink, 'Bathsua Makin: Educator and Linguist'，收錄於 Brink (ed.), *Female Scholars* (Montreal, 1980), 86–100; Frances Teague, *Bathsua Makin, Woman of Learning* (Lewisburg, PA, 1998); Carol Pal, 'Bathsua Makin'，收錄於 *Republic of Women* (Cambridge, 2012), 177–205.

看。凡舒爾曼不僅通曉希臘文和拉丁文，還學會希伯來文、阿拉伯文、亞蘭語和敘利亞文。她常在信裡談論哲學、神學與教育，並編了一本「衣索比亞語」文法書，不過沒有出版[12]。由於她除了人文學科之外，在繪畫、版畫與刺繡方面也很出色，因此和德古內一樣可以稱作「文藝復興女」。

普法爾茨公主伊莉莎白是波希米亞「冬王」腓特烈五世之女。時運不濟的腓特烈五世被斐迪南二世擊敗之後被迫流亡，伊莉莎白先是去了荷蘭，而後遷往西發利亞，成為一所新教女修道院的院長。她會說拉丁文、法文、德文、荷蘭文、義大利文和英文，通曉數學、天文、歷史、哲學與聖經，還和當時不少學者通信；除了跟凡舒爾曼交換想法，也曾和笛卡兒有過論辯[13]。

卡文迪許（娘家姓氏路卡斯）後來成為紐卡斯爾公爵夫人，除了對政治和自然哲學很感興趣，也學過解剖，只是「出於女性的端莊」而不能親自嘗試[14]。一六六六年，卡文迪許出版代表作《實驗哲學觀察》（*Observations upon Experimental Philosophy*），

---

12　Una Birch, *Anna van Schurman* (London, 1909); Mirjam de Baar et al. (eds.), *Choosing the Better Part: Anna Maria van Schurman* (Dordrecht, 1996); Joyce L. Irwin, 'Anna Maria van Schurman and her Intellectual Circle'，收錄於Anna Maria van Schurman, *Whether a Christian Woman should be Educated* (Chicago, 1998), 1–21; Pieta van Beek, *The First Female University Student: A. M. van Schurman* (Utrecht, 2010).

13　Pal, *Republic of Women*, 22–51.

14　Eileen O'Neill, *Margaret Cavendish, Duchess of Newcastle, Observations upon Experimental Philosophy* (Cambridge, 2001); Lisa Walters, *Margaret Cavendish: Gender, Science and Politics* (Cambridge, 2014); Richard Holmes, 'Margaret Cavendish', *is Long Pursuit* (London, 2016), 111–32.

並宣稱——不知出於女性的端莊，或是高貴業餘者的刻意謙遜
——她在書裡只是提供「一點知識的碎屑」。她替丈夫作傳，寫
了幾部劇本和一本名為《燃燒的世界》（*The Blazing World*, 1666）
的烏托邦羅曼史。這本書和克卜勒的《夢》一樣，都是科幻小說
的先聲。由於穿著舉止離經叛道，因此得到「瘋子瑪琪」（Mad
Madge）的綽號。雖然艾夫林說她是「冒牌博學者」，但不少男
性學者都對她不敢小覷[15]。

　　一六三二年，瑞典國王古斯塔夫二世命喪沙場，年幼的克莉
絲蒂娜繼承王位，到一六五四年才宣布退位。但不論在位期間
或退位之後，克莉絲蒂娜大多數時間都在讀書[16]。她喜歡被人稱
作「瑞典智慧女神」，除了自稱「多才多藝」，還說她「十四歲
就通曉所有語言，學會老師有能力教她或認為她適合學習的所有
學問及才藝」。當時有人形容她「無所不知」（elle sait tout）。克
莉絲蒂娜精通古代典籍，包括羅馬史學家塔西佗的作品。哲學方
面，她對新柏拉圖主義和斯多葛主義特別感興趣，曾編纂一本名
為《英雄情懷》（*Les sentiments héroïques*）的格言錄。她從小接
受路德派信仰，但後來產生懷疑，最後皈依天主教，並對西班牙
神祕主義者莫林諾（Miguel de Molinos）的思想興趣濃厚。她會
說德文、荷蘭文、丹麥文、法文和義大利文，並且為了用原文閱

---

15　艾夫林的評論引自 Holmes, *Long Pursuit*, 126.

16　Sten Stolpe, *Queen Christina* (2 vols., 1960–1: abbreviated English translation,
　　London, 1966); Sten G. Lindberg, 'Christina and the Scholars', in *Christina,
　　Queen of Sweden* (Stockholm, 1966), 44–53; Susanna Åkerman, *Queen Christina
　　of Sweden and her Circle* (Leiden, 1991).

讀《舊約》而學會希伯來文。

其他博學者是收藏書籍及其他，克莉絲蒂娜卻是收藏學者。曾經被她（至少短期）延請到宮廷的博學者包括諾得（Gabriel Naudé）、笛卡兒、柏夏（Samuel Bochart）、於耶（Pierre-Daniel Huet）、魯道夫（Hiob Ludolf）、索梅茲（Claude Saumaise）、以撒克·佛斯、康林（Hermann Conring）和梅朋（Marcus Meibom）。她喜歡拿難題考他們，於耶就曾經寫信給好友伽桑狄，說女王比凡舒爾曼聰明得多。她原本要向笛卡兒學習數學與哲學，但等笛卡兒進宮，她卻忙著學習希臘文而無暇他顧[17]。克莉絲蒂娜的興趣包括占星、天文學和煉金術，尤其是彗星，還曾資助相關研究。退位後，她在羅馬的皇宮裡實驗煉金術。由此看來，她收藏的畫作裡有一幅米蘭多拉的肖像也就不足為奇了。

科爾納是貴族之後，從小就天資聰穎。父親刻意替她安排各種家教，因為他們家曾是威尼斯最顯赫的家族，可惜家道中落，而他期望女兒的學識可以幫家族恢復往日榮光。科爾納在家學習古代典籍、現代語言、數學、自然科學與神學。一六七八年，她進入帕多亞大學，但主教拒絕她讀神學，於是她只好改拿醫學博士。科爾納後來成為數所學院的成員，並經常獲邀向大眾展現學識[18]。

在這群女性博學者當中，最知名的首推墨西哥的拉米雷茲（Juana Ramírez）。人稱克魯茲的她進入女修道院後，成為人們

---

17　Åkerman, *Queen Christina*, 49.

18　R. Derosas, 'Corner, Elena Lucrezia', *DBI* 29, 174–9.

口中的「胡安娜修女」。當時的人形容她是「墨西哥鳳凰」或「博學鳳凰」，而她也曾說她自小就「渴望學識」，經常窩在祖父書房裡看書。她和凡舒爾曼一樣想進大學念書，而且希望穿得和男人一樣，可惜因為母親反對而作罷。她會說拉丁文（顯然只上二十堂課就學會了）、希臘文和納瓦特爾語，除了寫詩且以此聞名後世之外，她通曉神學、哲學（包括自然哲學）、法律、文學和音樂理論。她拒絕不少媒妁之言，最後選擇進入修道院，以便專心求學。

　　進入修道院後，克魯茲蒐集了為數驚人的藏書，並且曾出現在她當時的兩張肖像畫裡。她的著述涵蓋音樂、哲學與女性的社會地位，除了常引用老普林尼和基爾學這兩名前輩博學者的見解，也時常提及古代文人，如西塞羅和塔西佗，以及基督教作者，如耶柔米和聖奧古斯丁，還有中世紀哲學家、鑽研古典神話的文藝復興學者及法學家，如蘇亞雷斯（Francisco Suárez））等人的看法。普埃布拉主教曾經批評她過於沉迷學識，不准她發表個人見解，並要求她扔掉藏書[19]。

## 博學用語

　　從語言發展史也可以看出十七世紀確實是博學者變得更重要也更引人注意的年代。自十六世紀晚期起，歐洲各語言紛紛出現

---

19　Ludwig Pfandl, *Die Zehnte Muse von Mexico* (1946); Octavio Paz, *Sor Juana: Her Life and her World* (1982: English translation, London 1988); Gerard Flynn, 'Sor Juana Inés de la Cruz', in Brink, *Female Scholars*, 119–36.

有關博學者與博學的詞彙。

　　在博學者方面，最常見的形容詞是「雜學者」和「博學者」。例如曾經編纂百科全書的瑞士學者茨溫格便稱古羅馬文人老普林尼為「雜學者」，可能暗示老普林尼的作品雖然主題廣泛，卻也雜亂無章[20]。而前一章提到的另一名瑞士百科全書編纂家格斯納本人也被稱作雜學者[21]。主題廣泛的書有時也會冠上這個書名，例如莫爾霍夫（Daniel Morhof）撰寫的學問綜覽就叫《雜學者》（*Polyhistor*, 1688）。除此之外，這個概念也開始出現在大學就職演說與學術論文中；前者有一六三二年的萊頓大學，後者則包括一六六〇年的海德堡大學、一七一五年的萊比錫大學、一七一八年的阿爾特多夫大學及一七二一年的耶拿大學。

　　伊莉莎白時期的學者哈維（Gabriel Harvey）創造「全才」一詞，可惜未能普及開來。英文的polymath（博學者）這個詞要再晚一點才出現。譬如執教於牛津大學的伯頓（Robert Burton）就在他一六二一年出版的《憂鬱剖析》（*Anatomy of Melancholy*）裡提到「博學者和雜學者」[22]。這些用語通常是中性或肯定的，至少維持到十八世紀之前。反觀義大利文的poligrafo（多產者）和

---

20　Helmut Zedelmaier, ' "Polyhistor" und "Polyhistorie" ' (2002: rpr. in *Werkstätten des Wissens zwischen Renaissance und Aufklärung* [Tübingen, 2015], 112).

21　出自Michael Neander, *Orbis terra*, 1583，引自Zedelmaier, *Bibliotheca Universalis und Bibliotheca Selecta* (Cologne, 1992), 297n. Cf. Anthony Grafton, 'The World of the Polyhistors', *Central European History* 18 (1985), 31–47, rpr. in his *Bring Out Your Dead* (Cambridge, MA, 2001), 166–80.

22　此處和其後的英文字義，我都引自牛津英語詞典（1888）的2000年網路修訂版，法文字義引自Emile Littré, *Dictionnaire de la langue française* (1863: revised edn, 7 vols., Paris 1956–8).

法文的polygraphe都有貶意，主要是指按件計酬、什麼主題都寫的作家[23]。那個時期出現的另一個新詞是義大利文的virtuoso（愛好者），而且很快傳入包括英文在內的其他語言。這個詞專指興趣廣泛的業餘學者，而且其興趣展現在收藏物品上，像是錢幣、武器、貝殼、動物和魚類標本等，而非著述立說[24]。

在博學方面，當時的形容詞更多了；光是拉丁文就不少，諸如*scientia universalis*（普知／普世學問）、*pansophia*（普智）和*polymathia*（博學）等。其中*polymathia*一詞通常是中性的，偶爾才帶有貶意，意指「偏離學科」。這是早期對「跨學科」的常見批評[25]。義大利人會用versitile（多才多藝）稱讚藝術家和作家，法國人會用polymathie或science universelle，而英國人提到學者時，愛用的形容詞是curious（好奇的）和ingenious（聰明的），名詞則是偶爾用omniscience（全知），但更常用general learning（博識），例如父親同是學者的梅利克・卡索邦（Meric Casaubon）便曾以此為書名[26]。

---

23　Claudia Bareggi, *Il mestiere di scrivere* (Rome, 1988).

24　Oliver Impey and Arthur MacGregor (eds.), *The Origins of Museums: The Cabinet of Curiosities in 16th- and 17th-Century Europe* (Oxford, 1985); Krysztof Pomian, *Collectors and Curiosities* (1987: English translation, Cambridge 1990); Jas Elsner and Roger Cardinal (eds.), *The Cultures of Collecting* (London, 1994); Arthur MacGregor, *Curiosity and Enlightenment: Collectors and Collections from the Sixteenth to the Nineteenth Century* (New Haven, CT, 2007).

25　Neil Kenny, *The Uses of Curiosity in Early Modern France and Germany* (Oxford, 2004), 52, 64, 69–70; Jean-Marc Chatelain, 'Philologie, pansophie, polymathie, encyclopédie', 收錄於 Waquet, *Morhof*, 15–30.

26　Serjeantson (ed.), *Generall Learning*.

　　一六〇三年，出身漢堡的沃佛（Johannes Wower）在論著中討論「博學」的概念。這名閱歷豐富的學者表示：「在我看來，所謂理想的博學是指藉由各種學習（*ex omni genere studiorum*）獲得多種知識，而且範圍廣泛。」博學者在書中則被形容成「自由橫跨所有學科（*per omnes disciplinarum campos*）不受拘束的人」[27]。

　　這個主題後來由兩名荷蘭學者延續討論，即黑拉德・佛斯（Gerard Voss）和博克斯霍恩（Marcus Boxhorn）。佛斯在著作裡討論藝術與科學，並將哲學、數學和邏輯稱為博學，因為這三門學問是百科全書式的。博克斯霍恩是佛斯的學生，在萊頓大學教授修辭學，就職演說談的便是博學；而他本身的興趣也不只修辭學，還編輯過塔西佗的著作，寫書討論政治與戰爭，發表過一場論夢的演說，以及出版一本世界史和一本語言史的比較研究[28]。

　　至於普智一詞，原指「普世智慧」。在一些人眼中，這個崇高的夢想是指發現表象背後的實相，並且和重新統合基督教、改革學識、調和各派哲學、創造通用語言以化解所有分歧有關。此外，普智也指向一個更遠大的願景，那就是結束衝突（時值三十年戰爭），藉由「完全改革」修正這個世界的所有錯誤，甚至返

---

27　Johannes Wower, *De polymathia* (1603: Leipzig 1665 edn), 19. Cf. Luc Deitz, 'Johannes Wower of Hamburg, Philologist and Polymath', *Journal of the Warburg and Courtauld Institutes* 58 (1995), 132–51.

28　Marcus Boxhorn, *De polymathia* (Leiden, 1632); Jack Fellman, 'The First Historical Linguist', *Linguistics* 41 (1974), 31–4.

回亞當墮落前的時代<sup>29</sup>。從兩名中歐學者身上最能看出普智和博學的連結。他們分別是德國的阿斯特德（Johann Heinrich Alsted）和他的捷克學生康門紐斯（Comenius）。

## 百科全書式博學者：阿斯特德

阿斯特德是德國黑森邦赫伯恩大學哲學與神學教授，著述等身，其中又以一六三〇年出版的百科全書最著名。這部厚達七冊的百科全書借助信仰新教的學者拉姆士（Petrus Ramus）早先提倡的二元對立觀，不僅分門別類描述當時所有學科，還介紹其他知識，包括工藝、法術、煉金術和記憶術等。表面上，阿斯特德是虔誠的喀爾文教徒，很清楚喀爾文譴責好奇，但一如他信裡所顯露的，私底下的他，深受許多非正統知識吸引，包括中世紀加泰隆尼亞修士柳利提出的組合術<sup>30</sup>。

---

29　Pietro Rossi, *Clavis Universalis: arti mnemoniche e logica combinatorial da Lullo a Leibniz* (Milan-Naples, 1960), ix–xv, 178–200; Frances Yates, *The Rosicrucian Enlightenment* (London, 1972)，這是憑想像的重建；Frank E. Manuel and Fritzie P. Manuel, 'Pansophia: A Dream of Science'，收錄於兩人合著 *Utopian ought in the Western World* (Oxford, 1979), 205–21; Chatelain, 'Philologie, pansophie'; Howard Hotson, 'Outsiders, Dissenters, and Competing Visions of Reform'; Ulinka Rublack (ed.), *Oxford Handbook of the Protestant Reformations* (Oxford, 2017), 301–28.

30　Howard Hotson, *Johann Henrich Alsted, 1588–1638: Between Renaissance, Reformation and Universal Reform* (Oxford, 2000); idem., 'The Ramist Roots of Comenian Pansophia'，收錄於 *Ramus, Pedagogy and the Liberal Arts: Ramism in Britain and the Wider World*, eds. Steven John Reid and Emma Annette Wilson (Farnham, 2011), 227–52; idem., 'Outsiders', 306–9.

　　組合術是阿斯特德百科全書大業的根基，而該書也是倒數幾部由個人獨力完成的百科全書（一六五五年，匈牙利人契瑞〔János Apáczai Csere〕出版了單冊百科全書，同樣使用拉姆士二分法編排內容）[31]。阿斯特德的作品促成了 encyclopedia（百科全書）一詞的語意轉換，從引導學生求知的智識「課程」變成匯集各種知識的大書。從此，百科全書既是普世知識的產品，也是獲得普世知識的工具，至少理論上如此。阿斯特德在他的百科全書序言裡表示，雖然只有上帝是全知的，但祂將「自身完美形象烙印在」那些擁抱「學科宇宙」（*universum disciplinarum orbem*）的人身上[32]。

## 普智派博學者：康門紐斯

　　阿斯特德或許是狐狸，不過人稱康門紐斯的康門斯基（Jan Amos Komenský）肯定是刺蝟。康門紐斯生於（現今捷克的）摩拉維亞，在赫伯恩師事阿斯特德，後來成為波希米亞弟兄會的主教。一六二一年，波希米亞查禁他的教會，此後，康門紐斯開始周遊列國，投靠波蘭、瑞典、英國、外西凡尼亞以及荷蘭等地。期間他致力教育改革，批評自然發展的語言，主張「字詞意義應該固定，每樣事物都有一種稱法」[33]。他的改革用意在促成普智，

31　Imre Bán, *Apáczai Csere János* (Budapest, 1958), 563–85.

32　Johann Heinrich Alsted, *Encyclopaedia septem tomis distincta* (Herborn, 1630); Hotson, *Alsted*, 144–81, 163–72; idem., 'Ramist Roots', 233n.

33　Jan Amos Comenius, *Via Lucis* (1668). Cf. Umberto Eco, *The Search for the Perfect Language* (Oxford, 1995), 214–16, at 215.

希望末日來臨前，得以和普世和諧一起達成。除了康門紐斯，當時許多人相信，末日已經不遠[34]。

康門紐斯不是率先使用這個名詞的人。他批評前輩博學者勞倫堡（Peter Lauremberg）一六三三年出版的《普智》（*Pansophia*），說該書「配不上如此崇高的書名」[35]，同時在自己一六三九年發表的〈普智導論〉（Pasophiae Prodromus）裡，將這個用語解釋為「普世智慧」（*sapientia universalis*）。康門紐斯的追隨者哈蒂里布將這個名詞翻譯成「普遍知識或智慧」，另外也曾翻譯成「通識」（common learning）。康門紐斯另一本著作的英譯版書名是《普世知識的模式》（*A Patterne of Universall Knowledge*, 1651）[36]，而他本人則在第三本討論這個主題的小書裡引述亞里斯多德：「智者應該通曉**一切**，而且盡力做到」（*sapientem debere OMNIA SCIRE, quantum possibile est*）[37]。總之，在康門紐斯的思想裡，普世智慧和普世晨光（*panaugia*）或普世覺醒（*panergesia*）、通用語言（*panglottia*）及普世改革（*panorthosia*）

---

34　Jan Amos Comenius, *Pansophiae Praeludium* (1637), rpr. in *Works* 15/2 (Prague, 1989), 13–53, at 32, 41。有關康門紐斯的生涯，參見Milada Blekastad, *Comenius. Versuch eines Umrisses von Leben, Werk und Schicksal des Jan Amos Komenský* (Oslo, 1969).

35　Robert F. Young, *Comenius in England* (Oxford, 1932), 32–3.

36　Jan Amos Comenius, *Prodromus*, ed. and trans. Herbert Hornstein (Dusseldorf, 1963), 12; Samuel Hartlib (trans.), *A Reformation of Schools* (London, 1642); Comenius, *Pansophiae Diatyposis* (1643; English translation, London, 1651).

37　Jan Amos Comenius, *Conatum Pansophicorum Dilucidatio* (1638), rpr. in *Works* 15/2, 59–79, at 63.

的理想是彼此相關的[38]。

## 博學怪物

　　我們之所以稱十七世紀為博學者的黃金年代，最重要的理由是當時出現了幾個布爾哈夫口中的「博學怪物」，而他本人學識之豐富也是不遑多讓。這些學者縱橫各個學科，著作又廣又多，尤其想到他們必須就著燭光讀書，作品都是用鵝毛筆寫成，如此成就更是令人歎為觀止。對於這個稱號，阿斯特德自然當之無愧，而我們接著將討論另外六名博學怪物。他們分別是佩雷斯克（Nicolas-Claude Fabri de Peiresc）、卡拉慕夷（Juan Caramuel）、老盧德貝克（Olof Rudbeck the Elder）、基爾學（Athanasius Kircher）、貝爾（Pierre Bayle）和萊布尼茲（Gottfried Wilhelm Leibniz）。

## 收藏家博學者：佩雷斯克

　　佩雷斯克生於法國，曾經擔任普羅旺斯高等法院推事（conseiller），是現代早期最有名的學者代表人物。當時許多人稱他「愛好者」，意指他有錢有閒，可以學習各種學問當作嗜好。

---

38　Jan Amos Comenius, *De rerum humanarum emendatio*, rpr. in *Works* 19/1 (Prague, 2014), 58–9; cf. Blekastad, *Comenius*, 688–700.

　　收藏是愛好者的主要活動之一，而且要在「藏珍閣）」
（cabinet of curiosities展示，或當時德國人所稱的珍奇室
（Wunderkammer）。藏珍閣會同時陳列自然和人工物品，愈罕
見、愈異國、愈特別愈好。藏珍閣的主人通常興趣廣泛，如沃姆
（Ole Worm）和斯隆（Hans Sloane）這兩名學者醫師就以他們閒
暇時蒐集來的奇珍異物而著稱。

　　沃姆是丹麥國王克里斯蒂安四世的御醫，對斯堪地那維亞古
文物特別著迷，像是巨石墳墓、甕缸和船葬等。他建造了一座珍
奇博物館（Museum Wormianum）展示獨家收藏，而且博物館後
來因為一幅版畫而不朽。畫裡除了可以見到長矛和獸角杯之類的
人造物，也有魚類標本和動物頭骨[39]。斯隆是英國安妮女王及其
後兩任國王的御醫，靠著經營牙買加農場和治療貴族病人的收入
而擁有為數驚人的各類收藏，甚至有人說他「蒐集了全世界」[40]。

　　然而，不論就收藏或博學程度，沃姆和斯隆都遠遠比不上佩
雷斯克。從他本人的書信看來，佩雷斯克的收藏充分展現了他對
我們所謂的「物質文化」的熱中，除了各種語言的手稿、錢幣、
小雕像、花瓶、護身符、中世紀圖章和古典晚期珠寶，甚至還有
埃及木乃伊。他對自然和文化同樣感興趣，擁有一張鱷魚皮、一
座動物園和植物園，種了不少異國植物，例如紙莎草，可說是一

39　H. D. Schepelern, *Museum Wormianum* (Aarhus, 1971); idem., 'Worm, Ole', *Dansk Biografisk Leksikon* 16 (1984), 45–51; Glyn Daniel, 'Worm, Ole', *DSB* 14, 505.

40　James Delbourgo, *Collecting the World: The Life and Curiosity of Hans Sloane* (London, 2017).

種戶外收藏。

　　佩雷斯克的畫家朋友魯本斯形容他「在各個領域擁有的知識都和專家一樣多」（possede in tutte le professioni quanto ciascuno nella sua propria）[41]。他研讀法律，遊歷過義大利、荷蘭和英國，也曾在巴黎擔任高等法院院長祕書，最後在普羅旺斯定居直到過世。那十四年他身體欠安，經常如他的祕書所言「將自己關在書房裡」，卻依舊靠著藏書、收藏品以及信件往來在想像世界裡旅行[42]。

　　如今，佩雷斯克以他對古文物的痴迷而聞名，古典學家莫米利亞諾（Arnaldo Momigliano）曾經稱他為「古文物學家的原型」[43]。他不僅鍾情於古代和歐洲中世紀（如查理曼大帝或遊唱詩人），也對中國、貝南和加拿大印地安人感興趣，尤其是過去和現在的地中海地區及人民，如伊特拉斯坎人、腓尼基人、埃及人、猶太人和阿拉伯人。佩雷斯克對北非的過去與現在之熟悉，

---

41　Rubens to Pierre Dupuy, 1628，引用及翻譯自 Peter N. Miller, *Peiresc's Mediterranean World* (Cambridge, MA, 2015), 1, 449. 米勒在書裡將世人遺忘許久的佩雷斯克放回智識地圖中。

42　佩雷斯克有許多書信都已出版，參見http://emloportal.bodleian.ox.ac.uk/collections/?cat。有關佩雷斯克，參見Peter N. Miller, *Peiresc's Europe: Learning and Virtue in the Seventeenth Century* (New Haven, CT, 2000); idem., *Peiresc's History of Provence: Antiquarianism and the Discovery of a Medieval Mediterranean* (Philadelphia, 2011); idem., *Peiresc's Orient* (Farnham, 2012)。有關佩雷斯克的埃及研究，見Sydney Aufrère, *La momie et la tempête* (Avignon, 1990).

43　Arnaldo Momigliano, *The Classical Foundations of Modern Historiography* (Berkeley, 1990), 54.

在當時歐洲實屬特別[44]。他著迷於各種風俗民情，像是騎馬射箭和用敵人的頭骨喝酒等。

　　智識方面，佩雷斯克看似狐狸，但在他許多興趣背後都看得到宗教的影子。他研究過初期的「原始」教會，以及教會跟猶太教和異教的關係，進而鑽研古典晚期的祕教，例如諾斯底主義和密特拉教。他對東正教也很感興趣，尤其是他們的聖歌和樂器[45]。他著迷於聖經的歷史，更進一步鑽研起希伯來文、科普特文、撒馬利亞語（亞蘭語方言）和衣索比亞語（吉茲語）。雜食般的好奇心沒有讓他就此停步，而是開始探究這些文化的其他面向。佩雷斯克研究各種語言，進而留意到不同語言之間的關係。他發現語言的散播與混合或許可以當成人類遷徙的證據。

　　佩雷斯克不僅關注「人學」（*scienze humane*）——他可能是最早使用這個詞稱呼這類學科的人——也對自然科學感興趣。除了地中海的潮汐與洋流，他對天文學特別著迷，不僅觀察日月蝕，研究木星的衛星，發現獵戶座大星雲，還和好友伽森狄一起繪製月球表面圖。他號召一群朋友在不同地點同時觀察木星，以正確繪製地中海地圖[46]。他研究解剖學，哈維一六二八年論血液循環的書一出版，他便立刻拜讀，並親自解剖動物、鳥和魚的眼睛。此外，他對化石與火山也深感興趣。

---

44　Miller, *Peiresc's Mediterranean World*, 334–7; idem., 'Peiresc in Africa'，收錄於 Marc Fumaroli (ed.), *Les premiers siècles de la république européenne des lettres* (Paris, 2005), 493–525.

45　Miller, *Peiresc's Mediterranean World*, 108–11.

46　有關佩雷斯克對自然科學的關注，參見Harcourt Brown, 'Peiresc', *DSB* X, 488–92。天文學方面，參見Miller, *Peiresc's Mediterranean World*, 241–6.

　　或許是抽不出空，又或者貴族身分讓他不肯寫書賣錢，佩雷斯克從未出版自己的研究成果。他比較像智識的中間人，透過書信引發並提供許多資訊。其中有些信是寫給置身學術重鎮（如羅馬、巴黎和萊頓）的學者，有些是寫給歐洲以外的友人，從他們那裡獲得（歐洲沒有的）新知識。佩雷斯克人脈廣闊，包括代理人和資訊提供者，人員從開羅商人到賽達與伊斯坦堡的修士都有。他會列出詳細清單給替他蒐羅收藏品的代理人，列出詳盡的問題給資訊提供者[47]。

## 經院哲學家博學者：卡拉慕夷

　　來自西班牙的卡拉慕夷是居無定所的熙篤會修士，曾經在西屬荷蘭和布拉格分別住過十年，之後於義大利成為主教，先在坎帕尼亞，後來在倫巴第的維杰瓦諾服事。十八世紀，一名傳記作者形容他是「全才」，當時的人則稱他為「歐洲的鳳凰」[48]。以鳳凰來比喻是為了強調他的獨特，如英國詩人鄧約翰（John Donne）就在《世界剖析》（*Anatomy of the World*）裡寫道，「人人都覺得自己／是鳳凰，沒有人／和他一樣，他是唯一」。不過，不是只有卡拉慕夷得到這個封號，從伊拉斯謨到費伊豪

---

47　Miller, *Peiresc's Mediterranean World*, 18, 65, 266–8, 347.

48　Jacopo Antonio Tadisi, *Memorie della Vita di Monsignore Giovanni Caramuel di Lobkowitz* (Venice, 1760), v; Alfredo Serra, *Phoenix Europae: Juan Caramuel y Lobkowicz in prospettiva bibliografica* (Milan, 2005).

（Benito Feijoo）都曾被人稱為鳳凰。我們將在下一章討論他們[49]。

　　卡拉慕夷是數學神童，據稱會說二十四種語言，除了希伯來文和阿拉伯文外，甚至會說一點中文（一六五四年，在維也納跟一個中國人學的）。他後來以講道聞名，但也是外交官及業餘建築師。他在布拉格和另兩名博學者成為朋友，即義大利人馬尼（Valeriano Magni）和捷克人馬奇（Jan Marcus Marci）。他批評過笛卡兒，跟基爾學通信，並和伽森狄有交情。

　　卡拉慕夷撰寫過六十多本書，包括聖本篤的傳記、額我略聖歌史、一本未出版的音樂百科全書和一本建築論，他也研究文法、詩、演講術、數學、天文學、物理、政治、教會法、邏輯、神學和哲學的著作，一方面承繼經院哲學傳統，一方面加以現代化。其中，一六六五年出版的《哲學組織》（*Apparatus Philosophicus*）概述了「所有學科與藝術」。卡拉慕夷曾經奉西班牙國王費利佩四世之命，使用系譜學、歷史和法律論述證明西班牙擁有葡萄牙的統治權，也曾經受神聖羅馬皇帝斐迪南三世之託，證明帝國和新教徒談判結束三十年戰爭是正確之舉。卡拉慕夷晚年在維杰瓦諾擔任主教，不僅騰出時間撰文討論宗教與政治，也寫過一篇治水的論文，特別提到在波河修築堤防的方案[50]。

　　一六五四年，卡拉慕夷出版《合理神學》（*Theologia rationalis*），和聖多瑪斯阿奎納一樣嘗試調和神學與理性。道德哲學方面，他嘗試使用數學法則，但也支持「或然論」，也就是

---

49　語文學家斯卡利傑、墨西哥修女胡安娜和耶穌會士基爾學也都曾享有此封號。

50　Bianca Garavelli (ed.), *Caramuel: vescovo eclettico* (Bergamo, 2016), 38–9, 105–7.

由於必然性不可得，因此人可以依據可能的意見行事。此外，
他也是最早研究機率的數學家之一[51]。如同阿斯特德，他對柳利
的想法很感興趣，曾向有意成為傳道者的人推薦記憶術，但也發
現柳利常常言過其實。從柳利到我們之後會談到的紐拉特，不少
博學者都抱著一統知識的理想，卡拉慕夷也一樣。不論邏輯、音
樂或建築，他的諸多嘗試都是出自於「數學是宇宙通用語言的夢
想」。懷抱這個「萬有數學」（mathesis universalis）夢的十七世
紀博學者不只他一個，笛卡兒和萊布尼茲都在此列[52]。

## 愛國博學家：老盧德貝克

瑞典人老盧德貝克是烏普薩拉大學校長，從裡到外都是巨
人。他身材壯碩，聲如洪鐘，自信滿滿，設定的目標也一如其人
非常宏大。他對天文學、語言、音樂、植物和古文物（包括現在
所謂的「考古學」）的研究都有貢獻，但最早是從解剖學開始。
他解剖了貓狗在內的四百多頭動物，因而發現淋巴系統，並和荷

---

51 Dino Pastine, *Juan Caramuel: probabilismo ed enciclopedia* (Florence, 1975);
Augusto De Ferrari and Werner Oechslin, 'Caramuel Lobkowicz, Juan', *DBI*
19, 621–6; Paolo Pissavino (ed.), *Le meraviglie del probabile: Juan Caramuel*
(Vigevano, 1990); Julia Fleming, *Defending Probabilism: The Moral Theology of
Juan Caramuel* (Washington DC, 2006); Petr Dvorák and Jacob Schmutz (eds.),
*Juan Caramuel Lobkowitz, the Last Scholastic Polymath* (Prague, 2008); Bianca
Garavelli, *Caramuel, Vescovo Eclettico* (Bergamo, 2016).

52 Cesare Vasoli, 'Introduzione' to Pissavino, *Le meraviglie del probabile*, 13–17;
María Elisa Navarro, 'The Narrative of the Architectural Orders'，收錄於Dvorák
and Schmutz, *Caramuel*, 257–72, at 257.

蘭博學者巴托林為了誰是第一發現者而起爭執。他於萊頓大學攻
讀醫學，期間接觸到植物學，而後在烏普薩拉大學擔任理論醫學
教授，除了講授解剖學、植物學和化學，也教授音樂、數學、物
理和天文學。他為烏普薩拉大學設計解剖台，為該城市設計溝
渠。他創作音樂，也是相當活躍的製圖師，同時率領團隊計畫記
述所有已知的植物，並且繪圖，使得烏普薩拉大學在林奈誕生前
近一百年便已是植物學先鋒。其實，林奈的老師正是老盧德貝克
的兒子小盧德貝克；他和父親一樣興趣廣博，除了植物學也研究
醫學、鳥類學和語言學[53]。

　　雖然不知是好是壞，但老盧德貝克今日最為人所知的事蹟
便是他撰寫了《亞特蘭提斯》（*Atlantica*）這部未完成的巨著[54]。
他於晚年開啟這項計畫，研究北方古文物，因此被許多人視為
怪胎，但對北方遠古文明感興趣或許是瑞典人的傳統，亦即所
謂的「哥德情懷」。不少瑞典人相信自己是哥德人的後代，而
人類文明正始於瑞典[55]。如當過古斯塔夫二世家教的博學者伯
勒斯（Johannes Bureus）就曾積極尋找失傳的哥德文明[56]；而老

---

53　*Rudbecksstudier* (Uppsala, 1930); Sten Lindroth, *Svensk Lärdomshistoria*, vol. 4,
　　*Stormaktstiden* (Stockholm, 1975), 414–32, translated in Lindroth, *Les chemins du
　　savoir en Suède* (Dordrecht, 1888), 57–70; idem., 'Rudbeck, Olaus', *DSB* XI, 586–8.

54　Lindroth, *Stormaktstiden*, 284–96, translated in *Les Chemins*, 71–82; Gunnar
　　Eriksson, *The Atlantic Vision: Olaus Rudbeck and Baroque Science* (Canton, MA,
　　1994), 45, 50, 54–5, 100–12.

55　Kurt Johannesson, *The Renaissance of the Goths in Sixteenth-Century Sweden*
　　(Berkeley, CA, 1991).

56　Håkan Håkansson, 'Alchemy of the Ancient Goths: Johannes Bureus's Search for
　　the Lost Wisdom of Scandinavia', *Early Science and Medicine* 17 (2012), 500–22.

盧德貝克的大學同事——瑞典古文物教授瓦勒里奧斯（Olaus Verelius）——則指出，烏普薩拉古城區一處遺址是「極北人」（Hyperborean）的神廟。根據希羅多德和其他古希臘人的記載，極北人就住在「北風（Bora）之外」。

老盧德貝克更是進一步指出，瑞典人不僅是哥德人的後裔，也是斯基泰人和特洛伊人的子嗣。他認為，文明（包括書寫、曆法與天文學）源自北方，柏拉圖口中的亞特蘭提斯就在瑞典，首都位於烏普薩拉古城，離他任教的大學不遠。我們只能說，他對北方、對瑞典，甚至對烏普薩拉的說法過於一廂情願，甚至太過種族中心了。

為了證明自己的論點，老盧德貝克嘗試整合古代迄今的年代紀。他將古代人的神話與習俗和當時斯堪地那維亞人的神話與習俗相比較，主張太陽崇拜始於北歐。在方法上極具創意的他，還向自然界尋求證據，因為自然是「最有智慧也最確鑿的大書」。例如他嘗試藉由仔細研究腐植質來定年，考古學家幾百年後才發展出類似的方法。「他在烏普薩拉古城區的山岡挖出一道壕溝，然後垂直採樣，觀察每道地層的特色」，同時測量厚度，以計算地層的年齡[57]。

老盧德貝克甚至嘗試過實驗考古學的作法，讓人不禁想起另一名來自斯堪地那維亞的近代挪威學者海爾達（Thor Heyerdahl）。一九四七年，海爾達駕駛木筏「康提基號」從祕魯

---

57 Ole Klindt-Jensen, *A History of Scandinavian Archaeology* (English translation, London, 1975), 30.

前往土亞莫土群島,以證實自己的主張:玻里尼西亞人是南非移民之後。老盧德貝克也是如此。為了證明古希臘神話伊阿宋的「亞果號」是從黑海運到波羅的海的,他曾經召人嘗試由陸路運送船隻。

老盧德貝克學識豐富,又有許多極具創意的想法,但他時常先射箭再畫靶,尤其是和瑞典有關的事物。我們之後會討論他的作品所受到的批評。

## 普智派博學者:基爾學

還有一個人比老盧德貝克更像博學怪物,那就是學識豐富的德國耶穌會士基爾學。德國詩人作家馮澤森(Philipp von Zesen)形容他「無疑是本世紀的學識鳳凰」。基爾學一生完成三十二本書,並且(如我們之前提到的)被人稱作「最後一位無所不知的人」。比較含蓄的說法包括「文藝復興人」和「最後一位博學者」[58]。他的著作包括中國與埃及研究、托斯卡尼和拉丁姆(Latium)地誌、磁學、數學、採礦及音樂;而在聲學與光學方面,則是將光的傳播和聲音的傳播相類比。他著述討論「普世學問」,書名不忘向柳利致意——《知識鴻篇》(*Ars Magna Sciendi*)。

---

58 Paula Findlen (ed.), *Athanasius Kircher: The Last Man Who Knew Everything* (London, 2003); Joscelyn Godwin, *Athanasius Kircher: A Renaissance Man and the Quest for Lost Knowledge* (London, 1979), 5.

　　基爾學懂十二種語言，除了鑽研醫藥化學，觀察日月蝕，嘗試破解密碼和埃及象形文字，也曾得到皇帝資助，於一六五二至五四年以豪華的對開本出版自己的研究所得，書名為《埃及伊底帕斯》（*Oedipus Aegyptiacus, 1652-4*）[59]。他也是發明家，設計過向日葵日晷、水壓風琴、永動機、可投影的魔法燈（magic lantern）和替歌詞配樂的一種音樂箱（arca musarithmica）。他寫過造訪月球的故事《天體神遊》（*Itinerarium Extaticum Coeleste*），顯然是為了超越克卜勒的類似短篇而創作的。

　　基爾學的旁徵博引很難不讓人印象深刻。他遍讀各種語言的文本，從中蒐集大量資訊彙整成卷帙浩繁的作品，「不僅能用拉丁文、義大利文、西班牙文、德文、荷蘭文、希臘文、希伯來文、亞美尼亞語、阿拉伯文和科普特語寫作，能讀的語言更多」[60]。基爾學不僅對知識做出重要貢獻，不少彙整式的作品也很有價值，尤其是關於中國的著作。

　　然而，這些成就也不無缺點。基爾學的作品時常有錯，也常受到專家學者批評，例如音樂史被梅朋批評，磁學被梅森（Marin Mersenne）指正，語言學被魯道夫批評。魯道夫作為比較語言學先驅，就曾號召同行「請和基爾學保持距離，他對語言的理解不像自己宣稱的那麼專業」[61]。

---

59　Daniel Stolzenberg, *Egyptian Oedipus: Athanasius Kircher and the Secrets of Antiquity* (Chicago, 2013).

60　Malcolm, 'Private and Public Knowledge', 297.

61　John T. Waterman (ed. and trans.), *Leibniz and Ludolf on things Linguistic* (Berkeley, CA, 1977), 51, 53.

　　基爾學有時會言過其實，包括宣稱能化圓為方和破解埃及象形文都是實例。他和文藝復興時期的人文學家一樣，將象形文字視為背後藏有意義的象徵，而非書寫符號[62]。但比失敗更麻煩的，是他始終堅信自己沒錯。這種自信傲慢幾乎沒有其他博學者能出其右。或許就是這個緣故，加上一般人對耶穌會士的偏見，使得他常被人稱為騙徒。我們或許可以這麼說，比起當時的頂尖學者，基爾學不缺好奇心、熱情、精力和（那個時期特別推崇的）創意，但就如當時不少人察覺到的，他最必須擁有的專業能力卻相對薄弱[63]。他的生涯事蹟充分展現了那個年代嘗試成為博學者會有哪些危險。

　　基爾學對米蘭多拉很感興趣，對柳利更是欣賞，讓他置身於博學的傳統。而前一章提到他相信知識一體性，則是另一個證明。由於這個想法，他時常將不同現象（例如聲音與光）相類比，並嘗試統合不同知識，例如異教與基督教、東方與西方等。要不是康門紐斯信仰新教，基爾學肯定會對他大為景仰。總之，基爾學雖然無意改革世界，但他的作為仍體現了某種普智色彩[64]。

62　有關這方面的傳統，參見 Erik Iversen, *The Myth of Egypt and its Hieroglyphs in European Tradition* (1961: 2nd edn, Princeton, NJ, 1993).

63　佩雷斯克形容基爾學「有些太輕信了」。當時一個造訪過羅馬的英國人 Robert Southwell（後來成為英國皇家學會主席）也說，「據傳基爾學非常輕信」：Findlen, *Last Man*, 141, 384.

64　Thomas Leinkauf, *Mundus Combinatus: Studien zur Struktur der barocken Universalwissenschaft am Beispiel Athanasius Kirchers SJ (1602–1680)* (Berlin, 1993), 75 and passim.

# 批判家博學者：貝爾

　　法國人貝爾雖然不若基爾學博學，但一樣涉獵甚廣。他是新教牧師，於一六八〇年代逃往荷蘭共和國避難，曾經形容自己「渴望通曉一切」（affamé de savoir tout）[65]。他先後在法國色當和荷蘭鹿特丹的新教學校任教，後來辭去教職，應邀擔任學術期刊《文人共和國新聞》（*Nouvelles de la République des lettres*）的編輯。這份期刊從一六八四年發行至一六八七年，每月出刊一次，前後維持了三年，絕大多數「新聞」（主要是書評）都是由他執筆。當時出版文化刊物的新教流亡者遠不只貝爾一人，其中有些同行也算得上是博學者，如巴斯納吉（Henri Basnage）就寫歷史、神學和語言，甚至談力學。不過，貝爾的興趣比巴斯納吉更廣，這點從他一六九七年出版的代表作《歷史批判詞典》即可略見一斑。

　　雖名為詞典，其實是一部歷史百科，目的在取代之前另一本參考書：一六七四年天主教修士莫黑利（Louis Moreri）出版的《歷史大詞典》（*Le Grand Dictionnaire Historique*）。貝爾認為，莫黑利的評論性不足。他自己的詞典不僅比莫黑利的厚上不少，而且以腳註（或說「附記」）比正文多而著稱。這些腳註讓貝爾得以一抒己見，同時質疑其他人視為可靠的文獻。這部詞典和他編輯的期刊一樣，不只關注歷史、哲學、神學與文學，也沒漏掉自然研究。貝爾似乎對現之稱之為自然科學的知識進展相當清

---

65　Pierre Bayle, *Oeuvres Diverses* ( The Hague, 1737), vol. 1, 75.

楚，除了在《文人共和國新聞》討論醫學、解剖、物理、化學和
自然史，也在《歷史批判詞典》留下不少「附記」，像是談論動
物理性（「羅拉留斯」條目〔Rorarius〕）、伽利略和牛頓（「留
基伯」條目〔Leucippus〕）的腳註都很有名[66]。

　　貝爾的大量書信（和佩雷斯克或基爾學的書信一樣都提供
線上閱讀了）除了讓我們更了解他的興趣，也對提供資訊給他
的人有更多線索[67]。譬如英國文壇的消息，他就仰賴當地的法國
流亡者，包括他朋友德拉洛克（Daniel de Larroque）、外科醫師
布西耶爾（Paul Bussière）和圖書館員裘斯帖爾（Henri Justel）
──英國皇家學會的刊物正是由裘斯帖爾替他翻譯的。德國方
面的消息來源也是他朋友：牧師學者隆奉（Jacques Lenfant）。
至於自然哲學，他的求助對象是當時兩位頂尖人物，惠更斯
（Christiaan Huygens）和顯微鏡的使用先驅雷文霍克（Antonie
Leeuwenhoek）；前者請教物理學，後者請教如今稱作微生物學
的知識。貝爾人脈極廣，故不難想見他對前輩佩雷斯克也是景仰
有加，特地在《歷史批判詞典》為他撰寫一個條目，並稱呼他為
「文人共和國檢察長」，除了暗示佩雷斯克法律知識豐富，或許

---

66　Elisabeth Labrousse, *Pierre Bayle* ( The Hague, 1963–4); *eadem, Bayle* (Oxford, 1983); Helena H. M. van Lieshout, *The Making of Pierre Bayle's Dictionnaire historique et critique* (Amsterdam, 2001); Wiep van Bunge, 'Pierre Bayle et l'animal-machine', in Hans Bots (ed.), *Critique, savoir et erudition au siècle des lumières* (Amsterdam-Maarssen, 1998), 375–88, at 386.

67　bayle-correspondance.univ-st-etienne.fr/. Cf Miranda Lewis, 'At the centre of the networked early modern world: Pierre Bayle', *www.culturesofknowledge. org/?p=7326.*

也暗指他獲取資訊的能力驚人[68]。

## 集大成博學者：萊布尼茲

　　十七世紀最有名的博學者當然非萊布尼茲莫屬。現代人通常只記得他是哲學家，就像亞里斯多德一樣[69]，再次凸顯我們偏好將學者框進單一領域裡。當年的萊布尼茲不僅是哲學家，同時是數學家、神學家和語言學家，對語系很感興趣，是最早看出芬蘭語和匈牙利語文法相近的學者之一[70]。他還是史學家、法學家、政治作家和中國專家，甚至自稱為中國相關知識的一人「情報站」[71]。

　　萊布尼茲很清楚佩雷斯克的研究的重要性，一直希望佩雷斯克的書信能出版[72]，但他自己卻不喜歡發表研究成果，甚至曾經

68　Marc Fumaroli, 'Nicolas Claude Fabri de Peiresc, prince de la république des lettres' (1996: rpr. Fumaroli, *La République des Lettres* [Paris, 2015], 56–90).

69　Nicholas Jolley (ed.), *The Cambridge Companion to Leibniz* (Cambridge, 1995)，書中共收錄十二名作者的作品；對強調萊布尼茲哲學家身分的反彈，參見 Maria Rosa Antognazza, *Leibniz: An Intellectual Biography* (Cambridge, 2007).

70　Sigrid von der Schulenberg, *Leibniz als Sprachforscher* (Frankfurt, 1973), 68–114; Daniel Droixhe, 'Leibniz et le finno-ougrien'，收錄於 Tullio De Mauro and Lia Formigari (eds.), *Leibniz, Humboldt and the Origins of Comparativism* (Amsterdam and Philadelphia, 1990), 3–29; Shane Hawkins, ' "Selig wer auch Zeichen gibt": Leibniz as historical linguist', *The European Legacy* 23 (2018), 510–21.

71　Louis Davillé, *Leibniz historien* (Paris, 1909); Carl J. Friedrich, 'Philosophical Reflections of Leibniz on Law, Politics and the State', *Natural Law Forum* 11 (1966), 79–91; Patrick Riley (ed.), *The Political Writings of Leibniz* (Cambridge, 1972); Franklin Perkins, *Leibniz and China* (Cambridge, 2004).

72　Miller, *Peiresc's Mediterranean World*, 394.

在信裡告訴一個朋友，只讀他出版的著作不算了解他。從他的論文裡，可以看出他對「植物學、心理學、醫學和自然科學」感興趣，也喜歡鑽研「天文學、物理、化學和地質學」[73]。

不僅如此，萊布尼茲還從事許多實務工作，如外交、法律改革、設立研究機構（一七○○年成立柏林學院，一七二五年成立聖彼得堡科學院）和圖書館管理等[74]。他對科技很感興趣，先後發明了計算機和解碼機，並改良了鏡片、泵浦以及鐘表，造訪礦場也不只為了研究地質，同時為了改善採礦效率。此外，他對貨幣改革、染料工廠和檔案歸類方式也都很有想法。

某個資助者曾經半氣惱地說，萊布尼茲的「好奇心永遠得不到滿足」。這個說法後來不只一次被研究他作品的人提出[75]。當時有人形容他「精通所有學問」，還有人說他「和天才一樣無不理解、無不精通」[76]。後世亦贊同這些說法。例如法國博學者豐特奈爾（Bernard de Fontenelle）就形容萊布尼茲好比「八頭馬車伕」，因為他「能同時駕馭所有學問」[77]。一七七三年出版的學者詞典中，萊布尼茲是「有名的博學者」；十九世紀知名德國科學家杜布瓦─雷蒙（Emil Du Bois-Reymond）更稱他是「無所不

73 Maria Rosa Antognazza, *Leibniz: An Intellectual Biography* (Cambridge, 2009), 2, 206.

74 Delia K. Bowden, *Leibniz as Librarian* (1969); Hans G. Schulte-Albert, 'Gottfried Wilhelm Leibniz and Library Classification', *Journal of Library History* 6 (1971), 133–52; Margherita Palumbo, *Leibniz e la res bibliothecaria* (Rome, 1993); Antognazza, *Leibniz: An Intellectual Biography*, 195–280.

75 Anna Rosa Antognazza, *Leibniz: A Very Short Introduction* (Oxford, 2016), 6.

76 Antognazza, *Leibniz: An Intellectual Biography*, 559.

77 同前註，1。

知、知無不全」（All- und Ganzwisser）的學者[78]。

　　強烈的好奇心加上對秩序的著迷，萊布尼茲顯然是圖書館員的最佳人選。而他也真的替伯因堡男爵（Baron von Boineburg）的私人藏書編過書目，繼而擔任布朗斯威克公爵的藏書管理員，起初在漢諾威，後來在沃爾芬標特又做了二十五年。他也曾向梵諦岡和巴黎提供過類似服務，也曾角逐出任維也納皇家圖書館員。柏拉圖說過，若想打造理想的國家，那麼不是讓哲學家當國王，就是讓國王成為哲學家。我們或許也可以這麼說，若想打造理想的圖書館，那麼不是讓哲學家當館員，就是讓館員成為哲學家。一邊是替書籍分類，另一邊是替知識分類，兩者的關聯在萊布尼茲的實務與理論工作裡確實清楚可見[79]。

　　儘管好奇心無窮，萊布尼茲卻遠不只於此。他承繼柳利、阿斯特德和康門紐斯的傳統（他甚至寫過詩獻給康門紐斯），希望改革所有學問。他知道這項任務太過巨大，不可能獨力完成，因此號召眾人參與，也身體力行，除了請教其他學者、創辦研究期刊、成立學院，還嘗試集體編纂「詞庫」或百科全書。萊布尼茲有許多計畫都出於這個改革之夢，例如發展通用語言，以便消除學者因為語言不同而產生的誤解；發展邏輯演算，以便將複雜論證化約成簡單的計算；還有普遍學問（*scientia generalis*），亦即

78　Christian Gottlieb Jöcher, 1733，引自Wellmon, *Organizing Enlightenment*, 49; Emil Du Bois-Reymond, *Reden*，引自Lorraine Daston, ' The Academies and the Unity of Knowledge: The Disciplining of the Disciplines', *Differences* 10 (1998), 67–86, at 76.

79　Schulte-Albert, 'Gottfried Wilhelm Leibniz'; Palumbo, *Leibniz*.

「囊括所有其他學問的基本原則的學問」[80]。

## 次要博學者

義大利文藝復興時期藝術興盛，除了達文西、拉斐爾與米開朗基羅的空前成就，為數驚人的次要藝術家也功不可沒。同樣的，上述七名「博學怪物」活躍的年代也有許多次要博學者（部分列於本書附錄）參與其中，讓我們更有理由稱十七世紀為博學者的年代。

這些次要博學者多數是教授，例如普芬多夫（Samuel Pufendorf）。他是隆德大學法學教授，除了著述談論哲學與歷史，也研究自然法，並以「學科」稱之。巴羅（Isaac Barrow）是牛頓的劍橋大學同事，曾被稱作「最後一名文藝復興通才學者」；而前面提到過的基爾大學教授莫爾霍夫，他的《雜學者》（*Polyhistor*, 1688）則是長年作為介紹各個學者的入門書[81]。然而，這個時期最特出的四名次要博學者——說他們「次要」是相對那七名博學怪物而言——都不在學術圈內，而是主教、律

---

80　Antognazza, *Leibniz: An Intellectual Biography*, 236, 244.

81　István Hont, 'Samuel Pufendorf and the eoretical Foundations of the Four-Stage eory' (1986: rpr. in his *Jealousy of Trade,* Cambridge, MA, 2005, 159–84); Detlef Döring, 'Biographisches zu Samuel von Pufendorf', in Bodo Geyer and Helmut Goerlich (eds.), *Samuel Pufendorf und seine Wirkungen bis auf die heutige Zeit*, Baden-Baden 1996, 23–38; Mordechai Feingold (ed.), *Before Newton: The Life and Times of Isaac Barrow* (Cambridge, 1990); idem., 'Barrow, Isaac', *ODNB* 4, 98–102, at 102; Françoise Waquet (ed.), *Mapping the World of Learning: The Polyhistor of Daniel Georg Morhof* (Wiesbaden, 2000).

師、軍人以及官員，他們分別是於耶、塞爾登、馬西里（Luigi Ferdinando Marsili）和威特森（Nicolas Witsen）。

　　於耶曾經擔任諾曼第的阿夫朗什主教，後來為了有更多時間閱讀而辭職。他的興趣及成就更是多種多樣，充分展現了智識狐狸的特色。於耶晚年形容自己「飛行」在不同學科之間，而且「嗜讀無魘」。後來的博學者聖伯夫（Charles de Sainte-Beuve）稱他是「有史以來閱讀最廣泛的人」[82]。不難想見，於耶藏書豐富，總數超過八千冊。和前面提到的七名「博學怪物」相比，他對知識的貢獻一點也不遜色，只是現今比較不為人知，而且有時被視為二流學者[83]。

　　於耶雖然四十六歲才成為修士，但很早就對神學感興趣，在博學的聖經學者柏夏門下學習，後來柏夏應克莉絲蒂娜女王之邀前往瑞典，於耶便跟隨老師去了斯德哥爾摩。他在女王的圖書館裡發現一份古希臘學者俄利根評論《馬太福音》的手稿，便加以編輯並譯成拉丁文。為了做好聖經研究，他同時學習希伯來文和敘利亞文。

　　這些研究促使於耶和老師柏夏一樣，從比較的觀點來檢視神話。柏夏認為，諾亞的故事是後世神話的原型，於耶對摩西也抱持類似看法，同時援引宣教師的描述，以祕魯、加拿大和日本的

---

82　Pierre-Daniel Huet, *Commentarius* ( The Hague, 1718); Charles Sainte-Beuve, *Causeries de Lundi*, 15 vols. (Paris, 1851–62).

83　Christopher Ligota, 'Der apologetischen Rahmen der Mythendeutung im Frankreich des 17. Jahrhunderts (P. D. Huet)', in Walter Killy (ed.), *Mythographie der frühen Neuzeit* (Wiesbaden, 1984), 149–62, at 151.

神話為例證。研究聖經也使得於耶對地理學產生興趣，曾經先後對人間天堂和所羅門王的航海路線做過研究。他也著述討論哲學，包括批判笛卡兒（1689）和死後才出版的《論人類理解的弱點》（*The Weakness of Human Understanding*, 1723）[84]。一六七〇年，於耶出版論文《羅曼史的起源》（Origin of Romances），是第一本討論羅曼史歷史的書，而且他自己也創作完成一本羅曼史《黛安》（*Diane de Castro*）[85]。晚年的他專研歷史，除了替故鄉撰寫歷史《康城起源》（*Les origines de la ville de Caen*, 1702），還完成一本經濟史領域的先驅之作《古代商業與航海史》（*Histoire du commerce et de la navigation des anciens*, 1716）。

　　和當時許多愛好者一樣，於耶也對數學和自然科學感興趣。一六七九年，於耶出版《福音證明》（*Demonstratio Evangelica*），書裡用公理演繹法證明了基督教的一項真理，從中可以看出他對幾何的熱情。一六六二年，他和其他人共同創立康城物理學院，主要研究自然，尤其是解剖學。於耶本人曾多次進行解剖，特別是魚類。此外，他對天文學、自然史和化學同感興趣，做出不少原創的科學貢獻，包括探討聲波及詳盡描述蝸牛、水蛭和蠑螈

---

84　Alphonse Dupront, *Pierre-Daniel Huet et l'exégèse comparatiste au XVII siècle* (Paris, 1930); Alain Niderst, 'Comparatisme et syncrétisme religieux de Huet', in Suzanne Guellouz (ed.), *Pierre-Daniel Huet* (Tübingen, 1994), 75–82; Elena Rapetti, *Pierre-Daniel Huet: erudizione, filosofia, apologetica* (Milan, 1999); April G. Shelford, *Transforming the Republic of Letters: Pierre-Daniel Huet and European Intellectual Life, 1650–1720* (Rochester, NY, 2007).

85　Fabienne Gégou (ed.), *Traité sur l'origine des romans* (Paris, 1971), introduction.

等。於耶也是發明家，發明過測量大氣濕度和風速的儀器[86]。

　　繼法蘭西斯・培根之後，十七世紀最博學的律師首推另一個英國人塞爾登（John Selden），即使荷蘭律師格老秀斯（Hugo Grotius）也是不遑多讓。兩人雖然在海洋自由權上意見相左，不過都敬佩對方是出色的學者。

　　當時有一名克勒雷登爵士形容塞爾登「對各方面和各語言都知識淵博」[87]。他的興趣包括中世紀英國史和東方研究。鑽研法律史（包括公法、民法、教會法、海事法和自然法）讓他觸及其他領域，包括英國中世紀和古代以色列。他晚年大半時間都在研究《塔木德》並談論猶太法。活躍的好奇心讓他沒有就此止步，而是研究起古代宗教，並於一六一七年出版《論敘利亞神祇》（On the Syrian Gods）。他在書裡仿效斯卡利傑對編年系統的知名研究，並且稱這名十六世紀的學者是學識共和國裡「尊大的王子」。

　　塞爾登收藏了近八千冊的書籍及手稿，而且不僅學識豐富，分析能力也很強。這點從他比較不同法律系統和不同神祇（例如巴力和朱庇特、阿斯塔蒂和維納斯）便能一眼看出。此外，從他離世後出版的《桌邊談話》（Tabletalk）也能看出他充滿洞察力的聰穎和機智。

---

86　Léon Tolmer, *Pierre-Daniel Huet: humaniste, physicien* (Bayeux, 1949), 189–90, 215–18; M. de Pontville, 'Pierre-Daniel Huet, homme des sciences', in Guellouz, *Huet*, 29–42.

87　引自David S. Berkowitz, *John Selden's Formative Years* (Washington DC, 1988), 296.

　　塞爾登雖然興趣廣泛，卻始終堅持追本溯源。他在一六一四年出版的《徽號》（*Titles of Honour*）裡自豪表示，「我給各位的都不是二手資料，而是來自源頭」。為了研究東方，塞爾登學習希伯來文、亞蘭語和阿拉伯文。為了研究中世紀英國，他學習盎格魯撒克遜語，檢閱倫敦塔裡的官方紀錄，還引碑文和錢幣以為證據。善於察覺時代錯置，加上重視編年系統，使得他對文本的批判方法更加犀利。他也寫詩，並且和詩人鄧約翰、德雷頓及班強生都是好友。對於塞爾登興趣如此廣泛、鑽研如此深入，班強生貼切地將他比喻成指南針：「……一腳始終／踩在中心，轉出豐盛的／普遍知識之圓」[88]。

　　前面提過，文藝復興時期的博學者往往文武雙全，但在十七世紀，軍人博學者馬西里（Luigi Marsili，又名馬西格里〔Marsigli〕）卻成了少數的亮點。他將軍旅生活和廣泛興趣結合，成為當時頂尖的愛好者。馬西里擁有強烈的好奇心，一六八三年他在維也納圍城戰被突厥人俘虜，送到咖啡館工作，獲釋後不忘善用其間學到的知識，寫成《亞洲飲料》（*Bevanda Asiatica*, 1865）這本論咖啡的書。

　　一七〇三年，馬西里因為棄守布萊薩赫要塞而退伍，雖不光彩，但他從此有更多時間閱讀及寫作，並蒐集大量收藏品，後來全數捐給波隆納大學。他的著作包括一本介紹鄂圖曼帝國軍隊的

---

88　Harold D. Hazeltine, 'Selden as Legal Historian', *Festschrift H. Brunner* (Weimar, 1910), 579–630; Paul Christianson, 'Selden, John', *ODNB* 49, 694–705; Gerald J. Toomer, *John Selden: A Life in Scholarship*, 2 vols. (Oxford 2009); Timothy Brook, *Mr Selden's Map of China* (London, 2015).

書，以及研究硫磺、珊瑚、蘑菇與海洋的作品。一七二六年，馬西里出版代表作《多瑙河》（*Danubius*），從地理、天文、水理、歷史和物理角度對這條河進行考察[89]。

　　威特森（Nicolaes Witsen）是另一個行動派人物，除了數度連任阿姆斯特丹市長，也擔任過荷蘭東印度公司的行政官。不過，「多面人」威特森還有學者這個「第二人生」[90]，除了撥出時間蒐集奇珍異寶、研究自然史和出書討論古代與現代造船術，他同時著述討論所謂的「北方與東方韃靼」，尤其是西伯利亞，並附上該區的地圖[91]。威特森對地理的興趣擴及到南非、澳洲與紐西蘭。他是博學者以撒克‧佛斯（Isaac Voss）和斯坦諾的朋友，常和萊布尼茲通信，並曾動用廣闊人脈協助博學者好友魯道夫取得世界各地不同語言的文本，包括南非「何騰托人」（Hottentot）說的科伊科伊語。

　　威特森蒐集的奇珍異寶包括貝殼（有些來自澳洲）、植物、動物標本、古代的錢幣及雕像、西伯利亞的斯泰基飾品、爪哇的克里斯（kris）佩刀、中國古鏡、中國山水畫和喀拉拉的印度教神像。他的人脈在這方面幫助很大，例如印度教神像就是荷蘭駐

---

89　John Stoye, *Marsigli's Europe* (New Haven, CT, 1994); Giuseppe Gullino and Cesare Preti, 'Marsili, Luigi Fernando', *DBI* 70, 771–81.

90　Igor Wladimiroff, *De kaart van een verzwegen vriendschap. Nicolaes Witsen en Andrej Winius en de Nederlandse cartografie van Rusland* (Groningen, 2008), 148–9.

91　Brun Naarden, 'Witsen's Studies of Inner Eurasia', in Siegfried Huigen, Jan L. de Jong and Elmer Kotfin (eds.), *The Dutch Trading Companies as Knowledge Networks* (Leiden 2010), 211–39.

錫蘭總督替他從喀拉拉取得的[92]。

## 調和

前一章提到，文藝復興時期不少博學者的動力來自對知識的統合，尤其是對宗教合一的渴求，從米蘭多拉到博丹都是如此。這股動力，以及引發這股動力的各種衝突，仍是許多十七世紀學者走上博學之路的強烈動機。

因此，我們見到康門紐斯追求普世和諧；卡拉慕夷嘗試調和信仰與理性；基爾學希望作品可以揭露乍看相互衝突的傳統背後的統一，也就是他所謂的**諧和的不諧和**（discors concordia）；於耶著述談論信仰與理性的調和；普芬多夫則是對消弭當時德國天主教與新教的觀點歧異很感興趣。

萊布尼茲生於三十年戰爭結束前不久，因此衝突，以及如何化解衝突便成了他念茲在茲的要務。而他的邏輯演算，就和英國博學者威爾金斯（John Wilkins）等人發展的通用語言一樣，是為了讓哲學家不再意見分歧而設計。他和米蘭多拉一樣嘗試化解哲學衝突，尤其是笛卡兒主義與經院哲學。他也嘗試用自然神學（作為信仰的最低公約數）消弭不同宗教（天主教和新教）或文化（中國與西方）之間的衝突。從這點來看，萊布尼茲可說是最後一位普智派博學者。

---

92　Marion Peters, *De wijze koopman. Het wereldwijde onderzoek van Nicolaes Witsen (1641– 1717), burgemeester en VOC-bewindhebber van Amsterdam* (Amsterdam, 2010).

## 原創與抄襲

十七世紀博學者輩出，其實是很不簡單的事，因為門檻更高了。不論是中世紀或文藝復興時期，一個人就算沒有新發現或原創的想法也能成為博學者。但到了十七世紀，學者愈來愈被要求必須對知識做出新貢獻。

這般說法並非空穴來風，第一發現者之爭和抄襲指控自十六世紀末起大量增加即為明證。其實這個現象並非當時才開始。早在十五世紀，布魯涅斯基就曾為了保護智慧財產權，而於一四二一年為自己設計的船隻申請專利，「免得自己憑藉天分種出的果實被別人收割」。他曾經告訴朋友塔可拉「別跟太多人分享你的發明」，以免發明及功勞都被對手偷走[93]。十七世紀新起的現象是抄襲指控大增。

例如，迪伊曾被第谷和克卜勒指控剽竊他們的資料與想法，而迪伊自己也曾指控別人抄襲；老盧德貝克和巴托林都宣稱，自己才是淋巴系統的第一發現者；牛頓的後輩指控萊布尼茲剽竊大師的微積分概念，而牛頓自己則被博學者虎克指控偷竊他對光的折射和重力平方反比定律的見解[94]。

為了捍衛第一發現者的身分，有些自然哲學家會利用密碼紀錄自己的發現，其中易位詞（anagram，調動字母順序形成

93　Prager and Scaglia, *Brunelleschi*, 111, 129, 144.

94　Richard S. Westfall, *Never at Rest: A Biography of Isaac Newton* (Cambridge, 1980), 714–15, 727; Thomas Sonar, *Die Geschichte des Prioritätsstreits zwischen Leibniz und Newton* (Heidelberg, 2016).

新詞）是當時盛行的手法。譬如伽利略用新望遠鏡發現土星由三個部分構成後，便用「*SMAISMRMILMEPOETALEUMIBUNE NUGTTAUIRAS*」這麼一個詭異句子表述自己的發現[95]；惠更斯（Christiaan Huygens）觀察到土星有環之後，便以拉丁文易位詞「昭告」世人：AAAAAA CCCCC D EEEEE G H IIIIIII LLLL MM NNNNNNNNN OOOO PP Q RR S TTTTT UUUUU[96]；虎克則是用易位詞「*CEIIINOSSSSTTUV*」來表達自己發現的定律：固體受力和其變形量成正比[97]。

　在小學仍教授拉丁文的年代，孩子都知道剽竊的拉丁文 *plagiarius*，其原意是綁架奴隸，後來被古羅馬詩人馬提亞爾（Martial）挪用來指抄襲。他和荷瑞斯與維吉爾一樣，都曾表示自己深受剽竊之苦。文藝復興時期，文學圈就已經出現「偷」這個詞，但學術圈要到十七世紀才有耳聞，一六七三至一六九三年至少有四本書專門討論這個主題[98]。這裡，語言史再次提供了珍貴證據，顯示學者的意識轉變。剽竊的法文 plagiaires 首次出現於十七世紀；英文 plagiary（剽竊、文抄公）出現於一六〇一年，plagiarism（剽竊）是一六二一年，plagiarist（剽竊者）一六

---

95　該句子實際為 *Altissimum planetam tergeminum observavi*，意思是「我觀察到最高的那顆星由三部分構成。」

96　該句子實際為 *anulo cingitur, tenui, plano, nusquam cohaerente, ad eclipticam inclinato*，意思是「它周圍有環，表面薄而扁，未和土星相連，靠近黃道」。

97　該句子實際為 *ut tensio, sic vis*，意思是「這就是彈力」。

98　Jacob omasius, *De plagio literario* (1673); eodor Jansson van Almeloveen, 'Plagiorum syllabus', in his *Opuscula* (1686); Johannes Fabri, *Decas decadum, sive plagiariorum centuria* (1689); Jacques Salier, *Cacocephalus, sive de plagiis* (1693).

七四年，plagiarize（剽竊，動詞）一七一六年。

## 闡明黃金年代

　　是什麼讓十七世紀成為博學者的黃金年代？面對這種大哉問，通常很難有直截了當的答案，不過仍有幾點值得一提。根據這些看法，前文提到的種種成就不是幾位知識巨人（或怪物）橫空出世的結果，而是社會與文化變動促成的發展。首先，十七世紀歐洲一方面擺脫了傳統對好奇心的質疑，一方面又還不必面對繼之而起的知識分工，因而得以呼吸自由的空氣。知識分工——直到現在——都依然對多面人不利。

　　其次，歐洲人持續發現新大陸，加上和亞、非兩洲互動增加，不論是經由貿易、宣教或武裝征服，再再強烈激發了他們的好奇。這點從當時出現許多「藏珍閣」展示異國蒐集來的物品可見一斑。不少歐洲人認識了許多新的植物、樹木、鳥、魚類、昆蟲、民族、語言和習俗。新知識到來的速度恰到好處，既能激起學者的好奇，又不會快得讓他們應接不暇。古希臘醫師迪奧斯科里德斯曾描繪過五百種植物，到了一六二三年，巴塞爾大學教授博安（Caspar Bauhin）所描繪的植物已增加到六千種。

　　當時有另一個新世界展現在這些學者面前，那便是十七世紀因為使用新儀式（望遠鏡和顯微鏡）而出現的「科學革命」，他們由此看見非常遙遠的物體，例如行星，也看見非常近卻非常小的物體，像是虎克在《顯微圖譜》（*Micrographia*, 1665）裡描繪的那隻有名的蝨子。和虎克同時代的雷文霍克更是在性能更出色

的顯微鏡協助下，成為第一個觀察並描繪細菌的人。

　　其他知識領域也使用新的方法進行探索，系統化的實驗更是如此。當時就連業餘者也能對自然和文化研究做出創新的貢獻，因為描述新發現仍然使用接近日常語言的語彙，許多實驗也簡單到可以在家中進行，只要使用簡單的儀器便能獲得許多新發現。而資訊的累積則是進一步刺激學者加以驗證並歸類，從而將資訊轉為知識。

　　第三點則是「學識共和國」或「文人共和國」（*Respublica litterarum*）的重組。這些所謂的共和國是想像出來的群體，由不同國家、甚至不同信仰的學者靠著書信往來而組織起來。十七世紀歐洲郵務網絡密度大增[99]，這場通訊革命也使得學者的個人網絡隨之擴張。前面提到的七名博學怪物，其有四名（佩雷斯克、貝爾、萊布尼茲和基爾學）擁有大批書信往來的對象，協助他們取得在普羅旺斯、鹿特丹、沃爾芬標特，甚至羅馬都難以取得的資訊。

　　舉例來說，佩雷斯克的書信高達一萬封，其中不少是寫給其他博學者的，如塞爾登、伽森狄、格老秀斯和基爾學[100]。貝爾寫出的信最近剛編輯完成，足足有十四大冊[101]。萊布尼茲也經常和其他學者書信往來，目前留存的超過一萬五千封。基爾學的人際

---

99　Wolfgang Behringer, 'Communications Revolutions', *German History* 24 (2006), 333–74.

100　Philippe Tamizey de Larroque (ed.), *Lettres de Peiresc*, 7 vols. (Paris 1888–98).

101　Elisabeth Labrousse et al. (eds.), *Correspondance de Pierre Bayle*, 14 vols. (Oxford, 1999–2017). Cf. *emlo-portal.bodleian.ox.ac.uk/collections/?catalogue=pierre-bayle*

網更驚人,除了寫信給佩雷斯克、伽森狄和卡拉慕夷等博學者,還和耶穌會宣教師魚雁往返,甚至曾召集一組耶穌會士在世界不同地區觀察磁力變化[102]。如同法蘭西斯・培根向三名法國宣教師請益蒙古人的資訊,基爾學也要感謝自己的耶穌會網絡,才能取得有關中國的第一手知識。

有些博學者以智識中間人著稱。例如波蘭人哈蒂里布在德國讀書,定居英國,是培根和康門紐斯的門生,終其一生致力於傳播兩位老師的學說和其他知識。他和其他人書信往來之頻繁,以致同事杜里(John Dury)稱他為「知識的輻湊中心」。哈蒂里布在當時以「通報者」(intelligencer)著稱,四方蒐集資訊而後以刊物向外傳播。同樣定居英國的德國學者奧爾登博格(Henry Oldenburg)也在哈蒂里布的往來圈內,憑藉皇家學院祕書的身分獲得大量知識[103]。另外,佛羅倫斯圖書館員馬利亞貝基(Antonio Magliabechi)也是人脈廣闊。他雖然是被動博學者,沒有對任何學科做出原創貢獻,但經常可見學者向他請教各種知識,留存下來的兩萬封信便是明證[104]。

郵務系統擴展同樣促成了通訊稿和期刊在十七世紀的興起,包括十七世紀後半一些重要學術期刊的出現,諸如英國皇家學會一六六五年創刊、奧爾登博格編輯的《自然科學會

---

102 基爾學的書信可於線上閱讀:http://web.stanford.edu/group/kircher/。有關磁力變化,Michael John Gorman, ' The Angel and the Compass: Athanasius Kircher's Magnetic Geography', in Paula Findlen (ed.), *The Last Man Who Knew Everything* (New York, 2003), 229–51, at 245.

103 Marie Boas Hall, *Henry Oldenburg* (Oxford, 2002).

104 M. Albanese, 'Magliabechi, Antonio', *DBI* 67, 422–7.

報》（*Philosophical Transactions*）、同年巴黎創刊的《學者雜誌》（*Journal des Savants*）、一六六八年於羅馬創刊的《文人雜誌》（*Giornale de' Letterati*）、一六八二年於萊比錫創刊的《博學報》（*Acta Eruditorum*）和一六八四年在阿姆斯特丹創刊的《文人共和國新聞》。這類新型態交流的內容包括學識文章、學者訃聞、實驗記述和一種新的文類，也就是書評，讀者因而得以掌握學識世界的最新動態。

　　總之，十七世紀是追求淵博知識與原創貢獻相對平衡的時代。十八世紀起，隨著做出新發現的壓力愈來愈大，書籍數量不斷激增，成為博學者也變得愈來愈難。當時已有觀察家意識到，此平衡搖搖欲墜，知識危機就在眼前。

## 知識危機

　　本章提到的學者個個勤勉奮發，似乎顯示十七世紀是通才學者的盛世[105]。然而，那段黃金歲月也有黑暗的一面，因為十七世紀也是懷疑的年代。一六五〇年前後出現的「意識危機」，又稱「歐洲心靈危機」，正是後世史學家命名為「十七世紀普遍危機」的其中一部分[106]。

---

105 Mordechai Feingold, ' The Humanities', in Nicholas Tyacke (ed.), *History of the University of Oxford*, vol. 4 (Oxford, 1997), 211–357, at 218.

106 Paul Hazard, *The Crisis of the European Mind, 1680–1715* (1934: English translation, New York 2013), Hugh R. Trevor-Roper, 'The General Crisis of the Seventeenth Century', *Past & Present* 16 (1959), 31–64.

　　由於有太多變動被冠上「危機」之名，導致這個詞愈來愈沒有說服力，因此在接下來的篇幅裡，我將相對嚴謹地使用這個詞，以貼近其希臘詞源的原意，也就是病人遊走於痊癒與死亡的瞬間。換言之，請將「危機」想成一個即將產生結構巨變的混沌時刻，亦即「臨界點」或「分水嶺」，且大多出現在一段冗長緩慢的變化之後[107]。

　　十七世紀的智識危機有幾個面向。首先是世界觀從有機整體——宇宙好比「動物」一樣是活的——變成機械論，視宇宙為一台巨大的機器[108]；其次是懷疑主義興起——當時的說法是「庇羅主義」，取名自古代懷疑論者庇羅（Pyrrho of Elis）——既懷疑自然知識，也懷疑過往的知識[109]。當時有不少思想家主張文化相對論，尤其是博學者貝爾。他曾寫下一段名言：「歷史就好比端上來的一盤肉……每個國家與宗教食材相同，調味卻各憑喜好，而每個讀者又憑個人偏見來斷定真假[110]。」

## 資訊過量

　　智識危機的第三個面向，也是和博學者這個主題最有關的

---

107 Malcolm Gladwell, *The Tipping Point: How Little Things Can Make a Big Difference* (London, 2000).

108 Eduard J. Dijksterhuis, *The Mechanization of the World Picture* (English translation, Oxford, 1961).

109 Richard H. Popkin, *The History of Scepticism from Erasmus to Spinoza* (1960: revised edn, Berkeley, CA, 1979).

110 Elisabeth Labrousse, *Bayle* (Oxford, 1983), 12, 22, 51.

因素，就是可取得的知識量大增。這點雖然對群體有利，卻也提高了個人焦慮，因為「有太多需要知道了」[111]。隨著十五世紀中葉（歐洲的鉛字）印刷術發明，書籍數量日益增加，起先速度緩慢，隨後卻快得令人眼花撩亂。根據最近的計算，十七世紀初期流通的書籍總數已經多達三十四萬五千冊左右[112]。

知識爆炸引發的焦慮——此處所指「爆炸」既指擴張，也指片段化——愈來愈常被人掛在嘴邊。抱怨書籍太多的聲音愈來愈大，相關比喻也愈來愈多，例如擔心書籍「氾濫」會淹沒讀者，或是讓讀者置身「書林」而無所適從[113]。

英國博學者伯頓有一句常被人引用的名言，將這種感覺描繪的活靈活現。「這混沌的茫茫書海，」他這麼形容：「壓得我們喘不過氣，讀得眼睛發痠、手指發疼。」另一段為人所知的抱怨出自法國圖書館員巴耶（Adrien Baillet）。他唯恐野蠻將會重返，因為「書籍每天都以驚人速度倍增」，致使愈來愈難判斷哪些值得閱讀[114]。連博覽群書的萊布尼茲也寫道，「書愈堆愈多，

---

111 Ann M. Blair, *Too Much to Know: Managing Scholarly Information before the Modern Age* (New Haven, CT, 2010).

112 Andrew Pettegree, ' The Renaissance Library and the Challenge of Print', in Alice Crawford (ed.), *The Meaning of the Library: A Cultural History* (Princeton, NJ, 2015), 72–90, at 75, 84.

113 Peter Burke, 'Gutenberg Bewältigen. Die Informations explosion im frühneuzeitlichen Europa', *Jahrbuch für Europäische Geschichte* 2 (2001), 237–48. Cf. the special issue of the *Journal of the History of Ideas* 64 (2003), no. 1; Blair, *Too Much to Know*.

114 Robert Burton, *Anatomy of Melancholy* (1621), Book 1, section 10; Adrien Baillet, *Jugemens des sçavans* (Paris, 1685)，翻譯及引用自 Blair, *Too Much to Know*, 59.

真是可怕」（horrible masse de livres qui va toujours augmentant）[115]。
印刷術曾經被當成資訊稀缺的解方，如今卻反過頭來成了問題。

　　面對資訊過量，學者愈來愈在意如何組織知識，開始將他們
需要或覺得可能會需要的資訊記在紙片上，並收在盒子裡或裝訂
成冊。一六八九年，德國博學者普拉修斯（Vincent Placcius）出
版《筆記術》（De arte excerpendi），建議將紙片按主題排列，用
鉤子串起來掛在「櫃子」鐵桿上[116]。

　　書籍激增並不是學者感覺有太多需要知道的唯一理由，新知
識領域不斷出現也是原因之一。先前提過，許多學者正是受此刺
激才開始多方涉獵。然而，新知識的魅力或許拓展了學者的興
趣，但就如法蘭西斯‧培根所明白指出的，「學識增進」的代價
便是（以現在的話來說）「資訊焦慮」愈來愈嚴重。新發現來得
太快，讓人難以即時消化。博安一六二三年描述了六千種植物，
到了一六八二年，英國人雷約翰（John Ray）筆下已經增加到一
萬八千種[117]。我們甚至可以這麼說，十七世紀會稱作博學者的黃
金年代，或許正是因為後世學者再也難以達到遍知萬物的理想。

　　於是，學者面臨一個新的挑戰，那就是如何將新資訊納入智
識體系（不論新舊）卻又不致造成體系瓦解[118]。十七世紀中葉，
已有不少學者看到知識片段化的現象，並且認為問題不容小覷。

---

115 Adrien Baillet, *Jugements des Savants sur les principaux ouvrages des anciens*, 4 vols (Paris, 1685–6), preface; Gottfried Wilhelm Leibniz, *Philosophische Schriften*, 7 vols. (Berlin 1875–90), vol. 7, 160.

116 Blair, *Too Much to Know*, 93–6.

117 David Gledhill, *The Names of Plants* (4th edn, Cambridge 2008), 7.

118 Richard S. Wurman, *Information Anxiety* (New York, 1989).

# 片段化

　　十七世紀一些新詞（如博學者）的出現其實不一定是好事，這些新詞的流行甚至代表愈來愈多人覺得有問題。例如，伯頓在《膚淺哲學家》（*Philosophaster*）劇中便將宣稱自己跟希臘詭辯學家一樣「無所不知」自大主角「波魯普拉馬替古斯」（Polupragmaticus）和真正的學者波魯馬茲（Polumathes）區分開來。

　　對於這個問題最著名的討論，是之前提過的兩本論著──沃佛的《論博學》（Polymathia, 1603）和莫爾霍夫的《雜學者》[119]。這兩人都將「博學」理解為關切不同學科之間的關聯（*scientiarum cognatio et conciliatio*）[120]。只是對不少十七世紀的博學者來說，這些關聯似乎有其風險。從這個角度回頭看，我們或許會覺得，阿斯特德的百科全書與其說是呈現，不如說是試圖重建知識的統一，因為當時知識的統一正受到威脅。阿斯特德的學生康門紐斯稱此現象為「學科分裂」（*scientiarum laceratio*），並為此憂心忡忡[121]。他以生動的比喻抱怨道，這就像「形上學家唱歌給自己聽，自然哲學家唱歌讚美自己，天文學家跳舞給自己看，倫理學

---

119 Johannes Wower, *De polymathia* (1603); Daniel Georg Morhof, *Polyhistor* (Lübeck, 1688). Cf. Luc Deitz, 'Joannes Wower', *Journal of the Warburg and Courtauld Institutes* 58 (1995), 132–51; Françoise Waquet (ed.), *Mapping the World of Learning: the* Polyhistor *of Daniel Georg Morhof* (Wiesbaden, 2000).

120 Morhof, *Polyhistor*, 2.

121 Jan Amos Comenius, *Pansophia Praeludium* (1637), rpr. in *Works* 15/2 (Prague, 1989), 22.

家替自己定律法，政治家替自己打根基，數學家為自己的勝利而歡欣鼓舞，神學家為自己的好處而統御[122]。」

「一切都支離破碎，不再圓融諧和。」鄧約翰在《世界剖析》裡透過這句名言表達了他對智識片段化的醒覺與憂慮[123]。學者也有同感。博學者塞爾登便指出，不同智識領域之間已經斷裂，即使他自己的智識歷程證實了「每個智識領域都和其他智識領域關係密切，不僅常獲得相近領域的協助，也常藉由這些相近領域而獲得乍看不相連的領域協助」[124]。此外，清教教會領袖巴克斯特（Richard Baxter）也抱怨道，「我們根據自己的局限（或狹隘）將藝術與科學拆成片段，不再如過去般普智，立即知道（*uno intuito*）並全觀一切[125]。」當然，這樣斷章取義是危險的。巴克斯特談的是人，將「我們」和神或天使對比。儘管如此，由於當時是十七世紀中期，他這番話顯然非同小可，而且提到的普智也是如此──在此脈絡下，應該將之理解為對片段化的回應。

其他學者也強調全觀的重要，英國牧師湯馬斯‧富勒（Thomas Fuller）和博學者巴羅正是如此。富勒認為，學識「一體圓融，各部分彼此服事，互通力量與榮耀」[126]；巴羅則在《論勤

---

122 引用及翻譯自 Daniel Murphy, *Comenius: A Critical Introduction to his Life and Work* (Dublin, 1995), 20.

123 John Donne, *An Anatomy of the World* (written in 1611)。雖然詩裡主張「世界崩壞」的理由很老調，但此處所引用的部分倒是很有新意。

124 John Selden, *Titles of Honour* (London, 1614), dedication.

125 Richard Baxter, *Holy Commonwealth* (London, 1659), 493；他這裡似乎引用了康門紐斯的說法，「一眼全觀萬物」（*uno intuitu OMNIA…exhibens*），出自 *Consultatio Catholica*, Prague 1966, 28

126 omas Fuller, *The Holy State* (London, 1642), Book 2, ch. 7.

勉》（*Of Industry*）裡寫道，「學問不廣難以成為好學者」。對掌握「事物間的關聯與概念間的互賴」而言，普遍知識是必要的，如此才能讓「一個學識領域照亮另一個」[127]。

對於這個問題，康門紐斯開出的解方是追求普世智慧。但對莫爾霍夫而言，普世智慧反倒是問題，至少是問題的一部分。他開出的解方不僅反對普智，甚至要摒棄博學，因為「人類心靈的限制」（*mentis humanae angustia*），他認為博學太過空泛，不切實際。他尤其反對想同時「跨足」（inhabit）所有學科的學者，並警告他的讀者提防這種誇大的企圖。「想住在所有地方的人只會落得無處可住，什麼也掌握不了，頂多膚淺走訪許多地方」（*qui nusquam habitabunt, nusquam dominerunt, si ubique habitare volent, aut levi percursatione plurime attingent*）。莫爾霍夫的理想目標相對保守：不過是理解文學史（*historia literaria*）罷了，也就是學識史（history of scholarship）。更精確地說，就是透過學識的演進史來掌握學識[128]。

另一名聖公會牧師梅利克·卡索邦是知名學者以撒克·卡索邦（Isaac Casaubon）之子。他本人也是博學者，除了編輯古代典籍、著述討論神學及自然哲學，也研究古文物與醫學，卻於一六六八年撰文探討他所謂的「博識」問題。他承認這個現象讓他「非常憂心……學識正走向衰敗，將墮入極危險的野蠻狀態」。卡索邦認為，衰敗始於十七世紀初，也就是他父親的年代，因為

---

127 Isaac Barrow, *Sermons and Expository Treatises* (Edinburgh, 1839), 492.
128 Morhof, *Polyhistor* (1688: expanded edn, Lübeck, 1747), 4.

成為好學者比以往都要困難。「一個人要有所成就……必須非常努力，極其勤勉；除非上帝賦予他超常的勇氣與體力，否則只會令人卻步[129]。」儘管這或許是兒子將自己不如父親的感覺投射到整個世紀，但有這份擔憂的不是只有小卡索邦一人。

## 遭受嚴厲批判的博學者

此際，我們不如回頭看本章提到的博學者，從他們的弱點而非成就來切入，或許能得到一些啟發。儘管早在古希臘就有人批評博學者，但多數批評主要出現在十七世紀晚期到十八世紀初，在在顯示危機浮現。

柏內特在給萊布尼茲的信裡寫道，「多方涉獵的人往往失之淺薄」──不過他沒有把萊布尼茲納入其中。只是，柏內特本人也受到相同的批評，被人說「他只要稍微了解一門學問就不想再多作逗留」，寧可「看起來見多識廣，也不想徹底了解一件事情」[130]。同樣的，牛頓批評虎克，因為虎克「只會假裝自己什麼都懂」，而不是替自己的假說提出證明[131]。

愛好者和興趣比較窄的「古物收藏家」一樣，有時會被批評一味追求瑣細，缺乏真正的知識。例如事業有成的倫敦醫師斯隆

129 Casaubon, *Generall Learning*, 88, 146.

130 柏內特的信引自Antognazza, *Leibniz: An Intellectual Biography*, 559; John Cockburn, *A Specimen of Some Free and Impartial Remarks occasion'd by Dr Burnet's History of His Own Times* (London, 1724), 27–8，引自Helen C. Foxcroft (ed.), *Supplement to Burnet's History of His Own Time* (Oxford, 1902), 456n.

131 引自 Lisa Jardine, *The Curious Life of Robert Hooke* (London, 2003), 6.

擁有為數驚人的各色收藏品，包括三萬兩千枚勳章和五萬本書，卻有人說他是「拼貼大師，這裡挑挑、那裡撿撿，這本書摘一點，那本書摘一些，在腦袋裡混成一團」[132]。換句話說，斯隆蒐集知識就像蒐集物品一樣散漫零碎。

## 達文西症候群

　　有不少博學者被診斷罹患了所謂的「達文西症候群」。我們先前提到，達文西以虎頭蛇尾著稱。他基本上是刺蝟，眼光獨到，能看見不同知識間的關聯，但現實中他卻是狐狸，四處分散注意力。佩雷斯克或許也適用這樣的描述。伽森狄曾說，他這個朋友興趣龐雜，總是渴望知道更多，不僅讓他無法完成既定計畫，連寫作的時間都沒了。萊布尼茲批評另一名博學者貝歇爾「關注太多事情」（*polypragmon*）[133]，而基爾學也是想做的太多，曾經抱怨自己實在太忙，「不知該往哪裡走」（*ut quo me vertam nesciam*）[134]。

---

132 Walter E. Houghton, 'The English Virtuoso in the Seventeenth Century', *Journal of the History of Ideas* 3 (1942), 51–73; on fashions, Krzysztof Pomian, 'Médailles/coquilles=érudition/philosophie', *Transactions of the IVth International Congress on the Enlightenment* 4 (1976), 1677–1705; Delbourgo, *Collecting the World*, 164.「拼貼大師」一詞出自當時一個批評斯隆的人──律師William King。

133 Pamela H. Smith, *The Business of Alchemy: Science and Culture in the Holy Roman Empire* (Princeton, NJ, 1994), 14.

134 John Fletcher (ed.), *Athanasius Kircher und seine Beziehungen zum gelehrten Europa seiner Zeit* (Wiesbaden, 1988), 111.

　　就連萊布尼茲也感受到同時追求不同知識的重荷。他對許多計畫充滿熱情的壞處就是計畫往往「像滾雪球般愈來愈大，直到失控」[135]。例如他撰寫圭爾夫王朝史時，原本打算只寫中世紀，結果一路回溯到現今所謂的「史前」時代。博學者普拉修斯曾寫信詢問萊布尼茲進展如何，萊布尼茲在回信裡疲憊說道，「我手上有許多計畫，卻沒有一樣做好做完。」將近二十年後，他又在寫給普拉修斯的信裡表示，「我常常不曉得自己接下來要做什麼。」此外，他還曾向另一個朋友抱怨，「我的心力實在分散在太多事上了」[136]。

　　次要博學者也有同樣的問題。例如愛好者伊夫林計畫寫貿易史和園藝百科，但都沒有完成。虎克被稱作「倫敦的達文西」雖有讚揚之意，卻也可能暗示他罹患了達文西症候群。就連認同虎克的傳記作者也說他「經常太一心多用」，「多才多藝讓他注定做什麼都欠了一點」[137]。

　　虎克的好友雷恩爵士顯然成就斐然，聖保羅大教堂只是其中之一，但他也有許多計畫有頭無尾，其中包括一本論建築的書。有人研究他對數學的貢獻後表示，雷恩是個「什麼都沾一點」的人，「興趣太多讓他的成就始終不及他才能的極致」[138]。墨西哥博學者貢戈拉（Carlos de Sigüenza y Góngora）雖然（或者說因為）

135　Antognazza, *Leibniz: An Intellectual Biography*, 232 (cf. 325).

136　同前註，171, 321.

137　Jardine, *Curious Life*, 3, 22.

138　Tinniswood, *His Invention So Fertile*, 246; Derek T. Whiteside, 'Wren the Mathematician', *Notes and Records of the Royal Society of London* 15 (1960), 107–11, at 107.

在智識上充滿雄心，卻「從來不曾出版任何著作，只偶爾寫寫小冊子」。替馬西里作傳的作者雖然對馬西里「興趣之廣印象深刻」，卻也指出馬西里不時「會突然對手邊的工作頓失興趣，轉而投向另一件事」[139]。

十七世紀學識界的巨擘雖然成就驚人，卻可以視為某種現身說法，向世人揭露接下來將不斷惡化的問題。面對這些問題，十八世紀到十九世紀上半葉的普遍知識理想相較於之前，顯然縮限了不少：從博學怪物變成了「文人」（man of letters）。

---

139 David Brading, *The First America* (Cambridge, 1991), 393; John Stoye, *Marsigli's Europe* (New Haven, CT, 1994), viii, 25.

# 第四章

# 「文人」時代
## 一七〇〇至一八五〇

　　前一章提到的大學者於耶在他晚年時曾經如此感嘆學識的
式微：「如今在我認識的人裡頭，已經沒人算得上真正的學者
了。」他甚至接著說，「還有些人以自己的無知為榮，嘲笑博
學，視學問為賣弄」[1]。同樣的，我們接下來將介紹的另一個來自
下個世代的學者維科，也曾經於一七二六年的信裡抱怨歐洲學識
的全面「衰竭」（per tutte le spezie delle scienze gl'ingegni d'Europa
sono già esausti）。為了證明自己的說法，他指出拉丁文學術書
在他家鄉那不勒斯的價錢跌了超過一半[2]。

　　學者抱怨學識式微已是老生常談，但有其他證據顯示，十八
世紀初的智識環境確實發生了重大改變，導致博學者更難出現。

---

1　Pierre-Daniel Huet, *Huetiana* (Paris, 1722), 1–2.

2　Giambattista Vico, letter to the French Jesuit Édouard de Vitry, in *Opere*, ed.
　　Roberto Parenti, 2 vols. (Naples, 1972), vol. 1, 452, 454.

# 十八世紀

　　證據之一是前一章提到的兩名「怪物」聲望不再。事實顯示，老盧德貝克和基爾學的智識偉業都有嚴重瑕疵，就如《但以理書》中所言，「腳是半鐵半泥的」。例如萊布尼茲就曾表示，雖然他很敬佩老盧德貝克的智慧及學識，「但對他的許多看法都不敢苟同」。他認為，老盧德貝克對字源的揣測往往缺乏根據，並戲稱他很擔心著述探討凱爾特人起源的法國學者培松（Paul-Yves Pezron）「有點老盧德貝克化（nonnihil Rudbeckizet）」[3]。老盧德貝克在《亞特蘭提斯》裡的主張於他在世時，便已飽受同事批評，死後更聲望下跌，而他認為瑞典就是亞特蘭提斯的看法也成為嘲弄的話題[4]。

　　至於基爾學，他的擁護者（包括另外兩位博學者佩雷斯克和萊布尼茲）也逐漸對他的學識起疑。佩雷斯克起初對基爾學的埃及研究興致勃勃，後來卻懷疑是騙局，並抱怨基爾學某些門生的詮釋全憑直覺，彷彿「通靈一般」[5]。萊布尼茲對基爾學一六七〇年出版的論中國著作讚譽有加，但對他一六八〇年出版的《知識鴻篇》（*Ars Magna Sciendi*）有不少質疑，到了一七一六年，他更表示，基爾學的埃及研究顯示「他根本是門外漢」[6]。同樣是博學者的佛斯則說，就連基爾學的「朋友」都希望他「沒有寫《埃

3　Louis Davillé, *Leibniz historien* (Paris, 1909), 407, 522–3.

4　當時的批評者有哈多夫（Johan Hadorph）、歐恩葉姆（Claudius Örnhielm）和謝佛（Johann Scheffer）。

5　Peter Miller, 'Copts and Scholars', in Findlen, *Last Man*, 135, 141.

6　Findlen, *Last Man*, 5–6.

及伊底帕斯》」，沒有宣稱自己會讀埃及象形文[7]。

　　基爾學聲望受挫，部分是由於十八世紀初期讀書人的世界觀改變了，不再如同基爾學所認為的，宇宙是有生命的，而是將之視為一台巨大的機器；不再是客觀的「對應」（例如微觀和巨觀世界之間），而是主觀的類比。美國知識史學家尼可森（Marjorie Nicolson）這樣形容，「我們的祖先認為『類比』是**真理**，是神刻在事物本質上的」[8]。基爾學的想法便是如此，於是被新潮流淘汰了。


## 賣弄者與雜學者

　　雜學者一詞於十八世紀從褒轉貶，至少在德語世界如此。在康德眼中，雜學者不過是「記憶超人」（Wundermannen des Gedächtnisses），其成就不過是提供「素材」供哲學家思考[9]。對雜學者的批評甚至出現在百科全書中。澤德勒（Johann Heinrich Zedler）出版的《通用詞典》（*Universal-Lexikon*, 1731-54）中，「雜學」條目便說「最偉大的博學者對世界貢獻有限，因為他們多

---

7　引自 Eric Jorink and Dirk van Miert (eds.), *Isaac Vossius* (Leiden, 2012), 211.

8　Dijksterhuis, *De Mechanisering*; Marjorie H. Nicolson, *The Breaking of the Circle: Studies in the Effect of the 'New Science' upon Seventeenth-Century Poetry* (Evanston, IL, 1950), 108.

9　Conrad Wiedemann, 'Polyhistors Glück und Ende: Von D. G. Morhof zum jungen Lessing', *Festschrift Gottfried Weber* (Bad Homburg, 1967), 215–35; Helmut Zedelmaier, ' "Polyhistor" und "Polyhistorie" ' (2002: rpr. in *Werkstätten des Wissens zwischen Renaissance und Aufklärung* [Tübingen, 2015], 109, 115).

方涉獵，以致常淪於瑣碎」。著名的《百科全書》（*Encyclopédie*, 1751-72）說法類似：「博學往往只是雜亂大量的無用知識」以便「炫耀」[10]。雜學者一詞漸漸和「為了蒐集瑣碎資訊而蒐集」連結在一起，跟所謂的「俠義科學」（Politisch-galante Wissenschaft），也就是飽經世故者和紳士的知識成對比[11]。

　　一六七八年，法學家胡貝爾（Ulrich Huber）發表演說批評賣弄學問者，十年後由哲學家湯瑪西斯（Christian Thomasius）出版。湯瑪西斯本人對於他稱作「經院炫學」（Scholastische Pedanterey）的現象也是猛力批判。十八世紀上半有兩部（正巧是由博學者所寫的）戲劇──郝爾拜（Ludvig Holberg）的《伊拉斯謨・蒙塔努斯》（*Erasmus Montanus*, 1723）和萊辛（Gotthold Ephraim Lessing）的《年輕學者》（*Der Junge Gelehrte*, 1748）──都對賣弄學問者做了生動的描繪。

　　後來成為名劇作家的萊辛宣稱自己不是學者（Ich bin nicht gelehrt），「當教授可不是我的天職（das Professoriren meine Sache nicht ist）」，而他其實學識淵博，只是故作無謂的樣子。在他小時候還曾經要求肖像旁要有「大大一堆書（einem grosse, grosse Haufen Bücher）」。他喜歡知識，曾打算投身當時流行的學識史，追隨萊布尼茲成為知名的沃爾芬標特圖書館館長，並寫

---

10　引自Jan. C. Westerhoff, 'A World of Signs: Baroque Pansemioticism, the Polyhistor and the Early Modern *Wunderkammer*', *Journal of the History of Ideas* 62 (2001), 633–50, at 641.

11　Gunter E. Grimm, *Literatur und Gelehrtentum in Deutschland* (Tübingen, 1983), 346. Cf. Wilhelm Kühlmann, *Gelehrtenrepublik und Fürstenstaat* (Tübingen, 1982), 286–45，只是庫爾曼對我們缺乏賣弄者的歷史深感惋惜 (287, note 2)。

過一篇論文，大膽主張福音作者「只是普通的史學家」[12]。

「不懂裝懂」（charlatan）和其他同義詞的出現，也顯露了當時的人對多方涉獵愈來愈懷疑的態度。早在古希臘時代，柏拉圖就已經在《費德魯斯篇》批評詭辯學家不過是「假裝有智慧」；十七世紀則是有愈來愈多人將言過其實的學者比作在聖馬可廣場等公共場所兜售假藥的小販。笛卡兒說，基爾學「不懂裝懂」，學者兼大主教烏雪（James Ussher）說他是「江湖郎中」（mountebank），雷恩則形容他是「雜耍團」（juggler）——可能暗指他是冒充者[13]。

十八世紀，笛卡兒使用的貶抑之詞因為萊比錫大學教授門克（Johann Burckhardt Mencke）而流行了起來。門克在《論學者的不懂裝懂》（De charlataneria eruditorum, 1715）裡精采描繪了當時學者推銷自己的手法（這些手法多數到今天都還看得到）[14]。近代也有

---

12　Paul Raabe, 'Lessing und die Gelehrsamkeit', in Edward P. Harris and Richard E. Schade (eds.), *Lessing in heutiger Sicht* (Bremen, 1977), 65–88; Wilfred Barner, 'Lessing zwischen Bürgerlichkeit und Gelehrtheit', in Rudolf Vierhaus (ed.), *Bürger und Bürgerlichkeit* (Heidelberg, 1981), 165–204.

13　烏雪的評論記於 John Evelyn, *Diary*, ed. E. S. de Beer, 6 vols. (Oxford 1955), vol. 3, 156。雷恩的評論引自 Steven Shapin and Simon Schaffer, *Leviathan and the Air-Pump: Hobbes, Boyle and the Experimental Life* (Princeton, NJ, 1985), 31。英國仕紳白英（Robert Payne）和笛卡兒一樣，將基爾學和其他耶穌會士相提並論：「這些江湖郎中真是夠了。」引文出自 Noel Malcolm, 'Private and Public Knowledge: Kircher, Esotericism and the Republic of Letters', in Findlen, *Last Man*, 300.

14　「這名耶穌會士是笑話一個，不懂裝懂比真懂還多（Le Jesuite a quantité de farfanteries: il est plus charlatan que sçavant）。」笛卡兒致信惠更斯，一六四三年元月十四日，收錄於 Marin Mersenne, *Correspondence* (Paris, 1972), vol. 12, no. 1160. Johann Burckhardt Mencke, *De Charlataneria Eruditorum* (1715)。

研究者指出，偽學者和不懂裝懂占據了「十八世紀文字共和國社交網絡的中心」[15]。連自然史大家布豐（Comte de Buffon）也曾被另一位博學者孔多塞（Marquis de Condorcet）批評為不懂裝懂[16]。

有志成為博學者的人愈來愈常被視為不自量力。約翰生（Samuel Johnson）本人雖然也興趣廣泛，卻告誡讀者「知識圈對最勤勉活躍的心智而言依舊太廣闊了」，就連「天生理解力超群的人也只有機會在單一學科上有所突破，面對其他領域只能虛心聽從別人意見，無法自行檢驗」[17]。同樣的，曾任《大英百科全書》增訂版編輯的傳記作家泰特勒（James Tytler）也在一八〇五年表示，「一個人不論才華再驚人，發揮再完全，也無法期望他有辦法成為行動百科全書[18]。」

## 新的理想

十八世紀雖然尚未拋棄多面人的理想，但範圍限縮，標準也

---

英譯版 *The Charlatanry of the Learned* (New York, 1937), 85–6；書中也談到基爾學，但不認為他是不懂裝懂，只是沉迷於古文物以致容易受騙。

15 Marian Füssel, '"The Charlatanry of the Learned": On the Moral Economy of the Republic of Letters in Eighteenth-Century Germany', *Cultural and Social History* 3 (2006), 287–300.

16 Jacques Roger, *Buffon: A Life in Natural History* (1989: English translation, Ithaca, NY 1997), 434.

17 Samuel Johnson, *The Rambler* (1750–2: ed. W. J. Bate and Albrecht B. Strauss, New Haven, CT, 1969), nos. 180, 121.

18 引自 Richard Yeo, *Encyclopaedic Visions: Scientific Dictionaries and Enlightenment Culture* (Cambridge, 2001), xi.

隨之降低。就像《百科全書》說的，由於「人不再有能力企及普世知識」（la science universelle n'est plus à la portée de l'homme），因此新的理想取而代之，成為十八至十九世紀初期的主流。這個新理想的實踐者是文人（gens de lettres），也就是知書達禮之士。這些人通常是男性，但不限男性。他們不會刻意賣弄，只有在沙龍或用方言寫給讀書人看的論文裡才會展露自己的學識。

沙龍對十八至十九世紀早期歐洲文化的重要早已為人所知，其中以巴黎最有名，不過米蘭、柏林、倫敦和其他地方也很盛行。這種同時對男女開放的社交場合不僅型塑了書寫文化，也打造了參與者的說話風格，受到當時一些藝文刊物仿效。貝爾的《文人共和國新聞》就是早期的例子，因為上流階層是它鎖定的讀者群，貝爾稱之為「飽經世故者」（gen du monde）。《文人共和國新聞》後來又被崇拜貝爾及其輕快筆調的萊辛所仿效，用在一七五一年發行的刊物裡，而且刊物名稱也很類似，就叫《文人共和國關鍵新聞》（Critischen Nachrichten aus dem Reiche der Gelehrsamkeit）。

十八世紀藝文刊物有如雨後春筍，像是一七一一年創刊的《旁觀者》、一七三一年的《紳士雜誌》和一七六五年的《德國圖書彙刊》（Allgemeine Deutsche Bibliothek）等，其目標對象皆為後來稱之為「中間階級」（middlebrow）的讀者。英國散文家艾迪生（Joseph Addison）在《旁觀者》創刊號表示，「我在此斗膽宣告，要將哲學帶出書櫃、圖書館、學校與學院，帶到俱樂部、聚會所、咖啡館和茶桌邊」。同樣的，另一份藝文刊物也在前言指出，「大眾要求以愉悅的方式獲取知識，枯燥的分析只會

令他們厭煩」[19]。伏爾泰當然是「愉悅」傳播知識的大師。這些刊物打造了新的大眾，讓「文人」（man of letters）成為可能。

# 文人

　　文人一詞在當時意義依舊模稜兩可，因為「文」通常有「學問」的意思，「文人共和國」（Respublica Literaria）便是一例。但這個詞慢慢轉變成「文采」（belle-lettres），亦即現代所謂的「文學」，而學者也愈來愈被期望以清晰優雅的方式向讀過書的大眾呈現自己的見解。

　　早在一六四五年，耶穌會士巴托利（Daniele Bartoli）就曾經以義大利文的「文人」（uomo di lettere）為書名，而十七世紀兩位義大利博學者——雷迪（Francesco Redi）和瑪伽羅蒂（Lorenzo Magalotti）——也已經算得上文人了。雷迪的名聲除了來自寄生蟲研究，也來自他讚美托斯卡尼紅酒的詩《酒神在托斯卡尼》（*Bacco in Toscana*）。瑪伽羅蒂寫詩寫故事，也撰文描述實驗，並常在信裡談論「科學和其他學問」[20]。

　　雖然有這幾位先例，但十八世紀初到十九世紀後半才是真正

---

19　Preface to vol. 6 of the *Bibliothèque Françoise*，引言出自Jean Sgard (ed.), *Dictionnaire des Journaux, 1600–1789*, 2 vols. (Paris 1991), vol. 1, 162. My translation.作者英譯。

20　Maria Luisa Altieri Biagi, *Lingua e cultura di Francesco Redi, medico* (Florence, 1968); Gabriele Bucchi and Lorella Mangani, 'Redi, Francesco', *DBI* 86, 708–12; Georges Güntert, *Un poeta scienziato del Seicento* (Florence, 1966); L. Matt, 'Magalotti, Lorenzo', *DBI* 67, 300–5.

的文人時代，也就是除了寫詩、寫劇和寫小說之外，也對人文學科有貢獻，並對自然科學感興趣[21]。

## 女性文人

如同「文人」一詞沒有性別之分，新的學識世界賦予女性的角色比以往都重要，而且其實有兩個角色，既是激發者，也是學者。

十八世紀中葉的巴黎見證了沙龍的全盛期。這些沙龍由受過教育的女性主持，如杜邦夫人（Madame Dupin）、喬芙蘭夫人（Madame Geoffrin）、杜德芳夫人（Marquise du Deffand）和夫人的姪女兼助手萊斯皮納斯小姐（Mademoiselle de Lespinasse）等，其中萊斯皮納斯小姐更有「《百科全書》謬思」的美名。博學者如孟德斯鳩、伏爾泰、布豐、狄德羅和達朗貝爾經常在沙龍出入並發言。興趣廣泛是女主人得以成功的必要條件，而沙龍不只拓展了男賓客的視野，也增加了女賓客的知識[22]。

其他國家也有沙龍，並且在智識方面扮演重要角色，持續數十年不輟。譬如一七六〇年代的倫敦以「藍襪」（bluestocking）

21  Steven Shapin, ' The Man of Science', in Lorraine Daston and Katharine Park (eds.), *Early Modern Science* (Cambridge History of Science, vol. 3, Cambridge, 2006), 179–91; Londa Schiebinger, 'Women of Natural Knowledge'，同前註，192–205.

22  Dena Goodman, 'Enlightenment Salons: The Convergence of Female and Philosophic Ambitions', *Eighteenth-Century Studies* 22 (1989), 329–50. Cf. Antoine Lilti, *Le monde des salons: sociabilité et mondanité à Paris au XVIIIe siècle* (Paris, 2005).

稱呼經常參與沙龍的人；這個詞原本男女通用，後來專指有學養
的女性。當時最有名的沙龍主人首推「藍襪皇后」伊莉莎白‧
蒙塔古（Elizabeth Montagu），常客有博學者約翰生、畫家雷諾
茲、演員賈里克（David Garrick）、政治思想家艾德蒙‧柏克
（Edmund Burke）和作家沃波爾（Horace Walpole）等[23]。一七八〇
年代，尚未成為博學者的洪堡兄弟則是在柏林受人引介加入赫茲
（Henriette Herz）和萊溫（Rahel Levin）的沙龍。

　　當時有不少女性展現了淵博的知識。瑪麗‧蒙塔古夫人
（Lady Mary Wortley Montagu）晚年於威尼斯設置沙龍（一七五
〇年代）。除了通曉拉丁文和數個當代語言，她還寫詩、小說及
文評，將接種牛痘引進西歐，探討女性的教育及地位，並計畫將
自己信裡描述鄂圖曼帝國的內容匯集成書，因為她一七一六年至
一八年曾經住在當地[24]。

　　同一時期還有一些女性以學者身分活動，而且愈來愈活
躍。本章將會提到其中最有名的幾位，包括法國的沙特萊侯爵
夫人（Émilie du Châtelet）、義大利的阿涅西（Maria Gaetana
Agnesi）、原籍瑞士但周遊列國的斯達爾夫人（Germaine de
Staël）、日耳曼的多洛蒂亞‧施勒澤（Dorothea Schlözer）、
蘇格蘭的薩默維爾（Mary Somerville），以及英格蘭的馬蒂諾
（Harriet Martineau）和伊凡斯（Mary Ann Evans），亦即多才多
藝、後來發現小說是她第二志業的散文家喬治‧艾略特。

---

23　Sylvia H. Myers, *The Bluestocking Circle* (Oxford, 1990).

24　Isobel Grundy, 'Montagu, Lady Mary Wortley', *ODNB* 38, 754–9.

# 法國啟蒙運動

啟蒙運動時代要想見到各色文人，法國顯然是首選之地，因為法國當時不僅引領藝術與時尚的潮流，也是歐洲智識界的先驅。那個時期法國主要的博學者包括孟德斯鳩、伏爾泰、沙特萊侯爵夫人、達朗貝爾、狄德羅與孔多塞。

某個替孟德斯鳩作傳的人曾經說，描寫這個「興趣廣泛的人」並不容易，需要「多種能力，從科學、哲學、法律、歷史到文學都得要懂」[25]。孟德斯鳩對文學最大的貢獻就是《波斯人信札》（*Persian Letters*, 1721）。書中除了顯露他對東方的興趣，也展現出他描繪異鄉人眼中的法國的想像力。除了《法意》（*L'esprit des lois*, 1748）這本社會歷史比較分析的傑作，孟德斯鳩也寫過政治經濟與古代歷史的書籍。

雖然孟德斯鳩「不喜歡數學與物理，對這兩門學科一無所知」，但從他鑽研解剖學的筆記裡仍看得出他對自然科學的興趣。他計畫撰寫地球的地質史，並寫過一篇論文於一七二一年在波爾多學院宣讀，描述他對動植物進行過的實驗。孟德斯鳩收藏了近四千本書，充分顯示他興趣之廣泛。這些藏書目前在波爾多市立圖書館還看得到，其中包括不少旅遊書。這些書加上親自造訪過義大利、英國與中歐，他因而學會欣賞異國習俗。孟德斯鳩對中國特別感興趣，不僅閱讀相關書籍，還曾經請教改信基督教

---

25 Robert Shackleton, *Montesquieu, an Intellectual and Critical Biography* (Oxford, 1961), vii.

的中國人黃嘉略和耶穌會宣教師富珂（Jean-François Fouquet）[26]。

伏爾泰的傳記作者形容他「興趣無邊」，更形容他是「無所不知的博學者」[27]。單就學術標準而言，伏爾泰或許算不上真的博學，但這麼一位多面人在本書不可能不占有一席之地。伏爾泰認為自己不僅是文人，還是**哲學家**（philosophe），多少接近我們現今所謂的「公共知識分子」。當時各種爭論衝突他幾乎無役不與，像是信奉新教的讓卡拉（Jean Calas）由於擔心兒子可能改信天主教而將之殺害，結果遭到酷刑和處決，伏爾泰就曾加入論辯。他有許多詩、劇作與故事都是宣揚顛覆性理念的工具，尤其是《憨第德》（*Candide*, 1759）這本諷刺小說。他的《英國通信》（*Letters on the English*, 1734）也不只是旅行見聞或英國文化指南，而是透過讚美英國來批評法國。伏爾泰的歷史著作產量尤其驚人，主題除了瑞典的卡爾七世、俄國的彼得大帝和法國的路易十四，也包括著名的《風俗論》（*Essay on Manners*, 1756），是現在所謂社會文化史的先驅之作[28]。伏爾泰還寫哲學，批判過笛卡兒及萊布尼茲，並大力普及科學，尤其是牛頓的理論，使他獲選為英國皇家學院的院士。他發表過地質學的論文，做過物理和生物實驗，譬如割掉蝸牛的頭，以確認會不會再生[29]。

伏爾泰的《風俗論》是為了情婦沙特萊侯爵夫人而寫的。沙

---

26  Judith N. Shklar, *Montesquieu* (Oxford, 1987), 10; Muriel Dodds, *Les récits de voyages: sources de* L'Esprit des lois *de Montesquieu* (Paris, 1929).

27  Theodore Besterman, *Voltaire* (London, 1969).

28  John Henry Brumfitt, *Voltaire historian* (Oxford, 1958).

29  Besterman, *Voltaire*, 124, 525.

特萊侯爵夫人本身也是文人，尤其擅長數學及自然哲學，曾經以火為主題撰文參加法國科學院舉辦的競賽，並且和當時頂尖的自然哲學家如莫佩爾蒂討論過動能與動力學等，而她的《物理學教程》（*Institutions de Physique*）則是結合了牛頓與萊布尼茲的主張。沙特萊侯爵夫人寫過論幸福的文章和一本探討解經學的論著，將牛頓的《自然哲學的數學原理》和曼德維爾（Bernard Mandeville）《蜜蜂的寓言》的部分章節譯成法文，並獲選為波隆那學院的院士[30]。

達朗貝爾和狄德羅是《百科全書》編輯，兩人的興趣也像百科全書。達朗貝爾以數學聞名，但對音樂理論與物理也大有貢獻，尤其是研究固體與液體的運動。他曾經著述討論耶穌會受壓迫的歷史，也寫過五本談論文學與宗教的隨筆集。達朗貝爾替《百科全書》撰寫的條目從宗教到數學都有，知名的「序論」也是出自他的手筆，文中概略論述了所有技藝與科學[31]。

至於狄德羅，其興趣包括哲學、心理學、自然史、化學與音樂，這些在他的《論盲人書簡》（*Letter on the Blind*, 1749）和死後出版的作品，如《拉摩的姪兒》（*Rameau's Nephew*）裡都有討論。對於歸在另一位哲學家雷納（Guillaume-Thomas Raynal）名下的《東西印度史》（*Histoire des deux Indes*, 1770），他也貢獻良

---

30 Esther Ehman, *Madame du Châtelet* (Leamington, 1986); Judith P. Zinsser and Julie C. Hayes (eds.), *Émilie du Châtelet: Rewriting Enlightenment Philosophy and Science* (Oxford, 2006); Judith P. Zinsser, *Émilie du Châtelet: Daring Genius of the Enlightenment* (New York, 2007).

31 Thomas Hankins, *Jean d'Alembert, Scientist and Philosopher* (Ithaca, NY, 1964); J. Morton Briggs, 'Alembert, Jean Le Rond d', *DSB* 1, 110–17.

多。狄德羅和伏爾泰一樣，有時會透過小說來表達理念。最有名的例子就是《宿命論者雅克和他的主人》（*Jacques le fataliste*），書裡探討了決定論的問題。

　　狄德羅除了擔任編輯，同時為《百科全書》撰寫了數百則條目，主題涵蓋哲學、文學、聲學、生物、藝術、音樂與工藝。身為工匠之後，狄德羅極敬重技能知識，這些知識在《百科全書》所占的比例之重都要歸功於他。書中除了文字描述，還收錄許多技術過程的圖說[32]。在其餘一百三十七名《百科全書》條目撰寫者當中，至少有一人比兩位編輯更為博學，那就是若古（Louis de Jaucourt）。他在日內瓦攻讀神學，在劍橋修習自然科學，在萊頓念醫學，替《百科全書》撰寫了至少一萬八千則條目，主題包括歷史、化學、植物學、生理學和病理學。

　　前面提到的哲學家隸屬於一個更大的圈子，他們當中一些人常在沙龍會面閒談。其中有兩位興趣特別廣泛，那就是布豐與孔多塞。布豐雖然以科學貢獻而聞名，但他本人卻更標榜自己的文采，經常為識字大眾撰寫文章。一七四九至一七八八年，布豐前前後後出版了三十六冊《自然史》，主題涵蓋地質、植物學、動物學、考古及（時人稱作人類自然史的）民族學。書中強調氣候的作用——因為布豐是孟德斯鳩的仰慕者——以及他稱作「自然世」（epoch of nature）的斷代方式，並推斷世界的年齡為十萬年。此外，他還是生理學家和數學家，除了研究機率論，也在自

---

32　René Pomeau, *Diderot* (Paris, 1967); Charles C. Gillespie, 'Diderot, Denis', *DSB* 4, 84–90.

家森林進行樹木實驗，以便協助政府改良造船用的木材[33]。

　　孔多塞「就算在百科全書的時代，他的興趣和活動範圍之廣依舊令人讚歎」[34]，當時的人曾經這麼形容他。他在達朗貝爾門下學習數學，發表過一篇微積分論文，並經常出席萊斯皮納斯女士的沙龍。萊斯皮納斯對他在「哲學、文學、科學、藝術、政府和法理學的知識」印象深刻。孔多塞是政治家兼政治經濟學家涂爾戈（Anne Robert Jacques Turgot）的朋友，曾受他安排執掌造幣廠。此外，孔多塞還運用機率論分析投票，認為這是他稱作「社會數學」的人類行為科學的一支。

　　擔任法國科學院祕書期間，孔多塞負責撰寫院士訃聞。這份工作需要對院士們的不同專長有相當認識。孔多塞對歷史深感興趣，包括（和伏爾泰一樣）文明史，這點從他最有名的遺作《人類精神進步史表綱要》（*Esquisse d'un tableau historique des progrès de l'esprit humain*, 1795）就看得出來。這本書將人類歷史分成九個時代，不是按政治或戰爭區分，而是技術，例如農業時代、書寫時代和印刷時代等。

　　前述這些出色人物都屬於當時活躍的一個更大的圈子，其中的文人及思想家包括發明溫度計而聞名於世的瑞奧穆（René de Réaumur）、對化學貢獻卓著的拉瓦節，以及因為從政生涯和政

---

33　Jacques Roger, *Buffon: A Life in Natural History* (1989: English translation, Ithaca, NY, 1997).

34　Keith M. Baker, *Condorcet: From Natural Philosophy to Social Mathematics* (Chicago, IL, 1975), ix. Cf. Gilles Granger, 'Condorcet, Marie-Jean-Antoine-Nicolas Caritat, Marquis de', *DSB* 3, 383–8.

治經濟思想著作而聲名大噪的涂爾戈。這三人興趣更加廣泛，例如拉瓦節的家族朋友曾經形容他「天生對科學感興趣，因此想先知道關於科學的一切，再全心投入其中一門」[35]。

## 蘇格蘭啟蒙運動

十八世紀的蘇格蘭和法國一樣，出現了一整群涉獵廣博的文人。當法國文人不分男女齊聚在沙龍高談闊論，蘇格蘭則是以男性俱樂部為主，例如一七五四年成立的愛丁堡菁英學會（Select Society of Edinburgh）的創始成員就有休謨、亞當·斯密、弗格森（Adam Ferguson）、羅伯森（William Robertson）、凱姆斯勳爵（Lord Kames）以及蒙博杜勳爵（Lord Monboddo）。這些人的興趣和成就都很廣泛，證明了小團體不只有益於創新，對學識發展也很重要[36]。

休謨旅居巴黎時，經常出席萊斯皮納斯女士、喬芙蘭夫人和杜德芳夫人的沙龍，並和涂爾戈結為好友。他雖然以英國大哲學家的身分為後人所知，但過去大英圖書館藏書目錄卻標示

35 J. B. Gough, 'Réaumur, René-Antoine Ferchault de', *DSB* 11, 327–35; Jean Torlais, *Un esprit encyclopédique en dehors de l'Encyclopédie: Réaumur* (Paris, 1961); Henry Guerlac, 'Lavoisier, Antoine-Laurent', *DSB* 8, 66–91; Arthur Donovan, *Antoine Lavoisier* (Cambridge, 1993); Rhoda Rappoport, 'Turgot, Anne-Robert-Jacques', *DSB* 13, 494–7; Anthony Brewer, 'Turgot: Founder of Classical Economics', *Economica* 54 (1987), 417–28.

36 Peter Loewenberg, ' The Creation of a Scientific Community', in *Fantasy and Reality in History* (New York, 1995), 46–89; Martin Mulsow and Marcelo Stamm (eds.), *Konstellationsforschung* (Frankfurt, 2005).

他為「休謨，歷史學家」，提醒讀者哲學不是他的唯一成就。休謨所寫的《英國史》（*History of England*, 1754-61）不僅讓他功成名就，還賺了一大筆錢，從出版商那裡領到四千英鎊。他在自傳裡形容自己對「博識」充滿熱情，而從《道德、政治與文學論文集》（*Essays Moral, Political and Literary*, 1741-2）中更能清楚見到他興趣之廣泛。書中主題五花八門，有些「輕鬆」，像是愛、傲慢以及貪婪，有些則「嚴肅」，例如品味、迷信、人口學、政黨結盟、理想的共和國、歷史學，以及藝術和科學興起等。此外，從他的筆記裡也可看出他對自然哲學很感興趣。由此不難想見為何某個傳記作者強調，休謨「不是專家」，而是「文人」，以輕鬆淺顯的方式向識字大眾說話，男女皆然[37]。

一如休謨以哲學家身分為人所知，他的好友亞當·斯密則是以經濟學家身分聞名。這一切都要歸功於他的經典之作《國富論》（*The Wealth of Nations*, 1776）。然而，這本書的主題遠不限於現今所謂的「經濟學」，而是闡述經濟學與道德哲學、法律和政治的關係。如同羅伯森在信裡對他這位好友說的，「你為政治科學最重要的一個分支建立了一套頭尾融貫又有規則的體系」[38]。這本名著裡同時包括大量的歷史討論，尤其是〈論羅馬帝國滅亡後城鎮的興起與進步〉那一章。

總而言之，亞當·斯密的學術生涯不是從政治經濟學開始。他在格拉斯哥大學先是教邏輯，而後成為道德哲學教授，並出版

---

37 Ernest C. Mossner, *The Life of David Hume*, 2nd edn (Oxford, 1980), 3. Cf. James A. Harris, *Hume: An Intellectual Biography* (Cambridge, 2015), 14–24.

38 引自Nicholas Philippson, *Adam Smith: An Enlightened Life* (London, 2010), 214.

《道德情感論》（*Theory of Moral Sentiments*, 1759）。除此之外，他也教授修辭、神學與法學。就算後來將心力轉向政治經濟學，亞當・斯密也沒放棄他的諸多興趣，例如他就寫過一篇探討語言起源的論文，因為這個問題在十八世紀後半引起許多人注意。他曾經在一封私人信件裡坦承，自己在撰寫《國富論》期間，除了「研究植物學」，也接觸到「一些我之前沒怎麼關注的學問」[39]。這些旁出的研究成果都記錄在他離世後出版的《哲學論文集》（*Essays on Philosophical Subjects*, 1795）裡，除了天文史、還有古代物理學、理則學和形上學，以及音樂、舞蹈與詩歌的相似性、英文和義大利文韻文的相似性等。

　　愛丁堡菁英學會其他成員的興趣也完全未顯狹隘。羅伯森身兼蘇格蘭教會牧師和愛丁堡大學校長，也是古代與現代世界史大家。同為上院法官的凱姆斯勳爵和蒙博杜勳爵也沒有自限於法學領域。凱姆斯寫過論教育、歷史、農耕、宗教和道德的文章，蒙博杜則是出版過好幾冊專論，探討語言和形上學[40]。弗格森先是愛丁堡大學的自然哲學教授，後來轉教道德哲學。他雖然出版過《羅馬共和史》，但還是以《市民社會史論》最為著名，今日社會學家依然視他為重要的先驅[41]。

　　另一群博學多聞的蘇格蘭文人則是以《愛丁堡評論》為中心。這份創立於一八○二年的刊物除了編輯傑弗禮（Francis

---

39　Ian S. Ross, *The Life of Adam Smith*, 2nd edn (Oxford, 2010), 241.

40　Alastair J. Durie and Stuart Handley, 'Home, Henry, Lord Kames', *ODNB* 27, 879–81; Iain Maxwell Hammett, 'Burnett, James, Lord Monboddo', *ODNB* 8, 941–3.

41　Fania Oz-Salzberger, 'Ferguson, Adam', *ODNB* 19, 341–7.

Jeffrey）是博學者，而且住在愛丁堡，同時包括旅居外地的撰文者卡萊爾（Thomas Carlyle）、麥考萊（Thomas Macaulay）及布魯姆（Henry Brougham）。卡萊爾的興趣涵蓋哲學、文學、歷史與數學；麥考萊身兼詩人及政治家，也寫過歷史和其他主題的論文；布魯姆是律師，但也寫物理學、化石、傳記和自然神學，並支持普通教育。

## 英格蘭啟蒙運動

在十八世紀的英格蘭，約翰生是文人兼博學者的代表，普利斯萊（Joseph Priestley）則是博學者兼文人的代表。

約翰生是利奇菲爾德的書商之後，因此從小便熟悉各類書籍。他是詩人，能創作英語詩和拉丁文詩，創作過劇本《艾琳》（*Irene*）及羅曼史《雷塞拉斯》（*Rasselas*），還是文評，並編輯過莎翁的戲劇。然他的興趣不止於此。人稱「約翰生博士」的他獲頒兩個法學博士，一個在都柏林三一學院，一個在牛津。他為《紳士雜誌》撰寫過一系列的學者小傳，並計畫撰寫「歐洲學識復興」史[42]。約翰生曾經向替他作傳的包斯威爾（James Boswell）坦承，他經常「胡亂」翻閱群書，還讀了「非常多在大學少有人知的書」。他謹記表親給他的忠告，「任何事情都先掌握必要的入門知識就好，無須每片葉子都翻，只要緊抓著樹幹用力搖，所

---

42　Robert DeMaria, Jr., *The Life of Samuel Johnson* (Oxford, 1993), 45, 97.

有枝幹都會跟著晃動」[43]，並指出「任何知識都有其價值，沒有哪個知識太小或太瑣屑，不值得知道」[44]。

當時曾有人對「約翰生的智識倉庫竟然能容下那麼多事物」感到欽佩[45]，而當約翰生著手進行編纂《英語詞典》（*Dictionary of the English Language*, 1755）此一宏偉計畫時，這座倉庫可是益助良多。儘管他形容這項計畫「單調沉悶」，無須「學識之光」的指引，但編纂詞典不僅需要涉獵廣泛，也必須熟悉英語借用的各種語言。而他雖然在前言提到自己捨去了「許多特定行業的用語」，但還是得了解許多職業（如教會、醫藥、法律、陸軍與海軍）和工藝技術（如釀酒、鑄幣與鞣皮）的專業術語[46]。

普利斯萊的學者風格和約翰生大不相同，是一個「對學識日益專門化充滿敵意的自學成材者」[47]。他對物理學和化學都有原創貢獻，除了發現氧氣等七種氣體，並出版了《電的歷史與現前狀態》（*History and Present State of Electricity*, 1767）及《幾種氣體的實驗與觀察》（*Experiments and Observations on Different Kinds of Air*, 1774-86）。在人文學科方面，他是興趣廣泛又有天分的推廣者。由於反對聖公會，普利斯萊無法進入劍橋和牛津大學，而是在沃靈頓學院講授現代語言與修辭。一名替他作傳的作者指

---

43　引自 J. P. Hardy, *Samuel Johnson: A Critical Study* (London, 1979), 28.

44　James Boswell, *Life of Samuel Johnson* (1791: ed. A. Napier, 2 vols., London 1884), vol. 2, 365. 這個表親名叫 Cornelius Ford.

45　Richard Cumberland, *Memoirs* (London, 1807), 77.

46　DeMaria, *Johnson's Dictionary and the Language of Learning* (Oxford, 1986).

47　Vincenzo Ferrone, ' The Man of Science', in Michel Vovelle (ed.), *Enlightenment Portraits* (1995: English translation, Chicago, IL, 1997), 190–225, at 211.

出，普利斯萊的著作主題「除了讓他聲名遠播的科學之外，同時
包括語言研究、英語文法、教育哲學、修辭、政治、歷史、宗
教與聖經批判」[48]。普利斯萊的《歷史講稿》（*Lectures on History*,
1788）由於使用好記的生平事蹟和年代表，成為受到廣泛使用的
教科書[49]。

　　這兩位英格蘭博學者和前面提到的法國或蘇格蘭博學者一
樣，也都有擁有交流想法的小團體。一七六四年，約翰生和畫
家朋友雷諾茲共同創立俱樂部（The Club），又名文學俱樂部，
每週在倫敦的土耳其頭（Turk's Head）小酒館聚會，談論各種主
題。普利斯萊則是和另一位博學者伊拉斯謨‧達爾文（Erasmus
Darwin）一樣，是伯明罕月光社的主要成員。這個團體會以月光
為名，是因為他們總是在滿月時聚會，免得去程或回程發生危
險。成員們會討論自然科學的最新發現，例如電的性質，以及如
何將科學應用於醫藥、製造和其他實務活動[50]。

　　這兩位英格蘭博學者雖然成就斐然，但比起有「東方瓊斯」
之稱的威爾斯人瓊斯爵士（Sir William Jones）仍相形遜色。瓊
斯爵士雖然只對人文學感興趣，但範圍從歐洲遍及亞洲，不僅對
英國普通法瞭若指掌，也精通羅馬普通法和古希臘法律，並且在
他就任孟加拉大法官之後，進一步精熟了印度和穆斯林的法律。

---

48　Robert E. Schofield, *The Enlightenment of Joseph Priestley* (University Park, PA, 1997), ix.

49　Robert E. Schofield, *The Enlightened Joseph Priestley* (University Park PA, 2004); idem., 'Priestley, Joseph', *ODNB* 45, 351–9.

50　Jenny Uglow, *The Lunar Men* (London, 2003).

據說，他更是精通三十種語言。他除了會寫詩，同時討論並翻譯過阿拉伯、波斯及梵語文學，包括後來在浪漫主義時代名聞全歐的梵語劇《沙昆坦蘿》（*Shakuntala*）。瓊斯爵士留意到希臘文、波斯文、羅曼語、日耳曼語和凱爾特語的相似性，對於找出現在所謂的印歐語系貢獻良多。他研究過印度年代學，並寫過西洋棋的歷史。難怪瓊斯爵士會被稱作「人類史上最偉大的博學者之一」[51]，這個說法實在不算誇大。

## 從西班牙到俄羅斯

通才文人的典範也在其他國家出現，例如西班牙、義大利、瑞典和俄羅斯。其中講到西班牙，我們立刻能舉出三個風格迥異的博學者：赫爾伐斯（Lorenzo Hervás y Panduro）、喬維拉諾斯（Gaspar Melchor de Jovellanos）和費伊豪（Benito Jerónimo Feijoo）。

曾有一名傳記作者表示，赫爾伐斯是「被人遺忘的西班牙啟蒙運動大將」。身為耶穌會士的他在馬德里大學攻讀哲學、神學、數學與天文學。一七六七年，耶穌會被逐出西班牙及其帝國後，赫爾伐斯搬到義大利，並完成百科全書式作品《宇宙的概念》（*Idea del Universo*）。這本書從一七七八年寫到一七八七年，共二十一卷。赫爾伐斯最有名的身分是語言學家，書裡列出人類所有已知的語言。為了完成這項任務，他還曾經請教懂得美

---

51　Richard Gombrich in Alexander Murray (ed.), *Sir William Jones, 1746–94: A Commemoration* (Oxford, 1998), 3. Cf. Michael J. Franklin, *Oriental Jones: Sir William Jones, Poet, Lawyer and Linguist, 1746–1794* (Oxford, 2011).

國印地安語的宣教師。此外,赫爾伐斯出版過一本研究語言起源、形成、運作方式與調和的書。這方面的興趣誘發他撰文討論教導聾啞者的方法。他和同是耶穌會士的前輩博學者基爾學一樣,對科幻小說的早期發展有所貢獻,寫過一篇名為〈神遊行星世界〉(Viaggio estatico al mondo planetario)的文章。他未出版的手稿除了談論考古學和年代學,也包括新世界早期殖民地的歷史[52]。

喬維拉諾斯是西班牙啟蒙運動的大將,工作時是律師、法官與司法大臣,閒暇時則是詩人、劇作家和學者。他是實踐理性的典範。比起純知識,他對應用知識更感興趣,將學問運用在法律、教育、商務、產業與憲法的改革之上。他常用「報告」(informes)闡述自己的主張,像是反對刑求,支持產業自由和技職教育,以及探討農業與採礦。他看出學科間的關聯,呼籲從歷史角度研究法律,從地理角度研究歷史。喬維拉諾斯的著述主題包括語言、神學、建築、地質、植物和醫學。他是重新評價西班牙哥德和摩爾風格的先驅,對政治經濟學也有貢獻,日後得到熊彼得(Joseph Schumpeter)讚揚[53]。

費伊豪是本篤會修士,並在奧維耶多大學擔任神學教授三十多年。他有一些特點很像老派學者,而當時的人對他的讚許也很上一世紀,例如「當代知識人的鳳凰」和「學識怪物」

---

52 Marisa González Montero de Espinosa, *Lorenzo Hervás y Panduro, el gran olvidado de la ilustración española* (Madrid, 1994); Antonio Astorgano Abajo, *Lorenzo Hervás y Panduro (1735–1809)* (Toledo, 2010).

53 Javier Varela, *Jovellanos* (Madrid, 1988); AA.VV., *Jovellanos: el hombre que soñó España* (Madrid, 2012).

（monstruo de sabeduría）[54]。推廣加批評是費伊豪的強項。他在九卷本《普世批判劇場》（*Teatro crítico universal*, 1726-40）的書名頁表示，書裡文章涵蓋「所有主題」（todo genero de materia），並且在前言解釋，他原本想按學科（Facultad）分類，最後還是打消念頭，「因為有些內容不是不屬於任何學科，就是涉及所有學科」。

費伊豪可以說是穿著修士服的文人。他撰文批評「專家」，仿效他的偶像蒙田以對話方式為大眾而寫，時常使用生動的比喻，而且妙語如珠。他是親英派的經驗主義者，對法蘭西斯·培根敬仰有加，稱讚這位「崇高偉大的天才」摒除了自然科學研究（la ciencia de las cosas naturales）的障礙。費伊豪對知識發展沒有原創貢獻，也不曾宣稱自己有此功勞。他的目標完全符合啟蒙運動精神，旨在打擊無知、偏見以及他所謂的「普遍錯誤」，因此他寫神學、哲學、語文學、歷史與醫學，也寫自然史、煉金術、占星、數學、政治經濟學、地理、法律、農業、文學與水文。從地震、化石到中世紀博學者柳利，都是他的撰寫範疇[55]。

十八世紀的義大利多面學者有擅長科學的阿涅西（Maria Gaetana Agnesi）和通曉人文學的維科。阿涅西於米蘭出生，自幼天資聰穎，父親是大學教授，因此在家自學。她曾在某次聚會

---

54 引自Feijoo's *Teatro Crítico* 卷七的教會嘉許（ecclesiastical approbation），見 Gregorio Marañón, *Las ideas biológicas del Padre Feijoo* (1933: 2nd edn, Madrid, 1941), 15.

55 Ivy L. McClelland, *Benito Jerónimo Feijoo* (New York, 1969); Inmaculada Urzainqui and Rodrigo Olay Valdés (eds.), *Con la razón y la experiencia: Feijoo 250 años después* (Oviedo, 2016).

針對一百九十一個論題進行答辯，內容涵蓋邏輯學、力學、化學、植物學和礦物學等主題，並於一七三八年成書出版。除了母語，阿涅西也通曉拉丁文、法文、希臘文、希伯來文、西班牙文和德文，一名訪問過她的法國學者形容她是「行動多語詞典」，並說她的一百九十一題答辯可與米蘭多拉原本要做的九百論題相匹敵。阿涅西曾寫過一篇文章批評某個法國數學家的圓錐曲線論，只是沒有出版，不過她確實發表過一篇微積分研究，並謙虛表示是「為義大利年輕人而寫」，彷彿只是在做知識普及，其實裡面有不少新見解。波隆納大學曾經延攬阿涅西出任數學教授，但她沒有接受，轉而投入神學研究和慈善工作[56]。

本章開頭曾經提到，維科是老派的學者。根據自傳裡的說法，他的偉大夢想就是統合所有人類與神聖智慧（tutto il sapere umano e divino）。但如同瓊斯爵士，維科多多少少局限於人文學科。他先是修習士林哲學，後來成為律師；原本想當法理學教授，最後只成為那不勒斯大學修辭科主任，並擔任卡洛斯三世的史官。他熟悉拉丁文勝過法文或英文，引用十七世紀學者（包括博學者培根、格老秀斯、塞爾登、普芬多夫和於耶）的話語多過引用當代學者。他的作品看似老派，甚至偏狹，至少偶爾如此，卻也帶有生動的想像和極具原創的見解。他離世後，因評論笛卡兒而揚名，但這或許是因為他的學術養成屬於前笛卡兒時代的，以致比其他同代人更容易成為後笛卡兒學者。

---

56 Edna E. Kramer, 'Agnesi, Maria Gaetana', *DSB* 1, 75–7; M. Gliozzi and G. F. Orlandelli, 'Agnesi, Maria Gaetana', *DBI* 1, 441–3.

維科最重要的作品是一七二五年出版的《新科學》(*Scienza Nuova*)，而後於一七四四年推出增訂版。書中除了談哲學、語文學、文學與法律，同時引用歐洲旅人遊歷其他大陸對異國社會的觀察。維科和孟德斯鳩一樣，認為法律是所謂「文化」的一部分，可惜兩人始終沒有讀過對方的作品。孟德斯鳩造訪義大利時，有人推薦他讀《新科學》，但他似乎沒有聽從。

維科自封為歷史學的伽利略或牛頓，並表示他這本書的目的在提供一門新科學的基本原理。他認為，人會反覆經歷一連串習俗與心智狀態的轉變，他稱之為神、英雄和人的時代，各有不同的法律、語言與心智狀態。而他最深刻也最原創的觀察是針對第一個時代，猶如小孩思考般具體且譬喻性的「詩意思維模式」。在題為〈發現真正的荷馬〉的卷三第二部分，維科將《伊利亞德》和《奧德賽》視為古希臘習俗史，提供了後世稱為「原始」思維的寶貴證據。為了支持自己的論點，維科重新詮釋神話或他所謂的「寓言」(favole)，視之為「最古老的習俗、秩序與法律」的歷史證據[57]。

十八世紀有兩位瑞典學者成就斐然，但後人只記得其中一小部分。林奈雖然在現代人眼中是植物學家，當時卻是「通曉醫學與自然史」的「多面手」，不只替植物，也替動物、礦物和疾病分類。他寫過政治經濟學論文，並且從地理和現代所謂的民族學

---

57　Peter Burke, *Vico* (Oxford, 1985); Joseph Mali, *The Rehabilitation of Myth: Vico's New Science* (Cambridge, 1992); Mark Lilla, *G. B. Vico: The Making of an Anti-Modern* (Cambridge, MA, 1993); H. S. Stone, *Vico's Cultural History* (Leiden, 1997).

角度描繪拉普蘭地區[58]。史威登堡（Emanuel Swedenborg）一七四三年經歷中年危機之後轉為靈媒和神祕主義者，並以此為後人所知，但他早先其實是博學者，除了擔任過水利工程師，也研究過冶金、化學、天文學、解剖學、生理學和面相學，設計機器，並為贊助人卡爾十二世撰寫貿易和產業報告[59]。

在俄國，羅蒙諾索夫（Mikhail Lomonosov）除了是俄羅斯科學院的化學教授，也鑽研數學和海洋學，從他的手稿可看出，他對礦物學及不少物理學的領域感興趣。他也是文人，會用方言寫詩，寫過俄文文法書和俄羅斯史。在他之前，俄國學識界主要由德國移民獨占鰲頭，從彼得大帝到凱薩琳大帝都曾延攬他們，協助俄國追上西歐的學識發展。如博學者帕拉斯（Peter Simon Pallas）便應凱薩琳大帝之邀，出任聖彼得堡學院自然史教授，一待就是四十三年，除了促進俄羅斯地理學、地質學、植物學和動物學的發展，也為女皇蒐集各國語言的資訊。另一位德國博學者奧古斯特・施勒澤（August von Schlözer）只在俄羅斯待了六年，赴俄第二年就提交報告給聖彼得堡學院，針對俄羅斯史的撰寫方式提出建言。多虧羅蒙諾索夫，原本幾乎由外國人組成的聖彼得堡學院才慢慢俄國化，建立起本地的學術傳統[60]。

58　Lisbet Koerner, *Linnaeus: Nature and Nation* (Cambridge, MA, 1999).

59　Ernst Benz, *Emanuel Swedenborg: Visionary Savant in the Age of Reason* (1948: English translation, West Chester, PA, 2002).

60　B. M. Kedrov, 'Lomonosov, Mikhail Vasilievich', *DSB* 8, 467–72; Galina Pavlova and Alexander Fyodorov, *Mikhail Lomonosov, Life and Work* (Moscow, 1984); Ludmilla Schulze, 'The Russification of the St Petersburg Academy of Sciences', *British Journal for the History of Science* 18 (1985), 305–35.

另一名斯拉夫裔博學者，是和羅蒙諾索夫一樣生於一七一一年的博斯科維奇（Rudjer Boškovi）。博斯科維奇是杜布羅夫尼克的耶穌會士，和羅蒙諾索夫一樣，不僅是在不少領域做出原創貢獻的自然哲學家，也是詩人，只不過用拉丁文創作。他是考古學家，曾經在弗拉斯卡地（Frascati）挖掘馬賽克，也是外交官和製圖師，在本篤十四世要求下替教宗轄地繪製新地圖，同時發明了幾種科學儀器。不過，博斯科維奇的名聲主要來自天文學和光學研究，以及他的代表作《自然哲學論》（*Theory of Natural Philosophy*, 1758）。他在書中主張某種萬有理論，引入原子的概念，指出原子不比點大，並且能將自然哲學化約成一條定律[61]。

## 新世界

在西屬美洲，可見佩拉爾塔（Pedro de Peralta）繼承胡安娜修女和貢戈拉的衣缽。這位博學者曾在利馬大學擔任數學教授，後來成為教區牧師，出版過一首描述征服祕魯的史詩，也發表過音樂、冶金、天文學、防禦工事和西班牙史的研究[62]。

在北美洲有兩位活躍於政治的大博學者：富蘭克林和傑佛

61 Elizabeth Hill, 'Roger Boscovich', in Lancelot L. Whyte (ed.), *Roger Joseph Boscovich* (London, 1961), 17–201; Piers Bursill-Hall (ed.), *R. J. Boscovich* (Rome, 1993).

62 Irving A. Leonard, 'Pedro de Peralta: Peruvian Polygraph', *Revista Hispánica Moderna* 34 (1968), 690–9, at 698. Cf. David Brading, *The First America* (Cambridge, 1991), 391–9; Mark Thurner, *History's Peru: The Poetics of Colonial and Post-Colonial Historiography* (Gainesville, FL, 2011), 58–81.

遜。兩人都受到普利斯萊的啟發。富蘭克林除了擔任過國會議員，出使過英國、法國與瑞典，他也是印刷業者，並且發明避雷針、雙焦透鏡和一種比傳統壁爐熱力更強、灰煙更少的火爐。他也對電、氣象學和海洋學的研究做出貢獻[63]。

傑佛遜不只是美國開國元老和第三任總統，於一八〇一至〇九年治理全美，還是執業律師和引入創新農耕方法的農民。更別說他改良了土工板犁，發明能將食物送到不同樓層的升降架（dumb waiter）及旋轉書架，在維吉尼亞州夏綠蒂鎮蒙蒂塞洛市自家附近挖掘到印地安墳塚，設計過建築，並且對自然史、語言學和藝術感興趣。難怪他當時會被稱作「文藝復興人」，甚至和後來一些博學者一樣，被稱作「最後一位文藝復興人」[64]。

十八世紀晚期至十九世紀初出現了兩群卓越的博學者，分別在英國與德國。

## 英國

這個時期有兩名英格蘭文人特別多才多藝，那就是柯立芝（Samuel Coleridge）和他的朋友德昆西（Thomas De Quincey）。柯立芝如今以詩作聞名，但在當時卻是被稱為「英國浪漫主義時

63 P. Ford, *The Many-Sided Franklin* (1899); Carl Van Doren, *Benjamin Franklin* (New York, 1938); Alfred O. Aldridge, *Benjamin Franklin, Philosopher and Man* (Philadelphia, PA, 1965); I. Bernard Cohen, 'Franklin, Benjamin', *DSB* 5, 129–39.

64 Karl Lehmann, *Thomas Jefferson, American Humanist* (1947: Charlottesville, VA, 1985).

期的典型博學者」[65]。他在一七九六年的一封信裡寫道，他「幾乎什麼都讀，簡直嗜書如命，**沉迷於**所有冷僻的書籍」。他說他一心想成為「還可以的數學家」，並「徹底掌握機械力學、流體靜力學、光學、天文學、植物學、冶金、化石、化學、地質學、解剖和醫學，進而了解個人的心靈，然後是所有人的心靈，所有旅行、遊歷與歷史」[66]。

德昆西是牛津大學輟學生，吸食過毒品，如今以《癮君子自白》（*Confessions of an Opium Eater*, 1821）而聞名。他以撰寫知識普及文章為生，作品散見於《布萊克伍德雜誌》（*Blackwood's Magazine*）等刊物，內容「涵蓋的主題驚人之廣，包括德國哲學、政治經濟學、文學史、文學家傳記、凶殺案、古希臘羅馬哲學與歷史、當前政治事務評論和生理學等」[67]。

其他博學者分別對不同學科做出原創的貢獻。楊格（Thomas Young）是劍橋大學伊曼紐爾學院講師，也是第二位被傳記作者形容為「最後一位無所不知的人」的人。他在西敏寺的墓誌銘稍顯低調了些，「幾乎在所有學問上都很傑出」。十八世紀末，初出茅廬的他深受東方語言吸引，學會了希伯來文、敘利亞文、撒

65　Catherine E. Ross, '"Trying all things": Romantic Polymaths, Social Factors and the Legacies of a Rhetorical Education', *Texas Studies in Literature and Language* 53 (2011), 401–30, at 406.

66　Richard Holmes, *Coleridge: Early Visions* (1989: new edn, London 1998), 130. Cf. Trevor H. Levere, 'Coleridge and the Sciences', in Andrew Cunningham and Nicholas Jardine (eds.), *Romanticism and the Sciences* (Cambridge, 1990), 295–306.

67　Josephine McDonagh, *De Quincey's Disciplines* (Oxford, 1994). Cf. Grevel Lindof, 'Quincey, omas Penson de', *ODNB* 45, 700–6.

馬利亞語、阿拉伯文、波斯文和土耳其文。他習醫行醫，也做醫學研究，發表過關於壽險的重要論文及聲學與光學的研究結果，更是光波動說的早期支持者。

　　楊格亦講授生理學、化學及潮汐理論，並擔任度量衡委員會（the Commission of Weights and Measures）祕書。他對單擺運動特別感興趣，並替《大英百科全書》第四版增訂本撰寫年金、埃及、水力學和語言等相關條目。他在條目裡將語言分成五大語系，包括由他率先命名的「印歐」語系，儘管梵語、希臘文、拉丁文、日耳曼語和羅曼語的相似性之前就已經由瓊斯爵士提到了[68]。一七九八年拿破崙入侵埃及，象形文字的研究再次引起歐洲人注意。楊格在這方面雖然大有進展，卻還是被更專注於破解象形文字的法國學者商博良（Jean-François Champollion）所超前[69]。

　　時間來到下一個世代，赫歇爾（John Herschel）被人稱作「最後一位偉大的全才」，因為他不僅是天文學家，協助父親威廉從事天文研究，並繼承了他的衣缽，而且同時身兼數學家及化學家。他對磁學、植物學、地質學、聲學、光學和攝影研究都有貢獻，讓他和前輩達朗貝爾一樣，很有資格替「自然哲學研究」撰寫「序論」。除了這些興趣，赫歇爾也翻譯席勒、但丁及

---

68　Alexander Wood, *Thomas Young, Natural Philosopher* (Cambridge, 1954), 256–71, 286.

69　Wood, *Thomas Young*, 227–55; Edgar W. Morse, 'Young, Thomas', *DSB* 14, 562–72; Andrew Robinson, *The Last Man Who Knew Everything: Thomas Young, the anonymous polymath who proved Newton wrong, explained how we see, cured the sick and deciphered the Rosetta Stone, among other feats of genius* (New York, 2005).

荷馬的作品[70]。一八一〇年代初期，赫歇爾於劍橋求學期間和兩名未來的博學者惠威爾（William Whewell）及巴貝奇（Charles Babbage）成為朋友，三人共同創立「哲學早餐會」[71]。他們在心智易受影響的青年時期結為莫逆，再次證明了小團體對創造力的助益。

　　惠威爾曾任劍橋大學三一學院院長，是另一位夠格稱作全才的學者[72]。赫歇爾形容他這個朋友「對人類探求的各種知識涉獵之多之廣」無人能出其右[73]。惠威爾的著述主題包括數學、力學、礦物學、天文學、哲學、神學與建築。他承認自己「想一口氣讀完各種書籍」，而且據說和後來的阿道斯‧赫胥黎一樣將《大英百科全書》讀了個遍，以「通曉所有內容」[74]。他發明了測風速的機器，參與過地質探勘，改良礦物分類，在他稱作「潮汐學」的領域比楊格推展得更遠，並且出版《歸納科學史》

70　David S. Evans, 'Herschel, John', *DSB* 6, 323–8, at 327. Cf. Günter Buttmann, *The Shadow of the Telescope: A Biography of John Herschel* (1965: English translation, New York, 1970); Michael J. Crowe, 'Herschel, John Frederick William', *ODNB* 26, 825–31; Richard Holmes, *The Age of Wonder: How the Romantic Generation Discovered the Beauty and Terror of Science* (2008: new edn, London, 2009), 387–411; James A. Secord, 'The Conduct of Everyday Life: John Herschel's *Preliminary Discourse on the Study of Natural Philosophy*', in his *Visions of Science* (Oxford, 2014), 80–106.

71　Laura J. Snyder, *The Philosophical Breakfast Club: Four Remarkable Friends who Transformed Knowledge and Changed the World* (New York, 2011).

72　Robert E. Butts, 'Whewell, William', *DSB* 14, 292–5; Richard Yeo, *Defining Science: William Whewell, Natural Knowledge, and Public Debate in Early Victorian Britain* (Cambridge, 1993); idem., 'Whewell, William', *ODNB* 58, 463–70.

73　John Herschel, *Proceedings of the Royal Society* 16 (1867–8), liii.

74　Yeo, *Defining Science*, 57; J. M. F. Wright, *Alma Mater* (London, 1827).

（*Inductive Sciences*, 1837）和《歸納科學哲學》（*Philosophy of the Inductive Sciences*, 1840）。

至於巴貝奇，他最著名的事蹟便是製造出兩台電腦前身、差分機和使用打孔卡的分析機。能有這項成就，必須感謝拜倫女兒艾達（即洛夫萊斯伯爵夫人）的協助。巴貝奇除了擅長數學和物理學，還發表過西洋棋、統計學、地質學、密碼學、日月蝕和燈塔的論文，此外，他著述討論自然神學及「科學在英國的衰微」，並協助創立天文學會[75]。

## 德國

十八世紀末到十九世紀初的博學者當中，最突出的當屬德國的小圈子。當時德國仍屬文化大國，尚未成為政治強權。十八世紀初的德語國家當然也有博學者，之前提到的萊辛便是其中一人。瑞士學者哈勒（Albrecht von Haller）除了是哥廷根大學醫學、解剖與植物學教授，也是文評、詩人與小說家。康德也可以算是這時期的博學者，因為他的興趣也不限於哲學。現在所謂的心理學和人類學，當時仍隸屬於哲學，而康德除了對這兩個領域都有貢獻，也著述討論過宇宙學和物理地理學。

---

75 R. A. Hyman, *Charles Babbage* (London, 1982); Doron Swade, *The Cogwheel Brain: Charles Babbage and the Quest to Build the First Computer* (London, 2000); idem., 'Babbage, Charles', *ODNB* 3, 68–74; James A. Secord, 'The Economy of Intelligence: Charles Babbage's Reflections on the Decline of Science in England', in his *Visions of Science* (Oxford, 2014), 52–79.

　　德國於一八〇〇年前後有個團體非常活躍，其成員包括赫爾德（Johann Gottfried Herder）、他的朋友歌德和歌德的朋友威廉・洪堡（Wilhelm von Humboldt）和亞歷山大・洪堡（Alexander von Humboldt）兩兄弟。

　　赫爾德於一八〇三年過世，對語言、文學與文化研究都有重大的貢獻。他剛在學術界展露頭角，就以語言起源研究贏得柏林科學院舉辦的年度論文競賽。他主張每種語言都有其個性。「在一個國家的語言裡，」他如是寫道：「住著那個國家的傳統、歷史、宗教和存在法則，亦即國家的心智與靈魂。」因此，他也出版民謠，視之為代表整個國家的「人民之聲」[76]。赫爾德強調「民族精神」（Volksgeist），意味著文化是自主多元的，而非如過去所設想，所有文化都會朝同一個「文明」前進。民族精神的概念對後來一些學科的興起影響深遠，例如民間故事和文化人類學，並且由接下來會提到的另一位德國博學者鮑亞士（Franz Boas）承繼下去。

　　赫爾德的興趣不止於此。他在其中一部名作《人類歷史哲學的理念》討論了人類出現之前的地球狀態，對現代所謂的「大歷史」做出貢獻。他還在目前稱作科學哲學的領域上有所推進，強調類比在科學發現的角色，以及原型（Hauptform）的重要，並

76　Isaiah Berlin, 'Herder and the Enlightenment', in *Vico and Herder* (London, 1976), 145–216; Jürgen Trabant, 'Herder and Language', in Hans Adler and Wolf Koepke (eds.), *Companion to the Works of Johann Gottfried Herder* (Rochester, NY, 2009), 117–39.

指出原型只能在其變體中見到[77]。

歌德是赫爾德的後輩，如今以德國最偉大的作家為人所知，但他本人卻自認為是學者兼科學家。選擇浮士德博士作為他最知名劇作的主角並非偶然，因為歌德自己對各種知識也有著浮士德般的渴求[78]。他熱中學習語言，除了拉丁文、希臘文、法文、義大利文和英文之外，也研究希伯來文和阿拉伯文。他的文學觸角伸向全世界，包括波斯詩歌及中國羅曼史。他對哲學很感興趣，研究過康德，但不認同對方的思想[79]。「成長」是歌德的核心概念，除了展現在他對教養（Bildung）一詞的使用外，也出現在他的《威廉・邁斯特》（*Wilhelm Meister*）小說裡。這部後世稱作教養小說（Bildungsroman）的作品主要在描述主角威廉的人格成長。

自然科學方面，歌德不只有原創發現，也有原創的觀點。他發現人的上頜間骨，批評林奈的分類系統，也曾指導過銀礦開採，因此分別對解剖、植物學和礦物學有所貢獻。他批評牛頓的

77 Walter H. Bruford, *Culture and Society in Classical Weimar, 1775–1806* (Cambridge, 1962), 174–235; Peter H. Reill, 'Herder's Historical Practice and the Discourse of Late Enlightenment Science', in Wulf Koepke (ed.), *Johann Gottfried Herder, Academic Disciplines and the Pursuit of Knowledge* (Columbia, SC, 1996), 13–21; Elías Palti, 'The "Metaphor of Life": Herder's Philosophy of History and Uneven Developments in Late Eighteenth- Century Natural Sciences', *History and Theory* 38 (1999), 322–47; Dalia Nassar, 'Understanding as Explanation: The Significance of Herder's and Goethe's Science of Describing', in Anik Waldow and Nigel DeSouza (eds.), *Herder: Philosophy and Anthropology* (Oxford, 2017), 106–25.

78 Nicholas Boyle, *Goethe: The Poet and the Age*, 2 vols. (Oxford 1991–2000).

79 Katharina Mommsen, *Goethe and the Poets of Arabia* (1988: English translation, Rochester, NY, 2014).

光學，在《色彩學》（*Farbenlehre*, 1810）裡提出自己的色彩論。他受赫爾德的「原型」概念啟發，著迷於研究自然形態的發展與變化，並稱之為「形態學」[80]。

洪堡兄弟是歌德一七九〇年代結識的朋友。他們組成一個極具創造力的小團體，成員包括詩人、歷史學家兼哲學家席勒。威廉・洪堡花費十多年自我教養，除了研究和翻譯古希臘作品，作為自我成長的工具，也時常獨自或和弟弟亞歷山大一起進行科學實驗。威廉是活躍的外交官和教育改革者，但於一八一九年五十二歲時退休，以專心研究語言。

他也是哲學家與普通教育理論家，以歌德的「教養」作為普通教育的定義，強調自我培養先於知識與技能的學習。他討論歷史（包括經典論文〈論歷史學家的任務〉）、政治（論國家行動的局限）以及文學（如討論歌德的作品），也對自然科學很感興趣，尤其是解剖學。他對化學同樣興趣濃厚，甚至曾替弟弟論氣體的作品撰寫導論[81]。

威廉・洪堡作為語言學家（當時的用語是「語文學家」〔philologist〕），和赫爾德一樣對各個語言的特有性質很感興

---

80　Hugh A. Nisbet, *Goethe and the Scientific Tradition* (1972); George A. Wells, *Goethe and the Development of Science* (Alphen, 1978); F. Amrine et al., *Goethe and the Sciences* (Dordrecht, 1987).

81　Paul R. Sweet, *Wilhelm von Humboldt: A Biography*, 2 vols. (Columbus, OH, 1978–80); Tilman Borsche, *Wilhelm von Humboldt* (Munich, 1990); Peter H. Reill, 'Science and the Construction of the Cultural Sciences in Late Enlightenment Germany: The Case of Wilhelm von Humboldt', *History and Theory* 33 (1994), 345–66; K. Muller-Vollmer, 'Wilhelm von Humboldt', *Stanford Encyclopaedia of Philosophy*, https://plato.stanford.edu/ entries/wilhelm-humboldt.

趣，包括其結構與詞彙。他寫了兩篇極具開創性的專文，一篇談論巴斯克語（Basque），一篇討論古代爪哇人使用的卡維文（Kavi）。在本書提到的多語博學者當中，洪堡掌握的語言數目肯定獨占鰲頭，從匈牙利文到日文無不精通，使得他能站在全球觀點研究語言，寫下那篇論語言結構差異的著名論文。他在這方面的成就更被人稱為語言研究的「哥白尼革命」[82]。

　　然而，說到十九世紀博學者的翹楚，仍非威廉‧洪堡胞弟亞歷山大莫屬。他的博學怪物等級和萊布尼茲不相上下，當時幾乎無人不曉。美國哈佛大學校長科克蘭（John Kirkland）形容他「對所有主題都得心應手」，哲學家詩人愛默生則在亞歷山大‧洪堡百年誕辰紀念演說時表示，「洪堡就像亞里斯多德、凱撒和可敬的克萊登，是這世界的奇蹟，偶爾降臨人間，讓我們見識人類心靈的潛能，官能的力量與極限。他是真正的全才[83]。」

　　亞歷山大最初是礦物和採礦專家，曾經和植物學家友人邦普蘭（Aimé Bonpland）於西屬美洲探險五年（1799-1804)，進而考察了新世界的地質、植物、動物與礦物。他可說是去得正是時候，因為當地仍有許多新的植物與動物（至少對歐洲人來說）有待發掘。亞歷山大熟悉最新的科學方法，包括如何測量自然現象，並且帶了四十餘種測量儀器前往探險。他的大無畏師出有名，除了曾經爬上厄瓜多的欽博拉索山，更在一八二九年六十歲時前往西伯利亞探險。

---

82　Ole Hansen-Love, *La révolution copernicienne du langage dans l'oevre de Wilhelm von Humboldt* (Paris, 1972).

83　Ralph W. Emerson, *Works*, 17 vols. (London 1904–5), vol. XI, 458.

　　亞歷山大想像力豐沛，因而開創了不少新的研究領域，如植物地理學。他測量海洋的溫度，研究洋流，如今有一道洋流就以他為名。他開創了地磁研究，也就是了解地球的磁場，不僅自己發表論文，更統整他人的著作。長壽的他晚年以自己在柏林的公眾演講為基礎，出版了一本宇宙通論。他曾表示這本《宇宙》（Cosmos）或許將他對物理地理學的興趣擴展「過了頭」，試圖從「物理學描述整個宇宙，含括太空和地球上的所有受造物」。

　　亞歷山大也是十九世紀意義下的文人。他和哥哥威廉一樣通曉多種語言，也對語文學興趣濃厚[84]。他在《宇宙》不只描述自然世界，也論及自然研究的歷史與思考自然時體會到的情感，從阿拉伯詩歌、中國年代學、古埃及考古學、堤香的風景畫、哥倫布到哥白尼都有談到。他在該書的導論裡強調，科學描述「和生動如畫的文學風格並非完全牴觸」，而他作品裡也經常可見這種生動筆調。

　　亞歷山大和歌德一樣橫跨人文和自然科學、行動及思想世界[85]。他的《關於新西班牙王國的政治論文》（Political Essay on the Kingdom of New Spain）談到經濟、社會結構和政治制度，而新西班牙在該書出版後不久便以墨西哥為名獨立了。他對地理環境的關注不只針對植物受到的影響，也在意地理環境對不同文明的作用。他習於測量，並著迷於精確數字，因此除了測量喬盧拉

84　Kurt-R. Biermann and Ingo Schwarz (1997) 'Der polyglotte Alexander von Humboldt', *Mitteilungen der Alexander von Humboldt-Stiftung* H69, 39–44.

85　Bettina Hey'l, *Das Ganze der Natur und die Differenzierung des Wissens: Alexander von Humboldt als Schriftsteller* (Berlin, 2007), 7–10, 386–94 and passim.

大金字塔,也統計了西屬美洲的人口、不同地區的人口密度,以
及白人、黑人與原住民的分布。儘管興趣廣泛讓亞歷山大看來像
是狐狸,但是他對連結(Zusammenhang)的關注卻顯露了他刺
蝟的一面。不論他做了多少種測量,都是為了建立超越不同領域
的普遍自然法則。

亞歷山大始終擔心自己可能墮入「百科全書式的淺薄」,但
是他的經歷卻證明了多方涉獵仍然能對許多領域做出原創的重要
貢獻,且廣度及深度兼備。「最後一位博學者」的讚譽用在他身
上,雖然不比「最後一位無所不知的人」偉大,卻更有道理[86]。

綜觀一八五〇年代,只有亞歷山大・洪堡在學識廣度和創新
發現上可以和十七世紀的博學怪物相提並論。到了下個世代,就
只剩少數學者不畏如山一般持續累積的知識,嘗試建立總括所有
或絕大多數人類學問的智識體系。孔德、斯賓賽和馬克思便是其
中三位勇者。

## 體系建構者

孔德一生多半在學術世界外度過,如他本人心有怨懟的說
法,以擔任大學外的審查員與講師為生[87]。他是科學史先驅,曾

---

86 *Die letzte Universalgelehrte*: Claudia Schülke, https://www.welt.de › Wissenschaft,
4 May 2009.

87 Auguste Comte, 'Préface personnelle', *Cours de Philosophie Positive*, 6 vols.
(1830–42, rpr. Brussels, 1969), vol. 6, v–xxxviii. Cf. Mary Pickering, *Auguste
Comte: An Intellectual Biography*, 3 vols. (Cambridge, 1993–2009).

要求教育部長為此在法蘭西公學院替他開設講座，不過遭到部長基佐（François Guizot）拒絕。孔德是那時期最多才多藝的學者之一，公開演講的主題從天文學到人類史都有。他尤其對知識分類感興趣，將知識分成「具體」學科和「抽象」學科，如數學。他還將學科分成「簡單」和「複雜」兩種，前者如物理，主要在建立普遍定律，後者如生物學和社會學，其定律局限在特定範圍。為了將知識分類，孔德研究數學、力學、天文學、聲學、光學、熱學（熱的物理學）、生物學、化學、政治經濟學和一門他命名為「社會學」的新學科，並且將之定義為研究「社會現象的基礎法則」的學問[88]。

　　若問起誰是英國的孔德，可能有人會說斯賓塞，雖然他本人始終否認曾受孔德啟發。斯賓塞和孔德一樣，也是以體系建構者聞名[89]。他著述討論顱相學、生物學、生理學、心理學和社會學，並提出所謂的「綜合哲學」，主張社會科學應該仿效自然科學，應該視社會為有機體，形態由簡單變為複雜。他閱讀廣泛，或說瀏覽，因為他一本書很少從頭讀到尾，而且喜歡跟作者唱反調。斯賓塞是智識圈的局外人，沒有上過大學的自學成材者。土木工程師出身的他修築過鐵路，後來進《經濟學人》擔任記者，接著成為自由撰稿人，靠書的版稅和撰寫評論為生，因為評論

88　Comte, *Cours*, vol. 1, 1–115. Cf. Johan Heilbron, 'Auguste Comte and Modern Epistemology', *Sociological Theory* 8 (1990), 153–62; Pickering, *Auguste Comte*, vol. 1, 445, 561–604.

89　Sydney Elsen, 'Herbert Spencer and the Spectre of Comte', *Journal of British Studies* 7 (1967), 48–67.

在維多利亞時期的英國智識界扮演重要角色[90]。不過，斯賓賽在
《社會靜力學》(*Social Statics*, 1851)書中提出社會「均衡」的概
念，顯示工程師的思考習慣並未從他身上消失。

　　比起孔德和斯賓賽，馬克思建構的體系比較長命，可惜範圍
較窄[91]。這套體系綜合了政治經濟學、哲學、歷史及當時新起的
社會學，在《資本論》(*Das Kapital*, 1867-93)裡得到最完整的
闡釋及說明。從現代的角度看，馬克思對歷史的興趣是「全球」
的。他研究印度與中國，好將「亞洲生產模式」納入他嘗試建構
的普遍歷史演化論。他在一八五七年印度兵變期間，替《紐約論
壇報》(*New York Tribune*)撰寫過三十篇印度專稿。兵變是英國
人的說法，印度人稱之為獨立戰爭。馬克思晚年又發現了一門新
學科，那就是人類學，尤其是美國學者摩爾根(Lewis Morgan)
描述易洛魁人的作品[92]。

　　然而，馬克思的興趣不止於社會科學。他在柏林大學的博士
論文主題是古希臘哲學家伊比鳩魯。和當時許多讀書人一樣，馬
克思對古希臘羅馬經典相當熟悉，而他對現代歐洲文學傑作的了
解更是驚人。他積極參與當時的熱門哲學話題，也就是支持和
反對黑格爾的論辯。而在流亡英國漫長的三十三年(1850-1883)
期間，馬克思經常待在知名的大英圖書館閱覽室，如他朋友、

---

90　John D. Y. Peel, *Herbert Spencer: The Evolution of a Sociologist* (London, 1971);
　　Greta Jones and Robert Peel, *Herbert Spencer: The Intellectual Legacy* (London,
　　2004); José Harris, 'Spencer, Herbert', *ODNB* 51, 851–61.

91　馬克思其人及其作品的一般研究，包括Isaiah Berlin, *Karl Marx* (London, 1939)，
　　以及Gareth Stedman Jones, *Karl Marx: Greatness and Illusion* (London, 2016).

92　Lawrence Krader (ed.), *The Ethnological Notebooks of Karl Marx* (Assen, 1972).

同事和後來的反對者盧格（Arnold Ruge）所說的，反覆沉浸於「浩瀚書海之中」[93]。馬克思自己也曾表示，當他「沒辦法工作」時，總喜歡閱讀解剖學和生理學的書[94]。

## 文人的存續

　　多面文人的傳統一直延續到十九世紀。不論他們專注的是虛構或事實，出書或發表文章，靠搖筆桿為生都變得比較容易。對博學者來說，《愛丁堡評論》和《兩個世界評論》（*Revue des Deux Mondes*）之類的文化刊物讓他們得以靠評論各種主題的新書賺得溫飽。長篇評論可以擴充成為論文，再集結成書。於是，文人有一個新角色出現了，那就是評論家，除了針砭藝術和文學作品，還負責指出當前文化與社會的錯誤之處。

## 法國評論家

　　十九世紀法國有四位大文人以評論聞名，他們分別是聖伯夫、托克維爾、勒南（Ernest Renan）和泰納（Hippolyte Taine）。

　　聖伯夫如今以文評家為人所知，但他興趣不止於此。他除了寫詩，也寫過一本小說和五卷本的皇港修道院史。該修道院是十七世紀詹森主義運動（有時又稱作天主教清教主義）的中心。總

---

93　引文出自 Eric Hobsbawm, 'Marx, Karl', *ODNB* 37, 57–66, at 60.

94　Jones, *Karl Marx*, 434, 593.

之，聖伯夫的評論不限於狹義的文學，而是範圍更廣，例如也討
論貝爾和盧梭的主張。對聖伯夫而言，評論的第一步是「理解
存在過的一切」（comprendre tout ce qui a vécu）。他的評論大多
刊登於《立憲報》和《箴言報》，並且以「閒談集」（Causeries）
稱之，因為用詞淺顯接近口語。這種文風主要歸功於他經常參加
雷加米耶夫人等人的沙龍，這些沙龍女主人延續了十八世紀的偉
大傳統[95]。

　　盛年過世的法國貴族托克維爾雖然投身政治，在回憶錄裡卻
稱自己介於「撰寫歷史但不參與公共事務的文人和引發事件但不
思考其意義的政治家之間」。他旅行過許多地方，寫出兩本政治
與社會分析的經典之作，分別是一八三五至四〇年完成的《民
主在美國》（De la démocratie en Amérique）與一八五六年出版的
《舊制度與大革命》（L'Ancien Régime et la Révolution）。托克維
爾也寫英格蘭與愛爾蘭的貧窮現象，親自造訪救濟院了解其運
作，並著述討論阿爾及利亞的殖民主義，比社會學家布洛迪厄早
了一百年進行第一手研究，只是結論相反，贊成法國征服與殖
民[96]。托克維爾研究宗教，尤其是伊斯蘭和印度教，並計畫寫書
談論印度的英國人。曾有學者形容托克維爾對知識做出了「多樣

---

95　René Wellek, *A History of Modern Criticism* 1750–1950, 4 vols. (Cambridge 1955–65), vol. 3, 34–72; Wolf Lepenies, *Sainte-Beuve: Auf der Schwelle zur Moderne* (Munich, 1997).

96　François Furet and Françoise Mélonio, 'introduction' to Tocqueville, *Oeuvres*, vol. 1 (Paris, 2004); Raymond Aron, *Main Currents in Sociological Thought*, 2 vols. (Harmondsworth, 1968–70), vol. 1, 183–232; Melvin Richter, 'Tocqueville on Algeria', *The Review of Politics* 25 (1963), 362–98.

的」貢獻[97]，遠超過政治科學；而他談論美國民主的作品由於強調文化和社會習俗（moeurs）的面向，因而被推崇「對美國經濟做出重要而原創的分析」[98]。

　　勒南的經歷波折許多，應該說經歷了三個階段，首先是修士，再來是學者，最後成為評論家，也可說是知識分子。他在修道院研習哲學、神學和希伯來文，而後從語文學的角度研究《舊約》，結果對自己的志向感到懷疑，最終選擇放棄神職。之後，他以業餘學者身分出版了一本論亞維侯的書，也就是第二章提到的中世紀阿拉伯哲學家，同時發表關於閃語的比較研究。他受邀帶領團隊到「腓尼基」（今黎巴嫩）從事考古，並獲選為法蘭西公學院的講席教授。勒南曾說自己是「離文人最遠的人」[99]，卻依舊成了文人。他替《兩個世界評論》和《爭鳴報》（Journal des Débats）撰稿，而那本充滿爭議的暢銷作品《耶穌的一生》（Life of Jesus, 1863）更讓他一舉成為公眾人物和評論家，針對各種主題發表言論，主張法國在智識和道德方面都需要革命。在一些人眼中，「沒有人的腦子比他更廣博、更全面」[100]。

　　在十九世紀的博學者裡頭，泰納的例子更為突出[101]。他年

---

97　Jean-Louis Benoît, *Tocqueville* (Paris, 2005), xii.

98　Richard Swedberg, *Tocqueville's Political Economy* (Princeton, NJ, 2009), 73.

99　H. W. Wardman, *Ernest Renan: A Critical Biography* (London, 1964), 211. Cf. Jean-Pierre Van Deth, *Renan* (Paris, 2012); Henry Laurens (ed.), *Ernest Renan* (Paris, 2013).

100　指歷史學家莫諾（Gabriel Monod），引自 Laurens, *Renan*, 10。

101　Leo Weinstein, *Hippolyte Taine* (New York, 1972); Regina Pozzi, *Hippolyte Taine: scienze umane e politica nel 'Ottocento* (Venice, 1993); Nathalie Richard, *Hippolyte Taine: histoire, psychologie, littérature* (Paris, 2013).

少時希望成為哲學家，但也對社會和自然科學感興趣，尤其是生理學、醫學及自然史。一個同學形容泰納的心靈宛如「巨大的海綿」[102]。泰納原本想進學術界，可是由於未能通過考試而破滅，因為他的哲學主張過於異類，以致研究計畫無法通過博士論文審查。於是他轉為評論家，替《兩個世界評論》和《爭鳴報》撰稿，再將文章匯集成書，出版《歷史評論集》（*Essais de critique et d'histoire*）及《英國文學史》（*Histoire de la littérature anglaise*, 1863），主張文學猶如文化，都是由**種族**、**環境**與**時代**（moment）型塑而成。

替報刊撰稿、為阿歇特（Hachette）等大眾出版社寫書並經常參與沙龍活動，使得泰納和聖伯夫一樣文風淺顯易懂──龔固爾兄弟曾略帶惡意表示，泰納「很怕被人當成在賣弄學問」[103]。泰納的寫作主題包括藝術哲學與智力心理學。一八七〇年法國兵敗普魯士，泰納大為震撼，進而將焦點轉向歷史。他的《當代法國的起源》（*Origines de la France contemporaine*, 1875-93）受到巴黎公社經驗的啟發，從心理學的角度描繪法國一七八九年以降的歷史。簡言之，泰納橫跨人文學、自然科學和介於兩者之間而起的社會科學，難怪同時代的丹麥人布蘭德斯（Georg Brandes）會稱呼他為「文藝復興人」[104]。

---

102 Pozzi, *Hippolyte Taine*, 24.

103 Richard, *Hippolyte Taine*, 81.

104 引自 Weinstein, *Hippolyte Taine*, 26.

## 英國評論家

英國的主要文化評論家有約翰・彌爾（John Stuart Mill）、拉斯金（John Ruskin）、威廉・莫里斯（William Morris）和阿諾德（Matthew Arnold）。

約翰・彌爾的主要興趣是哲學、政治和經濟學。他是博學者詹姆斯・彌爾（James Mill）之子，從小在家自學便展現了絕頂天資，十多歲遠赴法國蒙彼里埃（Montpellier）修習數學與自然科學，並和孔德通信。他主修法律，但放棄成為律師，在東印度公司印度辦公室當了三十五年行政官，並擔任改革家邊沁的研究助理，協助邊沁撰寫司法證據的論著。彌爾本人的作品主題涵蓋理則學、代議政府、自由（和妻子泰勒〔Harriet Taylor〕共同撰寫）、政治經濟學和女性的屈從地位[105]，此外，他也發表過關於文明、宗教、時代精神和其他博學者（如柯立芝和丹勒）的論文[106]。

拉斯金以藝術和建築評論起家。他本人也是藝術家，曾經在《現代畫家》卷一（*Modern Painters*, 1843）捍衛透納的作品，後來又替前拉斐爾派畫家助陣。他在《威尼斯之石》（*The Stones of Venice*, 1851-3）闡述威尼斯建築自中世紀以來的衰微，並放在歷史脈絡中討論。後來，拉斯金從美學轉向社會批判，先是討論他所謂的「藝術的政治經濟學」，接著直接談論政治經濟，批評當

105 Ann P. Robson, 'Mill, Harriet', *ODNB* 38, 143–6; Dale E. Miller, 'Harriet Taylor Mill', in Edward N. Zalta (ed.), *The Stanford Encyclopaedia of Philosophy* (Stanford, CA, 2015): https://plato.stanford.edu/archives/win2015/entries/harriet-mill

106 Nicholas Capaldi, *John Stuart Mill: A Biography* (Cambridge, 2004); Jose Harris, 'Mill, John Stuart', *ODNB* 38, 155–75.

時的工業社會。雖然他反對達爾文的學說，卻不仇視自然科學，一生都對地質學、植物學及動物學充滿興趣，即使沒有對這些領域做出任何貢獻[107]。

對年輕的威廉・莫里斯而言，拉斯金的著述宛如「天啟」，讓他毅然走上同樣的道路，捨棄藝術轉向政治。嚴格說來，根據本書定義，莫里斯並不算博學者，因為他雖然對中世紀的熟悉程度不下於當時其他的歷史學家，卻對學術缺乏興趣。但他實在太過多才多藝，實在無法將他排除在外。要不是他憎惡文藝復興，我絕對會稱呼他為「文藝復興人」。他的門生克雷恩（Walter Crane）曾經形容他有六重人格，其中五個是公眾人格：作家、藝術家、生意人、印刷商和社會主義者[108]。莫里斯是建築師出身，後來轉向雕塑及繪畫，並發現設計才是自己的天職，不過仍持續從事工藝，包括編織、印染和書法等。他喜歡「動手做」，沉迷於印染時沾染成靛藍色的手。他或許可以稱作實驗考古學家，因為他曾經將中世紀的織品拆開，想了解它們是如何織成的。

莫里斯還是譯者，翻譯過荷馬、維吉爾、《貝武夫》及冰島薩迦文學（saga），也寫詩和羅曼史。投身政治之後，他常用小說表達社會主義的理念，尤其是他的烏托邦小說《烏有鄉消息》（*News from Nowhere*, 1890）。莫里斯和拉斯金一樣，都從審美和道德角度批判當時社會，稱當時社會醜陋、「低劣」又不公[109]。

107 Timothy Hilton, *John Ruskin*, 2 vols. (New Haven CT, 1985–2000); Robert Hewison, 'Ruskin, John', *ODNB* 48, 173–92.

108 引自 Peter Stansky, *William Morris* (Oxford, 1983), 1.

109 E. P. ompson, *William Morris, Romantic to Revolutionary* (London, 1955); Fiona McCarthy, *William Morris* (London, 1994).

　　阿諾德是評論家，也是詩人和督學。他認為，評斷書對他所謂的「一般文化」的影響是文學批評的最主要任務[110]。如同法國的勒南與丹勒，「批評」二字也常在他筆下出現。阿諾德稱聖伯夫為「第一位當代評論家」。他的《批評文集》（*Essays in Criticism*, 1865）雖然以文學為主，但也收錄了一篇論斯賓諾莎的文章。而他最知名作品《文化與失序》（*Culture and Anarchy*, 1869），更是以「批評政治與社會之論文」為副標題，點出英國上層階級（阿諾德稱之為「野人」）、中產階級（「俗人」）和勞動階級（「粗人」）的文化貧弱之處，主張給予人「更多的蜜與光」，和德國的「教養」概念遙相呼應；而他在其他地方的說法則是「更人性」。文學是阿諾德的關注核心，但他將之和宗教（《文學與教條》〔*Culture and Anarchy*, 1873〕）、語言（研究語文學）與文化連結在一起，並且對新起的民族學很感興趣，評論對象也不限於英語文學，同時擴及荷馬、但丁以及歌德，甚至凱爾特文學，「雖然他不算精通凱爾特語」。他閱讀廣泛，不僅讀過《薄伽梵歌》，也讀過威廉·洪堡的相關論文，進而受其啟發而完成詩作《埃特納山上的恩培多克勒》（*Empedocles on Etna*）[111]。

---

110 Stefan Collini, *Matthew Arnold: A Critical Portrait* (Oxford, 1994), 54; idem., 'Arnold, Matthew', *ODNB* 2, 487–94. Cf. Wellek, *Modern Criticism*, vol. 4, 155–80.

111 William E. Buckler, '"On the Study of Celtic Literature": A Critical Reconsideration', *Victorian Poetry* 27 (1989), 61–76, at 62; S. Nagarajan, 'Arnold and the *Bhagavad Gita*', *Comparative Literature* 12 (1960), 335–47.

# 新女文人

十九世紀初期至中葉是珍・奧斯汀、勃朗特姊妹和喬治桑的時代，不只有些女性得以從事文學，有些女性更是有資格稱作博學者。

如出身瑞士的斯達爾，她自小聰慧，五歲便參加母親珂秀德（Suzanne Curchod）主持的沙龍（吉朋曾經想娶珂秀德為妻），後來在巴黎也常出席喬芙蘭夫人和杜德芳夫人舉辦的聚會，並自己主持沙龍。斯達爾除了寫小說和戲劇，也書寫哲學、情欲、自殺、翻譯與政治（討論瑪麗皇后的審判、和平及法國大革命）。她最為人知的作品包括後來歸類為文學社會學的作品《從文學與社會制度的關係論文學》（*De la littérature considérée dans ses rapports avec les institutions sociales*, 1800）和《德國》（*De l'Allemagne*, 1813）；後者除了描述德國社會、宗教與女性地位，也介紹和評價德國人在文學、哲學及自然科學的成就[112]。

多洛蒂亞・施勒澤也是自小聰慧，並受益──或受害──於知名歷史學家父親奧古斯特・施勒澤的教育實驗，十八個月大就開始學習字母，然後學習現代語言，五歲就開始學習數學。一七八七年，施勒澤從哥廷根大學畢業，是第一位拿到博士學位的德國女性。她會說十種語言，通曉植物學、動物學、礦物學、光學、宗教與藝術，而且和她父親不同，特別關注自然科學[113]。

---

112 Maria Fairweather, *Madame de Staël* (London, 2004); Michel Winock, *Madame de Staël* (Paris, 2010); Richard Holmes, *is Long Pursuit* (London, 2016), 153–68.

113 Bärbel Kern and Horst Kern, *Madame Doctorin Schlözer: ein Frauenleben in den Widersprüchen der Aufklärung* (Munich, 1988), 52ff.

英格蘭女性博學者包括馬蒂諾和伊凡斯，其中伊凡斯以她的筆名喬治・艾略特更為人所知。馬蒂諾雖然形容自己「沒能力發明或發現，只能推廣」，但她的涉獵範圍驚人之廣，據說幾乎所有議題都能侃侃而談。她決定靠寫作為生，出版了論宗教的《靈修練習》（*Devotional Exercises*, 1823）、論政治經濟的《政治經濟學圖說》（*Illustrations of Political Economy*, 1832）、和托克維爾《民主在美國》一樣出自美國之行的《美國社會》（*Society in America*, 1837）、論教育的《家庭教育》（*Household Education*, 1848）、中東旅行後寫下的《東方生活的今與昔》（*Eastern Life, Present and Past*, 1848）和記述一八一六至四六年歷史的《三十年和平》（*Thirty Years' Peace*, 1849）。馬蒂諾還為報紙撰稿，發表隨筆與小說，並摘譯出版了孔德的《實證哲學》（*Positive Philosophy*, 1853）[114]。

喬治・艾略特曾經形容自己「樂於鑽研任何主題」[115]。小說《河畔磨坊》描述女主角瑪姬・托利威「什麼都想知道」，顯然也適用於作者本人。艾略特的非小說作品長年被她知名小說作品的光芒所掩蓋，但她其實是編輯出身，曾經擔任《西敏寺評論》的非正式編輯，並替這份後來成為頂尖評論的刊物撰

---

114 Robert K. Webb, 'Martineau, Harriet', *ODNB* 37, 13–19.

115 Gordon S. Haight, *George Eliot: A Biography* (1968); Sally Shuttleworth, *George Eliot and 19th-Century Science* (Cambridge, 1984); Beryl Gray, 'George Eliot and the "Westminster Review"', *Victorian Periodicals Review* 33 (2000) 212–24; Diana Postlethwaite, 'George Eliot and Science', in George Levine (ed.), *The Cambridge Companion to George Eliot* (Cambridge, 2001), 98–118; Rosemary Ashton, 'Evans, Marian', *ODNB* 18, 730–43.

寫長文，主題包括〈法國女性〉、〈十九世紀教會史〉、〈德國哲學的未來〉、翻譯和民族學，及介紹沃斯通克拉夫特（Mary Wollstonecraft）、歌德、米爾頓、丁尼生和華格納等人的生平。艾略特通曉七種語言，翻譯過斯賓諾莎的《倫理學》、費爾巴哈《基督教的本質》和斯特勞斯（David Strauss）講述耶穌生平的爭議著作。一八五〇年代認識作家路易斯（George Henry Lewes）之前，艾略特的主要興趣在人文學和社會科學，尤其孔德及斯賓賽的學說。和路易斯同居後，便和他一起探索科學，兩人「共同閱讀醫學、動物學、解剖學和海洋生物學的作品」[116]。

　　路易斯如今以艾略特的伴侶為人所知，但他本人也是傑出的博學者，除了擔任《雙週評論》編輯，出版兩本小說和《哲學傳記史》，還研究西班牙戲劇，分析孔德的科學哲學，寫過羅伯斯庇爾和歌德的傳記。後來他將焦點轉回自然科學，寫過海洋生物學研究、一本生理學著作和一本未完成的心理學論著《生命與心靈問題集》，由艾略特於他過世後完成[117]。附帶一提，這位學養豐富的人沒上過大學。

　　不論從她的文章、書信或筆記裡，都能看出艾略特對科學很感興趣，不僅熟悉地質學和生物學，也對物理學、天文學與解剖學瞭若指掌。甚至有學者指出，艾略特的想像世界裡「充斥著科學概念與臆想」，以致不只一次被批評小說裡太多學術內容[118]。

---

116 Valerie A. Dodd, *George Eliot: An Intellectual Life* (1990), 284.

117 Rosemary Ashton, *George Henry Lewes* (London, 1991); eadem., 'Lewes, George Henry', *ODNB* 33, 563–8.

118 Gillian Beer, *Darwin's Plots* (London, 1983), 149, 154.

從她的筆記裡可以見到她為了寫小說而做的詳盡研究。為了撰寫《米德鎮的春天》，她研究英國一八三二年改革法案通過前數十年的歷史。小說《羅慕拉》的時代設定為文藝復興時期，女主角希望和（本書第二章提到的）費德蕾一樣博學多聞。為此，艾略特在佛羅倫斯、大英圖書館和倫敦圖書館做研究[119]。為了以倫敦猶太社群為主角的《丹尼爾的半生緣》，她不僅學習希伯來文，而且據路易斯表示，艾略特「對猶太歷史和文學了解之深，不下於任何一位拉比」。她在《米德鎮的春天》對學者卡索朋刻畫得鞭辟入裡，令人印象深刻，但也表示「卡索朋的特質與我自己相去不遠」。

科學家薩默維爾生於蘇格蘭，一位英格蘭大科學家曾經拿她和（前文提過的）阿涅西相提並論[120]。她晚年回憶自己在蘇格蘭小鎮長大，跟「野生小動物」一樣，知識大多自學得來，因為當時英國大學不收女性。她通曉拉丁文、希臘文、數學、天文學、礦物學和地質學，做過科學實驗（例如研究太陽輻射），也在皇家學會的《自然科學會報》發表過論文。搬到倫敦之後，薩默維爾結識了博學者楊格、赫歇爾和巴貝吉，並讚揚巴貝吉「對許多主題知識豐富」[121]。

成為妻子和母親之後，薩默維爾不再有時間從事研究，便將就（或乘機）將重心轉為綜合各家資訊與觀念。她後來寫到，有

---

119 Haight, *George Eliot*, 344–50.

120 Kathryn A. Neeley, *Mary Somerville: Science, Illumination and the Female Mind* (Cambridge, 2001), 2.

121 Mary Somerville, *Personal Recollections* (London, 1873), 140.

1. 有學者認為，這幅用紅粉筆繪成的英俊長者肖像確實如畫上題字所言，是達文西無誤。畫中人物的容貌不僅和其他據稱是其肖像的畫像相符，也和當時人對這位藝術家的描繪相同。

2. 這是達文西替修士朋友帕西奧利的作品《論神聖比例》（1509）所繪的插圖，充分顯示了他對數學的著迷。文藝復興時期的藝術家非常看重這門學科，從透視法到理想人體的比例數值都用得到數學。達文西在筆記裡寫道，「別讓不懂數學的人讀我的筆記」。

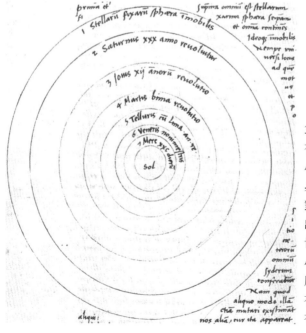

3. 現代人對哥白尼的印象只有他主張地太陽才是宇宙中心，而非地球。但他其實也身兼醫師，讀過法律，並且對現今稱作經濟學的領域提出原創的理論。在這幅十六世紀繪製的圖表裡，宇宙中心是太陽，而非地球。哥白尼如此寫道，「太陽就端坐在中央的高台王位上，行星有如兒女環繞著他。」

4. 十六和十七世紀，收藏人造或天然「奇珍異物」的私人博物館相當盛行。插圖裡的博物館為丹麥醫師沃姆所有，這位博學者對斯堪地那維亞的「珍寶異獸」特別感興趣，從武器到走獸、鳥類和魚類標本一概收藏。

5. 西班牙修士卡拉慕夷曾在維也納和布拉格落腳，之後成為義大利維杰瓦諾的教區主教。傳說他通曉二十四種語言，不僅是外交官和建築師，還出版過六十多本書，主題五花八門，從神學到音樂無所不談。

6. 克莉絲蒂娜女王有「瑞典智慧女神」之稱，據傳「無所不知」，興趣包括語言、哲學、天文和煉金術。她還會邀請學者到宮裡為她講課、觀賞館藏書或公開辯論。

7. 克莉絲蒂娜女王邀請的學者當中，最有名的首推笛卡兒。插圖裡的他就站在女王桌前，似乎在向廷臣講述他的學說。遺憾的是，笛卡兒不敵瑞典的嚴冬，於一六五〇年二月病逝於斯德哥爾摩。

8. 十七世紀所有堪稱「博學怪物」的通才當中，最偉大的莫過於萊布尼茲。現代人對他的印象主要是哲學家和數學家，跟牛頓搶奪微積分發明者的頭銜，但他對於歷史、語言和法律研究也做出了重大貢獻。他對所有自然科學都很感興趣，更是那個時代公認的中國通。

9. 讀者從這幅肖像畫不難感受到斯達爾夫人華麗的穿衣風格。這位瑞士女性知識分子不僅創作小說和戲劇，也著述討論哲學、熱情、自殺、翻譯、政治、社會及女性的社會地位。

10. 畫中為十八世紀中葉每週一和週三由喬芙蘭夫人主持的沙龍聚會。在座除了盧梭和孟德斯鳩，還有伏爾泰的半身雕像俯瞰眾人。沙龍匯集了各方文人雅士，男女皆有，以優雅機智的言談展現個人知識，對當時法國的智識活動有著舉足輕重的影響。

11. 伏爾泰不僅多才多藝，更是科學推廣者，曾經和情婦沙特萊夫人一起替牛頓理論撰寫導讀。在這幅蝕刻畫中，他以桂冠詩人的形象現身，卻完全不見沙特萊夫人的身影。

12. 現代人對史威登堡的印象幾乎只有他晚年所寫的宗教文章，尤其是畫中的他手裡拿著《詮釋啟示錄》，因此可能想不到這位瑞典博學者年輕時是很有名的工程師，從冶金、化學、天文學、解剖學、生理學到面相學都有他的貢獻。

13. 楊格曾在劍橋大學擔任導師，由於興趣廣泛而有「天才楊格」（Phenomenon Young）之稱。他主修醫學，進行過光學和聲學實驗，在大學講授生理學，通曉六種東方語言，並嘗試破解埃及象形文字，結果被法國對手商博良奪得先機。

14. 赫歇爾曾被稱作「世上最後一位偉大的全才」，雖然以天文學家身分最為人知，但對數學、化學、磁學、植物學、地質學、聲學、光學和攝影也有不小的貢獻，閒暇時還翻譯荷馬、但丁和席勒的作品自娛。

15. 體制外學者亞歷山大‧洪堡不僅對各種自然科學深感興趣，還通曉藝術與文學，除了用藝術家的眼光欣賞風景，本身也會繪畫。

16. 蘇格蘭科學家薩默維爾幾乎全靠自學，因為當時英國大專院校未招收女性。由於相夫教子無法長期專注研究，她選擇成為知識整合者，於一八三四年出版大作《論物理科學的關聯》。牛津大學的薩默維爾學院便是以她為名。

17. 畫中身穿白袍者為弗洛連斯基。這名東正教司鐸除了著述討論哲學、神學和宗教藝術，還有一個不那麼東正教的身分，那就是電機工程師。他在史達林時代被控密謀推翻蘇維埃，先被流放，而後被送往勞改營，最終遭到槍決。多才多藝的他有「俄羅斯的無名達文西」之稱。

18. 司馬賀的學術興趣從政治科學、認知心理學一路轉到計算機科學，雖然從未跨足經濟學，卻獲頒諾貝爾經濟學獎，難怪他對所謂的「學術部落」畫下的楚河漢界不怎麼在意了。

19. 比利時學者奧特萊曾被稱作「嘗試分類世界的人」。他受到杜威圖書十進分類法的啟發，嘗試建立一套資訊提取系統，連世界和平和世界政府都納入其中，後來設立「世界館」以匯集所有現有知識。世界館目前仍在營運，只不過從布魯塞爾搬到蒙斯（Mons）。

20. 對於桑塔格，最貼切的形容應該是文化評論家。她曾說「我不想當教授，也不想做記者，只想當既是作家又是知識分子的人」。她是《紐約客》和《紐約書評》的固定撰稿人，後來共出版了九本散文集，主題涵蓋繪畫、文學、戲劇、舞蹈、哲學、心理分析、人類學與歷史，尤以攝影和電影最為知名。

21. 普林斯頓大學高等研究院創立於一九三〇年，獲選入院的學者一律擁有充分時間研究、思考及著述。第一任院長弗萊克斯納（Abraham Flexner）為教育家，以〈無用知識之有用〉一文而聞名，愛因斯坦和博學者馮紐曼都是早期院士。

22. 英國一九六〇年代成立的七所大學中，薩塞克斯大學首先開設強調跨學科研究與教學的學程，希望「重繪知識地圖」。其中以相近學科（如歷史與文學）的教師共同主持的研討會最為成功。

人找她翻譯拉普拉斯論「天體力學」的著作，而她人生也就此改變。她為那本書撰寫的導論後來擴展成書，於一八三四年以《論物理科學的關聯》（*On the Connection of the Physical Sciences*）為名出版。書中文字淺顯易懂，以吸引一般讀者，並充分凸顯博學者最擅長的就是見到知識的全貌，點出專家遺漏的關聯。薩默維爾還出版過一本暢銷的物理地理學教科書。她的作品不僅得到惠威爾的讚揚，也深獲亞歷山大‧洪堡推崇，稱許她看出關聯的能力[122]。

## 科學家

　　到了喬治‧艾略特和薩默維爾的年代，「科學家」（scientist）一詞已經成為常見用語。這個一八三〇年代由博學者惠威爾發明的新字成為專有名詞，顯示自然科學和人文學開始分家，逐漸形成一百多年後所謂的「兩種文化」[123]。但在當時，以科學家聞名的學者除了經常橫跨數個領域，也會涉足人文學科，有時甚至做出貢獻。

122 Elizabeth C. Patterson, 'Somerville, Mary', *DSB* 12, 521–5; idem., *Mary Patterson and the Cultivation of Science, 1815–1840* (The Hague, 1984); Mary R. S. Creese, 'Somerville, Mary', *ODNB* 51, 617–9; James A. Secord, 'General Introduction' to Mary Somerville, *Scientific Papers and Reviews* (London, 2004), xv–xxxix; idem., 'Mathematics for the Million? Mary Somerville's *On the Connexion of the Physical Sciences*, in *Visions of Science* (Oxford, 2014), 107–37; Richard Holmes, *This Long Pursuit: Reflections of a Romantic Biographer* (London, 2016), 197–216.

123 Sydney Ross, ' "Scientist": The Story of a Word', *Annals of Science* 18 (1962), 65–85.

　　以法國為例，庫爾諾（Antoine Cournot）一開始鑽研力學，後來轉向數學，並用數學解析財富，成為政治經濟學裡的先驅之作，最後更投入哲學的懷抱，出版過一本探討知識基礎的書。而他對天文學亦表現出強烈的興趣。居維葉（Georges Cuvier）不僅橫掃動物學、比較解剖學、考古學和地質學，也寫書講述科學史。居維葉的朋友、合作者、對手兼反對者聖伊萊爾（Étienne Geoffroy Saint-Hilaire）除了通曉動物學、比較解剖學及考古學，對實驗胚胎學也很有研究[124]。

## 德國科學家

　　這個時期的德國博學科學家包括魏修（Rudolf Virchow）、赫姆霍茲（Hermann Helmholtz）與海克爾（Ernst Haeckel）。魏修不僅是醫師、病理學家和生物學家，也是民族學家與史前學家，平日積極參與政治，甚至表示「醫學是一門社會科學，而政治不過是範圍更廣的醫學」[125]。他確實對政治非常投入，除了參與一八四八年革命，後來更成為自由黨代表，大力反對俾斯麥。俾斯麥曾經批評他「離開自己的領域，像個業餘者似的闖進我的地盤」[126]。魏修除了對自然科學有所貢獻，尤其是細胞理論和

124 G. Granger, 'Cournot, Antoine-Augustin', *DSB* 3, 450–4; Franck Bourdier, 'Cuvier, Georges', *DSB* 3, 521–8; idem., 'Geoffroy Saint-Hilaire, Étienne', *DSB* 5, 355–8.

125 引文出自Ian F. McNeely, *'Medicine on a Grand Scale': Rudolf Virchow, Liberalism and the Public Health* (London, 2002), 5.

126 McNeely, *'Medicine on a Grand Scale'*, 7.

細胞病理學（解釋癌症起因並識別出白血病），還研究體質人類學，曾率領團隊調查近七百萬名德國學童的頭髮、膚色及瞳孔顏色，證明亞利安人只是虛構的概念。他擔任過民族學期刊的編輯，撰文討論歌德對自然的研究，並支持商人施利曼（Heinrich Schliemann）挖掘特洛伊城，而他自己也曾在波美拉尼亞進行考古調查。在那個學科尚未完全專門化的年代，就算不是正牌考古學家也能進行挖掘[127]。

赫姆霍茲被稱作「全能天才」，「最後一位承繼萊布尼茲傳統，通曉所有科學、哲學與藝術的學者」[128]。敘述依慣例很是簡潔的《科學傳記詞典》形容他對「能量學、生理聲學、生理光學、聲學、認識論、流體動力學和電動力學」都有貢獻[129]。青少年時期的赫姆霍茲深受物理學吸引，但聽從父親建議選擇習醫。他在柏林大學主修化學、數學與哲學，後來成為解剖學和生理學教授，在波昂大學及海德堡大學任教，研究視覺和聽覺的生理學，最終還是重拾最初的愛好，回到柏林大學擔任物理學教授。赫姆霍茲對藝術認知和音樂理論特別著迷，除了對藝術系學生講課，也跟研究古代與現代歷史的學者蒙森（Theodor Mommsen）及特雷奇克（Heinrich von Treitschke）通信。和魏修一樣，他也寫過歌德和科學的關係[130]。

---

127 Guenther B. Risse, 'Virchow, Rudolf', *DSB* 14, 39–45; T. James, 'Rudolf Virchow and Heinrich Schliemann', *South African Medical Journal* 56 (1979), 111–14.

128 Lorenz Krüger (ed.), *Universalgenie Helmholtz* (Berlin, 1994).

129 R. Steven Turner, 'Helmholtz, Hermann von', *DSB* 6, 241–53, at 253.

130 Michel Meulden, *Helmholtz: From Enlightenment to Neuroscience* (2001: English translation, Cambridge, MA, 2010).

　　時間來到下個世代。魏修的學生海克爾通曉解剖學、動物學及生態學（這門學科就是他命名的），此外也寫科學哲學。他成立德意志一元聯盟（Deutsche Monistenbund）推展科學的統一，並為他那個時代提供一種世俗宗教。海克爾也是藝術家，替自己的作品繪製插圖，也曾經贏得跳遠獎盃，成為文藝復興之後首位擅長體育的博學者，繼承了阿伯提、阿格里科拉和克萊登的傳統。海克爾喜歡旅遊與探險，包括登山，難怪亞歷山大・洪堡是他心目中的榜樣。

　　受洪堡感召的還有美國博學者馬什（George Marsh）。這位「多才多藝的佛蒙特人」平常以律師、外交官和社會改革者為業，閒暇時則是藝術收藏家、考古學家、語言學家、地理學家和環保先驅。替馬什作傳的大衛・洛文塔爾（David Lowenthal）形容他是「那個時代學識最廣博的學者」[131]。

## 英國科學家

　　英國維多利亞時期也是多面科學家輩出。這些科學家對諸多領域都有貢獻，並將科學與文學兩種文化結合起來。

　　譬如達爾文就是維多利亞時期的文人代表。他父親希望兒子當醫生，便送他到愛丁堡求學，結果達爾文發現自己討厭解

---

131 Wilhelm Bölsche, *Haeckel: His Life and Work* (English translation, London, 1906, 173); Georg Uschmann, 'Haeckel, E. H. P.', *DSB* 6, 6–11; Andrea Wulf, *The Invention of Nature: The Adventures of Alexander von Humboldt, the Lost Hero of Science* (London, 2016), 298–314; David Lowenthal, *G. P. Marsh: Prophet of Conservation* (Seattle, WA, 2000).

剖。於是他又被送到劍橋預備成為神職人員，卻在那裡接觸到自然史。他非常崇拜亞歷山大‧洪堡，承認自己「人生會走上這條路，全是因為年少時讀到洪堡的《個人記述》，並且一讀再讀」[132]。和洪堡遠赴西屬美洲探險一樣，達爾文的小獵犬號之旅（1831-6）也改變了他的一生。旅行時見到的「人、地方、生物、植物、氣候、岩石構造、政治及原住民，這一切似乎在在令他著迷」[133]。達爾文最終出版了六本植物學、三本地質學和一本探討「人類與動物的情感表達」的作品。

而他的成名作《物種源始》（*On the Origin of Species*, 1859）可說是一部文學作品，也有學者如此解析，因為書中以敘事手法提出論點，並透過精確的觀察和生動的文字描述實例作為證明[134]。其中的重要構想都來自達爾文的廣泛閱讀，充分顯示博學者如何借用其他領域的概念加以轉化，對某單一領域做出貢獻。好友萊爾的《地質學原理》（*Principles of Geology*）讓他想像物種演化也是個漫長的歷程，馬爾薩斯的《人口論》（*The Principle of Population*）則給了他適者生存的構想[135]。

湯瑪斯‧赫胥黎（Thomas Henry Huxley）以公開辯護達爾文的主張而聞名。這位博學之人曾經感謝上天賜給他「多樣的

---

132 達爾文致信植物學家朋友胡克（Joseph Hooker），引自 Peter Brent, *Charles Darwin: A 'man of enlarged curiosity'* (London, 1981), 98.

133 同前註，174。

134 Gillian Beer, *Darwin's Plots* (London, 1983).

135 Gavin de Beer, 'Darwin, Charles Robert', *DSB* 3, 565–77; Janet Browne, *Charles Darwin*, 2 vols. (London, 1995–2002); Adrian Desmond, Janet Browne and James Moore, 'Darwin, Charles Robert', *ODNB* 15, 177–202; Oliver Sacks, 'Darwin and the Meaning of Flowers', in *The River of Consciousness* (2017), 3–26.

品味」，並表示「如果我和貓一樣有九條命，肯定所有角落都
會翻遍」。和達爾文一樣，赫胥黎原本所學為醫科，卻未獲得學
位。也一如達爾文，他的人生因一場探險而改變。一八四六至五
〇年，赫胥黎以隨船醫師身分搭乘響尾蛇號前往托雷斯海峽群
島及澳洲，對動物學產生了興趣，開始研究海葵、水母以及海
膽。回國後，他在倫敦的皇家礦業學院擔任地質學講師。地質
學知識再加上關注演化，使得他轉向考古學，研究恐龍和尼安
德塔人的頭骨。和斯賓賽會面後，赫胥黎被帶進《西敏寺評論》
（*Westminster Review*）的作者圈，開始定期供稿，從而發現自己
擁有以淺顯生動文字推廣新知的天賦。他經常對大眾宣講各種主
題，包括一八六八年在諾維奇對工人發表的那一場題為〈一枝粉
筆〉（On a Piece of Chalk）的知名演講。赫胥黎的隨筆與演講集
足足有九大冊，和阿諾德辯論文學與科學教育孰輕孰重的演講也
在其中[136]。

　　高爾頓（Francis Galton）則是另一位多才多藝的科學家，
如今以優生學之父而聞名（或者說惡名昭彰）。他同樣以探險起
家，去過中東和西南非不為歐洲人所知的地區，出版過一本論旅
行之藝術的作品。他是達爾文的表弟，對遺傳學特別感興趣，研
究過人與豌豆。他也是數學家、統計學家和體質人類學家，創立
過人體計測實驗室，同時是實驗心理學家與氣象學家，熱中於智
力測驗和視覺記憶，發現了反氣旋並為之命名。他還根據博學者

136 Wesley C. Williams, 'Huxley, omas Henry', *DSB* 6, 589–97; Adrian Desmond, *T. H. Huxley*, 2 vols. (1994–7); idem., 'Huxley, Thomas Henry' *ODNB* 29, 99–111.

赫歇爾之子威廉‧詹姆斯‧赫歇爾的研究成果，替人類指紋進行分類[137]。

塔爾博特（William Henry Fox Talbot）又是一個精采的例子，說明一位多面博學者如今幾乎只有一個知識領域或技能為世人所知。對塔爾博特來說，現代人記得他的便是攝影。然而，就算他沒有發明相機或在《自然之筆》（*The Pencil of Nature*, 1844）中討論攝影，也能以維多利亞時期博學者的身分在歷史上留名。塔爾博特是傑出的數學家，「塔爾博特曲線」便是以他為名。和赫歇爾會面後，他開始研究光學，提出「塔爾博特定律」。光學讓他接觸光譜儀，進而接觸化學，證明不同元素可以依其光譜來辨別。他對光學和化學的興趣在攝影上合而為一，但他的求知欲可不止於此。他辨別出兩種新的植物，發表過三篇天文學論文和多篇數論論文，寫過關於字源學的文章，更是最早釋譯亞述楔形文的人之一。當時一群學者各自翻譯新出土的楔形銘文，但彼此沒有交流，於是塔爾博特從自然科學家的角度出發，建議用「實驗」來檢驗譯文是否可靠，所幸結果證明譯文之間差異不大。塔爾博特還是國會議員，出版過不少作品，包括《下議院溫和改革之我思》（*Thoughts on Moderate Reform in the House of Commons*）[138]。

---

137 Norman T. Gridgeman, 'Galton, Francis', *DSB* 5, 265–7; Ruth S. Cowan, 'Galton, Francis', *ODNB* 21, 346–9; Nicholas W. Gillham, *A Life of Sir Francis Galton* (Oxford, 2001); Michael Bulmer, *Francis Galton* (Baltimore, MD, 2003).

138 H. J. P. Arnold, *William Henry Fox Talbot: Pioneer of Photography and Man of Science* (London, 1977); Larry J. Schaff, 'Talbot, William Henry Fox', *ODNB* 53, 730–3。二〇一二年，「攝影之外的塔爾波特」展（Talbot Beyond Photography）於劍橋舉行，紀念他的多樣成就。

# 步向新危機

綜觀這個時期，隨著資訊量逐步增加，智識分工的想法及作法也漸次出現。十八世紀中葉以降，專門化（包括知識的分門別類）成為公眾討論的話題。早在一七四八年，狄德羅就察覺，外科手術開始專門化，並正確預測醫學也會走上同一道路[139]。

而亞當・斯密在《國富論》討論分工之前，便已於一七六三年的法理學講座提到智識專門化，指出哲學（亦即現今所謂的「科學」）已經「獨立成一門學問，很快就會像其他學問一樣，再細分成不同類別」，或是「開展出許多分支，每個分支都能成為一項職業，豢養一群哲學家」。或許有人覺得亞當斯密意在嘲諷，但他接著表示，如此「人人都是各自分支裡的專家，做的事情更多，科學的量因而大幅增加」[140]。

一七八五年，康德在一篇文章中同意亞當斯密對分工和哲學的看法，尤其是經驗方法與理性方法的區隔。在他看來，我們必須要問「純粹哲學的各個部分是否需要個別有人專門研究；對學術行業而言，倘若那些為了迎合大眾口味，習慣將經驗和理性以各種比例混合兜售，連他們自己也不曉得比例為何的人，倘若告誡他們這兩種事業的處理方式大不相同，不該同時進行，因為兩者各自需要特定的才能，放在同一人身上只會弄巧成拙，這樣會

---

139 狄德羅書信，一七四八年十二月十六日。

140 Adam Smith, *Lectures on Jurisprudence* (1763); idem., *Wealth of Nations* (1776), 18. Cf. Jerry A. Jacobs, *In Defense of Disciplines: Interdisciplinarity and Specialization in the Research University* (Chicago, IL, 2013), 55–60.

不會更好」[141]？

　　英國方面，巴貝吉本人雖然興趣廣泛，卻支持他所謂的「心智」分工[142]。而斯賓賽的理論重點之一，就是社會傾向專門化或「分化」，因而得以進步與「演化」[143]。其餘英國學者對這個傾向比較悲觀。博學者惠威爾尤其懇切，指出不同科學間的「隔閡與割裂日益嚴重……數學家不理會化學家，化學家不理會博物學家，而數學家自己又再分成純數學與混合數學，兩者很快分道揚鑣」[144]。惠威爾以一個後來經常被人引用的政治比喻表達他的擔心，指出「科學聯邦」可能「和大帝國瓦解一樣」分崩離析[145]。

　　十九世紀新機構持續出現，加速了專門化的腳步。法國方面，尚未專門化的區域學院銷聲匿跡，由各種地方農業、考古、古文物和科學協會取而代之。一八〇四年成立於巴黎的凱爾特學院被亞洲學會和地理學會（1821）、地質學會（1830）、人類學會（1832）、民族學會（1839）及經濟政治學會（（1842）所取代。

　　柏林方面，新成立的機構則包括德國語言及古文物學會（1815）、地理學會（1828）、物理學會（1845）、地質學會

---

141　Immanuel Kant, *Groundwork for the Metaphysics of Morals* (1785: English translation, ed. Alan Wood, New Haven, CT, 2002), preface.

142　Charles Babbage, *On the Economy of Machinery and Manufacture*s (2nd edn, London 1832), 131–63.

143　Herbert Spencer, 'Progress: Its Law and Cause' (1857), in *Essays*, media. bloomsbury. com/.../primary-source-131-herbert-spencer-progress-its-law-and-cause.pdf, 2.

144　引自 Ross, 'Scientist', 71.

145　引自 Crosbie Smith and William Agar (eds.), *Making Space for Science* (Basingstoke 1998), 184.

（1848）和人類學會（1869）[146]。

倫敦方面，地質學會（1807）成立之後，接著是天文學會和皇家文學學會（1820）、政治經濟學俱樂部（1821）、皇家亞洲學會（1823）、動物學會（1826）、昆蟲學會和植物學會（1833），以及民族學會（1843）。英國皇家學會會長班克斯（Joseph Banks）寫到這股分化大勢時，以一個非常生動的比喻來說明：「我可以預見這些新興學會終將剝光皇家學會，讓這位老婦人一絲不掛」[147]。

法國方面，孔德則顯得舉棋不定。他一方面相信專門化必須付出他所謂的見不到「整體精神」的代價，一方面又認為唯有專門化才能進步，並且日後將會出現專門研究並掌握普遍性的學者。從下一章的故事可以見到，孔德的三個預言都實現了。

---

146 Jean-Pierre Chaline, *Sociabilité et erudition: les sociétés savantes en France, XIXe–XXe siècles* (Paris, 1995)。夏林提到一個例外，一八二六年成立的「莫比昂博學學會」（Société polymathique de Morbihan）。

147 Holmes, *The Age of Wonder*, 393.

# 第五章

# 「領域化」時代
## 一八五〇至二〇〇〇

　　十九世紀末起，歐洲的文化氣氛對涉獵廣博的學者不再那麼有利。前一章提到，十七世紀只有少數博學者被批評貪多務得，像是基爾學和老盧德貝克，但類似的批評到了十九世紀變得愈來愈常見。

## 博學者陷入逆境

　　例如，席勒便曾批評好友亞歷山大・洪堡「涉獵太廣」，洪堡自己則抱怨「人們常說我同時對太多事物感興趣」[1]。幽默作家史密斯（Sidney Smith）形容惠威爾的「毛病就是他什麼都知道」。散文家赫茲里特（William Hazlitt）說柯立芝「什麼議題都碰」，但也「什麼都不持久」[2]。皮考克（Thomas Peacock）的諷刺小說《黑德龍廳》（*Headlong Hall*）以柯立芝為原型塑造了「萬士通先生」一角，並形容此人「不僅涉獵所有科學，而且樣樣精通」。

　　楊格也因為貪多而受批評。曾有一名義大利學者寫信給他，表示「我們所有人都深感惋惜，您投入心思的領域太多⋯⋯否則以您天資之出眾，本當可以繼續深入您已有的發現，將之推向完美的境地」。楊格過世後，英國皇家學會會長一方面讚揚其成就，卻也強調，學會「建議有志者在既有的領域範圍內鑽研，而非嘗試涉獵所有學問」[3]。

　　此外，**愛好者**（dilettante）一詞涵義出現轉變，也透露了歐洲智性氛圍的變化。這個詞最早由義大利人所創，於十八世紀傳入英國，原本屬正面意含，指稱「熱中」某事的人，和法文amateur（業餘者）原指「喜好」藝術或學習之人有異曲同工之妙。但到了十九世紀，這兩個詞逐漸出現貶意，不再強調熱情，而是專指認識淺薄的非專家。以一八五九年創刊的《歷史期刊》（*Historische Zeitschrift*）為例，中世紀德國史專家威茲（Georg Waitz）就在這份史上最早的專業歷史期刊的創刊號裡批評這種**愛好癖**（Dilettantismus）。同樣的，歌德也遭到當時德國頂尖生理學家杜布瓦—雷蒙批評，將他的自然科學研究貶為「自學愛好者」打發時間的消遣[4]。

---

3　Alexander Wood, *Thomas Young* (Cambridge, 1954), 230, 237.

4　杜布瓦—雷蒙的評論引自Paul Bishop (ed.), *Companion to Goethe's Faust* (Woodbridge, 2006), 195。參見Richard Hibbitt, *Dilettantism and its Values* (London, 2006)，特別是導論。

## 超載

　　當時歐洲的智性氛圍為何會改變？簡單說就是「超載」。十七世紀知識爆炸不只包括量的暴增，還包括片段化。平床印刷機的發明，加上木漿造紙更為便宜，使得書本和期刊的製作成本下降，出版量大增，進而促成所謂「第二波書籍革命」與「廉價印刷品盛行」[5]，也使得知識普及變得愈來愈重要，科學知識尤其如此[6]。前一章提到的英國博學者德昆西就曾提及在某一次的異象或夢魘中，他家門外「一輛又一輛的推車與馬車」不停裝滿一落又一落的書本，生動描繪出他內心的焦慮[7]。

　　超載的起因不光是印刷成本低廉，還有新知識不斷產生。從包括物理和化學實驗在內的各類研究，觀察和描述各類岩石、植物與動物，到針對逐步開放給大眾的公家檔案進行歷史研究，都促使知識量大增。望遠鏡和顯微鏡功能增強，讓當時的人發現不少新的星球與元素。科學考察雖然主要由王室或政府資助，以戰略和經濟為目的，但也帶回成千上萬種的礦物、植物與動物，大

---

5　Frédéric Barbier (ed.), *Les trois révolutions du livre* (Geneva, 2001); Simon Eliot, 'From Few and Expensive to Many and Cheap: The British Book Market, 1800–1890', in Eliot and Jonathan Rose (eds.), *A Companion to the History of the Book* (Oxford, 2007), 291–302; Aileen Fyfe, *Steam-Powered Knowledge: William Chambers and the Business of Publishing, 1820–1860* (Chicago, IL, 2012), 1–11.

6　Bernard Lightman, *Victorian Popularizers of Science: Designing Nature for New Audiences* (Chicago, IL, 2007), 66。德國的狀況參見Andreas W. Daum, *Wissenschaftspopularisierung in 19 Jht: bürgerliche Kultur, naturwissenschaftliche Bildung und die deutsche Öffentlichkeit, 1848–1914* (Munich, 1998).

7　Thomas De Quincey, *Suspiria de profundis* (London, 1845), ch. 1.

幅增加了西方對世界其他地區自然資源、人種和語言的認識，特別是非洲、大洋洲與北極[8]。

十九世紀不只學術知識以這種方式大幅增長，「治理革命」及「資訊治國」（information state）也悄然發生。統治階層開始有系統地蒐集資訊，作為重大決策的依據[9]。這些資訊主要靠調查取得，大部分為統計數據，由官員編纂，而且通常會對外公布，以致當時「印成白紙黑字的數字盈千累萬」[10]。

帝國興起，包括英國占領印度、法國占據北非和比利時征服剛果等，讓統治者及其官僚必須熟習殖民地的地理、資源與人民。他們調查疆土、繪製地圖、撰寫報告分析殖民地住民是溫馴或叛逆，會不會反抗帝國統治[11]。而在帝國境內，警察也開始蒐集資訊。一八七九年，英國刑事偵緝處（CID）共處理了四萬多份公文書信與報告[12]。公司行號則是陸續跟隨公家腳步，開始追求更多資訊。帶頭的美國鐵路公司這樣做起初是為了預防意外，

---

8　Emma C. Spary, 'L'invention de "l'expédition scientifique"', in Marie-Noëlle Bourguet et al. (eds.), *L'invention scientifique de la Méditerranée* (Paris, 1998), 119–38.

9　Oliver MacDonagh, 'The Nineteenth-Century Revolution in Government: A Reappraisal', Historical Journal 1 (1958), 52–67; Martin Bulmer (ed.), *The Social Survey in Historical Perspective* (Cambridge, 1991); Edward Higgs, *The Information State in England* (Basingstoke, 2004).

10　Ian Hacking, *The Taming of Chance* (Cambridge, 1990), 3. 參見 Alain Desrosières, *The Politics of Large Numbers* (1993: English translation, Cambridge, MA, 1998).

11　這個主題的研究甚多，重要作品包括 Chris A. Bayly, *Empire and Information: Intelligence Gathering and Social Communication in India, 1780–1870* (Cambridge, 1996); Bernard S. Cohn, *Colonialism and its Forms of Knowledge* (Princeton, NJ, 1996); Emmanuelle Sibeud, *Une science impériale pour l'Afrique? La construction des savoirs africanistes en France, 1878–1930* (Paris, 2002).

12　Haia Shpayer-Makov, *The Ascent of the Detective* (Oxford, 2011), 125.

後來則是和其他企業一樣，為了管理日益擴張的公司[13]。

　　這些資訊都需要歸納整理。我們之前提到，十七世紀面對第一次知識危機，處理之道是發展新的紀錄及建檔方式。十八世紀，各式各樣的工具書如雨後春筍般出現，主要是為了方便讀者瀏覽查閱，而非詳讀。後來由於這類書籍實在太多，一七五八年甚至出版了一本工具書詞典[14]。

　　一八一九年，擔任知名刊物《愛丁堡評論》編輯的蘇格蘭博學者傑弗禮撰文表達了他的憂慮：「照我們現今這個寫文章和作詩的速度，兩百年後肯定會出現某種**速讀法**，不然所有人都會束手無策，直接放棄閱讀[15]。」

　　十九世紀末，德國博學者赫姆霍茲指出，「目錄、詞典、名錄、索引和文摘」等這些他稱作「應用工具」的文字工具有所改善，使得知識變得「唾手可得」[16]。他這裡指的可能是博學者兼圖書館員麥爾維・杜威（Melvil Dewey）首創的卡片索引法。杜威將這套系統標準化，不僅獲得其他圖書館員好評，更贏得學者和商家青睞，甚至有人表示「卡片索引已經成為現代商務的基本配

13　JoAnne Yates, 'Business Use of Information and Technology during the Industrial Age', in Alfred D. Chandler Jr. and James W. Cortada (eds.), *A Nation Transformed by Information* (New York, 2003), 107–36.

14　Jacques-Bernard Durey de Noinville, *Table alphabétique des dictionnaires* (Paris, 1758). 參見Peter Burke with Joseph McDermott, 'The Proliferation of Reference Books, 1450–1850', in McDermott and Burke (eds.), *The Book Worlds of East Asia and Europe, 1450–1850: Connections and Comparisons* (Hong Kong, 2015), 283–320.

15　引自Mark S. Phillips, *Society and Sentiment: Genres of Historical Writing in Britain, 1740–1820* (Princeton, NJ, 2000), 294.

16　由賈丁（Nick Jardine）所引，出自Marina Frasca-Spada and Nick Jardine (eds.), *Books and the Sciences in History* (Cambridge, 2000), 402.

備」[17]。此外，赫姆霍茲也可能是指一八七五年問世的檔案櫃。不論辦公室或圖書館，這類櫃子占據的空間愈來愈多。

## 專門化

面對知識爆炸，當時的主要回應便是專門化，以減少需要精通的資訊量。專門化可說是一種防衛機制，對抗資訊氾濫的一堵堤防。一九七九年，美國一名知名歷史學家指出，「至今還沒有人撰寫專門化的演進史」[18]。這個空缺之所以遲遲沒人補上，或許是因為要寫出這麼一部通史，必須召集一組專家才能達成。我們在這裡只能提供簡單的概述。前一章曾經交代這個過程的早期階段，但這股趨勢從一八五〇年代到千禧年之交變得愈發明顯。

新詞的發明再次透露當時的人意識到問題所在。如我們之前所見，「科學家」一詞出現於一八三〇年代，暗示著人文與自然研究分道揚鑣。法文於一八三〇至四〇年代開始使用spécialité（專科）一詞，並於一八四八年首度出現spécialiste（專科醫師）的說法，同樣起自醫療領域。弔詭的是，發明「專門化」這個抽象名詞的正是大博學家孔德[19]。英文specialist（專家）首現於一八

17 一九〇八年〈現代商業〉（Modern Business）期刊，引自牛津英語詞典。

18 John Higham, 'The Matrix of Specialization', in Alexandra Oleson and John Voss, *The Organization of Knowledge in Modern America, 1860–1920* (Baltimore, MD, 1979), 3–18, at 9.

19 孔德還使用過「專業精神、專業時代、專業制」（l'esprit de spécialité, l'âge de spécialité, le régime de spécialité）等詞彙：*Cours de Philosophie Positive* (6 vols., 1830–42: rpr. Brussels, 1969), vol. 1, 31: vol. 6, 15, 293, 304, 341.

五六年，specialism（專業）同樣於該年出現，specialization（專門化）則是出現於一八六五年。新潮流必須有新詞彙來描述。

由康德和亞當・斯密挑起的爭論仍在延燒。其中一方以社會學家涂爾幹為代表，主張專業分工讓社會更凝聚，因為個人之間變得更互相依賴。涂爾幹本人雖然博學多聞，卻將自己對專業分工的讚揚帶進學術界，「始終樂見學科的專門化」[20]。他支持社會學朝這個方向發展，理由是社會研究太常流於「憑空臆想」，專門化將有助於社會學變得更加精確客觀[21]。

反方代表馬克思對未來的想像完全不同。在他構想的共產社會裡，人們「可以今天做這件事，明天做那件事，或許早上打獵，下午釣魚，黃昏牧牛，晚上批評時事，全憑自己心意」。莫里斯同樣批評當時的社會讓大多數工人「老是做一成不變的工作，絕不准想別的事」。在他的理想社會裡，工匠「應該能將個人才智與熱情灌注到自己製作的物品中。他的勞動不再『被分割』……而是熟知那物品的一切，以及那物品和類似物品的關聯」[22]。

博學者兼社會科學家韋伯的立場則是介於兩者之間。他在一九一七年發表了一場知名演講，題為〈學術作為一種志業〉

---

20 Fritz Ringer, Fields of Knowledge: French Academic Culture in Comparative Perspective, 1890–1920 (Cambridge, 1992), 303.

21 Émile Durkheim, *La division du travail social* (1893)；參見Marcel Fournier, *Émile Durkheim* (2007: English translation, Cambridge 2013), 427–9, 432. *譯註：中文版，涂爾幹，《社會分工論》，左岸文化（2006）。

22 引自Ruth Kinna, 'William Morris: Art, Work and Leisure', JHI 61 (2000), 493–512, at 499, 503–4.

（Wissenschaft als Beruf），闡述博學與專門化的緊張關係[23]。他本人便親身感受到這種緊張狀態，甚至可能是他一八九七年神經衰弱的原因。

## 機構分家

specialist（專科醫師／專家）一詞最早出現於醫療領域，這點並不令人意外。因為就如同狄德羅觀察到的，十八世紀中葉起，醫學開始分家，醫師各自鑽研起特定的疾病或身體部位[24]。

另一方面，大學則是關注通識知識。博學者在文人時代能夠倖存，原因之一正是當時西方高等教育系統還不大專門化。譬如德國大學生就常從一門學科換到另一門學科，從一所大學換到另一所大學，直到畢業。蘇格蘭大學生的第一個高等學位是四年制的碩士學位，而非英格蘭的三年制學士學位，以通識課程為主，並且必修哲學[25]。劍橋大學一八七〇年代之前，考試項目只有古典學或數學，但學生可以選修其他學科，包括課外講學。以達爾文為例，他一八二八年十八歲時進入劍橋，隨即在植物學教授韓斯洛（John Henslow）和地質學教授塞奇威克（Adam Sedgwick）

23　Max Weber, 'Science as a Vocation'，收錄於 Hans H. Gerth and C. Wright Mills (eds.), *From Max Weber* (New York, 1946), 129–56. *譯註：中文版，韋伯，〈學術作為一種志業〉收錄於《學術與政治：韋伯選集(I)》，遠流（2014）。

24　George Rosen, *The Specialization of Medicine with Particular Reference to Ophthalmology* (New York, 1944).

25　George E. Davie, *The Democratic Intellect: Scotland and her Universities in the Nineteenth Century* (1961: 3rd edn, Edinburgh, 2013).

的協助下一頭栽入自然史研究。

　　只是到了十九世紀末葉，德國和美國等地新設立的研究型大學開始仿效醫學，分出更多科系以便因應新領域出現，後來普通大學隨之起而效尤[26]。

　　一八七四年，一名曾留學德國的美國學者著書談論當地大學，書裡提到德國大學的教授「其實是專家，而不像英語裡的教授是老師的意思」[27]。德國和美國尤其有大量新學術領域出現。這些領域往往直接自稱學科，並成立系所進一步建制化。隨著研究愈來愈受重視，也就是必須對知識做出原創貢獻，有志學術者即便不受鼓勵，也被迫專注於特定領域。一名曾於一八五〇年代留學德國的美國古典學家便表示，當時許多專題討論的主題「都瑣細到令人絕望」[28]。

　　愈來愈多領域自立門戶，成為學科。如一八七二年就有巴黎成立自由政治科學學院（École Libre des Sciences Politiques）和耶魯大學創設政治與社會科學講座。涂爾幹致力推動社會學獨立，自有其研究目標與「存在權利」，不只和法律分家，也和哲學及心理學分家，最終得償宿願[29]。實驗心理學則是於一八七九年在萊比錫大學，一八八四年在約翰霍普金斯大學，一八九一年

---

26　Chad Wellmon, *Organizing Enlightenment: Information Overload and the Invention of the Modern Research University* (Baltimore, MD, 2015) 4–5, 10–11, 40, 122 and passim.

27　James Hart, *German Universities* (1874), 264.

28　該古典學家為吉爾德斯利夫（Basil Gildersleeve），引自James Axtell, *Wisdom's Workshop: The Rise of the Modern University* (Princeton, NJ, 2016), 248.

29　涂爾幹的評論引自Fournier, *Émile Durkheim*, 67.

在日內瓦大學與哲學分家。

除了哲學，另一門老學科「語文學」也是在文化和歷史方面無所不包，直到十九世紀中葉逐件丟土割地，將地盤讓給一些新興學科，例如方言文學（如德語、羅曼語、英語和斯拉夫語）研究。就算在古希臘羅馬領域，語文學家也被古典考古學和藝術史逼得只能研究語言[30]。

新學科和當時一些新興國家一樣，很快分得更片段。歷史除了按年代分成古代、中世紀和現代，還分成經濟史與科學史，並各自成立講座，包括哈佛大學於一八九二年開設經濟史講座，法蘭西學院同年設立科學史講座。地理學也分成自然和人文地理，後者很快又再分成經濟地理和政治地理（一八九九年起，又稱「地緣政治學」）。

十九世紀下半葉對英格蘭是個轉捩點。一八七一年牛津大學進行改革，學生從此可以攻讀歷史、法律、神學、數學、自然科學（以上自一八七二年起）、英國文學（一八九四年起）和現代語言（一九〇三年起）等[31]。蘇格蘭抗拒了一段時間，直到一八五八年才讓步，允許較優秀的學生除了通識課程之外，也能「榮譽」選修某一門學科，並於一八八九年起，同時頒發舊有的通識學位和專門領域學位[32]。

---

30 Sheldon Pollock, 'Introduction' to *World Philology,* ed. Pollock et al. (Cambridge, MA, 2015), 1–24.

31 Michael G. Brock and M. C. Curthoys (eds.), History of the University of Oxford (Oxford, 2000), vol. 7, part 2, 361–84, 397–428.

32 Davie, *The Democratic Intellect*, 6–7, 65–6, 79; idem., *The Crisis of the Democratic Intellect: The Problem of Generalism and Specialization in Twentieth-Century Scotland* (New York, 1987).

學科之間愈來愈難跨越，學術界日漸出現「部落與地盤」[33]。知識的領域化可以從許多地方看出端倪，包括愈來愈多學者使用「我的領域」這種說法，還有歷史學家常說「我的時期」等。不少學者強烈感受到必須挺身捍衛自己的領域，免得競爭者加入。一八九四年在美國經濟學會的一場會議上，一名與會者便表示，社會學家「沒有資格不先問問經濟學家，就自己占據社會科學一塊地盤」[34]。

專業詞彙的出現也促成知識片段化，例如體質人類學的「長顱型」、社會心理學的「去個性化」、動物學的「動物符號學」和人類學用「分裂創始」指稱文化差異化的過程等。這些詞彙對行內者是有用的簡稱，對其他人卻是無字天書，不僅導致學科之間界線更明確，也讓專業者和業餘者區別更明顯。此外，這些領域使用一般人難以立即理解的方法進行研究，也促成了專業詞彙的出現。

十八世紀的科學實驗仍然和日常觀察相去不遠，業餘人士如伏爾泰很容易如法炮製，例如割掉蝸牛頭看是不是會像蜥蜴尾巴一樣長回來。即使到了十九世紀，業餘者仍可以動手做科學，包括使用顯微鏡觀察、敲打岩石、蒐集乾燥植物或使用本生燈之類

---

33　Tony Becher and Paul R. Trowler, *Academic Tribes and Territories: Intellectual Inquiry and the Cultures of Disciplines* (1989: second edn, Buckingham, 2001)：研究範圍為二十世紀晚期。Robert Ardrey's *The Territorial Imperative: A Personal Enquiry into the Animal Origins of Property and Nations* (London, 1972)之後多次增補，包括動物學和社會學等。地理學家的觀點可參考David Sack, *Human Territoriality: Its Theory and History* (Cambridge, 1986).

34　引自Mary O. Furner and Barry Supple (eds.), *The State and Economic Knowledge* (Cambridge, 1990), 303.

較為簡單的器材等。但隨著科學進展愈來愈倚賴昂貴的大型儀器，業餘者再也無法重做發現去氧核醣核酸結構或希格斯玻色子的分子物理學實驗。如同哲學家懷海德於一九二〇年代所言，「常識已經追不上科學理論了」[35]。

　　簡而言之，大學校園到了十九世紀後期已經成為群島，由許多知識島嶼組成，彼此以學科部門相隔，在英國稱作「系」，在德國和其他地方稱作「所」[36]。

## 博物館、學會與大會

　　除了大學，其他知識機構也從十九世紀末起變得更加專門化。新的博物館往往只鎖定某個領域，如自然史、考古學、人類學或亞洲等；維也納甚至有一間博物館以「戰爭經濟」為主題。相對古老的博物館和大學系所一樣開始分家，變得片段化。一八八一年，倫敦自然史博物館脫離大英博物館；四年後，科學博物館脫離南肯辛頓博物館（亦即現今維多利亞和亞伯特博物館）獨立。大英博物館本身也開始區分部門，像是版畫與繪畫、幣章和東方古文物等。

　　前一章提到，專業學會興起取代了英國皇家學會的許多功能，而皇家學會本身也日漸走向專門化。一八四七年以前，皇家

---

35　Alfred N. Whitehead, *Science and the Modern World* (Cambridge, 1926). *譯註：中文版，懷德海，《科學與現代世界》，五南（2020）。

36　Charles E. McClelland, State, *Society and University in Germany, 1700–1914* (Cambridge, 1980), 281, 285.

學會會員來自各個「學識與科學」領域，包括「考古學家、硬幣收藏家和古物收藏家」，但後來一律得是自然科學家。一八八七年，皇家學會進一步專門化，將會刊《自然科學會報》分成A（數學和物理科學）和B（生物科學）兩份[37]。的確，一八四七年之後仍有少數考古學家和人類學家成為皇家學會會員，如一八五八年的盧伯克（John Lubbock）、一八七一年的泰勒（Edward Tylor）、一八七六年的皮特—里弗斯（Augustus Pitt-Rivers）、一九〇一年的埃文斯（Arthur Evans）和一九二〇年的弗雷澤（James Frazer）[38]。但那是因為考古學在當時算作科學，而人類學雖然有泰勒等人強調文化面，仍普遍被視為一門研究人類自然史的學問。

在專業領域方面，隨著十九世紀末葉歐洲鐵路網絡擴展，各種國際大會開始出現，使得不同國家的同行往來日益頻繁。這些大會通常只探討單一學科，例如一八六五年舉行的首屆國際人類學與史前考古學大會、一八七一年的國際地理學大會、一八七三年的東方學大會和藝術史大會等。有些大會甚至鎖定某個學科分支，例如一八八五年的首屆「犯罪人類學」大會和一八八九年皮膚科大會。這些大會讓學者認識到更多興趣相近的同行，無疑強化了他們在專業上的自我認同[39]。

---

37 Marie B. Hall, *All Scientists Now: The Royal Society in the Nineteenth Century* (Cambridge, 1984), 216–17.

38 筆者在此感謝杭特（Michael Hunter）於這部分的協助。

39 Eckhardt Fuchs, 'The Politics of the Republic of Learning: International Scientific Congresses in Europe, the Pacific Rim and Latin America', in Fuchs and Benedikt Stuchtey (eds.), *Across Cultural Borders* (Lanham, MD, 2002), 205–44; Wolf Feuerhahn (ed.), *La fabrique interna-tionale de la science: les congrès internationales de 1865 à 1945* (Paris, 2010).

# 期刊

如果說十九世紀初是《愛丁堡評論》和《兩個世界評論》這類通識期刊的盛世，十九世紀晚期便是專門化學術期刊的時代。有些人認為，《兩個世界評論》從一八七〇年代逐漸沒落，原因正是讀者轉向專門化期刊的懷抱[40]。著名的例子包括德國的《歷史期刊》（*Historische Zeitschrift*, 1859）、法國的《歷史評論》和《哲學評論》（*Revue Philosophique*, 1876）、英格蘭哲學期刊《心靈》（*Mind*, 1876）、《美國語文學期刊》（*American Journal of Philology*, 1880）、《政治科學季評》（*Political Science Quarterly*, 1886）、《經濟學季刊》（*Quarterly Journal of Economics*, 1887）、《地理學年鑑》（*Annales de Géographie*, 1891）、《心理學年鑑》（*Année Psychologique*, 1894）、《美國社會學期刊》（*American Journal of Sociology*, 1895）和《社會學年鑑》（*Année Sociologique*, 1898）。

自然科學專門化的幅度更大、更快。除了《物理學期刊》（*Journal de Physique*, 1872）和《美國數學期刊》（*American Journal of Mathematics*, 1878）之類的主要學科期刊，很快地連學科分支也有了專屬刊物，如《生理化學期刊》（*Zeitschrift für physiologische Chemie*, 1877）、《地球物理學投稿》（*Beiträge zur Geophysik*, 1887）和《熱帶醫學期刊》（*Journal of Tropical Medicine*, 1898）等。科學期刊於一八八〇至一八九〇年代迅速開枝散葉，有學者觀察到

---

40　Denis Pernot, 'Brunetière', in Dominique Kalifa et al. (eds.), *La civilisation du journal: histoire culturelle et littéraire de la presse française au XIXe siècle* (Paris, 2011), 1,261–5.

這個現象，並估計截至一九〇〇年，歐美科學期刊總數已經高達一千兩百五十八種[41]。

為了做出原創的「知識貢獻」，這些期刊的文章不得不愈來愈專門化，語言也愈來愈多術語。比較《美國社會學期刊》一八九五年創刊時和一百年後的文章就能看出期間演變。一八九五年，該期刊收錄的文章包括〈人類學與歷史研究之關聯〉、〈商人與社會理論家〉和〈地方聯盟〉，到了一九九五年則變成〈比較不同模型之迴歸係數的統計方法〉、〈批判教育社會學的趨勢變化〉和〈東西柏林右翼激進青年的社會資本與控制〉。

## 兩種文化

一九五九年，曾是物理化學家的小說家史諾（C. P. Snow）於劍橋大學發表演講。在這場知名──也可說是聲名狼藉──的演講中，史諾區分了他稱作「兩種文化」的自然科學與人文學科，同時感嘆，原本一體的智性文化到了二十世紀中葉已經截然二分，兩大陣營「幾乎不再溝通」，人文學科的學者甚至連最淺顯的科學知識也不具備[42]。

這場演講所引發的爭論，以及多年之後爭論再起，都不該視為牆內之爭，只屬於劍橋大學，甚至不該只看成二十世紀中葉英

---

41 Lorraine Daston, 'The Academies and the Unity of Knowledge', *Differences* 10 (1998), 67–86, at 73.

42 C. P. Snow, *The Two Cultures* (1959: ed. Stefan Collini, Cambridge, 2001), 2, 14–15. ＊譯註：中文版，史諾，《兩種文化》，貓頭鷹（2020）。

國文化史的一部分。畢竟從後來德國、荷蘭、義大利和瑞典等地對史諾的回應看來，這場始於劍橋的爭論只是一個普遍現象的縮影而已[43]。

從那場演講到現在，已經過了快七十年。如今的人聽到史諾只區分兩種文化可能會覺得很怪，因為現在常有人提起第三種文化，亦即「社會科學」（最早提出的正是史諾本人），而「所有科學（或所有人文學科的學者）同屬一種文化」的假定也顯得十分可疑。片段化在十九世紀已經很明顯，從學會、大會和期刊的演變都看得出來，一九五○年代以後更是大幅加劇。

安德森（Benedict Anderson）在他那本研究十九世紀民族主義的名作中，提出了「想像的共同體」這個概念，並指出民族就是這樣一種共同體，靠著國家媒體凝聚為一，因為人人不僅和同胞同時閱讀相同的新聞，而且清楚意識到這一點[44]。倘若固定閱讀某份刊物，並且知道別人也是如此，有助於形成「想像的共同體」，就像加入學會或參加國際研討會一樣，那麼學術社群大行其道的代價就是舊文字共和國的殞落，以及後來科學「國協」的瓦解。

---

43　Helmut Kreuzer (ed.), *Die zwei Kulturen* (Munich, 1987); W. W. Mijnhardt and B. Theunissen (eds.) *De Twee Culturen* (Amsterdam, 1988); Giorgio Olcese (ed.), *Cultura scientifica e cultura umanistica: contrasto o integrazione?* (Genoa, 2004); Emma Eldelin, *"De två kulturerna" flyttar hemifrån: C. P. Snows begrepp i svensk idédebatt, 1959–2005* (Stockholm, 2006); Jost Halfmann and Johannes Rohbeck (eds.), *Zwei Kulturen Der Wissenschaft, Revisited* (Göttingen, 2007).

44　Benedict Anderson, *Imagined Communities: Reflections on the Origin and Spread of Nationalism* (1983: revised edn, London, 1991). *譯註：中文版，安德森，《想像的共同體》，時報（2010）。

# 團隊合作

為了處理不斷增加的資訊並轉化為知識，除了學者單打獨鬥，也有愈來愈多研究來自團隊合作，像是科學遠征、百科全書、實驗室和天文台等。

科學遠征自十八世紀後半起逐漸增加，成員多半依據專業能力來挑選。例如法國探險家拉培胡茲（Comte de La Pérouse）一七八五年遠征太平洋時，就找了十名專家同行，包括一名天文學家、一名地質學家、一名植物學家、一名物理學家和三名博物學家。法國政府一八○○年派遣波當（Nicolas Baudin）遠征澳洲，研究地理（尤其是水文）及自然史。與他同行有「三名植物學家、五名動物學家、兩名礦物學家……兩名天文學家和兩名地理學家」，可惜其中幾人未能抵達目的地[45]。一八七二至七六年，英國挑戰者號軍艦進行了目的更專門的一次遠征，致力於探測海洋深度，艦上有兩名海洋生物學家、兩名博物學家和一名化學家。

前文提到，由達朗貝爾和狄德羅編輯的《百科全書》（1751-72）匯集了至少一百三十九名學者的知識[46]。自此之後，撰文人數不斷倍增。一九一一年，《大英百科全書》推出名聞遐邇的第十

---

45 Frank Horner, *The French Reconnaissance: Baudin in Australia, 1801–1803* (Melbourne, 1987), 72.

46 Peter E. Carels and Dan Flory, 'J. H. Zedler's Universal Lexicon', in Frank A. Kafker (ed.), *Notable Encyclopaedias of the Seventeenth and Eighteenth Centuries* (Oxford, 1981), 165–95; Frank A. Kafker, *The Encyclopaedists as Individuals* (Oxford, 2006).

一版，撰文者共有一千五百零七人；一九三七年出版的《義大利百科全書》則有三千兩百七十二名專家貢獻所學[47]。只是比起維基百科的年代，這些數字根本不算什麼。

不只有遠征和百科全書需要團隊合作，到了二十世紀初，團隊合作已經成為「大科學」（Grosswissenschaft）的特色，尤其是德國。一九○二年，化學家費雪（Emil Fischer）就曾抱怨「大量製造不只主宰了現代經濟，連實驗科學也難逃魔掌」；俄國科學家巴夫洛夫的生理學實驗室則被人比作工廠，因為裡頭有一百人共事[48]。自此之後，研究分工愈來愈明顯，論文上的作者人數增加就是明證。

社會科學的發展方向大致上也是如此。一九○○年前後，涂爾幹呼籲團隊合作（travail en commun），並且在法國成立一支社會學家團隊親身實踐[49]。歷史學方面，費夫賀（Lucien Febvre）於一九三○年代主張團隊合作，雖然只是建議學者探討類似問題，再各自研究和撰寫成果，但至少算是廣義的合作。時至今日，這類合作在人文學科已成為常態，主要是為了爭取歐洲科學

47　Herman Kogan, *The Great EB: The Story of the Encyclopaedia Britannica* (Chicago, IL, 1958), 168; Gabriele Turi, *Il mecenate, il filosofo e il gesuita: l' Enciclopedia Italiana, specchio della nazione* (Bologna, 2002), 50, 57.

48　Steven Shapin, *The Scientific Life: A Moral History of a Late Modern Vocation* (Chicago, IL, 2008), 169–78; Jeffrey A. Johnson, *The Kaiser's Chemists: Science and Modernization in Imperial Germany* (Chapel Hill, NC, 1990), 34; Daniel P. Todes, *Pavlov's Physiological Factory* (Baltimore, MD, 2002), 88.

49　Laurent Mucchielli, *La découverte du social: naissance de la sociologie en France, 1870–1914* (Paris, 1998), 213; Marcel Fournier, *Émile Durkheim* (2007: English translation, Cambridge 2013), 66.

基金會等單位的補助，因為這些機構要求研究計畫必須納入不同國家的學者。

## 大學科系化

不過，大學教學愈來愈專門化才是更重要的趨勢，因為受影響的人大幅增加，而且年紀更輕，正是最容易受影響的階段。大學在中世紀時已經開始分工，尤其神學、法律和醫學領域。現代早期除了延續前例，還增加新的教職，主要在十七和十八世紀，像是希伯來文教授納入神學系、自然法教授納入法律系、藥學和醫療化學（iatrochemistry，換句話說，是以醫療為目的的化學）教授納入醫學系等。

人文學向來偏重通識教育，但改變最大的正是這個後來稱作哲學的領域。當時出現的專業教職包括「實踐哲學」和「經濟學」，前者講授倫理學與政治學，後者探討家計管理，還有幾所大學將倫理學（又稱「道德哲學」）和政治學（又稱「政治哲學」）獨立出來。到了十八世紀，「政治經濟學」自立門戶，也就是現今的經濟學，而如今稱作自然科學的「自然哲學」也和哲學分家，隨即再分成化學和自然史。自然史後來又細分為地質學、植物學和動物學。這股趨勢一直延續到十九世紀初，例如莫斯科、劍橋和蒙彼利埃大學於一八〇四至一八〇九年間陸續設立礦物學講座，柏林大學則是在一八五〇年以前就有日耳曼學（研究日耳曼語言文化）、地理學、梵語、醫療史和藝術史的講座教授。

## 闡明「專門化」

　　一名教育史專家定義出專門化的「鐵律」[50]。當時為何會出現如此強大，甚至有人認為無可抵擋的專門化趨勢？單用知識爆炸這個原因來解釋肯定過於簡略。我們可以想到幾個或幾種不同的解釋，而這些解釋也確實都有人提出，並且各有其洞見。

　　例如，有社會學家主張知識「內部分化」為不同專業導致了學科體系的誕生[51]。維多利亞時代的博學者史賓塞便採取這個知識史立場，並提出一個很有名的看法：社會和社會制度都會不斷分化，由「同」演化為「異」。而「演化」一詞似乎暗示這個過程不僅無可避免、不可抗拒，也無關個人。

　　第二種解釋來自歷史學家，他們認為這股趨勢只在某些時期特別明顯──是歐美高等教育的普及讓專門化成為可能。例如一項研究指出，歐美大約於一八〇〇年前後出現教育的「大眾市場」，也有學者認為是十九世紀後半[52]。法國大學生人數於一八七六至一九一四年間大幅增加，尤其是文學院學生[53]。德國大學生增加速度更驚人，從一八七一年的兩萬人增加到一九一〇年的六

50　指魯西歐（John Ruscio），引自Becher and Trowler, *Academic Tribes and Territories*, 66.

51　Rudolf Stichweh, 'Differenzierung der Wissenschaft', in *Wissenschaft, Universität, Professionen* (Frankfurt, 1994).

52　Ian McNeely with Lisa Wolverton, *Reinventing Knowledge from Alexandria to the Internet* (New York, 2008), xix, 163. 參見Immanuel Wallerstein et al., *Open the Social Sciences* (Stanford, CA, 1996).

53　George Weisz, *The Emergence of Modern Universities in France, 1863–1914* (Princeton, NJ, 1983), 225–69).

萬八千人[54]。

系所規模變大，讓各種專業課程更有機會出現。例如哈佛大學一八七〇年有「三十二名教授、七十三門課，到了一九一〇年增加為一百六十九名教授、四百零一門課」[55]。有些大學擴張更快：巴黎索邦大學一八八七年還只有一百二十多個文學院學生，到了一九〇二年新系館落成已有一千八百三十人[56]。一九九〇年代有學者回顧當時，指出「全球大學體系的擴張有如脫韁野馬……成為加速專門化的結構壓力。原因其實很簡單，因為學者需要舞台」[57]。

第三種解釋的重點在人，包括個人與群體。不論學生或學者，專門化可以讓他們不被氾濫的資訊淹沒；對有志更上層樓的教授及準教授來說，面對競爭的學術環境，發明新的專業是一種生存手段，布赫迪厄（Pierre Bourdieu）稱之為「區判」（distinction）[58]。如同市場研究者常說「產品差異化」是提高市占率的好方法，對學者而言，最理想的發展就是找到一個新問題，將之變成一個次領域，再變成獨立的學科。

---

54　Bernhard vom Brocke, 'Friedrich Althoff: A Great Figure in Higher Education Policy in Germany', *Minerva* 29 (1991), 269–93, at 272.

55　Axtell, *Wisdom's Workshop*, 263.

56　Fournier, *Émile Durkheim*, 91, 411.

57　Wallerstein, *Open the Social Sciences*, 34.

58　Pierre Bourdieu, *Distinction* (1979: English translation, London 1984); *Homo Academicus* (1984: English translation, Cambridge 1988). *譯註：中文版，布赫迪厄，《學術人》，時報（2019）。

## 專門化成為問題

　　專門化是為了處理資訊超載的問題，但其本身遲早也會變成麻煩，因此才會出現重拾知識統一的運動。一八六四年，博學者兼科學家邁耶爾（Lothar Meyer）呼籲學術界重新凝聚「已經四分五裂的科學」。這個看法獲得二十世紀不少「刺蝟」博學者的青睞，包括蘇格蘭葛德斯（Patrick Geddes）、比利時奧特萊（Paul Otlet）和奧地利紐拉特（Otto Neurath）。特別值得一提的是，這三位學者不約而同使用圖表和其他圖像工具，好讓讀者一眼就能吸收用文字需要幾分鐘才能讀完的資訊。

　　葛德斯常提到「綜觀」這個概念。他將愛丁堡瞭望塔改建成博物館時，刻意讓參觀者透過視覺綜觀知識，一眼便能看到愛丁堡、蘇格蘭、歐洲和全世界的關聯，更是具體展現了他追求瞬間瞥見全貌的企圖心。奧特萊以分類知識為目標，包括打造一間影像收藏館。紐拉特則是開發出簡稱為ISOTYPE的「國際文字圖像教育系統」（International System of Typographic Picture Education）。

　　葛德斯自詡為「追求全面綜合的通才」，當時有人形容他「擅長無所不知」[59]。他是生物學家出身，因為前輩博學者勒普萊（Frédéric Le Play）的作品而接觸到社會學。儘管不曾拿到學位，卻在鄧迪大學擔任植物學教授。一名熟人曾形容他「完

---

59　P. Boardman, *The Worlds of Patrick Geddes: Biologist, Town Planner, Re-Educator, Peace-Warrior* (London, 1978), 1; Israel Zangwill, 'Introduction' to Amelia Defries, *The Interpreter: Geddes, the Man and his Gospel* (London, 1927), 10.

全靜不下來，總是說個沒完，什麼都談，凡事都能說上兩句」[60]。一名門生表示，葛德斯很有魅力，非常能吸引學生，可惜「知識太全面，專家無法理解⋯只能說他有點瘋狂，不然就得說自己瘋了」[61]。蘇格蘭詩人麥克迪爾米德（Hugh MacDiarmid，本名Christopher Murray Grieve）則是形容這個同胞「知道密不透水的零件只適合沉船，因此恣意遊走不同主題之間」[62]。

葛德斯以植物學起家，眼疾卻讓他無法使用顯微鏡，只能轉向海洋生物學。他和一個學生合寫過兩部生物學作品，但在法國研究時迷上社會學及社會改革。他先是關注愛丁堡貧民區的改善，後來擴及城市規畫，並於一九一九年離開鄧迪大學植物學教職轉至龐貝大學擔任「公民與社會學」教授。但葛德斯不會認為這是很大的轉折，因為他說自己在做「生物社會學」，主張城市是一個有生命的整體，所有區域彼此關聯，並逐步演化[63]。

比利時的奧特萊和法蘭西斯・培根一樣，以全體知識為目標。出身律師的他經常被人稱作編纂家，而他也確實計畫用索引卡儲存國際書目。他同時自稱「檔案文獻家」，除了使用一九二〇年代發明的微縮膠片儲存和提取文獻，也計畫用顯微膠片儲存百科全書，方便隨時隨地查閱。為了儲存這些資料，他創立

---

60　這個熟人是城鎮規畫師阿伯克比（Patrick Abercrombie）。Paddy Kitchen, *A Most Unsettling Person: An Introduction to the Ideas and Life of Patrick Geddes* (London, 1975), 237.

61　Lewis Mumford, *Sketches from Life: The Autobiography of Lewis Mumford* (New York, 1982), 153.

62　引自 Davie, *The Democratic Intellect*, ix.

63　Helen Meller, *Patrick Geddes: Social Evolutionist and City Planner* (London, 1990); idem., 'Geddes, Patrick', ODNB 21, 701–6.

「世界館」（Mundaneum），這個原本位於布魯塞爾的機構目前還在，只是搬離原址。

奧特萊和十八世紀蘇格蘭收藏家斯隆都被稱作替世界分類編目的人[64]。他的資訊提取系統只是一小步，更大的目標是世界和平及世界政府。就這點來說，他和普智派學者如康門紐斯很像。葛德斯也是，他對和平的看法跟奧特萊相同，兩人曾經書信往來。奧特萊的政治理想雖然沒有實現，但他的技術理想卻因為數位革命而成真了。網際網路（Word Wide Web）讓他的「世界網絡」（réseau mondial）和英國科幻小說先驅威爾斯（H. G. Wells）的「神經網絡」及「世界腦」成為現實。若說伯納斯—李（Tim Berners-Lee）是網路之父，那麼奧特萊可就是祖父級的人物之一了。

紐拉特一生都在追求「科學統一」。他一九四〇年以難民身分來到英國，之前用德語寫作，認為「統一科學」（Einheitswissenschaft）除了自然科學，也包括社會學與心理學。認識紐拉特的人都對他的「無所不知」印象深刻，還有他家書架上「擺滿了科學家、哲學家、詩人和神父的作品」[65]；而他本人則「估計自己平均每天讀完兩本書」[66]。

除了撰寫古代經濟史的論文，紐拉特也編輯過一名德國浪漫

---

64　Françoise Levie, *L'homme qui veut classer le monde* (Brussels, 2006); Alex Wright, *Cataloguing the World: Paul Otlet and the Birth of the Information Age* (Oxford, 2014).

65　Marie Neurath and Robert S. Cohen (eds.), *Otto Neurath: Empiricism and Sociology* (Dordrecht, 1973), 14, 46.

66　紐拉特的發言引自 Neurath and Cohen, *Otto Neurath*, 4. 他本人藏書約一萬三千冊，妻子瑪麗的發言引自前註，59。

派詩人的作品，並且積極參與政治，一九一九年曾加入短命的巴伐利亞蘇維埃。他熱中哲學，是著名的維也納學圈的成員，也是經濟學家，特別關注戰爭經濟學。他是經驗主義社會學家，對住宅（housing）很感興趣，也是社會科學理論家。他發明纜車系統，並於一次世界大戰期間發明「瞄準飛機的儀器」。

　　紐拉特最有名的角色是組織者，不僅創立一所研究機構和一份期刊，還舉辦過多次大會，編輯過百科全書[67]。他和奧特萊一樣懷抱著國際合作的夢想，也確實和奧特萊短暫合作，在海牙開設世界館分館[68]。他很清楚自己推行的運動在歐洲智性傳統中的地位，並曾經表示，自己編輯的《百科全書》「是法國那本大名鼎鼎的《百科全書》的延續」[69]。他還承繼了康門紐斯的傳統，因為康門紐斯也相信圖像的教育力量。其實紐拉特對科學統一的追求就像二十世紀版的普智派理想，只是更強調組織。

## 博學者逆境求生

　　在這個看重專家、系所和團隊的新世界裡，博學者該如何存

---

67　Jordi Cat, Nancy Cartwright and Hasok Chang, 'Otto Neurath: Politics and the Unity of Science', in Peter Galison and David J. Stump (eds.), *The Disunity of Science* (Stanford, CA, 1996), 347–69. 說來弔詭，這篇文章動用了三位作者來描述一名學者對知識統一的見解，但此舉確實展現了紐拉特心心念念的跨國合作。

68　Nader Vossoughian, 'The Language of the World Museum: Otto Neurath, Paul Otlet, Le Corbusier', *Associations Transnationales* (2003), 82–93.

69　Otto Neurath, 'Unified Science as Encyclopaedic Integration', in Otto Neurath, Rudolf Carnap and Charles Morris (eds.), *International Encyclopaedia of Unified Science*, vol. 1 (Chicago, IL, 1955), 1–27.

活？其中一種作法是追求科學統一，一如葛德斯、奧特萊和紐拉特。另一種則是成為通才，也就是（說來矛盾）成為糾正其他專家視野狹隘或短淺的專家。

例如美國人芒福德（Lewis Mumford）便是葛德斯的信徒，至少追隨過他一段時間，還以他的名字為兒子命名。他自稱「通才」，表示「大師」葛德斯「救了」他，沒有讓他成為「區區另一個專家」[70]。他的作家朋友布魯克斯（Van Wyck Brooks）認為他是刺蝟，還說「芒福德是少數不是擁有**許多**觀念，而是只有**一個**觀念，並且決定窮其一生想個明白的人」[71]。

芒福德年輕時修習過地質學、經濟學和人類學，後來又對文學、建築、歷史和社會學有貢獻。晚年他在達特茅斯學院任教，學生問他專長領域，他用德語回答自己是「一般學教授」（Professor der Allerlei Wissenschaften）。巧的是，芒福德對橋梁情有獨鍾。他曾寫過和布魯克林橋有關的舞臺劇，也寫過達文西的舞臺劇。他曾經表示，「唯有忽略細節，」將分裂的片段組合回去，「才能看見整體模式」，因為「專家太重視君子之約，不肯侵犯其他專家的領域」[72]。同樣的，「通才有一個特定的使命，那就是將專家小心防護、彼此隔閡遙遠的各個領域橋接成一整片陸地，

---

70　Guy V. Beckwith, 'The Generalist and the Disciplines: The Case of Lewis Mumford', *Issues in Integrative Studies* 14 (1996), 7–28. 芒福德後來對葛德斯愈來愈多批評，以下這篇論文就是明證：'The Disciple's Rebellion', *Encounter* (September, 1966), 11–20.

71　引自 Donald L. Miller, *Lewis Mumford: A Life* (New York, 1989), 163.

72　同前註，427，引自芒福德的論文；Lewis Mumford, *The Myth of the Machine* (1966), 16–17.

唯有從空中才能一目了然」──或是從葛德斯的瞭望塔也可以[73]。

芒福德曾經被人稱為「美國最後的文人」，是以文學評論起家的歷時博學者[74]，寫過一本書談梅爾維爾，隨後便轉向建築評論，開始（和他心中另一名英雄拉斯金一樣）扮演文化評論家和公眾知識分子。

芒福德曾想過成為工程師，不僅一直對科技深感興趣，並於一九三四年出版《科技與文明》（*Technics and Civilization*）。對建築的興趣和對紐約的愛讓他著手研究城市，以及數百年來改變城市樣貌的社會及科技變遷。只不過在芒福德看來，這些改變是負面的，至少工業革命以來的轉變並沒有多大益助。於是他橫跨多個學科，同時從建築、歷史和社會學的角度思考單一個大主題，寫出《城市文化》（*The Culture of Cities*, 1938）和《歷史中的城市》（*The City in History*, 1961），後者無疑是他的代表作。

## 被動博學者

本書前面提過三種博學者，分別是被動、叢集和歷時通才。這個區別早在領域化時代來臨前就已經相當明顯了。

威爾斯、阿道斯・赫胥黎和波赫士都以筆下充滿創意著稱，也是被動博學者。威爾斯年少時一邊在布店工作，一邊閱讀百科

---

73　同前註，16。

74　Allen Davis, 'Lewis Mumford: Man of Letters and Urban Historian', *Journal of Urban History* 19 (1993), 123–31, at 123. 參見 Thomas P. Hughes and Agatha Hughes (eds.), *Lewis Mumford: Public Intellectual* (New York, 1990).

全書，晚年也曾計畫出版百科全書，由他負責「策畫並寫序」[75]。
赫胥黎和波赫士（巧得是，兩人視力都不好）則是和前輩惠威爾
一樣，把《大英百科全書》當成一般書來閱讀，而不只是查找資
料的工具書。

赫胥黎旅行時會用特製的箱子帶著幾冊《大英百科全書》，
羅素則說他總是一下就能猜出赫胥黎正在讀哪一冊，因為對方
談話時會一直繞著讀到的部分轉[76]。赫胥黎曾經替《雅典娜神殿》
（The Athenaeum）和《哈潑》雜誌撰稿。這兩份刊物的地位可比
前面提到的十九世紀知名評論刊物，而赫胥黎寫過的主題極多，
包括藝術、文學、哲學、政治、心理、音樂、社會學和宗教等。
他形容自己的文章「雖然旁徵博引，但程度適中，不會過於賣
弄，因為我所知有限，沒辦法像教授那樣自信炫示學識」。他後
來也表示「我的工作是偶爾寫小說和傳記的散文家」[77]。一九四〇
到五〇年代，赫胥黎參與英國廣播公司的《智囊團》（The Brains
Trust）節目，和其他知識分子一起回答民眾提問。「二十世紀很
少有如此堅持以『博學者』自居的人了」[78]。

波赫士曾經告訴採訪者，「我年輕時常到這間圖書館（布宜
諾斯艾利斯的阿根廷國家圖書館），但因為太害羞，不敢請館員
拿書，所以會自己從書架上隨便拿一冊《大英百科全書》……慢

75　Norman and Jean Mackenzie, *The Time Traveller: The Life of H. G. Wells* (London, 1973), 41, 402–3.

76　Nicholas Murray, *Aldous Huxley: A Biography* (London, 2003), 171.

77　同前註，127, 161.

78　Stefan Collini, *Absent Minds: Intellectuals in Britain* (Oxford, 2008), 458.

慢細讀」[79]。百科全書是波赫士的愛人。他不僅會讀百科全書，還書寫，其中最著名的就是他在談十七世紀英國博學者威爾金斯的文章裡虛構的那本中國百科全書。

　　波赫士可說是西班牙文世界的赫胥黎，除了小說，他也寫散文和評論，涵蓋的主題各式各樣[80]。其實，要是他一九四〇年四十一歲時過世，後人可能只知道他是詩人和（出過五冊散文的）散文家。四十七歲時，他提起自己「在阿根廷和烏拉圭四處講課，介紹史威登堡、布雷克（William Blake）、波斯和中國神祕主義、佛教、加烏喬詩體（gauchesco）、布伯（Martin Buber）、卡巴拉、《一千零一夜》、勞倫斯（T. E. Lawrence），中世紀日耳曼詩、冰島薩迦文學、海涅、但丁、表現主義和塞萬提斯」[81]。他講過的主題之多，簡直不可思議。

　　波赫士熱中哲學、語言、數學、歷史、東方主義和神祕學，這些興趣都展現在他創作的小說裡。他的作品經常探討認識論的問題，尤其是表象與實相的關係、（藉由那本中國百科全書完成的）知識分類和逆推法（和博學者皮爾斯〔Charles Peirce〕有關的一種推論方法，收錄於〈歧路花園〉）。這些故事都和「全體知識」這個概念有關：巴別圖書館沒有盡頭，富內斯什麼都記

79　波赫士專訪，引自 Jaime Alazraki, *Borges and the Kabbalah* (Cambridge, 1988), 5.
80　在此感謝好友波迪（Steven Boldy）對這部分初稿的意見。參見他的 *Companion to Jorge Luis Borges* (Woodbridge, 2009)
81　Borges, 'An Autobiographical Essay', in *The Aleph and Other Stories* (London, 1971), 203–60, at 245. *譯註：中文版，波赫士，《波赫士全集》，台灣商務（2002）。

得，那張地圖跟它所呈現的疆域一樣大[82]。

## 評論家

　　如同十九世紀，二十世紀也有不少博學者成為文化評論家，主要人物有懷金格（Johan Huizinga）、賈塞特（José Ortega y Gasset）、威爾森（E. Wilson）、史坦納（George Steiner）、桑塔格（Susan Sontag）與艾可（Umberto Eco）。這裡先介紹史坦納和桑塔格，艾可稍後再登場。

　　史坦納曾被譽為「威爾森之後最出色的通才書評家」[83]，還有人稱他「是晚出生好幾百年的文藝復興人」和「無所不知的怪物」——布爾哈夫的比喻還真是歷久彌新[84]。史坦納就讀芝加哥大學，修過的課程從物理、化學、生物、人類學到哲學都有，後來因為聽施特勞斯（Leo Strauss）講課而認識了海德格。他寫過哲學、神學、語言學、歷史和西洋棋，並嘗試創作小說。他有許多作品都是由之前發表在《紐約客》等雜誌的散文集結而成。

82　Iván Almeida, 'Borges and Peirce, on Abduction and Maps', *Semiotica* 140 (2002), 113–31, 22；比較通俗的介紹，參見Alfonso de Toro (ed.), *Jorge Luis Borges: Ciencia y Filosofía* (Hildesheim, 2007), and Guillermo Martínez, *Borges and Mathematics* (West Lafayette, IN, 2012).

83　Mark Krupnick, 'George Steiner's Literary Journalism', *New England Review* 15 (1993), 157–67, at 157.

84　用「文藝復興人」形容史坦納的，是小說家兼評論家拜雅特（Antonia Byatt）。有關史坦納是「博學怪物」的討論，請見Guido Almansi, 'The Triumph of the Hedgehog', in Nathan A. Scott Jr. and Ronald A. Sharp (eds.), *Reading George Steiner* (Baltimore, MD, 1994), 58–73, at 60.

　　史坦納對自己的文化評論家角色非常認真，除了斥責我們這個時代「野蠻」，也懇切建議文化素養不能只談人文藝術，也要包括科學[85]。他形容自己是智識「跨界者」，對專門化的批評特別嚴厲，認為專門化「已經惡化到愚蠢的地步」[86]。儘管他議論過許多主題，有時甚至過於自信，但在比較文學方面的研究功力實至名歸，尤其是十九和二十世紀的歐洲文學。

　　桑塔格也很適合文化評論家的名號。她擁有一萬本書，朋友形容她就像「智識世界的馬拉松選手，總是想盡辦法縮短時間」。她曾經說「我不想當教授，也不想做記者，只想當既是作家又是知識分子的人」[87]。桑塔格小時候「很喜歡閱讀百科全書」[88]，她和史坦納一樣選擇了芝加哥大學，因為那裡有跨學科的「核心課程」，本書第八章會再介紹。除了哲學和文學，她也修習科學。婚後她和丈夫里夫（Philip Rieff）合著《佛洛依德：道德家的心靈》（*Freud: The Mind of the Moralist*），於一九五九年出版。她是哈佛大學英語文學系研究生，後來卻到哲學系擔任助教。她去過巴黎，原本是為了攻讀當代哲學，結果大部分時間都待在戲院裡。

　　桑塔格寫小說也寫劇本，並執導過兩部電影，但承認自己「沉迷」散文寫作，就像她從來菸不離手。事實上，她出

---

85　Robert Boyers, 'Steiner as Cultural Critic', in Scott and Sharp, *Reading George Steiner*, 14–42.

86　George Steiner, *Errata: An Examined Life* (New Haven, CT, 1997), 278.

87　引自 Daniel Schreiber, *Susan Sontag: A Biography* (2007: English translation, Evanston, IL, 2014), 196, 153.

88　同前註，15。

版過至少九本散文集，包括一九六六年的《反詮釋》（*Against Interpretation*）、一九七七年的《論攝影》（*On Photography*）和一九七八年的《疾病的隱喻》（*Illness as Metaphor*）。她和史坦納一樣走上文化評論之路，儘管才三十出頭，仍然不畏提出自己得出的通則，指出知名人物的弱點，例如批評柏格曼（Ingmar Bergman）是「幼稚的偽知識分子」，盧卡奇「粗淺」，史諾「人文知識淺薄」[89]。一九六八年造訪北越和古巴之後，她關注起政治，起先支持左派，後來又加以批評。她對九一一攻擊事件的看法很不受歡迎，因為她拒絕稱呼那群恐怖分子為「懦夫」，認為他們只是在反擊美國的外交政策。

　　桑塔格的散文主要談論藝術與人文，從繪畫（風格主義到現代藝術）、文學、戲劇、舞蹈、哲學、心理分析、人類學到歷史都有，尤其攝影和電影更是其專長[90]。她最大的成就或許是替兩種文化搭起橋梁。不是自然和人文科學，而是「上層」與「底層」文化。她承認自己對「大衛・鮑伊和狄德羅」都感興趣，接受過《滾石》雜誌專訪，也接受過《如此》（*Tel Quel*）雜誌採訪[91]。

---

89　Susan Sontag, *Against Interpretation* (New York, 1966), 11, 88, 93ff, 299. *譯註：中文版，桑塔格，《反詮釋》，麥田出版（2016）。

90　不過，桑塔格經常用文學來剖析攝影。例如她在〈透過照片看美國，昏暗地〉文中便以惠特曼開頭，隨後又提到馬拉美、梵樂希、克萊恩（Hart Crane）、梅爾維爾、普魯斯特、湯瑪斯・曼、巴拉德（J. G. Ballard）、哈地、威廉斯（William Carlos Williams）和勞倫斯。

91　Schreiber, *Susan Sontag*, 111–12.

# 叢集博學者

有些博學者可稱作「叢集」通才，因為他們的成就集中在彼此相關的領域裡。套用曾批評「學科中心主義」的博學者坎貝爾（Donald T. Campbell）的話來說，就是領域相疊的「魚鱗式」博學[92]。有些通才如葛德斯和紐拉特，以連結相隔遙遠的學科為志業。叢集博學者同樣連結不同學科，只是學科較相近，往來較多。鄰近學科間的概念挪用並內化雖然不那麼困難，也不那麼引人注目，但由於較為頻繁，對知識的發展可能扮演更重要的角色。

韋伯和涂爾幹一樣，經常被譽為「社會學之父」。他曾經幽默表示「我只是因為聘書上說我是社會學家而已」[93]。他起先攻讀歷史，寫過一篇羅馬農業史的論文，讓偉大的古代史學家蒙森（Theodor Mommsen）驚豔不已，視他為當然傳人。韋伯對哲學、法律和經濟學也有貢獻。他一九○三年放棄社會學教職，以追求「跨學科的生涯道路」[94]。歷史學家至今仍在爭論韋伯對資本主義興起的解釋，哲學家仍在討論他提出的「理想類型」，社會學家和政治科學家仍在使用他對統治類型的三個區分：傳統、科層官僚與奇魅（charisma）。其中「奇魅」是他從神學家奧托（Rudolf Otto）那裡借來改造而成的概念。

---

92　Donald T. Campbell, 'Ethnocentrism of Disciplines and the Fish-Scale Model of Omniscience', in Muzafa Sherif and Carolyn W. Sherif (eds.), *Interdisciplinary Relationships in the Social Sciences* (Boston, MA, 1969), 328–48.

93　韋伯一九二○年致利夫曼（Robert Liefmann），引自 Guenther Roth and Wolfgang Schluchter, *Max Weber's Vision of History* (Berkeley, CA, 1984), 120.

94　Peter Ghosh, *Max Weber and the Protestant Ethic: Twin Histories* (Oxford, 2014), 35.

經濟學方面，博爾丁（Kenneth Boulding）表示，他在一九四九年以前算是「相當純粹的經濟學家」，之後則是「相當不純粹的社會哲學家」，因為「不論探討哪個經濟問題，我總是得先接觸其他學科才有辦法理解」；還說「根本沒有經濟學，只有用社會科學處理的經濟問題」。他和另一位博學者卡爾‧博蘭尼（Karl Polanyi）一樣，認為經濟其實鑲嵌在更大的整體中。博爾丁在英國出生，但受到美國密西根大學吸引，因為「社會科學如果能整合，那裡是似乎是合適的地方」。除了經濟學，博爾丁寫過四十多本書及八百篇文章，主題涵蓋社會、知識、衝突、和平、十九和二十世紀歷史，以及他稱作「經濟動力學」的理論[95]。

美國政治科學家拉斯威爾（Harold Lasswell）在芝加哥大學主修哲學與經濟學，後來轉讀政治科學，博士論文討論第一次世界大戰期間的政治宣傳。他後來接觸到心理分析，也接受過分析，出版了一本廣為人知的作品《精神病理學與政治》（*Psychopathology and Politics*, 1930）。他在學術路上和一名律師、一位哲學家及一名社會學家合作過[96]。美國學會理事會（the American Council of Learned Societies）稱他為「社會科學全才，每個領域都是先驅，致力於狠狠打破社會學科間的隔閡，讓不同學科彼此熟悉，並填補政治科學、心理學、哲學和社會學領域間

95 Cynthia Kerman, *Creative Tension: The Life and Thought of Kenneth Boulding* (Ann Arbor, MI, 1974), quotations at 6, 8, 43; Deborah Hammond, *The Science of Synthesis* (Boulder, CO, 2003), 197–241.

96 Leo Rosten, 'Harold Lasswell: A Memoir', in Arnold A. Rogow (ed.), *Politics, Personality and Social Science in the 20th Century* (Chicago, IL, 1969), 1–13.

的縫隙」[97]。這份讚賞不僅是對拉斯威爾的推崇，也生動扼要闡明了博學者的社會角色。

還有一個人更難以歸類，那就是傅柯。雖然他的外科醫師父親希望兒子習醫，但傅柯卻選擇哲學，隨後又對各派心理學產生興趣，像是實驗心理學和心理分析。他的博士論文以瘋癲為主題，便是出於他在這些方面的興趣，卻也進而帶領他觸及社會對病患態度變遷的文化與歷史脈絡。一九六一年，傅柯將論文以《古典時代瘋狂史》（*Histoire de la Folie*）為名出版，從此一舉成名。

傅柯在瑞典教法語和法國文學，一邊完成了博士論文。回到法國後，他開始發表自己對作家的研究，對象包括福樓拜、羅伯—格里耶（Alain Robbe-Grillet）和魯塞爾（Raymond Roussel）等人。一九六三年，出版論魯塞爾的專書當天，他同時出版另一本更為知名的作品《臨床的誕生》（*The Birth of the Clinic*），算是回應父親希望他學醫的心願，只不過用他一貫不按牌理出牌的方式。這本書將焦點擺在制度機構和空間上，因此其貢獻主要在社會學或社會地理學方面。

三年後，傅柯出版了《詞與物》（*Les Mots et les Choses*），以語言學、經濟學和生物學這三門學科為焦點進行智識史研究。這本書的開頭非常別出心裁，詳細分析了維拉斯奎茲（Velázquez）的一幅畫作，而這也是傅柯頭一回觸及藝術史。他後來完成一本論馬奈的書，但沒有出版。一九七〇年代，傅柯的

---

97 引自 Steven A. Peterson, 'Lasswell, Harold Dwight', in Glenn H. Utter and Charles Lockhart (eds.), *American Political Scientists: A Dictionary* (2nd edn, Westport, CT, 2002), 228–30.

興趣擴及法律、犯罪以及懲罰，陸續出版了一本和馬克斯主義者論公眾正義的對話錄、一本和研討會成員合寫的論弒親的書，以及探討監獄史的知名代表作《規訓與懲罰》（*Surveiller et Punir*, 1975）。一年後，傅柯出版了《性史》（*La Volonté de Savoir*）第一冊。除了持續投入這個歷史大計畫，他也講授許多主題，像是治理術和生命政治，直到不幸英年早逝為止。

　　傅柯雖然興趣繁多，但皆以知識史為核心，彼此相連。他表示，他的瘋癲史是為了研究知識如何「穿透進」制度機構中，監獄史則是研究現代社會建構知識的背景因素。他一九六九年出版《知識考古學》（*L'Archéologie du Savoir*）為自己的知識史研究取向辯護，一九七五年在一場知名訪談中討論了知識（savoir）與權力（pouvoir）的關係，並從一篇論「知識意志」的論文展開了他的性史研究[98]。

## 新學科

　　說來矛盾，在專門化的時代，新學科紛紛成立，反倒給了博學者新的角色，至少短期如此，因為新學科的第一代教授必然是

---

98　討論傅柯的二手文獻汗牛充棟，請見Didier Eribon, *Michel Foucault* (1989: English translation, Cambridge, MA, 1991); Alan Megill, 'The Reception of Foucault by Historians', *Journal of the History of Ideas* 48 (1987), 117–41; Moya Lloyd and Andrew Tucker (eds.), *The Impact of Michel Foucault on the Social Sciences and Humanities* (Basingstoke, 1997); Jeremy W. Crampton and Stuart Elden (eds.), *Space, Knowledge and Power: Foucault and Geography* (Basingstoke, 2007); Ben Golder and Peter Fitzpatrick (eds.), *Foucault and Law* (Farnham, 2010).

出身其他學科的學者。在領域化時代，新學科需要遊牧者般的歷時博學者才能成立，而這群博學者也受到新學科吸引，讓他們自由探索知識的邊界。對博學者來說，這種機會只有一次，因為第二代學者將接受新學科訓練，鞏固新的專業。

　　不少新學科的命名出自博學者之口，有些成功留下，有些銷聲匿跡，像是孔德命名社會學，皮爾斯是符號學，維納（Norbert Wiener）是模控學，道薩迪亞斯（Constantinos Doxiadis）是人類群居學，瓜達里（Félix Guattari）是生態哲學（ecosophy），博威斯特（Ray Birdwhistell）是動作學，布魯門伯格（Hans Blumenberg）是比喻學。二十世紀初，將數學應用於生物學的生物統計學興起，功勞大半要歸於博學者皮爾森（Karl Pearson）。

　　皮爾森是高爾頓的學生，一八八四年獲聘成為倫敦大學學院應用數學系教授，發表過數篇重要的論文，探討「數學對演化論的貢獻」。但他的興趣遠不止於此，二十六歲便發表過一篇文章，闡述邁蒙尼德（Moses Maimonides）對斯賓諾莎的影響，充分展現了他對希伯來文、拉丁文和荷蘭文的知識。他對德國文化特別感興趣，曾經在倫敦講授馬丁路德，並且（根據他日後回憶）經常於「週日在蘇活區一帶的革命俱樂部」介紹拉薩爾（Ferdinand Lassalle）和馬克思。後來則成為優生學教授[99]。

　　博學者在生物化學發展初期也扮演了重要角色。例如鮑林（Linus Pauling）原本主攻物理和化學，並因後者獲得諾貝爾

---

99　Egon S. Pearson, *Karl Pearson: An Appreciation of Some Aspects of his Life and Work* (Cambridge, 1938); Churchill Eisenhart, 'Pearson, Karl', *DSB* 10, 447–73; Joanne Woiak, 'Pearson, Karl', *ODNB* 43, 331–5.

獎，之後才轉向分子生物學。這個領域於一九三○年代受到有
「知識管理者」之稱的韋佛（Warren Weaver）支持。韋佛主修土
木工程，在大學教授數學，而後於一九三二年成為洛克斐勒基金
會的自然科學部門主任，主持「當時仍稱作『生命過程』」的生
物化學新計畫。韋佛親力親為，不僅親自審核計畫，而且每週三
都待在家裡了解該領域的最新發表成果。由於興趣廣泛，他除了
和夏農（Claude Shannon）發展通信的數學原理，也曾參與第三
世界的綠色革命，探討電腦翻譯，同時出版《幸運夫人：機率的
故事》（*Lady Luck*）闡述機率論[100]。

## 社會科學

　　十九世紀後期，社會科學開始自立門戶，其中博學者的角色
特別明顯。這些新學科的新血有不少來自醫學領域，例如曼特
加札（Paolo Mantegazza）。他從帕維亞大學病理學教授轉任人
類學教授，除了發表各種主題的文章，同時完成了一本未來小
說[101]。他的同胞皮特瑞（Giuseppe Pitrè）也主修醫學，後來成為
民間傳統史學家，最終再於七十歲高齡成為巴勒摩大學的「大
眾心理學」（demopsicologia）教授[102]。第三個義大利人朗勃羅梭
（Cesare Lombroso）在轉攻心理學和超心理學之前是外科醫師，

100 Nathan Reingold, 'Weaver, Warren', *ANB* 22, 838–41; Robert E. Kohler, *Partners in Science: Foundations and Natural Scientists, 1900–1945* (Chicago, IL, 1991), 265–302.
101 Giuseppe Armocida and Gaetana S. Rigo, 'Mantegazza, Paolo', *DBI* 69, 172–5.
102 Fabio Dei, 'Pitré, Giuseppe', *DBI* 84, 293–7.

最後以犯罪人類學之父而聞名[103]。

第四個來自義大利的帕累托（Vilfredo Pareto）最初是土木工程師，負責鐵路修築，後來轉向經濟學，於一八九三年成為洛桑大學政治經濟學教授，接著又投入政治和社會科學的懷抱。但不論轉到哪個學科，帕累托始終不忘帶進「均衡」的概念，再次凸顯了歷時博學者能對創新做出何等貢獻[104]。社會學、心理學和人類學的早期發展也是如此，晚近的計算機科學、一般系統論和符號學亦不例外。

## 社會學

社會學由孔德命名，幾位博學者聯手催生而成。法國的勒普萊原本是工程師和冶金學教授，後來轉向他稱作「社會經濟學」（économie sociale）的家庭社會學，其著作啟發了葛德斯。比利時的凱特勒（Adolphe Quételet）是數學家，後來轉向天文與氣象學。他對機率的數學原理深感興趣，從而開始鑽研統計，進入他所謂的「社會物理學」領域，對人體計測和現今稱之為「犯罪學」的學問做出貢獻[105]。多年後，原本是應用數學家的奧地利人

103 Giuseppe Armocida, 'Lombroso, Cesare', *DBI* 65, 548–53; Mary Gibson, *Born to Crime* (Westport, CT, 2002).

104 Fiorenzo Monati, 'Pareto, Vilfredo', *DBI* 81, 341–7. G. Eisermann, *Vilfredo Pareto* (Tübingen, 1987); Bernard Valade, *Pareto: la naissance d'une autre sociologie* (Paris, 1990).

105 Paul Lazarsfeld, 'Notes on the History of Quantification in Sociology', *Isis* 52 (1961), 277–333; Kevin Donnelly, *Adolphe Quételet, Social Physics and the Average Men of Science* (Pittsburgh, PA, 2015).

拉札斯菲爾德（Paul Lazarsfeld）到美國躲避戰爭，自此引領北美社會學發生了統計學轉向。

　　大名鼎鼎的社會學家涂爾幹是從哲學和教育學起家的。他的宿敵塔爾德（Gabriel Tarde）原本是司法官，後來成為法蘭西學院的哲學教授。他不僅寫了一本探討社會「法則」（如模仿）的作品，還是犯罪學家，從人類學和心理學的角度研究罪犯，並且和曼特加札一樣寫過未來小說[106]。德國的齊美爾（Georg Simmel）除了和涂爾幹一樣，致力推動社會學獨立為學科，而且「知識廣博多面」[107]。他的散文主題多樣，不只寫心理學和哲學，也寫林布蘭和歌德。

　　美國的情況也很類似。華德（Lester Ward）先是統計局的圖書館員，接著在地質調查局擔任植物學、地質學和古生物學家，最後於一九〇六年以六十五歲高齡成為布朗大學社會學教授。難怪他有自信開一門叫作「萬般知識考察」的課[108]。

　　雖然倫敦政經學院一九〇四年就設立了社會學系，但這門學問在英國發展緩慢，以致到了一九五〇年代，德國博學者愛里亞斯（Norbert Elias）仍能對英國社會學發展做出重大貢獻。愛里亞斯除了社會學，也學習過醫學、哲學、歷史以及心理分析，這些學科共同形塑了他的社會理論。他熟諳胚胎學，有能力討論朋

---

106 塔爾德的名氣始終遠低於涂爾幹，但近來有升高的趨勢。參見Elihu Katz, 'Rediscovering Gabriel Tarde', *Political Communication* 23 (2006), 263–70.

107 評論出自齊美爾受審出任海德堡大學哲學教授期間，而他最後沒有獲聘。David Frisby, *Georg Simmel* (1984: revised edn, London, 2002), 31.

108 Clifford H. Scott, *Lester Frank Ward* (Boston, MA, 1976); Laurel N. Tanner, 'Ward, Lester Frank', ANB 22, 641–3.

友葛魯克斯曼（Alfred Glucksmann）的研究有什麼理論涵義[109]。後來愛里亞斯從醫學轉向哲學，在布雷斯勞大學以哲學史為題完成博士論文，接著又透過海德格哲學接觸到社會學。希特勒崛起後，愛里亞斯流亡英國，同時接觸到心理分析。他的代表作《文明的進程》（*Über den Prozess der Zivilisation*, 1939）便結合了歷史、心理學和社會理論。

一九五四年，五十七歲的愛里亞斯獲聘為萊斯特大學社會學講師，對該系的創建居功厥偉。他不喜歡被歸類為歷史社會學家，主張所有社會學都該有歷史面向，批評同行「自囿於現時現刻」。愛里亞斯會利用閒暇研究社會百態，因為他終究是充滿原創力的理論家。他始終記得自己的醫學訓練，不論早期研究禮儀或後期研究運動，身體和社會的關係一直是他作品反覆探討的主題。一九三〇年代，他在法蘭克福大學擔任過曼海姆（Karl Mannheim）的助教。後來他延續曼海姆的知識社會學研究，分析了專門化和他稱作「科學建制」（scientific establishments）的興起歷程，並且將兩者的對抗比作公司和國家的競爭[110]。

---

109 Alfred Glucksmann, 'Norbert Elias on his Eightieth Birthday', prefaced to Peter Gleichmann, Johan Goudsblom and Hermann Korte (eds.), *Human Figurations: Essays for/Aufsätze für Norbert Elias* (Amsterdam, 1977). 在此感謝門內爾（Stephen Mennell）向筆者提到這份文獻。

110 Norbert Elias, 'Scientific Establishments'(1982, rpr. in his *Collected Works*, vol. 14, Dublin, 2009), 107–60). 參見 Stephen Mennell, *Norbert Elias* (Oxford, 1989); Dennis Smith, *Norbert Elias and Modern Social Theory* (Cambridge, 2001); Florence Delmotte, *Norbert Elias, la civilisation et l'Etat: enjeux épistémologiques et politiques d'une sociologie historique* (Brussels, 2007); Marc Joly, *Devenir Norbert Elias* (Paris, 2012).

## 心理學

心理學十九世紀末脫離哲學獨立之後，便吸引了不少歷時博學者。例如馮特（Wilhelm Wundt）原本鑽研醫學和生理學，之後轉向實驗心理學，成為其中一名開創者，接著又轉向哲學和「民族心理學」（Völkerpsychologie）[111]。詹姆斯（William James）指控馮特妄想成為「智識界的拿破崙」，自身卻也走上類似的路。他在哈佛大學研讀醫學，成為解剖和生理學講師，於一八七五年創立據稱是全球首間的實驗心理學實驗室。不過，他最有名的身分仍然是哲學家和《宗教經驗之種種》（*Varieties of Religious Experience*, 1902）的作者[112]。

法國人勒龐（Gustave Le Bon）同樣是醫學出身，寫過一陣子旅遊書和科普書，後來因為心理學而聞名，尤其是群眾心理學。和之前提到的泰納一樣，他也是受到一八七一年巴黎公社經驗的影響，引發了對群眾心理學的興趣[113]。

心理分析的始祖也是博學者。佛洛依德原本在維也納大學醫學系任教，後來到的雅亞斯特大學攻讀海洋生物學，隨後又轉向生理學，研究魚的神經細胞。其實，佛洛依德有整整二十年都只

---

111 Woodruff Smith, 'Wilhelm Wundt: *Völkerpsychologie* and Experimental Pyschology', in *Politics and the Sciences of Culture* (New York, 1991), 120–8.

112 詹姆斯的評論引自 Horst Gundlach, 'William James and the Heidelberg Fiasco', *Journal of Psychology and Cognition* (2017), 58. 參見 Gerald E. Myers, *William James* (New Haven, CT, 1986).

113 Robert A. Nye, *The Origins of Crowd Psychology: Gustave Le Bon and the Crisis of Mass Democracy in the Third Republic* (Beverly Hills, CA, 1975); Benoît Marpeau, *Gustave Le Bon: parcours d'un intellectuel, 1841–1931* (Paris, 2000).

是「神經學家和解剖學家」，他的第一本書《失語症》(*Aphasia*,
1891）獲得的評價也是「對傳統神經病理學做出紮實的貢獻」[114]。
後來他轉向心理學，發展出發生學式的心理分析法，就是來自生
物學的啟發。佛洛依德很敬仰達爾文，而他本人也被譽為「心理
界的達爾文」和「心靈的生物學家」。

佛洛依德的興趣不只限於自然科學。他幼年受過的古典教育
在後來的作品裡再再留下痕跡，尤其是「伊底帕斯情結」的概
念。他熟讀現代文學，也寫過文章談論莎士比亞和其他作家。他
研究歷史，包括藝術史，曾經撰文討論達文西和十七世紀發生的
一起魔鬼附身案。他收藏古埃及文物，接觸到人類學之後出版了
《圖騰與禁忌》(*Totem and Taboo*, 1913)，討論他認為「野蠻民
族的精神生活與神經症之間的相似性」，可惜無法說服重量級人
類學家如鮑亞士（Franz Boas）等人[115]。

## 人類學

人類學（民族學）的第一代教師及著作者來自許多學科，包
括醫師、動物學家、古典學家和神學家等。

法國人布羅卡（Paul Broca）是巴黎人類學會創辦人，原本

114 Peter Amacher, 'Freud, Sigmund', *DSB* 5, 171–83, at 173; Oliver Sachs, 'The
Other Road: Freud as Neurologist', *The River of Consciousness* (London, 2017),
79–100, at 79. *譯註：中文版，奧立佛‧薩克斯，《意識之川流》，天下文化
（2018）。

115 Frank J. Sulloway, *Freud, Biologist of the Mind* (1979, 2nd edn, Cambridge, MA
1992); Joel Whitebook, *Freud: An Intellectual Biography* (Cambridge, 2017).

是醫師，後來對體質人類學特別感興趣。此外，牟斯（Marcel Mauss）是其舅舅涂爾幹的智識傳人，也是文化人類學的開創者，其作品《禮物》（*Essay on the Gift*, 1925）至今仍然是該領域的奠基之作。牟斯的興趣比他的舅舅更廣，除了研究東方語文學，也在學校教授民族誌及宗教史，對法律、經濟學和歷史也有研究，難怪學生常說他無所不知。他很少寫作或發表作品，所有時間都用在學習新事物，會有如此聲望完全來自寥寥幾篇經典論文，而這些論文沒有廣泛閱讀是寫不出來的[116]。美國人鮑亞士是德國移民，文化人類學的另一名開創者，曾經是地理學家和博物館策展人，而後於一八九九年成為哥倫比亞大學人類學教授。他的許多學生和門徒後來都成為這個新學科的重要人物[117]。

　　英國人哈登（Alfred Haddon）是動物學家，後來到愛爾蘭西部研究海葵時，對鄉間文化產生了興趣。一八九八年，他受邀參加到（現屬澳洲昆士蘭）托雷斯海峽群島遠征，雖然身分是動物學家，但他仍然不忘研究當地文化，最後於一九〇〇年獲聘成為劍橋大學民族學講師[118]。托雷斯海峽群島遠征的另外一名同行者里弗斯（William Rivers）受到哈登激勵，在醫學、神經學和心理學之外，又加上人類學這個新興趣。他將研究成果寫成《托達

116 Marcel Fournier, *Marcel Mauss* (1994: English translation, Princeton, NJ, 2006), 92. *譯註：中文版，福尼耶，《莫斯傳》，北京大學（2013）。

117 Douglas Cole, *Franz Boas: The Early Years, 1858–1906* (Seattle, WA, 1999); Ned Blackhawk and Isaiah L. Wilner (eds.), *Indigenous Visions: Rediscovering the World of Franz Boas* (New Haven, CT, 2018).

118 Herbert J. Fleure, 'Haddon, Alfred', *ODNB* 24, 411–12.

人》（*The Todas*, 1906）一書，對印度民族誌做出重大貢獻[119]。

古典學是通往人類學的另一條路，弗雷澤就是如此。他因為古典學而對比較神話學和宗教產生了興趣，作品《金枝》（*The Golden Bough*, 1890）更讓他成為社會人類學的先驅，甚至被人視為創始者[120]。另一名古典學家蘭格（Andrew Lang）同樣是蘇格蘭人，著作等身，其中不少作品跟人類學和民俗有關，而這兩個學科在二十世紀初還沒有明確分家。有人形容他是「跨越所有人類邊界的突擊者、自由騎士」[121]。他寫神話學和靈魂研究，也寫蘇格蘭歷史[122]。馬林諾夫斯基（Bronisław Malinowski）原本在克拉科夫大學主修數學和物理學，但受到弗雷澤的《金枝》感召而毅然轉向人類學。這本書也啟發了古迪（Jack Goody），讓剛進劍橋大學攻讀英語文學的他投入人類學的懷抱，後來更觸及歷史和社會學。

參與過人類學早期發展的英國博學者不少，但大多和蘭格一樣，畢生不曾擔任人類學系所教師。蘇格蘭學者威廉・史密斯（William Robertson Smith）一八八〇年代擔任《大英百科全書》主編，曾有同行稱讚他知識之「淵博實屬罕見」，而在他過世之後，也有訃聞表示「史密斯教授學識之廣之深，當代無人與之匹

119 Michael Bevan and Jeremy MacClancy, 'Rivers, William Halse Rivers', *ODNB* 47, 48–9.

120 Robert Ackerman, *J. G. Frazer: His Life and Work* (Cambridge, 1987); idem., 'Frazer, Sir James George', *ODNB* 20, 892–3.

121 George Gordon, *Andrew Lang* (Oxford, 1928), 11.

122 George Gordon, 'Lang, Andrew', *DNB* 1912–21, 319–23; A. De Cocq, *Andrew Lang* (Tilburg, 1968); William Donaldson, 'Lang, Andrew', *ODNB* 32, 453–6.

敵」[123]。史密斯的智識發展始於數學,而後轉向神學,曾在亞伯丁大學講授解經學,因為「持異端」而被解職。後來他成為劍橋大學阿拉伯語教授,出版了《伊斯蘭早期阿拉伯的親屬與婚姻》(*Kinship and Marriage in Early Arabia*, 1885)。他和弗雷澤是朋友,正是這份友誼讓弗雷澤轉向人類學[124]。

## 計算機科學

二十世紀中葉有兩個發展迅速的新領域,即計算機和人工智慧,吸引了不少博學者齊聚於此,包括(按出生年排序)維納(1894)、馮紐曼(1903)、圖靈(1912)和夏農(1916),以及司馬賀(Herbert Simon)、紐厄爾(Allen Newell)與明斯基(Marvin Minsky)。

維納十四歲就拿到數學學士學位,博士論文以邏輯為題,之後嘗試多種職業,包括工程師和記者,最後成為麻省理工學院的數學教授。第二次世界大戰期間,維納研究防空砲的自動瞄準器,因而跨入了他稱作「模控學」的領域。一九四六年起,他持續參加梅西基金會(Macy Foundation)舉辦的模控學年會,經常和馮紐曼交換意見[125]。

123 Bernhard Maier, *William Robertson Smith* (Tübingen, 2009), 5, 243.

124 Thomas O. Beidelman, *W. Robertson Smith and the Sociological Study of Religion* (Chicago, IL, 1974); Henry R. Sefton, 'Smith, William Robertson', *ODNB* 51, 385–6.

125 Norbert Wiener, *Ex-Prodigy* (1953: new edn, Cambridge, MA 1964), and *I Am a Mathematician* (1956: new edn, Cambridge, MA, 1964); Leone Montagnini, *Le armonie del disordine: Norbert Wiener matematico-filosofo del '900* (Venice, 2005).

　　馮紐曼也是數學神童，後來主修化學，同時研究流體動力學和氣象學。一名舊識明確表示，「馮紐曼的心智是全方位的，能解決任何領域的問題」[126]。任職普林斯頓高等研究院期間，馮紐曼鑽研數學經濟學，最有名的便是用賽局理論解釋經濟行為。由於使用電腦輔助運算，馮紐曼開始想改進這些機器，甚至形容自己對電腦有著「著魔般的興趣」，連電腦病毒也不例外[127]，因此也從一九六四年就開始參加梅西基金會舉辦的年度大會[128]。

　　夏農畢業於密西根大學，同時主修數學和電機工程，博士論文探討數學在基因研究的應用。一九四八年，他發表論文〈通信的數學理論〉，其中納入維納的研究，替資訊理論立下基礎。他後來和前文提到的「知識管理者」韋佛合作，將論文擴展成書，於一九四九年出版《通信的數學理論》（*The Mathematical Theory of Communication*）。夏農還發明過不少機械，包括一台解釋電腦如何運作的機器[129]。

　　二戰期間，夏農參與密碼破譯，因而結識了團隊中唯一的英

126 舊識指哈蒙（Leon Harmon），引自 Pamela McCorduck, *Machines Who Think: A Personal Enquiry into the History and Prospects of Artificial Intelligence* (Natick, MA, 2004), 67.

127 William Aspray, *John von Neumann and the Origins of Modern Computing* (Cambridge, MA, 1990), 1.

128 Norman Macrae, *John von Neumann: The Scientific Genius who Pioneered the Modern Computer, Game Theory, Nuclear Deterrence and Much More* (New York, 1992); Giorgio Israel and Ana Millán Gasca, *The World as a Mathematical Game: John von Neumann and 20th-Century Science* (Basel, 2000).

129 Jimmy Soni and Rob Goodman, *A Mind at Play: How Claude Shannon Invented the Information Age* (New York, 2017).

國人圖靈。圖靈為歷時博學者，從數學家一路變身為哲學家、密碼破譯家、工程師和理論生物學家。一九三六年，圖靈發明了他稱作「通用機」的機械裝置。這台如今稱作「圖靈機」的機器可以執行所有其他機器能執行的任務。他最有名的事蹟發生在二戰期間，英國政府延請他到布萊切利園（Bletchley Park）設計機器破解德軍的恩尼格瑪密碼機。戰後圖靈著手鑽研他所謂的「模仿遊戲」，也就是打造一台回答問題的方式和真人無異的電腦[130]，直到他因為同性戀被捕，研究生涯就此劃下悲劇般的句點，甚至造成了他的自殺。

這四位才智過人的博學者清楚展現了本書反覆提及的兩大主題。首先是新興研究領域經常吸引興趣廣泛的人，其次是外來者時常成為創新者，因為他們會使用自己在原有學科養成的思考習慣檢視新學科的問題。

# 一般系統論

圖靈在英年早逝之前踏進了數理生物學的領域，從相反的角度看待生物與機器之間的類比。同樣的，使用電腦的經驗啟發了馮紐曼，讓他將神經系統視為數位網絡，進而促成了神經科學的興起。他的遺作《電腦與人腦》（*The Computer and the Brain*）於

---

130 Andrew Hodges, *Alan Turing: The Enigma* (London, 1983); David Leavitt, *The Man Who Knew Too Much: Alan Turing and the Invention of the Computer* (London, 2006); George Dyson, *Turing's Cathedral: The Origins of the Digital Universe* (London, 2012). *譯註：中文版，霍奇斯，《艾倫‧圖靈傳》，時報（2017）。

一九五八年出版。

其實生物學界已經有幾位博學者對系統特別感興趣，如亨德森（Lawrence Henderson）、貝塔朗菲（Ludwig von Bertalanffy）和拉波波特（Anatol Rapoport）等人。亨德森是化學家，但以對生理學的貢獻為人所知。他在哈佛大學化學實驗室任職期間，參加由羅伊斯（Josiah Royce）主持的哲學研討會。後來他也主持研討會，以帕累托的社會學為主題，並出版一本書，從生理學的角度闡述帕累托的學說，探討不同科學對「系統」這個概念的理解[131]。

生物學家一如工程師，不只思考系統，也用系統思考。例如奧地利學者貝塔朗菲就身兼生物學家和一般系統論的開創著。他最初主修哲學和藝術史，博士論文以另一位博學者費希納（Gustav Fechner）的作品為主題。費希納既是哲學家，也是心理學和物理學家。之後貝塔朗菲轉向理論生物學，以數學研究生物，「貝塔朗菲方程式」就是用數學來描述生物成長。接著他又區分「封閉」系統和「開放」系統：遵守熱力學定律的物理學是前者，生物是後者。到了出版《一般系統論》（General Systems Theory, 1969）時，他更將心理學和社會科學也納入開放系統[132]。

俄裔美國人拉波波特也是興趣廣泛的科學家，精通音樂和心理學，但和貝塔朗菲一樣更熱中數理生物學、行為科學及一般系

---

131 這位出色的人物到目前還沒有完整的傳記。至於簡傳可參考 John Parascandola, 'Henderson, Lawrence Joseph', *DSB* 6, 260–2.

132 Mark Davidson, *Uncommon Sense: The Life and Thought of Ludwig Von Bertalanffy* (Los Angeles, CA, 1983)；參見 Hammond, *The Science of Synthesis*.

統論，於一九五四年協助創立一般系統研究學會。他形容自己非常著迷於「所有事物之間的基本互連性」[133]。

博學的經濟學家博爾丁將一九五四年定為一般系統論的誕生年，地點在美國加州帕羅奧圖市。那一年貝塔朗菲、拉波波特、傑拉德（Ralph Gerard）和博爾丁齊聚一堂，發現四人「殊途同歸，都朝著一般系統論靠近」[134]。

## 符號學

符號學是諸多學科的交會處，而非單一領域或學科，因此博學者在這個「符號科學」發展過程中扮演吃重角色也就理所當然了，像是皮爾斯、雅柯布森（Roman Jakobson）、洛特曼（Juri Lotman）、羅蘭·巴特（Roland Barthes）、查爾士·莫理斯（Charles Morris）、西比奧克（Thomas Sebeok）、魏克斯庫爾（Jacob von Uexküll）、普羅迪（Giorgio Prodi）以及艾可。這些學者來自世界各國，從不同的學術起站來到同一終點。

皮爾斯如今以哲學家的身分聞名，原本主修化學與動物學，曾經自行研究重力和機率的數學原理。他在探討邏輯時指出有一種推論方式既非演繹，也不是歸納，並發明了一個新詞稱之──「逆推法」（abduction）。他研究過心理學與經濟學。皮爾斯和培根及孔德這些博學者一樣，熱中於為科學分類。他從邏輯學家的

---

133 引自 Hammond, *The Science of Synthesis*, 157.

134 引自 Davidson, *Uncommon Sense*, 18.

角度研究他稱作「符號學」（semiotics）的知識，將符號區分為三種：和其對象相似的「肖像」（icon）符號、連結到其對象的「指示」（index）符號，以及「象徵」（symbol）符號[135]。

雅柯布森喜歡自稱「俄國語文學家」，而他的墓碑上就用俄文刻了這幾個字，但這位語文學家的興趣遠不止於此。同行稱他為「雜學家」，說他是「二十世紀知識最廣博的學者之一」[136]。即使語言是他的核心興趣，周邊卻也圍繞著許多小喜好。

雅柯布森是俄國民俗學家博加特廖夫（Petr Bogatyrev）的朋友。他日後寫到「讓我初嘗民族誌田野工作的甜美及艱難的」正是這個朋友[137]。兩人聯合發表了一篇探討民俗的經典論文，將民俗與文學相互比較並對照，主張民俗就像語言學裡的**語言**（langue），是言談的資源系統，而文學則像**言說**（parole），是從資源裡揀選組成的個例[138]。雅柯布森的作品常使用二元對立，這篇論文便是典型的例子，主要源自他早年研究黑格爾辯證法的影響[139]。

---

135 Beverley Kent, *Charles S. Peirce: Logic and the Classification of the Sciences* (Montreal, 1987); Paul J. Croce, 'Peirce, Charles Sanders', *ANB* 17, 252–4; Christopher Hookway, 'Peirce, Charles Sanders', in Edward Craig (ed.), *Routledge Encyclopedia of Philosophy*, 7, 269–84.

136 Daniel Armstrong and C. H. van Schooneveld (eds.), *Roman Jakobson: Echoes of his Scholarship* (Lisse, 1977), v, 1.

137 Roman Jakobson, 'Preface' to *Selected Writings*, vol. 4 (The Hague, 1966).

138 Roman Jakobson and Petr Bogatyrev, 'Folklore as a Special Form of Creation' (1929: repr. in *Selected Writings*, vol. 4, 1–15).

139 Elmar Holenstein, 'Jakobson's Philosophical Background', in Krystina Pomorska et al. (eds.), *Language, Poetry and Politics* (Amsterdam, 1987), 15–31.

　　對語言的興趣也將雅柯布森帶向心理學，包括神經心理學[140]。他研究孩童如何習得語言，並於一九五六年發表了一篇論失語症的知名論文。他發現失語症有兩種，正好對應兩種廣為人知的修辭法：建立在相似上的隱喻（metaphor）和建立在相近上的轉喻（metonymy）[141]。這篇論文再次顯示了歷時博學者能藉由他們在第一門學科獲得的心智習慣，對第二或第三學科做出原創的貢獻。

　　受雅柯布森影響的學科比他本人有所貢獻的學科還要多。心理分析家拉岡從語言探討無意識的方法就受惠於他[142]。李維史陀一九四一年和雅柯布森首次碰面，後來又與他合作。他明白指出，雅柯布森強調語言中二元對立的重要，對他大有啟發。因此，雅柯布森也對結構主義人類學有貢獻，對結構主義的興起亦然（他早在一九二九年就開始使用這個詞來指稱「注重事物之間的關係多於事物本身」的觀點）[143]。

　　洛特曼也是俄國人，非常景仰雅柯布森，除了在塔爾圖大學創立符號學院，還發明了「符號域」（semiosphere）一詞來指稱

---

140 José Marcos-Ortega, 'Roman Jakobson precursor de la neuropsicología cognitiva', in Mónica Mansour and Julieta Haidar (eds.), *La imaginación y la inteligencia en el lenguaje: Homenaje a Roman Jakobson* (Mexico City, 1996), 161–76.

141 Roman Jakobson, 'Two Aspects of Language and Two Aspects of Aphasic Disturbances' (1956: repr. in Roman Jakobson, *Selected Writings*, vol. 2 (The Hague, 1971), 239–59.

142 Richard Bradford, *Roman Jakobson: Life, Language, Art* (London, 1994), 129–42.

143 Edmund Leach, 'Roman Jakobson and Social Anthropology', in the collective volume *A Tribute to Roman Jakobson* (Berlin, 1983), 10–16; Holenstein, 'Philosophical Background', 17.

不同符號系統匯集的場域。羅蘭·巴特更偏好以semiology（而非semiotics）來稱呼符號學，並以文學為主。不過，他也將這套「結構主義式」的方法用在語言、廣告、摔角和食物上，尤其是時尚。就連描述日本之行，羅蘭·巴特也將自己當成解讀符號的觀察者[144]。

美國人查爾士·莫理斯主修工程與心理學，拿到哲學博士之後轉攻符號學。他也屬於追求科學統一的陣營。西比奧克是他學生，原本是語言學者和人類學家，後來和老師共同創立生命符號學。這個領域的興起主要歸功於愛沙尼亞貴族魏克斯庫爾。魏克斯庫爾專長生理學、生物學和生態學，後來對動物感知環境的方式產生了興趣，而他所使用的「環境界」（Umwelt）概念後來也被洛特曼沿用。魏克斯庫爾將生物視為資訊處理器，因為他們會對符號做出反應。義大利人普羅迪主修醫學，是生命符號學另外一名領頭羊。他還是艾可的朋友。艾可是當代首屈一指的博學者，義大利首相安德烈奧蒂（Giulio Andreotti）曾經盛讚他是個「多面人」[145]。

艾可是哲學家、文學評論家、符號學家和散文家，談論過各種主題，包括系列音樂、坎東伯雷（candomblé）信仰、赤軍旅和

---

144 Roland Barthes, *Système de la Mode* (Paris, 1967)、*L'empire des signes* (Paris, 1970)。對於羅蘭·巴特的討論，見Louis-Jean Calvet *Roland Barthes: A Biography* (1990: English translation, Bloomington, IN, 1994). ＊譯註：中文版，羅蘭·巴特，《流行體系》，上海人民（2016）；羅蘭·巴特，《符號帝國》，麥田（2014）；卡爾韋，《結構與符號：羅蘭·巴特傳》，北京大學（1997）。

145 引自Sandro Montalto (ed.), *Umberto Eco: l'uomo che sapeva troppo* (Pisa, 2005), 215.其實艾可並不認同為資訊而資訊，但他顯然很喜歡這本選集的書名影射了希區考克的電影《擒兇記》（*The Man Who Knew Too Much*）。

中世紀等。這些散文通常發表於報刊，如《快報》（*L'Espresso*），以清晰扼要、簡單易懂的方式向大眾介紹艱深的主題，並且時常對討論的對象或課題提出異於常識的主張。如同桑塔格，艾可也是連接上層文化與底層文化的橋梁，用符號學理論討論超人和〇〇七，將海德格和體育媒體放在一起討論，既引用法國歷史學家杜比（Georges Duby），也引用他稱作「偽中世紀低俗故事」的電影《王者之劍》（*Conan the Barbarian*）來討論中世紀。

　　艾可主要是個學術人，博士論文以聖多瑪斯阿奎納的美學為主題（1954）。因為作曲家朋友貝里歐（Luciano Berio）的緣故，他通盤考察了人文與自然科學中的前衛，在他所謂不同的「學科宇宙」之間尋找類比。他從佛羅倫斯大學視覺傳播教授轉任波隆納大學語意學教授，將學術生涯和電視節目、出版及新聞報導相結合，最後再加上小說，從暢銷作《玫瑰的名字》（*The Name of the Rose*, 1980）開始，將自己的各種興趣融合為一。小說裡的偵探使用皮爾斯的逆推法調查中世紀一樁凶殺案，靠著正確解讀某個符號而解開案件的謎團[146]。

## 六位歷時博學者

　　二十世紀還有許多博學者，本章無法全數介紹，可是其中有六位非提不可，因為他們學識淵博的程度讓人很難不想起十七世

---

146 Peter Bondanella, *Umberto Eco and the Open Text* (Cambridge, 1997); Michael Caesar, *Umberto Eco: Philosophy, Semiotics and the Work of Fiction* (Cambridge, 1999).

紀的「博學怪物」。這六位博學者按出生日期先後排列分別是弗
洛連斯基（1882）、邁可‧博蘭尼（1891）、李約瑟（1900）、
貝特森（1904）、司馬賀（1916）和塞杜（1925）。

　　弗洛連斯基（Pavel Florensky）曾被稱為「俄羅斯的無名達
文西」。他大學時主修數學與哲學，後來成為東正教司鐸，除了
講授神學和發表相關研究，也出版過哲學、歷史和藝術理論的作
品。研究聖像畫時，他特別著重空間的呈現，透露了他的幾何學
背景。比較令人意外的是，弗洛連斯基也蒐集流行音樂，研究電
動力學，表示這是為了彌補數學因為不假外求而造成的「文化貧
瘠」。一九二〇年代，新成立的蘇維埃全力推動電氣化，弗洛連
斯基參與了不少相關委員會，有一次甚至穿著黑袍法衣在大會上
演講，讓台下的托洛斯基嚇了一跳。儘管由於史達林的肅清行動
而被捕，但弗洛連斯基仍然持續鑽研各種學文，包括鄂倫春語和
從海草提煉碘[147]。

　　邁可‧博蘭尼（Michael Polanyi）出生於匈牙利，主修醫
學，後來轉而主修化學，原本待在德國做研究，納粹崛起後於一
九三三年逃往英國，成為曼徹斯特大學物理化學教授（物理化學
是史諾的專長領域）。早在定居德國時，邁可就常和哥哥爭辯而
對經濟學及社會研究產生了興趣。哥哥卡爾支持社會主義，而他
反對。邁可五十七歲轉換跑道，離開化學系成為哲學家，開始探
討「科學知識的性質與證成」（出自他在一九五八年出版的《個

---

147 Avril Pyman, *Pavel Florensky, a Quiet Genius: The Tragic and Extraordinary Life of Russia's Leonardo da Vinci* (New York, 2010). 筆者在此感謝米爾納—古蘭德（Robin Milner-Gulland）多年前向我提到弗洛連斯基的作品。

人知識》序言裡對該書的描述），繼而嘗試分析所謂的「默會知識」，也就是我們不曉得自己知道的實作知識。他曾向朋友表示「我一生漂流」，這句話不僅是指他從匈牙利搬到德國再流亡至英國，也適用於他的智識歷程[148]。

李約瑟（Joseph Needham）和拉斯威爾一樣曾被稱作「二十世紀的文藝復興人」。他原本是生物化學家，後來不僅對胚胎學感興趣，也對胚胎學的歷史感興趣[149]。他對中國的喜愛萌發於一九三○年代，二戰期間造訪中國更加深了他的熱情，從此以中國科學史為志業，和其他人合寫了一本（即使在他一九九五年離世後）至今乃在增補的巨著。六十多年來，這本書已經前後出版了二十七大冊。如同他的前輩弗雷澤，李約瑟不僅是英國皇家學會會員（1941），也是英國國家學術院院士（三十年後）。戰後他重返劍橋大學，有段時間除了撰寫《中國科學技術史》（*Science and Civilisation*）之外，「還同時繼續擔任生物化學教授（Readership），並教授三門特別課程」，幸好後來得以專心追求心中所愛，撰寫中國科學史。（我曾經在牛津大學聽他講課介紹水鐘，充分感受到他對中國的熱情多有感染力）[150]。

---

148　William T. Scott and Martin X. Moleski, *Michael Polanyi: Scientist and Philosopher* (Oxford, 2005): Mary Jo Nye, *Michael Polanyi and his Generation* (Chicago, IL, 2011).

149　Maurice Goldsmith, *Joseph Needham: 20th-Century Renaissance Man* (Paris, 1995).

150　引文為李約瑟的合作伙伴王玲所說，引自 Goldsmith, *Joseph Needham*, 136. 參見 Simon Winchester, *Bomb, Book and Compass: Joseph Needham and the Great Secrets of China* (London, 2008).

李約瑟認為「專門化的浪潮」讓人忘了一件事，那就是許多問題「單從一個主題去看永遠不會理解」。他喜歡提出大哉問，尤其是所謂的「李約瑟問題」：為何科學革命發生在歐洲，而非中國？他很清楚急就章和淺薄的危險，因此強調自己的論文「只是令人興奮的踏勘，絕非蓋棺定論，而是找出珍貴的礦脈，供其他學者日後挖掘」[151]。這句話貼切形容了博學者可以對眾人共享的知識寶庫做出的獨有貢獻。

生物學家威廉・貝特森重新發現了孟德爾（Gregor Mendel）的遺傳學研究，為了向這位前輩致敬，他特地將自己的兒子取名為葛雷格里・貝特森（Gregory Bateson）。小貝特森在劍橋大學主修動物學，後來轉修人類學，因為（如他日後透露的）他想「擺脫單調平凡、沒有人味的科學」，同時逃避「老貝特森的兒子」這個稱號[152]。他在新幾內亞的雅特穆爾（Iatmul）進行田野工作，接著轉往峇里島，在那裡和人類學家瑪格麗特・米德（Margaret Mead）相識結婚，一九五〇年仳離。離婚後，他接受心理分析，轉而研究這門學問，並率先使用「雙重束縛」的概念來描述引發個人「神經衰弱」的內在矛盾需求。當哈佛大學決定不續聘他為人類學教授，貝特森便轉往舊金山和加州大學醫學院精神科醫師呂施（Jürgen Ruesch）合作。

---

151 高史密斯（Maurice Goldsmith）訪問李約瑟，引自 *Joseph Needham*, 55, 45. 關於「李約瑟問題」，請見 Nathan Sivin, 'Why the Scientific Revolution Did Not Take Place in China – or Didn't It?', *Chinese Science* 5 (1982), 45–66.

152 David Lipset, *Gregory Bateson: Legacy of a Scientist* (Boston, MA, 1980), 115. 參見 Peter Harries-Jones, *A Recursive Vision: Ecological Understanding and Gregory Bateson* (Toronto, 1995).

貝特森的興趣還包括生態學和動物行為學，研究海獺和海豚的行為。曾經有人形容他是「智識世界的遊牧民族」[153]。但他並非遊走於不同學科之間，用每個學科滿足自己某方面的興趣，而是如同典型的博學者，應用某學科的概念來思考其他學科。貝特森稱自己對各種觀念的興趣為「心智的生態系」，並借用計算機科學的自我調節理論來分析個體與群體的情緒與行為。

貝特森的興趣看似駁雜，但大多（甚至全都）和溝通有關[154]。一九三〇年代在峇里島進行研究時，他用相機拍攝各種姿勢，一九四〇年代成為模控學的先驅，在著名的梅西基金會大會上跟維納和馮紐曼同台演講相關主題，並於日後表示「參與這些大會……是我人生最偉大的經歷之一」[155]。他對心理學的興趣以精神分裂症的溝通為主，一九五一年和呂施共同出版了溝通：精神病學的社會母體》（*Communication: The Social Matrix of Psychiatry*），而研究海豚也是為了理解牠們如何彼此溝通。如同貝特森在自述裡提到，他想找到「連結經驗世界所有分支，從智識、情緒、觀察、理論、口語到非口語經驗的橋梁」[156]。

司馬賀就讀芝加哥大學時（當時校長是哈欽斯，稍後會再談到），畢業考項目包括人文學、社會科學和自然科學。他原本主修政治科學，對決策過程特別感興趣，後來轉向公共行政與企業

---

153 Robert W. Rieber (ed.), *The Individual, Communication and Society: Essays in Memory of Gregory Bateson* (Cambridge, 1989), 2.

154 Lipset, Gregory Bateson, 184–238.

155 同前註，180。有關梅西基金會舉辦的大會，見本書第八章。

156 Harries-Jones, *Recursive Vision*, 9.

管理，進而開始研究經濟學，結果沒有在經濟系擔任過任何教職便獲得諾貝爾經濟學獎。他自己的評語是「心理學家認為我是經濟學家，經濟學家認為我是心理學家。其實我自認是世界公民，是行為科學家，不屬於任何一方」[157]。司馬賀對行為經濟學特別熱中，這個領域和他之前的決策研究很有關聯[158]。這位歷時博學者認為一九五五年至五六年是他智識生涯的轉捩點，「生命迷宮以最意想不到的方式分叉」，將他轉變為「認知心理學家和計算機科學家」。他在卡內基美隆大學遇到另一位博學者，剛在數學界嶄露頭角的年輕同事紐厄爾，兩人共同成立人工智慧實驗室，使用電腦模擬人類解決問題的過程[159]。

　　司馬賀可說是哲學家，因為他稱自己研究的是介於完全理性和非理性之間的「有限理性」。他表示自己通曉二十種語言，不只能閱讀行為科學的專書，也能閱讀小說。閱讀完波赫士的〈歧路花園〉，他特別到布宜諾斯艾利斯造訪作者，和對方討論那篇小說，發現其中內容和他自己的思考習慣有不少連結之處。

　　當代博學六怪的最後一位是法國學者塞杜（Michel de Certeau）。他雖然愛說自己是歷史學家，其實遊走於九門學科之間，包括歷史、神學、哲學、社會學、人類學、文學、語言學、地理學和心理分析。塞杜是耶穌會出身，主修哲學與神學，於攻

157 致科克（Sigmund Koch）書信，引自 Hunter Crowther-Heyck, *Herbert A. Simon: The Bounds of Reason in Modern America* (Baltimore, MD, 2006), 312.

158 Ha-Joon Chang, *23 Things They Don't Tell You about Capitalism* (London, 2011), 173. Herbert Simon, Models of My Life (New York, 1991), 189. ＊譯註：中文版，張夏準，《資本主義沒告訴你的23件事》，天下雜誌（2020）。

159 Herbert Simon, *Models of My Life* (New York, 1991), 189.

讀宗教博士期間參加宗教史學家奧西巴（Jean Orcibal）和政治社
會史學家穆尼耶（Roland Mousnier）聯合主持的研討會，從此對
神祕主義的歷史深感著迷。正是這個興趣將他早年的研究與晚年
作品《神祕寓言》（*The Mystic Fable*, 1982）連結了起來。

　　雖然智識生涯看似平常，但塞杜後來又參加了反骨的心理分
析學家拉岡的研討會，進而促成了《盧丹修道院惡魔附身事件》
（*La Possession de Loudun*, 1970）的出版。他在書中既從歷史和
神學的觀點，也從心理分析的角度研究據稱遭到惡魔附身的修
女。赫胥黎也寫過同個事件，只是切入角度相對一般。

　　塞杜認為，法國一九六八年的學生運動是一場「執言」
（prise de parole）之舉，其中執言既有發言的意思，也有搶奪言
論權的意味。這場運動引發了他對政治、文學與社會的興趣，除
了發表過一篇論六八學運「事件」意義的論文，還對法國大革命
期間的政治語言進行研究[160]。由於那篇論文，法國文化部長特地
邀請塞杜主持研討會，探討法國文化的展望，進而促成一群學者
對勞動階級文化展開研究，而塞托也出版了他最知名的作品《日
常生活實踐》（*L'Invention du Quotidien*, 1980）。他在書中反對馬
克思主義者的論點，主張一般人在當代社會仍然保有一定程度的
自由，消費也應該被視為一種生產方式。

---

160 Michel de Certeau, *La prise de parole: pour une nouvelle culture* (Paris, 1968);
　　idem., with Jacques Revel and Dominique Julia, *Une politique de la langue: la
　　Révolution Française et les patois* (Paris, 1975).

# 巨人或不懂裝懂？

即使做出這麼多貢獻，博學者依舊飽受批評。就連站在紐拉特這一邊的評論也坦誠表示，紐拉特手頭計畫太多，以致「沒時間好好完成」[161]。可想而知，在這個專門化的時代，博學者得到的諸多評價其實更尖銳，除了說他們不過是愛好者或業餘者，甚至搬出十七世紀的用語，稱他們不懂裝懂（charlatan）。

例如涂爾幹就曾表示憂慮，「社會學可能被不懂裝懂的人入侵」，並批評他的博學者對手塔爾德「很業餘」[162]。另外，也有人批評博爾丁「被一群不懂經濟學的人推崇為經濟學家」[163]。柏林稱讚邁可·博蘭尼是「偉大的科學家」，卻捨棄科學改寫「二流哲學作品」[164]。圖靈批評同是博學者的麥卡洛克（Warren McCulloch）「不懂裝懂」[165]，芒福德對於博學者巴克明斯特·富勒（Buckminster Fuller）和麥克魯漢（Marshall McLuhan）也有同樣的批評[166]。英國歷史學家湯普森（Edward Thompson）曾經在巴黎一間咖啡館裡對義大利同行金茲伯格（Carlo Ginzburg）表示，

---

161 Richard Creath, 'The Unity of Science: Carnap, Neurath and Beyond', in Peter Galison and David J. Stump, *The Disunity of Science* (Stanford, CA, 1996), 158–69, at 161.

162 Fournier, *Émile Durkheim*, 188, 206, 208.

163 Cynthia Kernan, *Creative Tension: The Life and Thought of Kenneth Boulding* (Ann Arbor, MI, 1974), 22.

164 柏林的評論引自 Mary Jo Nye, *Michael Polanyi and His Generation* (Chicago, IL, 2011), 304.

165 Andrew Hodges, *Alan Turing the Enigma* (1983: new edn, London, 2012), 411.

166 Miller, Lewis Mumford, 532.

「傅柯不懂裝懂」[167]。杭士基也批評法國心理分析學家拉岡「根本不懂裝懂」[168]。柏林被人問到德希達時，忍不住用矛盾修辭表示，「我想他可能真的不懂裝懂，不過確實很聰明」[169]。同樣的批評也落在史坦納和齊澤克（Slavoj Žižek）頭上[170]。這四個字有個好處，就是一舉含括了許多批評：傲慢、淺薄、言過其實和「譁眾取寵」。

杭士基最不欣賞拉岡之處，在於他「在電視攝影機前搔首弄姿」。當時只有寥寥幾個知識分子享有鎂光燈的青睞，例如史坦納、斯洛特戴克和齊澤克等。

斯洛特戴克（Peter Sloterdijk）的博士論文以德國文學為主題，後來興趣擴及哲學、媒體理論、地理學和生態學，經常為報紙撰文討論當代議題，諸如福利國家、恐怖主義和全球化等。他喜歡挑起爭議，尤其愛攻擊法蘭克福學派的在世成員，嘲笑他們只是一群學者。然而，說起他的學識，就連和他相對友好的評論者也說他「是智識領域的收藏家」。他和桑塔格一樣，習於從文學角度以文學手法討論社會和政治議題，著重敘事與比喻，經常

---

167 金茲伯格的憶述出自 Maria Lúcia G. Pallares-Burke, *The New History: Confessions and Comparisons* (Cambridge, 2002), 209.

168 http://www.critical-theory.com/noam-chomsky-calls-jacques-lacan-a-charlatan，查詢日期為二〇一七年八月三日。

169 引自 Michael Moran, *The Metaphyiscal Imagination* (Peterborough, 2018), 660–1.

170 Blake Morrison, 'Too Clever by Half: George Steiner', *Independent*, 15 October 1994; Jeet Heer, 'George Steiner's Phony Learning', *sans everything*, 16 May 2009; https://www.wsws. org/en/articles/2010/11/zize-n12.html，查詢日期為二〇一七年八月三日。

引用小說來闡述自己的論點[171]。

齊澤克完成了兩篇博士論文，一篇談結構主義，一篇談心理分析。他也寫社會學、政治及電影。如同艾可和桑塔格，他喜歡將上層文化和下層文化並列討論[172]；而他的寫作風格和德希達一樣戲謔不羈，讓不少評論家認為他不懂裝懂，是「諧星」和「馬克思兄弟」[173]。

這些批評有的或許公允，有的絕非公正。當代公眾知識分子很難不在電視露臉。這些批評背後隱含了一個預設，那就是任何人自稱學識廣博肯定有詐。隨著專門化的速度愈來愈快，這個預設也似乎愈來愈合理。

偶爾對自己的學識廣博感到遺憾，這或許是二十世紀博學者獨有的反應。常有人形容蘭格「涉獵廣泛」，但「他最不喜歡聽到的就是這句話」。蘭格曾說，「要是我專心守著一件事……應該早就成為人類學大老了」[174]。韋伯的生平和作品有著許許多多的拉扯和緊張關係，通才和專家便是其中之一。他探討過許多主題，卻在自己最知名的一場演講中告訴聽眾，「處在現代世界，想做出有價值的成果，條件就是堅守專門化的道路，拒絕在路上

171 Stuart Elden, *Sloterdijk Now* (Cambridge, 2012), 3.

172 Stuart Elden (ed.), *Sloterdijk Now* (Cambridge, 2011); Jamil Khader and Molly Anne Rothenberg (eds.), *Žižek Now* (Cambridge, 2013).

173 Rebecca Mead, 'The Marx Brother: How a Philosopher from Slovenia Became an International Star', New Yorker, 5 May 2005.

174 George S. Gordon, 'Lang, Andrew', *DNB* 1912–21, 319–23, at 322; idem., *Andrew Lang* (Oxford, 1928), 10.本身也研究這個領域的馬瑞特（Robert R. Marett）稱讚蘭格是「偉大的人類學家」(*The Raw Material of Religion*, Oxford, 1929, 3).

成為浮士德般的全才」[175]。

　　本章提到的多數（甚至所有）博學者，他們的成就即便有瑕疵，也令人敬佩。這些成就不禁讓人好奇，他們是如何做到的？下一章將探討這個問題。

---

[175] Max Weber, *The Protestant Ethic and the Spirit of Capitalism* (1904: English translation, London, 1930), 32. ＊譯註：中文版，韋伯，《新教倫理與資本主義精神》，左岸（2008）。

# 第六章

# 群像

　　博學者是特別的一群人嗎？是什麼激勵或驅使他們走上了這條路？接下來我們將試著找出這個族群的普遍特徵，總結前幾章的分析並加以綜合。這只是一種嘗試性的綜合，因為博學和原創不同，似乎還沒有認知心理學家對博學進行有系統的研究，而且許多博學者的早年生涯都沒有紀錄。

　　不過，無論在博學者的自傳或親友的回憶裡，仍反覆提及一些特質，至少頗有參考價值。這些特質有不少是一般學者也有的，但有些對博學者特別重要。我們甚至可以說，博學者便是這些特質特別明顯的學者。本書接下來將討論這些特質，以點描（pointilliste）方式描繪出博學者的群像，將諸多細瑣的資訊並置排列，合成一幅肖像。這些特質有的可能出於遺傳，例如好奇心、記性好和特別有創意，或許就和簡稱為BNDF的「腦源性神經滋養因子」有關。

　　博學者的興趣、能力以及成就也受到教養、環境和所處時代影響，下一章「產地」將會詳加討論。心理和社會因素很難明確區分，這點幾乎自不待言，其交界與其說是一條明確的界線，不

如說是一塊區域,而且自有其特徵。總之,我的基本主張是,博學者的成功並非全靠個人天賦,也需要天時地利與人和。

## 好奇心

好奇心可能出於基因。德國馬克斯‧普朗克研究院的研究團隊發現,大山雀擁有一種他們稱之為「好奇基因」的Drd4基因[1]。至於人類,目前尚無定論。不過,擁有異於常人的好奇心顯然是博學者最普遍,也最明顯的特徵。法蘭西斯‧培根稱之為「探求欲」,也就是長久以年來人稱的求知欲(libido sciendi)。

當代針對達文西卷帙繁浩的筆記所做的研究,常提到他的好奇心,並形容為「雜食」、「熱情」、「執迷」,甚至「永不間斷」。博學者也常這麼形容自己。例如,十七世紀博學者胡安娜修女曾向普埃布拉主教表示她渴望求知;佩雷斯克提到自己「好奇過度」[2];貝爾形容自己「渴望知道一切」(affamé de savoir tout);於耶表示自己「對學習有無窮渴望」(infinitum discendi desiderium),並且記得「每當我發現還有可學之物,就覺得自己什麼也沒學到」[3]。牛頓年少時是虔誠的清教徒,曾經向神懺悔

---

1 Josh Clark, 'How Curiosity Works', https://science.howstuffworks.com › Science › Life Science › Evolution

2 Peter Miller, 'Peiresc in Africa', in Marc Fumaroli (ed.), *Les premiers siècles de la république européenne des lettres* (Paris, 2005), 493–525, at 501.

3 Pierre-Daniel Huet, *Commentarius* (The Hague, 1718), 15; *Huetiana* (Paris, 1722), 引自 Elena Rapetti, *Pierre-Daniel Huet: erudizione, filosofia, apologetica* (Milan, 1999), 5n.

自己「全副心思」都放在學習而非神身上[4]。富蘭克林回憶自己童年「渴求知識」[5]。亞歷山大‧洪堡承認自己「對追求各式各樣的知識充滿難以遏制的衝動」。

　　儘管十九、二十世紀智識愈來愈專門化，仍然有人克制不了廣泛涉獵的好奇心。托克維爾形容自己年少時「臣服於無法滿足的好奇心」（livré à une curiosité insatiable）[6]；泰納二十一歲在給朋友的信裡提到，他讀書不是為了功名利祿，而是他「需要知道」（besoin de savoir）[7]；佛洛依德提到自己在維也納大學習醫期間「對知識充滿貪求」[8]。羅素也說，支配他的三大熱情就包括「對知識的追求」[9]；古巴社會學家奧爾蒂斯（Fernando Ortiz）承認自己有著「止不住的好奇心」（inquietas curiosidades）[10]。

　　博學者的朋友或熟識也有類似觀察。萊布尼茲的一名贊助者就說，萊布尼茲有著「難以滿足的好奇心」[11]；約翰生的朋友形

---

4　Richard S. Westfall, *Never at Rest: A Biography of Isaac Newton* (Cambridge, 1980), 103.

5　Benjamin Franklin, *Autobiography*, ed. J. A. Leo Lemay and P. M. Zall (New York, 1986), 9. *譯註：中文版，富蘭克林，《他改變了美國，也改變了世界：富蘭克林自傳》，久石文化（2013）。

6　Alexander von Humboldt, *Cosmos* (English translation, New York, 1858), preface; Jean- Louis Benoît, Tocqueville (Paris, 2005), vol. 1, p. 818.

7　Hippolyte Taine, *Correspondance*, 4 vols. (Paris, 1902–6), vol. 1, 56.

8　Peter Gay, *Freud: A Life for Our Time* (London, 1988), 13–14, 25. *譯註：中文版，蓋伊，《弗洛伊德傳》，立緒（2002）。

9　Bertrand Russell, *Autobiography*, 3 vols. (London, 1967–9), vol. 1, 13. *譯註：中文版，羅素，《羅素自傳》，商務印書館（2015）。

10　Fernando Ortiz, *La africanía de la música folklorica de Cuba* (Havana, 1950), xiii.

11　Anna Rosa Antognazza, *Leibniz: A Very Short Introduction* (Oxford, 2016), 6.

容，年少時的約翰生「異常好問」[12]；芒福德仔細觀察偶像葛德斯，發現他「無所不包的好奇心……可比達文西」[13]；馮紐曼第二任妻子克拉麗回憶道，「馮紐曼最明顯的特點就是他事事好奇，沒有一件事不想知道」[14]；卡爾‧博蘭尼的舊識形容他「好奇心沒有盡頭」[15]；威爾森的傳記作者和他本人熟識，曾說威爾森充滿「強烈的好奇心」[16]；傅柯的一個學校老師回憶道，「你可以在他身上感受到恐怖的智識好奇心」[17]；塞杜的同行形容塞杜「對任何事……都熱切感興趣」（l'intérêt passioné... qu'il porte à toutes choses）[18]；黎士曼（David Riesman）雖不是科班出身，卻成為著名的社會學家。有研究表示，他「非常有好奇心，什麼都想知道」[19]。

# 專注力

　　博學者的另一個重要特質是專注力，有意識或無意識都很能

---

12　評論出自黑克特（Edmund Hector），引自 Robert DeMaria Jr., *The Life of Samuel Johnson* (Oxford, 1993), 8.

13　Lewis Mumford, *The Condition of Man* (1944), 383.

14　George Dyson, *Turing's Cathedral* (London, 2012), 44.

15　引自 Gareth Dale, *Karl Polanyi: A Life on the Left* (New York, 2016), 8.

16　Lewis M. Dabney, *Edmund Wilson: A Life* (New York, 2005), xii.

17　引自 Didier Eribon, *Michel Foucault* (1989: English translation, Cambridge, MA 1991), 9.

18　引自 François Dosse, *Michel de Certeau: Le marcheur blessé* (Paris, 2002), 176.

19　Daniel Horowitz, 'David Riesman: From Law to Social Criticism', *Buffalo Law Review* 58 (2010), 1,005–29, at 1,012.

專注，至少不少博學者如此。維科形容自己「能一邊讀書、寫作或思考，一邊和朋友聊天，聽他的孩子大吼大叫」（ragionando con amici e tra lo strepito de'suoi figliuoli, come ha uso di sempre o leggere o scrivere o meditare）[20]；馮紐曼據說時常半夜醒來，想到他昨晚思考的問題能如何解決，而且有辦法「在擁擠的火車站或機場、火車上、飛機上、船上、旅館大廳和熱鬧的雞尾酒會上」工作。事實上，他更喜歡待在有背景噪音的地方[21]。

身兼母職的博學者特別需要這種對抗分心的能力。薩默維爾的女兒在母親自傳裡提到，薩默維爾有著「無與倫比的出神力（power of abstraction）……可以完全沉浸於」工作，聽不見任何談話或音樂。尤其她沒有「自己的房間」，只能在客廳閱讀和寫作，使得這項天賦更顯珍貴[22]。

和專家化的學者一樣，博學者的專注力也常被誤認為「心不在焉」，即使他們的心思其實在別處，跳離日常生活專注於某個問題。著名的例子包括塞爾登、巴羅、牛頓、孟德斯鳩、康德、約翰生、亞當・斯密、龐加萊（Henri Poincaré）和維納，他們都有過心不在焉的故事，只是有些僅止於傳聞。

喜歡講述名人軼聞的牛津學者伍德（Anthony Wood）表示，塞爾登曾經將書本忘在博德利圖書館，館員們「翻書檢查，發現其中幾本夾著眼鏡，全是塞爾登先生夾在書裡忘記拿出來

---

20　Giambattista Vico, *Opere*, ed. Roberto Parenti (Naples, 1972), 384.

21　評論出自馮紐曼的妻子克拉麗（Klári von Neumann），引自Dyson, *Turing's Cathedral*, 54.

22　Mary Somerville, *Personal Recollections* (London, 1873), 164.

了」[23]。同樣愛道人長短的奧博瑞（John Aubrey）則說，巴羅經常「讀書太專心，連床鋪好了也沒發現，甚至沒察覺自己已經在床上了」，還說他「有時忘了戴帽子就出門」，而且不只一回大衣「只穿了一半」[24]。牛頓常忘記吃飯。住在劍橋大學三一學院期間，他有時會穿著白袍去吃晚餐，彷彿要去教堂似的[25]。據傳亞當・斯密曾經出門走了二十五公里才發現自己身上穿的是睡衣[26]。

龐加萊的姪子回憶道，他叔叔「連出席家族聚會或沙龍都會坐在桌邊想事情」，還有朋友形容他「幾乎總是心有旁騖」。據說龐加萊有一回散步到半路突然發現手裡拎著鳥籠，完全不曉得自己從哪裡拿的[27]。維納也有一個知名的軼聞，說他曾經認不出自己女兒。和這些人比起來，博蘭尼經常忘記手套、圍巾，甚至護照，簡直是不值得一提的小事[28]。

## 記性

好奇心和專注力仍然不足以造就博學者。記性好是第三項特質。康德拿博學者作為他所謂「記性超群」的例子顯然很正確，

23　Andrew Clark, *The Life and Times of Anthony Wood*, 3 vols. (Oxford, 1891–4), vol. 1, 282.

24　John Aubrey, *Brief Lives*, ed. Oliver L. Dick (London, 1960), 20.

25　Westfall, *Never at Rest*, 103, 191.

26　Robert Shackleton, *Montesquieu: A Critical Biography* (Oxford, 1961), 77–8.

27　評論分別出自布特魯（Pierre Boutroux）和土魯斯（Etienne Toulouse），引自 Jeremy Gray, *Henri Poincaré: A Scientific Biography* (Princeton, NJ, 2013), 25.

28　Dale, *Karl Polanyi*, 216–17.

即使他以損及他人的角度來特別強調這項特質稍顯不厚道。總之，和博學者相處過的人常對記性這項特質印象深刻。例如巴斯卡的姪女蓓莉耶（Marguerite Périer）就很佩服舅舅的記性；布朗（Thomas Browne）的朋友表示，「布朗事情記得又多又牢」，柏內特的兩名舊識則說他「記性驚人」。約翰生的朋友記得他「博聞強記，過目過耳不忘」[29]。孔多塞的朋友說他「記性驚人，什麼都不會忘」[30]，居維葉則是「天生記性奇佳，見過讀過什麼都不會忘，一輩子記性不曾出問題……就算是一長串君主王公的名字或最枯燥的年代事件，只要他放進憶裡就永遠不會忘記」[31]；麥考萊也以記性極佳而聞名，可以背誦大段文章，包括《失樂園》、《天路歷程》和《最後的吟遊詩人之歌》[32]；聖伯夫的朋友形容他「記性驚人，什麼都記得」[33]。

比較晚近的例子，則有維納自誇記性出眾；馮紐曼的朋友驚訝於他「書或文章只要讀一遍就能倒背如流」，另有人表示，馮紐曼的記性「好得難以想像，學過、看過什麼都像拍照似的記在腦裡」（本章之後會一直提到馮紐曼，因為他幾乎符合這份特質

29 評論出自黑克特，引自 DeMaria, *The Life of Samuel Johnson*, 8.

30 評論出自雷斯皮納司（Julie de Lespinasse），引自 Keith M. Baker, *Condorcet: From Natural Philosophy to Social Mathematics* (Chicago, IL, 1975), 25.

31 Sarah Lee, *Memoirs of Baron Cuvier* (London, 1833), 9, 11.

32 George O. Trevelyan, *Life and Letters of Lord Macaulay* (1876: rpr. Oxford, 1978), vol. 1, 48, and vol. 2, 142–3，引述麥考萊的博學者編輯朋友傑佛瑞（Francis Jeffrey）的評論。

33 評論出自德尼（Ferdinand Denis），引自 A. G. Lehmann, *Sainte-Beuve* (Oxford, 1962), 233.

清單上的每一項）[34] 李約瑟的妻子桃樂西和合作者都說他的記性好得「有如攝影」和「令人驚歎」[35]。布勞岱爾（Fernand Braudel）以他自稱「大象般的記性」而聞名。如此驚人的記憶力讓他即使遠離書與檔案，仍然能寫作不輟。談論地中海世界的大作有絕大部分都是在戰俘營完成的。

## 速度

吸收新知，而且愈快愈好，這是所有博學者都需要的能力，也有不少博學者確實有這方面的能力。以柏內特為例，當時就有人形容他「理解迅速」，而他本人也表示自己「吸收很快」[36]。阿格西（Louis Agassiz）的蘇黎世大學同學曾寫道，「阿格西什麼都知道，任何話題都能侃侃而談，論述一番。遇到主題不熟悉，他會立刻學習，而且很快精通」[37]。同樣的，麥考萊的傳記作者也指出，麥考萊「一眼就能記住紙上的內容」，而且「讀書比別人用瀏覽的還快，瀏覽則是和別人翻頁一樣快」[38]。史密斯（Robertson Smith）的朋友說，史密斯「心智極為敏捷，幾乎所

---

34 評論出自Dyson, *Turing's Cathedral*, 41；以及訪談者麥可杜克（Pamela McCorduck），引自*Machines Who Think* (San Francisco, CA 1979), 67.

35 Maurice Goldsmith, *Joseph Needham: Twentieth-Century Renaissance Man* (Paris, 1995), 3, 137.

36 Foxcroft, *Supplement*, 456.

37 評論出自法國地質學家馬苦（Jules Marcou），引自Edward Lurie, *Louis Agassiz: A Life in Science* (Chicago, IL, 1960), 18.

38 Trevelyan, *Life and Letters*, vol. 1, 48, 50.

有主題都能很快掌握其中要領」。

博學者博爾丁曾經提到另一位博學者拉波波特，說他「學習能力快得出奇」[39]。皮茨（Walter Pitts）「據說幾天內便能讀懂一門新領域的教科書」[40]。李約瑟擁有迅速「學會新主題的特殊天賦」[41]。鮑林的同學則表示，「我感覺他只要坐下來翻翻書，不用讀就吸收完書裡的知識了」[42]。學習新事物的能力和求知欲有關。哈欽森（George Evelyn Hutchinson）從動物學、生態學、藝術史到考古學都感興趣，據說他喜歡每年學習一樣新事物[43]。人工智慧先驅之一的明斯基曾在受訪時表示，他喜歡「學習新事物……而多數人都不喜歡學習新知」[44]。

## 想像力

生動的想像力是博學者的重要心理素質。達爾文形容自己愛做白日夢，司馬賀說自己「老是在做白日夢……思緒很少專一不變」。我們或許可以如此主張，博學者的洞見有不少正是白日夢（即別人眼中的「心不在焉」）和無意識聯想的結果。這些博

---

39　史密斯的朋友為白賚士（James Bryce），引自 Bernhard Maier, *William Robertson Smith* (Tübingen, 2009), 202；博爾丁的評論引自 Deborah Hammond, *The Science of Synthesis* (Boulder, CO, 2003), 154.

40　Steve J. Heims, *The Cybernetic Group* (Cambridge, MA, 1991), 44.

41　評論出自王玲，引自 Goldsmith, *Joseph Needham*, 141.

42　引自 Thomas Hager, *Force of Nature: A Life of Linus Pauling* (New York, 1995), 53.

43　Nancy G. Slack, *G. Evelyn Hutchinson and the Invention of Modern Ecology* (New Haven, CT, 2010), 320–33.

44　McCorduck, *Machines Who Think*, 86.

學者的首要特質便是達爾文稱之為「連結事實」的能力。以達爾文本人為例，就是連結物種與環境[45]。博學者能看出別人遺漏掉的關聯，例如前文提到的沈括，他的「突破常來自將通常不會並列思考的洞察放在一起」[46]。用布赫迪厄的話來說，博學者常將某一個領域的「慣習」帶進另一個領域，處理另一個領域的問題。用塞杜的話來說，博學者通常擁有將概念「轉用」（re-employ）於新脈絡的獨特本領。

　　如同詩人和創作者常用隱喻思考，博學者也經常使用類比，發揮亞里斯多德稱之為「異中見同」的能力。我們之前提到，達文西的記事本裡俯拾可見這樣的例子，包括將飛行器比作鳥和蝙蝠等。赫爾德曾將牛頓、萊布尼茲和布豐比作詩人，因為他們都靠類比得出新發現，後來的科學哲學家也指出，科學理論和模型跟隱喻有諸多重要的相同點[47]。楊格有不少知識上的貢獻都來自他看出事物間的類比，例如光波和聲波，以及各種印歐語言間的相似性。

　　社會科學也接近於此。前文提到，帕累托將工程學的「均衡」概念帶進經濟學裡；韋伯向神學借用「奇魅」概念來討論政

---

45　引自 Peter Brent, *Charles Darwin* (1981: new edn, London, 1983), 300; McCorduck, *Machines Who Think*, 154.

46　Nathan Sivin, 'Shen Gua', *Science in Ancient China: Researches and Reflections* (Aldershot, 1995), vol. III, 53.

47　Johann Gottfried Herder, 'Vom Erkennen und Empfinden der menschlichen Seele', in *Werke*, eds. Jürgen Brummack and Martin Bollacher (Frankfurt, 1985–2000), vol. 4, 330; Max Black, *Models and Metaphors* (Ithaca, NY, 1962); Mary B. Hesse, *Models and Analogies in Science* (London, 1963).

治；布赫迪厄的社會理論也善用許多類比，例如從社會心理學借用「場域」，從藝術史借用「慣習」，從經濟學借用「資本」和神學借用「聖化」。

因此，在許多比較法的發展中，可見博學者扮演引領的角色，也就不足為奇了，因為比較方法就是既研究相同處也研究相異點。對比較方法學做出貢獻的博學者包括柏夏、於耶、維科和弗雷澤，近代則有杜梅齊爾（Georges Dumézil），研究印度一路傳到希臘、羅馬和北歐的神話傳統[48]。不少博學者例如格斯納、萊布尼茲、盧道夫（Hiob Ludolf）、威廉・洪堡和雅柯布森主要鑽研比較語言學，但也有博學者比較研究的對象是法律（如孟德斯鳩）或宗教（如塞爾登和威廉・史密斯）。居維葉的名聲來自於比較解剖學，靠著重建絕種動物而聲名大噪，連巴爾札克都對他的解剖天分印象深刻。達爾文的物種演化理論來自他從萊爾（Charles Lyell）地質研究和馬爾薩斯人口理論看出的類比；而圖靈的人工智慧研究則是根源自人和機器的類比。

因此，我們似乎可以說，這些領域的創新者都特別有科學想像力；或廣義來說，學術想像力。博學者由於熟悉不同科學，因此更擅長發現類比。有些人認為，創新來自於概念挪用（displacement）。倘若這個說法沒錯，那麼博學者絕對是挪用大師[49]。

---

48　C. Scott Littleton, *The Comparative Indo-European Mythology of Georges Dumézil* (Bloomington, IN, 1964).

49　Donald A. Schön, *Displacement of Concepts* (London, 1963).

博學者富有創意和想像力，這件事可以從不少博學者都會寫詩看得出來。現代早期有二十一位博學者寫詩，這倒不令人意外，因為當時寫詩是常見的消遣，至少菁英階層如此[50]。然而，十九和二十世紀也有至少十四位博學者會寫詩，除了歌德、柯立芝、阿諾德和麥考萊之外，至少有十人會寫詩[51]。

書末附錄有三位小說家是博學者，包括喬治‧艾略特、阿道斯‧赫胥黎和納博科夫，另有四十多位博學者出版過羅曼史或小說。至於廣義的「科學」小說，例子包括威爾金斯的《發現月球世界》（*Discovery of a World in the Moon*）、卡文迪許的《炙熱世界》（*The Blazing World*）、基爾學的《天界旅程》（*The Heavenly Journey*）和赫爾伐斯的《神遊行星世界》（*The Ecstatic Voyage*），以及描繪未來世界的博學者，例如康巴尼拉（Tommaso Campanella）、曼特加札、塔爾德、莫里斯、柏格丹諾夫（Alexander Bogdanov）、威爾斯、赫胥黎和奧地利生物學家許耐德（Karl Camillo Schneider），而艾可的《玫瑰的名字》

---

50 包括巴托利（Cosimo Bartoli）、布魯諾（Giordano Bruno）、卡爾卡格尼尼（Celio Calcagnini）、達爾文（Erasmus Darwin）、迪格比（Kenelm Digby）、康帕內拉（Tommaso Campanella）、格老秀斯、哈勒（Albert von Haller）、惠更斯、約翰生、瓊斯（William Jones）、喬維拉諾斯（Gaspar Melchor de Jovellanos）、羅蒙諾索夫（Mikhail Lomonosov）、馬伽羅蒂（Lorenzo Magalotti）、佩拉塔（Pedro Peralta）、雷迪（Francesco Redi）、貢戈拉（Carlos de Sigüenza y Góngora）和博斯科維奇（Rudjer Boškovi）。

51 包括貝略（Andrés Bello）、波赫士、赫胥黎兄弟（Aldous and Julian Huxley）、博爾丁、布羅諾斯基（Jacob Bronowski）、肯尼斯‧柏克（Kenneth Burke）、雅柯布森、蘭格和巴塔耶（Georges Bataille）。

更是暢銷全球[52]。

# 精力

博學者就算記性好，想像力生動，沒有努力發揮這兩項特質也只是枉然。此外，體力也同樣重要，而博學者身旁的人經常會觀察到這項特質。威爾金斯的前同事表示，威爾金斯「從不疲憊」[53]；貝爾的友人巴納熱（Jacques Basnage）形容他這個朋友「工作不知倦怠」（infatigable au travail），臨終前身體虛弱，卻仍然工作到當晚十一點[54]。柏內特表示自己「身強體壯」，所以「能大量工作和辛勤研究」[55]。布豐以非常早起著稱，每天都帶著「驚人活力」工作十四個小時[56]。沙特萊侯爵夫人也一樣。威廉·洪堡表示，弟弟亞歷山大「精力無窮」[57]；阿格西的傳記作者則說阿格西「存有驚人的體力」[58]。

---

52　出版過小說的博學者包括哈勒、斯達爾、路易斯（George Henry Lewes）、皮爾森、克拉考爾（Siegfried Kracauer）、肯尼斯·柏克、貝塔朗菲、弗雷雷（Gilberto Freyre）、凱窪（Roger Caillois）、希貝洛（Darcy Ribeiro）和桑塔格。

53　勞埃德（William Lloyd）於威爾金斯喪禮上致詞，引自Barbara J. Shapiro, *John Wilkins* (Berkeley, CA, 1969), 214, 312.

54　引自Hubert Bost, *Pierre Bayle* (Paris, 2006), 518.

55　Foxcroft, *Supplement*, 455.

56　Jacques Roger, *Buffon: A Life in Natural History* (1989: English translation, Ithaca, NY, 1997), 24, 28.

57　Paul R. Sweet, *Wilhelm von Humboldt: A Biography*, 2 vols. (Columbus, OH, 1978–80), vol. 1, 160.

58　Karl Lehmann, *Thomas Jefferson, American Humanist* (Chicago, IL, 1947), 13; Lurie, Louis Agassiz, 24.

　　有人形容威廉・莫里斯「精力充沛」，還有人說他「精力過剩」[59]。聽過韋伯講課的學生都對他活力四射印象深刻，甚至將他比作火山。司馬賀的舊識也是如此形容他講課時的情形：「知識的能量從他身上源源而出，簡直能照亮整座城市」[60]。博學多聞的政治科學家拉斯威爾的朋友指出他「體力過人」[61]。亨利・貝爾（Henri Berr）長年提倡歷史綜合，拜訪過他的人都對於他的精力（élan）印象深刻[62]。紐拉特有不少舊識都對他的「活力」很有印象，而芒福德則是親眼見識過葛德斯的「心智能量」與「活力」[63]。李約瑟的一個同事形容他「身體和心智的活力源源不絕」，另一個同事則說他「擁有豐沛的活力與熱情」[64]。桑塔格的兒子大衛形容母親「真的是精力無窮」[65]。

　　一心多用也是不少博學者的特質。布豐據說能「同時往幾個方向思考」[66]。有人看過莫里斯一邊在腦中翻譯荷馬，一邊在畫架

---

59　引自 Fiona MacCarthy, *William Morris* (London, 1994), 499, 523.

60　McCorduck, *Machines Who Think*, 131.

61　Bruce L. Smith, 'The Mystifying Intellectual History of Harold D. Lasswell', in Arnold A. Rogow (ed.), *Politics, Personality and Social Science in the 20th Century* (Chicago, IL, 1969), 41–105, at 44.

62　評論出自貝爾的友人費夫賀（Lucien Febvre），引自 Agnès Biard, Dominique Bourel and Eric Brian (eds.), *Henri Berr et la culture du XXe siècle* (Paris, 1997), 11.

63　Mumford, *Condition of Man*, 383.

64　Mark Elvin, 'Introduction' to a symposium on the work of Joseph Needham, *Past and Present* 87 (1980), 17–20, at 18；古克禮（Christopher Cullen），引自李約瑟《中國科學技術史》卷七，part 2, xvi。

65　評論出自大衛・里夫（David Rieff），引自 Daniel Schreiber, *Susan Sontag* (2007: English translation, Evanston, IL, 2014), 55.

66　Roger, *Buffon*, 28.

前作畫；而他自己也說過，「一個人要是無法一邊創作史詩一邊
刺繡，那他最好閉嘴」[67]。李約瑟據稱可以一邊講課一邊閱讀數學
證明；紐拉特的妻子瑪麗說，她丈夫「喜歡同時做三件事」[68]；鮑
林也是能「同時思考好幾個問題」的博學者[69]。

## 坐不住

　　精力過剩往往會讓人坐不住。這點有好有壞，既能促成歷時
博學者，也可能是好奇心的缺點。萊布尼茲就曾經批評貝希爾
（Johann Joachim Becher）「坐不住」[70]；亞歷山大·洪堡也被批評過
「坐不住」（rastlos, unruhig）；亨利·詹姆斯曾形容莫里斯「緊張
兮兮、坐不住的樣子」[71]；斯特林堡是出了名的坐不住，艾可則是
說他的博學者朋友普羅迪永遠「急匆匆的」[72]。

　　其他博學者則是以流浪自豪。伯頓告訴讀者他有「流浪傾

---

67　MacCarthy, *William Morris*, 262, 562.

68　Wang Ling in Goldsmith, *Joseph Needham*, 135; Marie Neurath and Robert S. Cohen (eds.), *Otto Neurath, Empiricism and Sociology* (Dordrecht, 1973), 13, 28, 52, 59, 64.

69　Hager, *Force of Nature*, 139.

70　Pamela H. Smith, *The Business of Alchemy: Science and Culture in the Holy Roman Empire* (Princeton, NJ, 1994), 14.

71　引自 MacCarthy, *William Morris*, 230.

72　Umberto Eco, 'In Memory of Giorgio Prodi', in Leda G. Jaworksi (ed.), *Lo studio Bolognese* (Stony Brook, NY, 1994), 77.至於艾可本人，我親眼見識過他來去匆匆的模樣。我有一回在義大利參加大會和艾可同台。他在輪到自己發表論文前才出現，和座談會上每個來賓握手，發表完論文，跟所有來賓又握一次手，然後就離開了——應該是趕去下一場大會吧！

向」；齊美爾的博學者學生克拉考爾（Siegfried Kracauer）形容齊美爾是「漫遊者」。席納爾（Gilbert Chinard）是移民美國的文學教授，著有傳記和歷史研究，曾經在寄給學生的書裡留言回憶自己半世紀的「文學流浪」（vagabondage littéraire）。邁可·博蘭尼曾經向朋友表示，「我這輩子都在流浪」，除了從匈牙利搬到德國再到英國，也從化學轉到哲學[73]。朱利安·赫胥黎的妻子形容丈夫「靠著投入另一件事來逃離一件事」[74]。

　　貝特森曾經被人稱作「智識世界的流浪者……從一個地方旅行到另一個地方，從一個領域轉到另一個領域，從來不曾安穩停靠在一個地方」[75]。史坦納形容自己是「充滿感謝的漫遊者」，經歷過「無根」（因為他根本無根可離）的悲傷與好處[76]。薩依德（Edward Said）說自己是流浪者，到哪裡都「格格不入」[77]。旅遊作家兼小說家查特文（Bruce Chatwin）對藝術、考古學和人類學都有興趣，足以稱作博學者。他本人就老是坐不住，難怪會被流浪者的生活吸引，甚至寫了一本書，提為《心神不寧的解析》（*Anatomy of Restlessness*）。

---

73　致歐尼爾（Hugh O'Neill）的信，引自 Scott and Moleski, *Polanyi,* 193.

74　引自 Robert Olby, 'Huxley, Julian S.', *ODNB* 29, 92–5, at 93.

75　Robert W. Rieber, 'In Search of the Impertinent Question: An Overview of Bateson's Theory of Communication', in Rieber (ed.), *The Individual, Communication and Society: Essays in Memory of Gregory Bateson* (Cambridge, 1989), 1–28, at 2.

76　George Steiner, *Errata: An Examined Life* (New Haven, CT, 1997), 276.

77　Edward Said, *Out of Place: A Memoir* (London, 1999). *譯註：中文版，薩依德，《鄉關何處：薩依德回憶錄》，立緒（2000）。

　　歷時博學者會不停轉換學科。司馬賀形容自己「從政治科學和公共行政轉到經濟學和認知心理學，再轉到人工智慧和計算機科學」[78]。人類學家貝特森和生理學家莫瑞（Henry Murray）都因為個人的心理問題而走向心理學研究。有些博學者是被迫流浪的，如費希納、葛德斯、赫胥黎和福勒（Herbert Fleure），都因為眼疾而離開原本的領域。費希納離開物理學，葛德斯離開植物學，赫胥黎離開醫學，福勒離開動物學。

　　有些博學者先從事過其他工作才走上學術之路。地理學家拉采爾和社會學家帕克（Robert Park）原本是記者，人類學家巴斯蒂安（Adolf Bastian）是船醫，而梅奧（Elton Mayo）則是當過記者和非洲某金礦場的記帳員，而後才發現志業是工業心理學，從此在哈佛大學落腳[79]。

　　同時跨越國家和學科的邊界更容易激發想法。二十世紀至少有七位重要的博學者積極參與國際和平運動：奧斯特瓦爾德（Wilhelm Ostwald）、奧特萊、葛德斯、羅素（成立和平基金會）、博爾丁、鮑林（一九六二年獲頒諾貝爾和平獎）以及杭士基（二〇一七年獲頒西恩·麥克布萊德和平獎）。這些學者支持跨國合作，也支持跨學科，這點似乎不是巧合。更早之前的博學者如康門紐斯和萊布尼茲，也曾為國際之間的和平效力。

---

78　Herbert Simon, *Models of My Life* (1991: 2nd edn, Cambridge, MA, 1996), ix.

79　George C. Homans, *Coming to My Senses: The Autobiography of a Sociologist* (New Brunswick, 1984), 164.

## 工作

　　各位讀者如果有志成為博學者，在此先提醒諸位，長時間工作是免不了的。由於精力充沛，多數博學者睡得都比一般人少，將多出來的時間用來閱讀、進行研究。語文學家尤尼烏斯（Franciscus Junius）每天工作十六小時，通常從凌晨四點忙到晚上八點[80]。於耶在自傳裡宣稱，他每天只讓自己睡三小時，好騰出更多時間讀書。亞歷山大・洪堡據說和拿破崙一樣，每天只需要睡四個小時，馮紐曼也是三到四小時[81]。沙特萊侯爵夫人「只要睡四五個小時就能應付一天」，而且凌晨四點就起床，一路工作十四小時[82]。傑佛遜的傳記提到他「竟然隨時都能」長時間工作，有時從清晨五點忙到半夜，也曾建議某個學生每天工作十一個小時。梅爾茨（John Theodore Merz）身兼企業公司經理和老闆，每天清晨趁著正職工作前寫作，從五點寫到八點，就這樣完成了四大冊的十九世紀歐洲史。華德白天在地質調查局工作，晚上到夜校上課，然後寫作，由此順利出版了一本社會學著作[83]。

　　萊迪的傳記作者想知道萊迪如何騰出時間做那麼多事，結果發現他「每天都忙到半夜兩點，且幾乎每個週日都工作，每週

---

80　出自格拉維斯（Johann Georg Graevius），引自 preface to Junius, *De pictura* (Rotterdam, 1694).

81　出自馮紐曼女兒瑪麗娜（Marina），引自 Dyson, *Turing's Cathedral*, 55.

82　Linda Gardiner, 'Women in Science', in Samia I. Spencer (ed.), *French Women and the Age of Enlightenment* (Bloomington, IN, 184), 181–93, at 189; Judith P. Zinsser, *Émilie du Châtelet: Daring Genius of the Enlightenment* (New York, 2007).

83　Laurel N. Tanner, 'Ward, Lester Frank', *ANB* 22, 641–3.

只有一個晚上休息」，偶爾甚至從早上八點工作到晚上八點，連水都沒有喝[84]。皮爾森認為，他的成就要歸功於「勤奮工作的本事」[85]。羅素表示，凱因斯「動不動就超量工作」[86]。司馬賀說自己是「工作狂」，而且顯然很自豪，「每週有六十到八十小時」伏首桌前，「甚至更久」[87]。鮑林解釋道，他年輕時便養成「工作的習慣」[88]。馮紐曼的妻子克拉拉記得丈夫「基本上可以一直工作個不停」[89]。李約瑟的合作伙伴形容他總是「不停工作」，早餐時間也不例外，還表示他喜歡吃水煮蛋，因為可以邊煮邊工作[90]。傅柯工作勤快，很少休息，從求學時代到過世前不久都沒有改變。他一九七四年才剛完成《規訓與懲罰》，當天便著手動筆寫《性史》第一卷[91]。

　　少了勤奮工作的習慣，很難想像一些博學者還能這麼多產。例如龐加萊一共出版了三十多本書，大約五千篇文章，卻仍舊比不上博爾丁的四十本書、八百多篇文章，魯曼（Niklas Luhmann）約七十本書，克羅齊八十多本，薩洛蒙・雷納赫

---

84　Leonard Warren, *Joseph Leidy: The Last Man Who Knew Everything* (New Haven, CT, 1998), 5.

85　出自皮爾森自傳，引自 E. S. Pearson, *Karl Pearson* (London, 1938), 2.

86　羅素《羅素自傳》，vol. 1, 71.

87　Simon, Models, 112, 200, 238.

88　引自 Hager, *Force of Nature*, 55.

89　引自 preface to John von Neumann, The Computer and the Brain (New Haven, CT, 1958).

90　合作伙伴為王玲，引自 Goldsmith, *Joseph Needham*, 134, 137, 143.

91　Eribon, *Foucault*, 13, 325; Stuart Elden, *Foucault's Last Decade* (Cambridge, 2016), 1.

（Salomon Reinach）九十本。

長時間埋頭伏案有時不無代價。阿伯提在自傳裡提到，他飽受如今稱作「神經衰弱」的毛病，將文字看成蠍子。達爾文工作過度，以致健康受損。威廉・史密斯據說經常不吃中餐，只為了多出時間進行研究。他的早逝和工作過量應該不無關係[92]。藍畢希特（Karl Lamprecht）應該也是如此。他以為「單憑意志力就能生出源源不絕的體力」，即使朋友奧斯特瓦德記得自己警告過他，說他工作過頭，藍畢希特依然故我，結果五十九歲便離開人世[93]。

斯賓賽長期工作過量導致他一八五五年神經衰弱。赫胥黎一八七一和一八八四年兩度神經衰弱，似乎也出於同樣原因。史蒂芬（Leslie Stephen）自比為呼拉圈，「只要不全速轉動就會往下掉」[94]。羅素認為，工作過量是凱因斯過世的主因。韋伯在父親死後神經衰弱，但過度工作可能是讓他更容易發病的原因。

## 衡量時間

不少博學者年幼時都被灌輸一個觀念，時間必須善用不能浪費，韋伯稱之為「現世制欲主義」（innerweltliche Askese）。聖

---

92　Thomas O. Beidelman, *W. Robertson Smith and the Sociological Study of Religion* (Chicago, IL, 1974), 11.

93　Wilhelm Ostwald, *The Autobiography* (1926: English translation, n.p., 2017), 202.

94　Frederick W. Maitland, *Life and Letters of Leslie Stephen* (London, 1906), 374，引自 Alan Bell, 'Stephen, Leslie', *ODNB* 52, 447–57, at 454.

公會博學者派蒂森（Mark Pattison）多次在講道時指出，教育是一種制欲訓練，也應該如此[95]。彌爾在自傳裡曾描述，父親「嚴格奉行不浪費時間的原則」，因此「教導學生時可能也是如此」。

　　喀爾文派學者以撒克‧卡索邦在日記裡生動描繪了自己「對時間和時間不足的掛念」[96]；另一名喀爾文派學者格老秀斯的座右銘則是「沒時間了」（Ruit Hora）。布朗身邊的人形容他對「懶惰閒散極其不耐，說自己不能無所事事」[97]。牛頓的謄寫員說牛頓「整天惦著自己有多少時間沒用來讀書……我想他連要花時間吃飯和睡覺都抱怨過」[98]。孟德斯鳩認為，閒適不是天堂般的享受，而是地獄似的煎熬。富蘭克林表示，「休閒就是從事有益活動的時間」。威廉‧洪堡退休時告訴朋友，「我從來不曾半夜一點以前就寢」，並且說「我的一生幾乎都耗在書房裡」[99]。楊格臨終前驕傲表示，自己從來不曾虛度一天；赫歇爾年少希望自己「擁有令人羨慕的本領，一丁點時光都不浪費」[100]；達爾文則認為，「誰要是敢浪費一小時，誰就還不明白生命的價值」[101]。

95　H. S. Jones, *Intellect and Character in Victorian England: Mark Pattison and the Invention of the Don* (Cambridge, 2007), 150.

96　Anthony D. Nuttall, *Dead from the Waist Down: Scholars and Scholarship in Literature and the Popular Imagination* (New Haven, CT, 2003), 142.

97　R. H. Robbins, 'Browne, Thomas', *ODNB* 8, 215.

98　Westfall, *Never at Rest*, 192.

99　引自 Sweet, *Wilhelm von Humboldt*, vol. 2, 372.

100　引自 Günter Buttmann, *The Shadow of the Telescope: A Biography of John Herschel* (1965: English translation, New York, 1970), 14.

101　達爾文一八三六年致信妹妹蘇珊，引自 *Life and Letters of Charles Darwin*, 2 vols. (London, 1887), 266.

有些博學者的動力來自想彌補失去的時間。達爾文搭船遠征五年，雖然在小獵犬號上埋首讀書，登陸期間也獲得許多寶貴的觀察，但旅途結束後仍對「回到英國後等著我的繁浩工作感到又喜又憂」[102]。二戰期間，人在納粹德國的哲學家布魯門伯格沒辦法上大學，因為他有一半猶太血統。戰爭結束後他每週都有一天犧牲睡眠，只為了多讀點書[103]。

晚近一名傳記作者提到韋伯是「工作狂」，而且極在意時光流逝，那種「強迫症似的著急」從他「難以辨讀的潦草字跡裡看得一清二楚」[104]。作家威爾斯深怕浪費時間，十七歲便寫信告訴母親，自己「已經虛耗了四分之一的人生」，後來更因為工作過量拖垮了身體[105]。麥爾維・杜威更極端。他瘋狂追求效率，要求下屬一定要準備好才來找他談話，「用字愈少愈好，免得浪費任何時間」[106]。據說他曾訓斥對他說「早安，杜威先生」的圖書館接待員，因為對方糟蹋了寶貴的時間。這不僅反映了這位博學者的想法，甚至透露了他的偏執。

---

102 引自 Brent, *Charles Darwin*, 209

103 Annette Vowinckel, '"Ich fürchte mich vor den Organisationslustigen": Ein Dialog zwischen Hans Blumenberg und Reinhart Koselleck', *Merkur* 68 no.6, 546–50, at 548.

104 Joachim Radkau, *Max Weber* (2005: English translation, Cambridge 2009), 122–4, 145.

105 Mackenzie, *Time Traveller*, 46, 329, 338.

106 Montesquieu 引自 Shackleton, *Montesquieu*, 234；Young 引自 Gurney, 42；杜威的話引自 Wayne Wiegand, *Irrepressible Reformer*, 192. ＊譯註：原文此處並未提到孟德斯鳩和楊格。

## 競爭

熱中工作通常是出於競爭。根據記載，塞爾登曾模仿自己
敬佩的學者斯卡利傑和格老秀斯而完成了兩本書《敘利亞神祇》
和《自然法》[107]。約翰生的同學友人記得他「一心想出人頭地」[108]。
司馬賀坦承，「我從以前到現在都愛競爭」，霍曼斯（George
Homans）回想自己小時候「老是愛競爭」[109]。其他博學者顯然也
有這種特質，從牛頓到曼海姆都不例外。曼海姆寫過一篇有名的
論文探討「競爭是種文化現象」，而曾擔任過他的助理的愛里亞
斯也說曼海姆本人很愛競爭[110]。楊格認為，「科學研究就是一種
戰爭……跟所有古人與同代人對抗」；而他和商博良的關係就是
如此，兩人爭相破解埃及象形文[111]。競爭會激發求勝欲和李約瑟
稱作「不顧一切追求目標」的衝動[112]。手足競爭也能解釋洪堡兄
弟、博蘭尼兄弟和赫胥黎兄弟為何有此成就。這三對兄弟檔雖然
會分工合作，但有時也會越界，例如邁可·博蘭尼就從化學跨到
經濟學，朱利安·赫胥黎則是也寫科幻小說。

107 Gerald Toomer, John Selden (2 vols., Oxford 2009), 490.

108 評論出自黑克特，引自 John Hawkins, *Life of Samuel Johnson*, 7

109 Simon, *Models*, 110; Homans, *Coming to My Senses*, 57.

110 Norbert Elias, *Über Sich Selbst* (Frankfurt, 1990), 138.

111 楊格致信格尼（Hudson Gurney），引自 Robinson, 183.

112 'Henry Holorenshaw', 'The Making of an Honorary Taoist', in Mikuláš Teich and
Robert Young (eds.) Changing Perspectives in the History of Science (London,
1973), 1–20, at 12.

## 玩樂

不過,若你認為博學者的成就必然出於刻苦,如太陽神阿波羅般的崇高,那就錯了。他們的成就中,也可見如酒神般的狂歡,不僅從獲取知識,也從解決問題裡得到快樂。金茲伯格是興趣特別廣泛的歷史學家,曾在受訪時將學習新主題的樂趣比作在新雪地上滑雪[113]。有些博學者很喜歡玩文字遊戲,例如德希達將延遲(deferral)和差異(difference)組合成「延異」(différance)這個詞;齊澤克出版過笑話集;弗雷雷(Gilberto Freyre)用葡萄牙文裡的「文明」和「梅毒」兩個詞玩過雙關語,嚇到不少讀者;博爾丁喜歡用幽默詩來描述自己的各種興趣。艾可曾經替亞里斯多德虛構了一本論笑的書,寫過一篇充滿洞見的文章討論懷金格的《遊戲人》,研究過文化裡的玩樂成分,而他本人也是位很有玩心的學者,以妙語如珠(battute)聞名,甚至替自己討論哲學的嚴肅之作取名為《康德與鴨嘴獸》,顯然很能拿學識開玩笑。社會學家黎士曼也一樣,不只討論過玩樂,寫作也充滿諧趣。

十六世紀的卡爾達諾對靠運氣取勝的遊戲很感興趣,理論和實務都是;而遊戲對早期計算機科學家的形成似乎也很重要。打造會下棋的機器本身就是一種遊戲,只是影響深遠。

曾有人形容夏農是「充滿玩心的發明家」,而他也確實發明過拋接球遊戲機。圖靈喜歡的遊戲不少。麥卡洛克很重視他所

---

113 Maria Lúcia G. Pallares-Burke, *The New History: Confessions and Comparisons* (Cambridge, 2002), 186.

謂的「趣味」，而他的合作伙伴皮茨則喜歡「發明各種字詞遊戲」[114]。馮紐曼除了將賽局理論應用到研究中，自己也被稱作「很有玩心的人」。計算機科學家兼心理學家紐厄爾出版過《下棋機》（*The Chess Machine*）。一個訪問過他的人記得他「很有玩心」，還說科學是一種「遊戲」[115]。紐厄爾的同事司馬賀不只將彈鋼琴和讀原文版普魯斯特小說當作休息，似乎也將撰寫物理文章當成消遣。一般人是玩填字遊戲找樂子，而他則是解決科學問題。

## 刺蝟與狐狸

我們之前提過，博學者有時被分成兩個相反的陣營，也就是狐狸與刺蝟[116]。我剛開始為這本書準備資料時，以為絕大多數博學者都會是狐狸，從某個中心向外延伸至其他領域的知識。有些博學者確實自認為狐狸，例如前文提到的席納爾，他就承認自己在「流浪」。邁可・博蘭尼也是，而貝特森則坦承自己喜歡「繞路」[117]。

然而，外人看來發散不一的興趣，在博學者眼中可能遠不是如此。有人曾經這麼形容康林（Hermann Conring）：「他寫的

114 Heims, *The Cybernetic*, 37, 45.

115 McCorduck, *Machines Who Think*, 121.

116 Isaiah Berlin, *The Hedgehog and the Fox: An Essay on Tolstoy's View of History* (London, 1953). 參見 Stephen J. Gould, *The Hedgehog, the Fox and the Magister's Pox* (London, 2003).

117 Rieber, 'In Search of the Impertinent Question', 3

文章內容乍看彼此風馬牛不相及，但在他心裡卻是一以貫之」[118]。
「俄國達文西」弗洛連斯基的父親曾擔心年少的兒子一直轉換跑
道，但弗洛連斯基本人在信裡告訴母親，「數學是世界觀的關
鍵」，其中「沒有一樣是不重要到不值得研究，也沒有一樣是和
其他事物無關」。我們之前也提到，他說自己「畢生任務」就是
繼續沿著「統一世界觀的道路」前進[119]。李約瑟的父親也發現兒
子讀的書很雜，警告過他「不要分散力氣，孩子」，但李約瑟日
後回顧，卻認為自己是搭橋者或統合者[120]。

　　司馬賀的興趣除了數學和計算機科學，還包括社會科學，
因此看起來像是非常典型的狐狸。但他本人卻表示，「表面上發
散（scatteration），實則更接近偏執（monomania）」，他的焦點
始終在決策的邏輯[121]。布羅諾斯基描述自己：「我所寫的，年復
一年，雖然看似差別很大，卻始終向著同一個核心，就是人藉由
困境（和天賦）認識自然與自己，這是人的獨特之處」[122]。此外，
參與過知識統一大業的博學者之多，同樣證明了刺蝟理想的重

---

118 Constantin Fasolt, 'Hermann Conring and the Republic of Letters', in
Herbert Jaumann (ed.), *Die Europäische Gelehrtenrepublik im Zeitalter des
Konfessionalismus* (Wiesbaden, 2001), 141–53, at 150；參見Michael Stolleis, *Die
Einheit der Wissenschaften – zum 300. Todestag von Hermann Conring* (Helmstedt,
1982).

119 Pyman, *Pavel Florensky*, 40, 27; Steven Cassedy, 'P. A. Florensky and the
Celebration of Matter', in Judith D. Kornblatt and Richard F. Gustafson (eds.),
*Russian Religious Thought* (Madison, WI, 1996), 95–111, at 97.

120 Teich and Young, 'Holorenshaw', 'Honorary Taoist', 2, 19–20.

121 引自Hunter Crowther-Heyck, *Herbert A. Simon: The Bounds of Reason in Modern
America* (Baltimore, MD, 2005), 316.

122 出自布魯諾斯基未出版的自傳草稿，引自Sheets-Pyenson, 'Bronowski', 834.

要性。

　　有些博學者在自己或他人眼中其實模糊或超越了原本的二分。柏林在他那篇最早提出這個二分的文章裡，就指出托爾斯泰是自以為刺蝟的狐狸。雅霍達（Marie Jahoda）形容前夫拉札斯菲爾德「就天分和興趣而言」是狐狸，所以才會被數學、心理學、社會學和媒體研究吸引，但「際遇卻逼他喬裝成刺蝟」[123]。有人說，「有兩個」史坦納，既是狐狸也是刺蝟[124]。歷史學家金茲伯格曾形容自己，「愈來愈像狐狸，但骨子裡仍自認為是刺蝟」[125]。

　　從達文西、亞歷山大・洪堡和塞杜的例子同樣看得出截然二分並不容易。達文西時常被人稱為離心通才，但乍看無方向的好奇心往往和他的核心關懷脫不了關係：「片段其實是由看不見的線串在一起」。達文西深信，「自然的繁複多樣只是內在統一的外化表徵」[126]。亞歷山大・洪堡乍看也是典型的狐狸，但他認為，「所有自然力量都是彼此交錯交織的」，而他的科學成就便是證明「氣候與植被、海拔與土壤肥力、生產力與所有權關係、動物與植物」之間的關聯[127]。他對普羅大眾演講的內容，匯集成書，

123 Marie Jahoda, 'PFL: Hedgehog or Fox?', in Robert Merton, James Coleman and Peter Rossi (eds.), *Qualitative and Quantitative Social Research* (Glencoe, IL, 1979), 3–9, at 3.

124 Guido Almansi, 'The Triumph of the Hedgehog', in Nathan A. Scott Jr. and Ronald A. Sharp (eds.), *Reading George Steiner* (Baltimore, MD, 1994), 58–73.

125 引自Pallares-Burke, *The New History*, 194.

126 Vasilii Zubov, *Leonardo da Vinci* (1961: English translation, Cambridge, MA, 1968), 65; Martin Kemp, *Leonardo* (Oxford, 2011), 4.

127 Kurt-R. Biermann, 'Humboldt, F. W. H. A. von', *DSB* 6, 551.

題名為《宇宙》（*Cosmos*, 1845-42），書中便從地球的角度闡述各種關聯。

若想更深入理解這個問題，或許可從塞杜的例子中有所啟發[128]。塞杜從研究神祕主義的歷史學家變成探討消費的社會學者，這個智識上的轉折顯然不尋常。他不僅鼓吹自身所謂的跨學科「竊取」（braçonnage），而且身體力行[129]。然而，就算他闖入其他學科，關注的始終是同一些基本概念。這些核心主題將他所有探索串連起來，例如「他異性」（alterity）便是其中之一，意指其他文化、其他時期、神祕主義者和惡魔附身者的「他者性」。此外，塞杜使用的分析語彙也不曾因為主題而改變。他很能察覺類比，有不少社會學概念都是從神學概念轉化而來，套用他最愛的說法就是「轉用」。信念（la croyance）和說服（faire croire）是塞杜作品的兩大主題，前者屬於宗教，後者屬於政治，而如今政治愈來愈難說服人。塞杜後來開始探討社會實踐，如購物與閱讀，並且和他早期的宗教研究遙相呼應，使用諸如「聖禮實踐」、「基督教修行」和「愛的實踐」等詞彙。

此外，缺席、隱形以及沉默這類主題在塞杜的政治與社會分析裡也很重要，包括缺席的意義和傾聽沉默的必要等。這些主題早在他研究神祕主義時便已出現。「他者」或「他異性」是塞杜關注的另一個重要主題。這個關鍵詞借用自世俗經驗，例如殖民遭逢（colonial encounter）。塞杜從研究宗教經驗，尤其是神祕

---

128 François Dosse, *Michel de Certeau: le marcheur blessé* (Paris, 2002).
129 Michelle Perrot, 'Mille manières de braconner', *Le Débat* 49 (1988), 117–21.

主義時，就開始使用這個概念。最後，「轉用」這個概念則來自宗教。不少神職人員明白提到這一點，尤其是奧古斯丁，討論基督徒能否使用古典文化，將之和《出埃及記》裡以色列人「掠奪埃及人的物品」相比較。總之，塞杜可說是披著狐狸外皮的刺蝟[130]。

亞歷山大·洪堡和塞杜的興趣是離心的，動機卻是向心的，由此或許能歸納出一個結論。與其將博學者截然二分，不如將他們視為介於兩個極端間的連續體。將博學者理解成始終在離心興趣與建立連結之間拉扯的一群人，或許能帶給我們更多啟發。

真正的狐狸似乎少之又少，刺蝟則多上許多。當然，我們必須分辨出想看出關聯、宣稱看出關聯和證明不同知識領域確實有關聯的人。不論如何，狐狸性格經常顯露出我稱之為「達文西症候群」的徵狀。

## 達文西症候群

回顧博學者生平，有個現象會一再出現，即興趣駁雜有時導致博學者無法成書，研究沒能做完，或只差臨門一腳便能有所發現，最終卻功虧一簣。

達文西顯然是最為著名的例子，但也不是沒有對手。以彙整古典和中世紀文獻聞名的德國學者霍斯騰紐斯有過不少野心勃勃

---

130 Peter Burke, 'The Art of Re-Interpretation: Michel de Certeau', *Theoria* 100 (2002), 27–37.

的大計畫，諸如蒐集碑文和撰寫歷代教宗史，可惜都沒有完成。
我們之前也曾提到，佩雷斯克雖然透過書信所傳播的知識，遠多
於眾多學者在書中所傳達的，卻從來不曾出版過任何作品。萊布
尼茲始終沒能完成中世紀德國史的開創研究，而當代一名敬仰虎
克的學者也表示，虎克「常虎頭蛇尾」，導致後世很少人明白他
的重要[131]。

　　十九和二十世紀也不乏達文西症候群患者。前文提過，楊格
承認自己擅長「提出敏銳的建議」，而非親自得出結果。儘管他
斷斷續續嘗試了很長一段時間，最後卻是他的法國對手商博良破
解了埃及象形文字[132]。同樣的，老赫胥黎也形容自己頭腦「敏捷」
而非「透徹深入」。德國哲學家盧格則說，馬克思興趣廣泛，以
致「一事無成」──其實馬克思差一點就要完成《資本論》了，
可惜撒手西歸，只能靠好友恩格斯於他離世後編輯出版[133]。

　　亞歷山大・洪堡於一八〇四年結束美洲遠征，原本計畫盡快
發表遠征記述，但最後一節直到三十五年後才出版，導論更是始
終未能完成。要是他七十歲就離開人間，而非八十九歲，其代表
作《宇宙》──內容為他在一八二五至二七年期間的演講內容，
整理成冊後，於一八四五至一八六二年陸續出版，共計五冊，然
實際上並未全部完成──根本不可能出版

---

131　Michael Hunter, 'Hooke the Natural Philosopher', in Jim Bennet et al., *London's Leonardo* (Oxford, 2003), 105–62, at 151.

132　George Peacock, *Life of Thomas Young* (London, 1855), 397.

133　引自 Eric Hobsbawm, 'Marx, Karl', *ODNB* 37, 57–66, at 60.

佛洛依德的傳記作者暨友人瓊斯（Ernest Jones）曾表示，佛洛依德「早年不敢將自己的想法探究到底，得出合情合理的結論」，尤其是古柯鹼的醫療用途，以致「差點就錯失了舉世聞名的機會」[134]。據說葛德斯「對眼前的事物很快便感到索然無味，而且對下一個想法的興趣，比徹底鑽研乃至書寫闡述還高」[135]。一份研究指出，紐拉特的「想法很有潛力，也很有未來性」，卻「沒有時間探究個水落石出」[136]。即便是在立場上贊同邁可‧博蘭尼的幾名傳記作者亦表示，即使在他最專長的化學領域，也是「不時功敗垂成」[137]。鮑林身兼物理、化學和生物學家，曾經研究去氧核醣核酸（DNA）的結構卻沒有成功，很可能就是因為他心有旁騖。

儘管如此，我們也無須過度擔憂達文西症候群。塞杜的耶穌會同事曾經擔心，「他老是被新的研究主題吸引，跟極有天賦的年輕人一樣對什麼事都充滿熱情，根本無法擇一而終」[138]。但就如我們見到的，塞杜最終依舊完成了許多重要而且前後一貫的作品。

---

134 引自 Gay, *Freud*, from Ernest Jones, Sigmund Freud: Life and Work, vol. 1 (London 1954), 50.

135 Helen Meller, 'Geddes, Patrick', *ODNB* 21, 706.

136 Richard Creath, 'The Unity of Science: Carnap, Neurath and Beyond', in Peter Galison and David J. Stump (eds.), *The Disunity of Science: Boundaries, Contexts and Power* (Stanford, CA, 1996), 158–69, at 161.

137 Scott and Moleski, *Polanyi*, 208.

138 Dosse, *Michel de Certeau*, 176.

# 第七章

# 產地

　　記性和精力是天生特質，而非後天養成的；好奇心或許也是，只是需要環境去喚醒和啟發，也並非所有社會都能提供這些條件。博學者的其他特質同樣需要從文化或社會的角度來解釋。前一章探討博學者的心理特質，本章將探討博學者的產地，包括早期的地理和社會環境，以及博學者後來為自己找到的棲身之所。

　　維科曾在自傳裡表示，他會成為學者是因為自己生在義大利「而非摩洛哥」。他要是聽過赫勒敦這號人物，知道對方曾在菲斯（Fez）居住過，或許就不會這麼說了。不過，他對環境影響學識發展的一般看法倒是有所根據[1]。西方博學者的地理分布並不平均，不論歐洲或美洲皆然。

　　本書附錄列舉了五百位博學者，其中德國有八十四人、英國八十一人（包括威爾斯人瓊斯和海峽群島人福勒）、法國七十六人、美國六十二人，而義大利也有四十三人。來自其他西方國家

---

1　有關維科知不知道赫勒敦的學說，參見 Warren E. Gates, 'The Spread of Ibn Khaldun's Ideas on Climate and Culture', *Journal of the History of Ideas* 28 (1967), 415–22.

的博學者少了許多，如蘇格蘭只有二十一人，奧地利十八人，西班牙十七人，荷蘭（含比利時）十五人，瑞士十四人，俄羅斯十一人、匈牙利十人、瑞典六人、丹麥和捷克各五人、波蘭四人、墨西哥四人、阿根廷三人、巴西三人、愛爾蘭三人、加拿大兩人、羅馬尼亞兩人；而阿爾及利亞、澳洲、保加利亞、克羅埃西亞、古巴、愛沙尼亞、希臘、馬爾他、秘魯、委內瑞拉和葡萄牙各只有一位博學者，分別是德希達、梅奧、托鐸洛夫（Tristan Todorov）、博斯科維奇、奧爾蒂斯、魏克斯庫爾、道薩迪亞斯、札米特（Themistocles Zammit）、佩拉爾塔、貝略和奧利維拉（Fernão de Oliveira）。

　　某些小國特別令人印象深刻。瑞典有兩位成就斐然的博學者，世人卻只知道他們其中一項成就：之前提到的史威登堡是異象者（visionary），斯特林堡則是劇作家，但他其實也寫歷史、攝影、煉金術、語言學、中國以及日本[2]。瑞典博學者占人口比例偏高，或許和該國的識字率有關——及至十七世紀末，成人識字比例已將近九成[3]。蘇格蘭十八世紀出現了大批博學者，其中以休謨、亞當·斯密、弗格森、凱姆斯勳爵（Lord Kames）、蒙博杜勳爵（Lord Monboddo）和普萊菲兄弟（John and William Playfair）尤其出名。瑞士十六到二十世紀也是博學者輩出。十六世紀有格斯納和茨溫格，二十世紀有榮格和皮亞傑，期間還有尤拉、哈勒、斯達爾夫人、阿格西及布克哈特。

2　Sue Prideaux, *Strindberg: A Life* (New Haven, CT, 2012).

3　Egil Johansson, 'Literacy Studies in Sweden', in Johansson (ed.), *Literacy and Society in a Historical Perspective* (Umeå, 1973), 41–65.

荷蘭的貢獻集中在十七世紀，共有九位博學者。檢視這段特別耀眼的時期或許有助於我們理解博學者的產地如何形成。十七世紀時，荷蘭共和國人口稠密，既有運河方便國內往來，又有大批船艦和全球各地聯繫順暢。除了活躍的都會文化、歐洲數一數二的大城市（阿姆斯特丹），還有高識字率和四所大學（萊頓、烏特勒支、哈爾德維克及弗蘭納克）。萊頓大學是學術重鎮，有藏書豐富的圖書館、知名教授和眾多外國學生。此外，阿姆斯特丹擁有一所重要學術機構：伊拉斯崔學院（Athenaeum Illustre），還有證券交易所、東印度公司和西印度公司總部，以及其他「交流中心」或「知識基地」⁴。

透過中學、大學和圖書館獲取知識，顯然對有志成為博學者的人非常重要，因此出生在阿姆斯特丹或漢堡之類的大城市大有幫助。漢堡作為商業大城，有六位德國現代早期學者在此成為博學者或尋得棲身之所。其中一五二九年於漢堡成立的約翰諾姆文理中學（the Johanneum）是功臣之一。早在一七八三年，漢堡便已出版學者史⁵。巴黎、倫敦和柏林則是十九和二十世紀的博學者

---

4　Bruno Latour, 'Centres of Calculation', *Science in Action* (Cambridge, MA, 1987) 215–57; Christian Jacob (ed.), *Lieux de Savoir*, 2 vols. (Paris 2007–11)；關於荷蘭，參見 Graham Gibbs, 'The Role of the Dutch Republic as the Intellectual Entrepôt of Europe in the 17th and 18th Centuries', *Bijdragen en Mededelingen betreffende de geschiedenis der Nederlanden* 86 (1971), 323–49; Karel Davids, 'Amsterdam as a Centre of Learning in the Dutch Golden Age', in Patrick O'Brien et al. (eds.), *Urban Achievement in Early Modern Europe* (Cambridge, 2001), 305–25.

5　六位博學者為沃佛、霍斯騰紐斯、蘭貝克、普拉修斯、法布里修斯（Johann Albert Fabricius）和萊瑪魯斯（Hermann Samuel Reimarus）。參見 Johann Otto Thiess, *Versuch einer Gelehrtengeschichte von Hamburg* (Hamburg, 1783).

重鎮。

本書附錄有十二位博學者來自拉丁美洲[6]。這個數字以人口總數來看並不高，比起機會較多的美國更是如此，但還是頗為可觀。原因可能在於當地專門化較晚，並且保留了「文人」的概念。社會理論大多誕生於西歐和北美，因此往往以這兩個區域為基礎來類推。來自古巴的奧爾蒂斯和來自巴西的弗雷雷是兩個主要的例外，而他們的學說也成為所謂「南方理論」（Southern Theory）的代表。

這兩人都曾在大學任教，但主要身分仍是文人，除了寫詩、寫故事，也廣泛閱讀社會學、人類學、地理學、歷史和心理學，而他們提出的理論都源自對自身社會的研究。兩人都強調文化混合的重要，反對「種族」的概念。奧爾蒂斯將古巴文化比作當地常見的阿佳克湯（ajiaco），並討論他稱之為「文化互化」（transculturation）的現象。弗雷雷同樣探討文化的「相互滲透」，尤其是巴西的狀況[7]。

---

6　按出生順序為賈戈拉、胡安娜修女、佩拉塔、阿爾薩提（José Antonio de Alzate）、維洛索（Conceição Veloso）、貝羅、薩米恩托（Domingo Sarmiento）、奧爾蒂斯、雷耶斯（Alfonso Reyes）、波赫士、弗雷雷和希貝洛。

7　Enrico Mario Santi, *Fernando Ortiz: contrapunteo y transculturación* (Madrid, 2012); Peter Burke and Maria Lúcia G. Pallares-Burke, *Gilberto Freyre: Social Theory in the Tropics* (Oxford, 2008).

## 工作倫理

博學者的分布也和宗教有關。十七世紀科學革命的起因至今仍然沒有定論。有人認為，韋伯稱作「新教倫理」的價值觀不僅對資本主義的興起很重要，也是現代科學誕生的關鍵[8]。這個說法顯然有待進一步釐清。首先，「新教」不是指所有派別，而是如韋伯所強調的，專指講求節儉和努力工作的「清教徒」思想。此外，所謂的「新教」工作倫理其實也出現在其他群體，包括（稍後會談到的）儒家、猶太人和某些天主教徒，例如艾可的一個學生就對這位老師的「工作倫理」（etica lavorativa）印象深刻[9]。對於單用新教倫理解釋一切的作法，本書附錄提到的十位耶穌會博學者就是反證。

儘管必須加上這兩項前提，韋伯的主張仍然帶有不少真知灼見，感覺既適合描述一般學者，也適合描述博學者。韋伯提到新教倫理時，尤其喜歡以博學者富蘭克林為例。富蘭克林二十歲寫下〈未來行為計畫〉（Plan for Future Conduct, 1726），文中明白展現了他對節儉與勤奮的注重。

---

8　Robert K. Merton, 'Science, Technology and Society in Seventeenth-Century England', *Osiris* 4 (1938), 360–620; Reijer Hooykaas, 'Science and Reformation', *Cahiers d'Histoire Moderne* 3 (1956), 109–38.

9　本書附錄提到九位耶穌會博學者：蘇亞雷斯（Francisco Suárez）、特沙烏洛（Emmanuele Tesauro）、尼雷貝格（Juan Eusebio Nieremberg）、里喬利（Giambattista Riccioli）、基爾學、基諾（Eusebio Kino）、博斯科維奇、德日進和塞托。關於艾可，見 Claudio Paolucci, Umberto Eco (Milan, 2016), 40–1.

　　在本書附錄中，其中十九位博學者是新教牧師，從路德派、喀爾文派到聖公會都有，顯示韋伯提出的主張不無道理。中歐博學者有墨蘭頓、阿斯特德、康門紐斯和赫爾德。蘇格蘭博學者有柏內特、（數學家、地質學家兼天文學家）約翰・普萊菲和威廉・史密斯。法國以天主教為主，牧師博學者包括柏夏、貝爾和先後擔任過文學、數學及神學教授的昂貢特（Daniel Encontre），而他也是孔德的啟蒙者。其餘牧師博學者原本都曾經打算從事神職或家人期望他們從事神職，結果背道而馳，例如生物學家兼心理學家米勒（James Miller）、人工智慧先驅麥卡洛克、家人是浸信會的經濟學家兼歷史學家英尼斯（Harold Innis），以及同樣屬於浸信會、曾經考慮成為宣教師的麥爾維・杜威。

　　在本書附錄中，有二十九位博學者是新教牧師之後，其中包括老盧德貝克、貝爾、林奈、史威登堡、弗格森、布克哈特、彌爾、阿格西、榮格、拉斯威爾和哈欽斯。他們可能自小就接受「新教倫理」[10]。尼采是路德派牧師之後，曾經寫道「新教牧師是德國哲學的祖父」，這句話或許不只適用於哲學，也適用於其他學識[11]。祖父是牧師的博學者包括法布里修斯、斯達爾夫人和哈伯瑪斯。哈伯瑪斯經常在桌前一坐就是好幾小時，而他的牧師祖

---

10　其餘博學者包括卡索邦、比斯特菲爾德（Johann Heinrich Bisterfeld）、康林、佛斯、普芬多夫、舒爾茲弗雷許（Conrad Schurzfleisch）、貝歇爾、米拉（John Millar of Glasgow）、普萊菲兄弟、昂貢特、費希納、派蒂森、史密斯、吉丁斯（Frank Giddings）、馮特、米勒和哈斯克（Edward Haskell）。

11　Friedrich Nietzsche, *Der Antichrist* (1895)，第十章。＊譯註：中文版，尼采，《反基督》，河北教育（2003）。

父「有著普魯士人典型的嚴格工作倫理」[12]。

　　韋伯本人就是非常好的例子。他的母親和富蘭克林及麥卡洛克的母親一樣，都是虔誠的新教徒。韋伯曾向妻子瑪麗安表示，不斷工作是他的「天生需求」。前文提到的凱因斯也是工作狂。他的父親是「虔誠的獨立教會信徒」，羅素認為，「他兒子繼承了他的獨立教會精神」[13]。

## 范伯倫問題

　　從另一名社會學家博學者范伯倫（Thorstein Veblen）的論點切入，或許可以讓我們更了解韋伯說法的脈絡。一九一九年，范伯倫發表了一篇知名論文，探討他稱作「現代歐洲猶太人的智識優勢」的現象，企圖解釋為何猶太人「在現代科學與學識的領導人物裡多得不成比例」，充滿了「先驅、開路者和破舊立新之人」。他反對以種族來解釋，因為「猶太民族裡各種人都有」。他認為關鍵在社會：當猶太人加入「非猶太人的文字共和國」，置身於兩個世界之間，對兩者都抱持一定的疏離及懷疑，才變得如此有創造力[14]。

---

12　Stefan Müller-Doohm, *Habermas: A Biography* (2014: English translation, Cambridge, 2016), 13.

13　Bertrand Russell, *Autobiography*, 3 vols. (London, 1967–9), vol. 1, 71。＊譯註：中文版，羅素，《羅素自傳》，商務印書館（2015）。

14　Thorstein Veblen, 'The Intellectual Pre-Eminence of Jews in Modern Europe', *Political Science Quarterly* 34 (1919), 33–42.

　　根據本書所採用的群體傳記學觀點，同樣能看出猶太裔博學者（不論猶太教徒、天主教徒、新教徒或無神論者）所占的比例遠高於其他族裔，至少自十九世紀中葉起便是如此。以馬克思為首，本書附錄列舉的博學者有兩百五十人於一八一七年以後出生，其中猶太人就占了五十五人。這個比例一方面證實了范伯倫的想法，一方面也反證了他的論點。假設范伯倫的主張為真，猶太人脫離原有的聚居區混入歐美文化中，那麼他所謂的「猶太背教者大軍」到了二十世紀初就該無以為繼了，但以博學者來說並非如此。因此，范伯倫的猶太「智識優勢」論就算不用捨棄，也必須加上其他解釋作為補充。

　　有些少數族裔（如貴格會）由於無法參政，使得具有聰明才智的年輕人轉而投向貿易或學術等其他領域。一般猶太家長都很重學識。在他們看來，成為科學家或學者就跟研究《希伯來聖經》和《摩西五經》一樣，只不過鑽研的是世俗知識，因此有些猶太家長努力督促兒女走上這條道路也就不足為奇了。例如維納日後便曾笑稱，「自小在兩倍清教徒的環境裡長大」，因為他生於猶太家庭，又在信奉新教的新英格蘭成長茁壯[15]。流亡的重要也值得一提。倘若范伯倫不是一九一九年寫論文，而是一九三〇年代，他肯定會提及此事。本書提到的猶太裔博學者通常不是難民，就是難民之後。他們生活在祖國與「定居國」的文化之間，對兩者都抱有一定程度的疏離，反倒得以擺脫科學家或學者的地

---

15　Norbert Wiener, *Ex-Prodigy* (New York, 1953), 120.

盤化傾向，不受單一環境及其思維模式的框限[16]。

## 教育

　　哪一種教養方式更能養成博學者？雖然難以證明，但在家自學應該比學校教育更容易讓人不去在意既有的學術界線，甚至完全不知道界線存在。不論如何，有些大博學者確實是在家自學，尤其女性更是有很長一段時間不得不如此，例如凡舒爾曼、胡安娜修女和薩默維爾。瑪麗‧蒙塔古夫人的拉丁文也是自學而來，「其他人都以為我在讀羅曼史」。在家自學（至少幼年如此）的男博學者包括惠更斯、威特森、倫恩、洪堡兄弟、柏內特、楊格、彌爾、派蒂森、博蘭尼兄弟、威廉‧史密斯、皮爾森、羅素、馮紐曼、波赫士和貝塔朗菲。

　　有些博學者是神童，包括巴斯卡、卡拉慕夷、阿涅西、瑞士生理學家哈勒、麥考萊、彌爾、多洛蒂亞‧施勒澤、佩拉優（Manuel Menéndez y Pelayo）、十幾歲就發表多篇科學論文的皮亞傑、馮紐曼、自傳題為《昔日神童》（Ex-Prodigy）的維納及其十一歲就進哈佛大學的友人席德斯（William Sidis）和皮茨。

　　其中有些神童是學者之後，尤其彌爾、施勒澤、維納和席德斯，因此從小就感受到父親「寄予厚望」的壓力。彌爾三歲就開始學習希臘文，施勒澤五歲學習幾何、法語和拉丁文，維納七歲學習物理和化學，十二歲進大學，十四歲已學士畢業。他記得

---

16　Peter Burke, *Exiles and Expatriates in the History of Knowledge* (Waltham, MA, 2017).

父親「工作很拚命，而且從不休息」，並且「將他對自己的期望也加諸在我身上」。傑拉德的成長背景和維納類似，十五歲進大學，父親是他口中的「王牌老師、嚴格的督促者和暴君」[17]。博爾丁雖然不覺得父母是暴君，卻也記得他們對他這個早慧兒子「期望極高」[18]。

　　其他博學者就讀的則是一般學校，但往往我行我素。維科自稱為自學者，圖靈在多塞特的謝伯恩公立學校讀書時，「總是喜歡用自己的方法，而非課本上的步驟」。司馬賀說他在密爾瓦基讀小學時「完全由自己掌握學習，很少尋求建議」；後來學習數學和語言時也是採取同一套「自我教學策略」[19]。讚許這種作法的不只有他。莫爾霍夫也為自學辯護[20]，休謨則表示，「能從教授身上習得的，書裡統統都有」，楊格也同意「對決心勤奮向上的人來說，從活人身上得到的並不比書裡得到的多多少」[21]。

　　家中或附近有藏書豐富的圖書館也會鼓勵自學，例如惠更斯就受惠於父親累積的大量藏書，而維科和約翰生則是得利於父親是書商。楊格在瀏覽鄰居的藏書時，發現了自然科學[22]；威爾斯

17　Wiener, *Ex-Prodigy*, 63; idem., *I am a Mathematician* (London, 1956), 20；傑拉德的發言引自 Deborah Hammond, *The Science of Synthesis* (Boulder, CO, 2003), 147.

18　Cynthia E. Kerman, *Creative Tension: The Life and Thought of Kenneth Boulding* (Ann Arbor, MI, 1974).

19　Andrew Hodges, *Andrew Turing: The Enigma* (1983: 2nd edn, London, 2014), 43; Herbert Simon, *Models of My Life* (New York, 1991), 9, 40.

20　Hans Rudolf Velten, 'Die Autodidakten', in Jutta Held (ed.), *Intellektuelle in der Frühe Neuzeit* (Munich, 2002), 55–81, at 66.

21　Alexander Wood, *Thomas Young, Natural Philosopher* (Cambridge, 1954), 11.

22　同前註，5。

的母親在阿帕克（Uppark）莊園當管家，他因而獲准從莊園圖書館借書，並於中年時回憶「自學的美好」[23]。霍曼斯認為，「我從書裡學到的知識，大多不是在學校，而是在家裡學到的，因為家裡書非常多」[24]。波赫士家裡藏書也很多，並於日後表示，「如果你問我這一生哪件事最重要，答案會是我父親的藏書」[25]。白芝浩（Walter Bagehot）、維納、馮紐曼和李約瑟都因為瀏覽父親的藏書而建立起廣泛興趣；紐拉特的教授父親擁有近一萬三千本書，他日後坦承，「我人生最早做的數學估算，就是猜父親到底有多少本書」[26]。

　　有些博學者沒有完成大學教育，如虎克、狄德羅、休謨、德昆西、老赫胥黎、葛德斯、斯特林堡、梅奧、柏克、芒福德和曾經就讀倫敦科學師範學院的威爾斯。芒福德後來曾在大學任教，但拒絕長期受制於此，並曾經表示，學術界閱讀他的作品於他而言，宛如「二次下葬」。有些博學者根本沒念大學，包括達文西、因為不是聖公會信徒而無法就讀劍橋或牛津大學的普利斯萊、斯賓賽和波赫士。

　　本書討論的前三分之二個時期，也就是一四〇〇至一八〇〇

23　Norman and Jeanne Mackenzie, *The Life of H. G. Wells: The Time Traveller* (London, 1987), 47.

24　George C. Homans, *Coming to My Senses: The Autobiography of a Sociologist* (New Brunswick, NJ, 1984), 46.

25　Jorge Luis Borges, 'Autobiographical Essay', in *The Aleph* (London, 1971), 203–60, at 209.

26　Wiener, *Ex-Prodigy*, 62–3; Otto Neurath, Empiricism and Sociology, eds. Marie Neurath and Robert S. Cohen (Dordrecht, 1973), 4, 14, 46.

年，女學者面臨著巨大的障礙。儘管可以上大學，但社會普遍認為高等教育不適合女性。就算對知識感興趣，周遭也期待她們鑽研純文藝，而非學識，專注於翻譯，而不是撰寫原創的作品。面對這種種障礙，現代早期（一四五〇至一八〇〇年）還是出現了十二位女博學者，簡直堪稱奇蹟[27]。

摒除這些障礙使得女博學者略有增加，十九世紀共有六人，分別是斯達爾夫人、多洛蒂亞・施勒澤、喬治・艾略特、薩默維爾、馬蒂諾及（彌爾的妻子）泰勒。隨著女性受教人口和就業機會增加，二十和二十一世紀的女博學者更多了，尤其是一九三〇年代出生的世代，包括桑塔格、卡利尼（Clara Gallini）和之後的女性學者都是好例子。卡利尼不僅是古典學家，也擅長宗教史及文化人類學。

目前足以稱作博學者的女性包括史碧華克（Gayatri Chakravorty Spivak），活躍於哲學、文學理論和後殖民研究的領域；伊瑞葛來（Luce Iragiray），專於長哲學、心理分析及語言學；西蘇（Hélène Cixous），為心理分析、哲學與文學；波洛克（Griselda Pollock）專長為藝術史、文化理論和心理分析；米歇爾（Juliet Mitchell）的文學、心理分析及性別研究；阿斯曼（Aleida Assmann）的文學、文化史和人類學；巴特勒（Judith Butler）的哲學、語言學和政治；博登（Margaret Boden）的哲學、心理學和認知研究；巴爾（Mieke Bal）為文學、藝術與媒

---

27 這十二位女博學者分別為菲德勒（Cassandra Fedele）、契芮塔（Laura Cereta）、德古內、瑪金、凡舒爾曼、普法爾茨公主伊莉莎白、卡文迪許、克里斯蒂娜女王、科爾納、胡安娜修女、沙特萊侯爵夫人和阿涅西。

體理論方面的理論家，同時也是影像藝術家；羅絲（Jacqueline Rose），她不只論述文學、心理分析、性別研究、政治與歷史，也寫過一本小說[28]。

## 獨立

光有好奇心、精力和善用時間的想法還不夠，博學者也需要足夠的時間從事自己想做的研究。身處牛津和劍橋大學這類學術社群或身為宗教團體成員，有時能提供這樣的機會。以宗教團體為例，本篤修會中的特里特米烏斯（Johannes Trithemius）和費伊豪；加爾默羅會中的博丹（一段時間）和胡安娜修女；熙篤會：卡拉慕夷；律修會：哥白尼和伊拉斯謨（一段時間）；方濟各會中的拉伯雷和敏斯特（兩人都只待了一段時間）；道明會中的奧利維拉（Fernão de Oliveira）、布魯諾（後來紛紛離開）和康帕內拉；福利會中的薩皮（Paolo Sarpi）。至於耶穌會就更不用說了，之前提到共有十位。伊莉莎白公主後來成為女修道院院長。獨身加上食宿無憂，讓這些學者可以專心吸收及傳播知識；尤其基爾學更充分利用了教派的全球網絡，他那本論中國的書便來自宣教師會士的第一手知識。基爾學甚至召集了一組耶穌會士，在全球不同地區觀測地磁變化[29]。

---

28　這些女博學者目前都還很活躍，因此不列入本書附錄中。

29　Michael John Gorman, 'The Angel and the Compass: Athanasius Kircher's Magnetic Geography', in Paula Findlen (ed.), *The Last Man Who Knew Everything* (New York, 2003), 229–51, at 245.

　　有些博學者終身未婚，可能因為是同性戀，例如達文西和圖靈，也可能因為他們不想讓婚姻占去做研究的時間。這些博學者包括布魯涅斯基、斯卡利傑、尤尼烏斯、佩雷斯克、萊布尼茲、貝爾、瑞奧穆、喬維拉諾斯、亞歷山大・洪堡、麥考萊、斯賓賽、聖伯夫、威廉・史密斯和奧格登（Charles Ogden）。達爾文寫過一張非常有名的清單，列舉贊成和反對結婚的理由。其中一個維持單身的理由便是「會損失時間：傍晚無法讀書」──但他還是和艾瑪（Emma Wedgwood）結婚了[30]。

　　有不少博學者屬於「有閒階級」，無須工作也有收入，例如米蘭多拉、迪伊、第谷、惠更斯、馬菲（Scipione Maffei）、孟德斯鳩和布豐，而亞歷山大・洪堡不僅自給有餘，就連那趟有名的拉丁美洲遠征也由他資助。英國方面，從巴貝吉、達爾文、高爾頓、盧伯克到塔爾博特都是擁有私人收入的仕紳學者。沃伯格（Aby Warburg）的父親和弟弟都是銀行家，使得他不僅生活富裕，還可以盡情買書[31]。班雅明由父母親供應所需，即使他有時並不願意，而莫瑞則是「財務自由」[32]。

　　繼承遺產讓不少博學者得以在晚年盡情追尋各種興趣，從楊格、佩雷斯克、斯賓賽到齊美爾都是如此；而帕累托則是六十一歲辭去教職，花更多時間著書立作。羅素從過世的父親手中獲得兩萬英鎊遺產，只不過還是得繼續寫書，在美國巡迴授課，以便

---

30　Charles Darwin, notebook, July 1838, ms in Cambridge University Library, https://www. darwinproject.ac.uk/tags/about-darwin/family-life/darwin-marriage.

31　Ernst Gombrich, *Aby Warburg: An Intellectual Biography* (Oxford, 1986), 22.

32　Homans, *Coming to My Senses*, 295.

贍養妻子和兒女。

## 空檔

有些博學者很懂得利用空檔，例如奧布里（John Aubrey）
就表示，雷利「身旁總是帶著一箱書，航行期間幾乎手不釋
卷」[33]。達爾文搭乘小獵犬號航行五年，隨時在吊床上閱讀寫作。
他曾經在信裡告訴父親，「船上做任何事都特別方便，什麼東西
都在手邊，擁擠則讓人更講求方法，因此最後反而很有收穫」。
達爾文就是在船上讀到萊爾一八三〇至三三年寫成的《地質學原
理》，啟發了他日後提出的演化論[34]。

雷利曾經被幽禁在倫敦塔，結果他趁著這第二回空檔寫出了
《世界史》（*History of the World*）。塞爾登一六二九年因為政治而
被送往馬歇爾希（Marshalsea）監獄，由此完成了猶太律法史研
究，後來甚至戲稱「獄中時間充裕」[35]。坎帕內拉在那不勒斯監獄
遭關押二十七年，不少經典大作便是在牢裡完成。普芬多夫曾擔
任瑞典外交官的家教，後來因為瑞典和丹麥開戰而被囚禁在哥本
哈根。根據普芬多夫本人描述，他在牢裡完全憑記憶完成《法理
學要素》（*Elements of Jurisprudence*），因為手邊沒有書[36]。西班牙

---

33 John Aubrey, *Brief Lives*, ed. Oliver L. Dick (London, 1960), 254.

34 引自 Peter Brent, *Charles Darwin: A Man of Enlarged Curiosity* (London, 1981), 137.

35 Gerald Toomer, *John Selden: A Life in Scholarship*, 2 vols. (Oxford, 2009), 332, 447.

36 Detlef Döring, 'Biographisches zu Samuel von Pufendorf', in Bodo Geyer and
   Helmut Goerlich (eds.), *Samuel Pufendorf und seine Wirkungen bis auf die heutige
   Zeit* (Baden-Baden, 1996), 23–38, at 27.

政治家喬維拉諾斯曾被囚禁在馬略卡島的貝爾維城堡（castle of Bellver）。他利用空檔研究島上地質，寫下城堡歷史，評述了帕爾瑪港的建築。羅素因為一戰期間拒絕參軍而入獄服刑五個月，他在牢裡「大量閱讀」，和普芬多夫一樣沒等出獄便完成了一本書[37]。

## 家庭

本書提到的博學者有些彼此是親戚家人，除了如高爾頓所主張的「天才」是會遺傳的之外（他本人便出身博學者家族），也可能因為兒時環境會刺激一個人多方面發展。知名的博學者家族包括洪堡兄弟、普萊菲兄弟（哥哥鑽研數學和自然哲學，弟弟專長工程和政治經濟學）、赫胥黎兄弟（一個主攻自然科學、一個研究人文科學）和法國學者三兄弟：約瑟夫、薩洛蒙和提奧多‧雷納赫（Joseph, Salomon and Théodore Reinach）。有趣的是，三人名字的字首 J、S、T，正好是法文「我什麼都知道」（je sais tout）的字首。

至於博蘭尼兄弟，這兩人只是家族裡最有名的成員罷了。朋友形容博蘭尼家族「是我所知道和聽過最有天賦的家族」，包括兩兄弟的姊姊蘿拉。他們的天分似乎來自母親賽西兒，她「寫過各式各樣的文化與政治主題，只是沒有發表，諸如筆跡學、珠

---

37 Russell, *Autobiography*, vol. 2, 34. vol. 2, 34. *譯註：中文版，羅素，《羅素自傳》，商務印書館（2015）。

寶、教養、睡衣、羅曼史和俄國革命等」[38]。另一個天才家族是普羅迪兄弟，六人統統走上學術之路，而且至少有兩人成為博學者：喬吉奧（醫學、生物和符號學）和保羅（教會史及政治思想）。其餘四兄弟，喬凡尼成了數學家、法蘭可和維托里歐是物理學家，羅曼諾是經濟學家，後來還成為義大利總理。

　　十七世紀有三對父子博學者，一對來自瑞典，兩對來自丹麥。小盧德貝克的涉獵範圍雖然不如父親，但他論醫學、植物學、鳥類學和現今稱作「語言學」的作品顯然讓他有資格成為博學者。頂尖數學家兼自然哲學家惠更斯的父親康士坦丁興趣廣泛，以人文學科為主。來自荷蘭的以撒克·弗斯的父親黑拉德和兒子一樣，也是知名學者。

　　本書收錄的博學者也有父女檔。奧古斯特·施勒澤不僅是當時頗具重量的歷史學家，也是最早將研究不同種族的學科命名為「民族學」（Völkerkunde）的學者，並具著述討論。他還研究統計學（Statistik），包括圖表及政治體制。他的女兒多洛蒂亞是德國最早攻讀博士的女性，通曉九種語言，懂得數學、植物學、動物學、光學、宗教、採礦、藝術及礦物學。布魯諾斯基和女兒莉莎是另一對父女檔。前文提過布羅諾斯基遊走於兩個文化之間，他的女兒（以莉莎·賈汀之名為人所知）則是從數學轉向文學批評，也是文化史學家和公共知識分子。

---

38　Peter F. Drucker, *Adventures of a Bystander* (London, 1978), 126；有關賽西兒，請見Gareth Dale, *Karl Polanyi: The Limits of the Market* (Cambridge, 2010), 15.

## 人際網絡

博學者有些彼此是親戚，有些是朋友。除了互相競爭，博學者也時常互相吸引。普利斯萊移民到美國之後，和同是博學者的傑佛遜成為好友。少年歌德和赫爾德是朋友，中年後又和洪堡兄弟建立友誼。

赫歇爾、惠威爾和巴貝吉在劍橋大學成為朋友，弗雷澤也是在史密斯進入同一所大學之後和對方成了朋友。奧格登和理查茲（Ivor Richards）同樣在劍橋大學相識，因為同屬抹大拉學院而成為朋友。奧格登原本攻讀古典學，後來轉修心理學，發明了基本英語（Basic English）並大力提倡。理查茲主修「道德科學」，原本教授哲學和英語文學，後來成為教育學教授[39]。

下一章將提到德國的「法蘭克福學派」，其中有幾位學者從學生時代起便彼此相識，包括阿多諾、霍克海默和克拉考爾。法國的巴塔耶和凱窪除了是朋友，並聯手創立所謂的「社會學學院」。兩人都對文學感興趣，巴塔耶寫詩，凱窪寫過一本小說，但他們最有名的是有關人類學的大膽研究以及相形廣泛的結論。巴塔耶在《受詛咒的部分》（*La part maudite*, 1949）提出消費理論，凱窪則在《遊戲與人》（*Les jeux et les homes*, 1958）提出遊戲理論[40]。德勒茲和瓜達里是另外一對相互砥礪的朋友檔。德勒

---

39　J. W. Scott, 'Ogden, Charles Kay', *ODNB* 41, 558–9; Richard Storer, 'Richards, Ivor Armstrong', *ODNB* 46, 778–81.

40　Michel Surya, *Georges Bataille: An Intellectual Biography* (1992: English translation, London, 2002); Alain Bosquet, *Roger Caillois* (Paris, 1971).

茲是哲學家和評論家，也為文探討文學、藝術與電影；瓜達里則是心理學家、哲學家兼符號學家。

　　威廉・史密斯和弗雷澤除了是朋友，也可說是師徒。綜觀博學者的發展史，這種關係並不少見[41]，例如皮爾森是高爾頓的門生，而芒福德則自稱葛德斯的叛逆學生，表示對方「徹底改變了我的一生」，讓他「從此對世界改觀」，只是後來「我的思考方式和老師漸行漸遠」[42]。莫瑞是亨德森的學生，而海克爾先是魏修的門徒，而後又成為拉采爾心目中「無比崇敬」的老師[43]。

　　本書前面幾章經常提到通信形成的人際網絡。有些網絡很有名，例如伊拉斯謨、佩雷斯克、基爾學、萊布尼茲、貝爾、亞歷山大・洪堡和達爾文。另外，會面雖然不一定會留下紀錄，卻可能更是重要。例如貝特森本人就認識四位博學者，貝塔朗菲、維納、馮紐曼和夏農，並自認為和他們同屬於一個社交圈[44]。

　　親友形成的網絡是橫向的，包括同世代及上下數十年的人際群體。但對博學者來說，縱向網絡同等重要，也就是他們的智

41　關於師徒關係，參見 George Steiner, *Lessons of the Masters* (Cambridge, 2003), and Françoise Waquet, *Les enfants de Socrate: filiation intellectuelle et transmission du savoir, XVIIe–XXie siècle* (Paris, 2008).

42　芒福德訪談，www.patrickgeddestrust.co.uk/LM%20on%20PG%20 BBC%20 1969.htm，查詢時間為二〇一七年二月六日。參見 Mumford, 'The Disciple's Rebellion', cited in Frank G. Novak Jr. (ed.), *Lewis Mumford and Patrick Geddes: The Correspondence* (London, 1995).

43　Harriet Wanklyn, *Friedrich Ratzel: A Biographical Memoir and Bibliography* (Cambridge, 1961), 7.

44　Mark Davidson, *Uncommon Sense: The Life and Work of Ludwig von Bertalanffy* (Los Angeles, CA, 1983), 191.

識傳承，其中往往包括早期的博學者，如柳利、米蘭多拉、康門紐斯和法蘭西斯‧培根。米蘭多拉、阿格里帕、基爾學、卡拉慕夷、萊布尼茲和費伊豪都醉心於柳利的組合術；布勒烏斯（Johannes Bureus）崇拜米蘭多拉，克莉絲蒂娜女王甚至擁有米蘭多拉的肖像；萊布尼茲和基爾學都對康門紐斯感興趣；法蘭西斯‧培根是達朗貝爾、費伊豪和喬維拉諾斯心目中的英雄，後來孔德、斯賓賽和麥爾維‧杜威也對他崇拜有加。就連晚近不少博學者之間也可見這種傳承觀，例如葛德斯和紐拉特雙雙覺得，深受康門紐斯啟發，波赫士也對柳利、米蘭多拉、基爾學、萊布尼茲、柯立芝和德昆西很感興趣，寫過一篇文章談論柳利的「思想機器」，替一本談論米蘭多拉的作品寫過書評，並表示他「不能沒有」德昆西。此外，他也非常關注「赫胥黎王朝」，包括赫胥黎兄弟及兩人的祖父老赫胥黎。

　　博學者需要棲身之所才能生存，其中最常見的根據地包括宮廷、中學、大學、圖書館與期刊。

## 宮廷與贊助

　　王室或貴族麾下是現代早期學者的重要棲身之所，對博學者而言也不例外，就更別提藝術家、詩人及音樂家了。達文西先是從佛羅倫斯前往米蘭接受斯福爾札公爵贊助，而後轉往法國投入法蘭西斯一世麾下直到過世。布勒烏斯被人稱作「偉大時代的偉大雜學者」，以研究神祕科學和瑞典古文物最為人知，瑞典國

王卡爾九世和繼任的古斯塔夫二世都是其贊助者[45]。而前文也提到，對學者來說，古斯塔夫二世的女兒克莉絲蒂娜女王比她父親更為重要。

　　萊布尼茲居住在漢諾威和沃爾芬比特爾宮廷，瑪伽羅蒂和雷迪則是投靠佛羅倫斯的梅迪奇宮廷。普芬多夫是瑞典國王卡爾十一世的御用史官，而後受僱於柏林布蘭登堡選帝侯的宮廷。帕拉斯和奧古斯特‧施勒澤得到俄羅斯凱薩琳大帝贊助，狄德羅也曾經在她的聖彼得堡宮廷裡停留了幾個月，而伏爾泰則是在波茲坦接受腓特烈大帝贊助。即便到了十九世紀，也還有亞歷山大‧洪堡在普魯士宮廷擔任內侍大臣。

　　博學者對宮廷的態度往往很矛盾。對缺乏私人收入的學者來說，王室或貴族給的薪餉實在誘人。阿格里帕之所以居無定所，輾轉於科隆、杜林、梅斯、日內瓦、弗里堡、里昂和安特衛普等地，就是為了尋求贊助，像是馬克西米連一世、法蘭西斯一世母親露易絲（Louise of Savoy）和薩伏伊公爵夫人瑪格麗特（Margaret of Austria）等。贊助者可能出錢印書。少了斐迪南三世的資助，基爾學的對開本插畫巨著《埃及伊底帕斯》可能永遠沒機會出版。此外，位高權重的贊助者還能提供保護，例如史威登堡和其他學者發生衝突時，就有瑞典國王卡爾十二世為他撐腰。

　　另一方面，學者又很討厭必須演好侍臣的角色，讓他們無法

---

45　Sten Lindroth, *Svensk lärdomshistoria*, vol. 1 (Stockholm, 1975), 152–61, 237–49; Håkan Håkansson, 'Alchemy of the Ancient Goths: Johannes Bureus's Search for the Lost Wisdom of Scandinavia', *Early Science and Medicine* 17 (2012), 500–22.

專心研究。基爾學曾抱怨他在羅馬得花時間回答教宗歷山七世的問題[46]；萊布尼茲擔任漢諾威選帝侯奧古斯特（Ernst August）史官期間，經常被派去處理其他事務；亞歷山大・洪堡則是得在用餐時，念書給腓特烈・威廉三世聽，並代為處理書信，而在腓特烈・威廉四世繼任後，又被這位普魯士國王當成百科全書，回答各式各樣的問題[47]。

　　如今，王室和貴族的贊助已經由基金會取代。本章稍後將談到這些機構對博學者的影響。

## 中學與大學

　　現代早期，德國有些博學者在中學教書，尤其是漢堡等地學術取向的文理高中。有些博學者喜歡待在這類學校勝過大學，因為他們不喜歡受限制，只能教授一門學科[48]。

　　不過，確實有許多博學者嚮往到大學任教，因為當時大學給予的自由比現在多，學系的行政事務普遍不重，教學負擔可能也不大，直到二十世紀後半才改變。一九一〇至一九三八年，洛夫

---

46　John Fletcher (ed.), *Athanasius Kircher und seine Beziehungen zum gelehrten Europa seiner Zeit* (Wiesbaden, 1988), 3, 111.

47　Maria Rosa Antognazza, *Leibniz: An Intellectual Biography* (Cambridge, 2009), 324; Andrea Wulf, *The Invention of Nature: The Adventures of Alexander von Humboldt, the Lost Hero of Science* (London, 2015), 240.

48　史克里邦紐斯（Wilhelm Adolf Scribonius）從馬堡大學轉往科爾巴赫文理中學任教；舒爾茲弗雷許也在那裡教書。在漢堡約翰諾姆文理中學任教的博學者則有蘭貝克、普拉修斯、法布里修斯和萊瑪魯斯。

喬伊（Arthur Lovejoy）在約翰霍普金斯大學擔任教授，他不僅「拒教大學部學生」，只開小班的研究生課，而且「每週授課不到四小時」[49]。此外，當時許多教授都能將家事直接丟給妻子或傭人。例如提到拉采爾時，就有人指出「十九世紀末四分之一，教授（尤其德國教授）仍然可以不受行政工作、社會服務和家事煩擾，專心獲取大量知識」[50]。

學術自由包括轉換學科，這對博學者特別重要。康林在德國黑爾姆斯泰特大學教過法律、歷史與醫學[51]；老盧德貝克在瑞典烏普薩拉大學原本教授醫學，後來教授許多其他自然科學的課程；布爾哈夫是萊頓大學的植物學和醫學教授，後來獲准開設化學課程；十九世紀則有赫姆霍茲從生理學轉任物理學教授。

即使到了二十世紀，某些大學仍然保有彈性。一九二四年，格拉茨大學特地為魏格納（Alfred Wegener）開設氣象學和地球物理學講座，而魏格納的興趣還包括天文學；牛津大學則是為柯靈烏（R. G. Collingwood）量身打造了哲學與羅馬史大學講師的職位。二戰結束後，李約瑟為了撰寫中國科學技術史而決定放棄生物學，但劍橋大學依然保留了他胚胎學教授的職位。

還有三位歷時博學者雖然大幅轉換學術跑道，仍舊保住了教授職位，只是從某個系館移到另一個系館。福勒原本是亞伯里斯

49 Daniel J. Wilson, *Arthur O. Lovejoy and the Quest for Intelligibility* (Chapel Hill, NC, 1980), 186–7.

50 Wanklyn, *Friedrich Ratzel*, 3.

51 Michael Stolleis, 'Die Einheit der Wissenschaften: Hermann Conring', in Stolleis, ed., *Conring* (Berlin, 1983), 11–34. 參見Alberto Jori, *Hermann Conring (1606–1681): Der Begründer der deutschen Rechtsgeschichte* (Tübingen, 2006).

威斯大學動物學系主任，後來成為人類學系和地理系第一位（也是僅有的一位）教授。前文提到，邁可·博蘭尼在曼徹斯特大學從化學系轉任「社會研究」教授，而戴蒙（Jared Diamond）在加州大學洛杉磯分校原本是生理學教授，後來轉到地理系。

## 學科

有些學科尤其像博學者的彈跳床，如哲學就是一個明顯的例子，因為它向來關注知識的基礎。涂爾幹、傅柯和布赫迪厄都是哲學系出身。醫學是另一個跳板，它對精確觀察的訓練若應用到其他學科也很適合。現代早期的醫師為了尋找療方，通常會研究植物學與化學，而塞爾維特（Miguel Servet）也對天文學與地理學感興趣。現代早期以擁有藏珍閣聞名的愛好者包括丹麥醫師沃姆和愛爾蘭人斯隆，後來則有醫師對體質人類學和社會人類學感興趣。法國人布羅卡從醫學轉向人類學，做出相同轉變的同時包括他的兩位法國同胞勒龐和利維（Paul Rivet），以及義大利人曼特加札[52]。

十九和二十世紀，工程成了另一條博學之路。瓦爾拉斯（Léon Walras）和帕累托從工程轉到經濟學，勒普萊和斯賓賽轉到社會學，韋佛研究農業與溝通理論，布希（Vannevar Bush）轉到計算機科學，約翰·梅納德·史密斯（John Maynard Smith）

---

52 Benoît Marpeau, *Gustave Le Bon: parcours d'un intellectuel, 1841–1931* (Paris, 2000); G. Armocida and G. S. Rigo, 'Mantegazza, Paolo', *DBI* 69, 172–5.

和梅（Robert May）轉攻生物學，沃爾夫（Benjamin Whorf）轉
到語言學和人類學，富勒則轉向建築和他所謂的「宇宙原理」。
看來一名傑出工程師必備的系統觀也適用於其他學科，就像約
翰・普萊菲的繪圖員生涯讓他擅長發明圖表一般。

　　專門化也催生了不少新學科。說來矛盾，這些新學科反倒給
了博學家機會，至少短期如此，因為新學科的首代老師必然來自
其他學科。佛洛依德從醫學和動物學轉向心理分析就是所謂創造
性「背教」的著名例子[53]。

　　轉投人類學的博學者除了來自醫學領域，還有來自地理學的
鮑亞士、動物學的哈登和心理學的里弗斯。社會學方面，勒普萊
來自工程學，涂爾幹來自哲學與教育學，韋伯來自法學，帕克來
自哲學與新聞學，華德則來自地質學和考古學。

## 圖書館與博物館

　　從西元前三世紀亞歷山卓城的數學家埃拉托斯特尼開始，圖
書館顯然是博學者的棲身良地。貝爾曾經考慮到圖書館工作，因
為那裡「書夠多」，而且（至少他如此認為）「有時間讀書」[54]。後
來，更有至少二十位博學者當過圖書館員，包括阿里亞斯在埃斯

---

53　有關這種「背教」行為，參見Peter Burke, 'Turn or Return? The Cultural History
　　of Cultural Studies, 1500–2000', in Mihaela Irimia and Drago Ivana (eds.), *Literary
　　into Cultural History* (Bucharest, 2009), 11–29.

54　貝爾本人於一六八一年寫下這段話，引自Helena H. M. van Lieshout, 'The
　　Library of Pierre Bayle', in Eugenio Canone (ed.), *Bibliothecae Selectae da
　　Cusano a Leopardi* (Florence, 1993), 281–97, at 281.

科里亞爾，布洛修斯（Hugo Blotius）在維也納，諾得在巴黎、斯德哥爾摩和羅馬，萊布尼茲和萊辛在沃爾芬比特爾、馬利亞貝基（Antonio Magliabecchi）在佛羅倫斯，弗格森和休謨在愛丁堡，威廉・史密斯在劍橋大學，波赫士和佩拉約分別在布宜諾斯艾利斯與馬德里[55]。分類書籍顯然和分類知識大有關聯，萊布尼茲、麥爾維・杜威及奧特萊都是很好的例子[56]。

　　博物館似乎讓策展人有時間和機會讀書、研究。巴黎的自然史博物館是十九世紀初「全球最大的科學研究機構」，而居維葉有許多活動都是以此地為基礎而完成的[57]。巴斯蒂安在柏林成立民族學博物館，鮑亞士曾經在此工作，並且正是在替展覽品造冊時對美國西北岸的文物產生興趣，展開持續不輟的研究。移居美國後，鮑亞士先後在芝加哥田野博物館和紐約的美國自然史博物館任職，之後才轉往哥倫比亞大學執教。

　　其他博學者則是趁工作空檔讀書與寫作。這類閒暇時間於十八和十九世紀往往比二十世紀以後來得多。彌爾任職於東印度公司，所幸工作負擔不重，有時間寫書。盧伯克身兼家族銀行行長

55　其他擔任過圖書館員的博學者包括布勒烏斯和以撒克・佛斯在斯德哥爾摩，梅朋在斯德哥爾摩和哥本哈根，伯頓在牛津大學基督堂學院，莫爾霍夫在基爾，霍斯騰紐斯在法國與羅馬，蘭貝克在維也納，普拉齊烏斯在帕多瓦，舒爾茲弗雷許在威瑪，巴塔耶在巴黎，布爾斯廷（Daniel Boorstin）則在華盛頓。

56　Gordon Stevenson and Judith Kramer-Greene (eds.), *Melvil Dewey: The Man and the Classification* (Albany, NY, 1983); Françoise Levie, *L'Homme qui voulait classer le monde: Paul Otlet et le mundaneum* (Brussels, 2006); Alex Wright, *Cataloging the World: Paul Otlet and the Birth of the Information Age* (New York, 2014).

57　Franck Bourdier, 'Cuvier, Georges', *DSB* 3, 521–8, at 524.

和國會議員，也有不少空檔著述討論史前時代。波赫士在布宜諾斯艾利斯的公立圖書館待了九年，負責替書籍編目，據他形容，工作負擔很輕，可以持續大量閱讀。

## 百科全書與期刊

有些博學者選擇寄居於學術邊陲，撰寫、編纂或供文給百科全書。這份差事顯然適得其所，畢竟他們興趣就和百科全書一樣廣泛。前文提到，阿斯特德獨力編纂了一大套百科全書，狄德羅和達朗貝爾則是召集了一組人撰寫條目。楊格替《大英百科全書》第五版撰寫六十多則條目，威廉·史密斯是第九版主編，蘭格則是為第九版撰寫了十九則條目。維納年輕時也曾有一段時間替《大美百科全書》撰寫條目為生。

從貝爾開始，文化期刊和報紙便一直是博學者另一個棲身之所，尤其是偏好自由工作勝過在大學等機構穩定就業的人。約翰生創辦了《漫遊者》雜誌（The Rambler），和他編纂的《英語詞典》一樣，讓他得以不靠「學術庇蔭」也能自給自足[58]。麥考萊替《愛丁堡評論》撰寫的文章而享負盛名，讓他每年賺進兩百英鎊，這在當時是筆可觀的收入[59]。喬治·艾略特為《西敏寺評論》撰稿，其他則是勒南和泰納為《兩個世界評論》，克拉考爾為《法蘭克福報》，芒福德、史坦納和桑塔格為《紐約客》，桑

---

58　Samuel Johnson, *Dictionary of the English Language* (London, 1755), preface.

59　John Clive, *Macaulay: The Shaping of the Historian* (London, 1973), 100.

塔格、史坦納和薩克斯為《紐約書評》，傅柯為《新觀察家》，以及艾可為《快報》撰稿。

有些博學者除了替刊物撰稿，也擔任編輯或創辦刊物。例如傑弗禮是《愛丁堡評論》編輯，芒福德和肯尼斯・柏克是《日晷》雜誌編輯，克羅齊則創辦了《批判》雜誌。另外，編輯叢書就好比書籍的助產士，也是有些博學者選擇扮演的角色。勒龐曾經替弗拉馬利翁出版社編輯《科學哲學文庫》；亨利・貝爾替阿爾班・米歇爾出版社編輯《人性演化》歷史叢書；奧格登則替勞特里奇出版社編輯《國際心理學、哲學和科學方法叢書》，這套叢書最後共出版了兩百零一冊。

## 合作

即使在博學者的「黃金年代」，博學者也不是單打獨鬥，而是必須仰賴資訊提供者與朋友。隨著掌握多種學科的難度愈來愈高，後來的博學者都至少有一段時間必須與人合作。亞歷山大・洪堡除了雇用助手協助觀察，也積極參與國際科學合作，尤其地球物理學研究，號召在不同國家設立觀察站測量地磁[60]。威爾斯

---

60　L. Kellner, 'Alexander von Humboldt and the Organization of International Collaboration in Geophysical Research', *Contemporary Physics* 1 (1959), 35–48; Kurt-R. Biermann, 'Alexander von Humboldt als Initiator und Organisator internationaler Zusammenarbeit auf geophysikalischen Gebiet', in E. G. Forbes (ed.), *Human Implications of Scientific Advance* (Edinburgh, 1978), 126–38; Frank Holl (ed.), *Alexander von Humboldt: Netzwerke des Wissens* (Ostfildern, 2009); Otmar Ette, *Alexander von Humboldt und die Globalisierung* (Frankfurt, 2009), 20.

和朱利安・赫胥黎合作寫出了《生命科學》(*The Science of Life*, 1929),卡爾・博蘭尼研究人類學和古代史也有助理幫忙。

　　拉札斯菲爾德的漫長學術生涯從不乏合作對象,李約瑟的合作者和助理則是讓《中國科學技術史》即使在原作者過世多年後仍然能繼續增補[61]。宮布利希(Ernst Gombrich)和神經心理學家葛雷格里(Richard Gregory)及生物學家辛德(Robert Hinde)合作,前者是眼部及大腦,後者是非口語溝通。司馬賀則是參與過「八十多個聯合研究案」[62]。

　　博學者合作著名的例子有奧格登和理查茲合寫《意義的意義》(*The Meaning of Meaning*, 1923),同時探討哲學和語言;馮紐曼和維納一起研究模控學,和莫根斯特恩(Oskar Morgenstern)合寫《遊戲與經濟行為的理論》(*The Theory of Games and Economic Behaviour*, 1944);夏農和韋佛合寫《通訊的數學理論》(*The Mathematical Theory of Communication*, 1949);而洛特曼和烏斯賓斯基(Boris Uspensky)更是一起鑽研文化符號學的數十年合作伙伴。

　　塞杜和兩名年輕歷史學家拉威爾(Jacques Ravel)和朱利亞(Dominique Julia)一起撰述語言政治學;傅柯和歷史學家法爾熱(Arlette Frage)共同研究家族史,和法蘭西學院研討會

---

61　拉札斯菲爾德的合作伙伴包括首任妻子雅霍達(Marie Jahoda)、卡茨(Elihu Katz)和莫頓(Robert Merton)。李約瑟有不少助理本身也是學者,包括魯桂珍、王玲、布魯(Gregory Blue)、白馥蘭(Francesca Bray)和草光俊夫(Toshio Kusamitsu)。

62　Simon, *Models*, 64.

成員一起研究弒親者里維耶（Pierre Rivière），其伙伴包括人類學家法夫雷（Jeannne Favret）和醫療史學家彼得（Jean-Pierre Peter）[63]。

同樣的例子俯拾即是。下一章，我們將討論正式和非正式的多學科或跨學科合作。

---

63　Stuart Elden, *Foucault's Last Decade* (Cambridge, 2016), 8.

# 第八章

# 跨學科時代

隨著「獨行俠」在知識領域愈來愈難生存，我們不得不將目光轉向那些過往由某些博學者獨力完成，如今由一群人集體跨越單一學科疆界做出的成就[1]。這裡的集體可以是一小群非正式會面的學者，也可能是為了特定目的創立的機構。

故事要從一九五〇年代之前說起。當時「跨學科」一詞仍未在法國、德國和英語世界盛行開來，不論個人或團隊跨學科共事，都僅僅稱作「合作」或「交流」（cross-fertilization）[2]。後來日漸出現各種令人眼花撩亂的詞彙，像是反學科（adisciplinary, anti-disciplinary）、越學科（cross-disciplinary, trans-disciplinary）、非學科（non-disciplinary）、多學科（multi-disciplinary, pluri-disciplinary）、後學科（post-disciplinary）和先學科（pre-disciplinary）。如今這些

---

1　這方面的概論可以參考Robert Frodeman (ed.), *The Oxford Handbook of Interdisciplinarity* (Oxford, 2010)；其歷史演進則可參考Harvey J. Graff, *Undisciplining Knowledge: Interdisciplinarity in the Twentieth Century* (Baltimore, MD, 2015).

2　Roberta Frank, 'Interdisciplinary: The First Half-Century', in E. G. Stanley and T. F. Hoad (eds.), *Words* (Cambridge, 1988), 91–101.

詞彙都消逝殆盡，徒留「跨學科」用來指稱位於學科界線上或學科與學科間空隙的研究，而「多學科」則是指匯集不同學科成員共同進行一項研究。

如先前所提，百科全書和十八世紀的科學遠征已經是多學科合作。十九世紀晚期由通用電子、標準石油、柯達和貝爾電信公司資助設立的工業實驗室[3]，以及第一、二次世界大戰及戰後由政府資助的研究計畫也是如此。

司馬賀曾經批評社會科學的團隊合作，「硬將不同的社會科學家湊在一起」。他認為，由一位博學者「將不同的社會科學合在一起」才是正途[4]。如果人人都是司馬賀，那他這話當然沒錯，只可惜本章重點便是指出，知識爆炸讓這件事變得遙不可及，即使僅僅橫跨兩三個學科，也只有少數精力過人、專心致志的學者能企及。因此，不少人展開合作，從基礎教育或研究著手，希望解決這道難題。

前幾章出場的博學者有些也會在本章出現，只不過是以對抗專門化的集團軍成員身分登場。德昆西曾經探討「淺碟知識」，賈塞特則抨擊「飽讀詩書的無知之徒」，指出專門化將導致粗鄙。芒福德驕傲地自稱「通才」，史坦納批評專門化「愚蠢」，以撰寫科幻小說聞名的前工程師海萊因（Robert Heinlein）則表示，「專門化是昆蟲做的事」。

---

3　Leonard S. Reich, *The Making of American Industrial Research* (Cambridge, 1985).

4　Herbert Simon, *Models of My Life* (Cambridge, MA, 1991), 170.

　　英國記者兼社會學家哈布豪斯（L. T. Hobhouse）看法比較持平。他於一九一〇年寫道，「專門化……雖然讓我們得以享有現代科學的效率與精確，卻也失去了新鮮和興趣。專門化讓科學想像力變弱，同時嚴重妨礙了科學作為教育的工具」[5]。

　　專門化的論戰有個特點，就是有幾個比喻反覆出現。以地盤來比喻雖然老套，卻又極為生動，不只因為知識「領域」的說法已經成為學術慣用語，也因為「地盤」會讓人聯想到圍籬與疆界。《紐約客》一名專欄作家曾說，博學者魯姆（Beardsley Ruml）「有種充滿創意的無知」，「讓他對知識世界裡所有『不准跨越』、『遠離草坪』、『禁止進入』和『此路不通』的告示視而不見」[6]。

　　反觀「跨學科」則是被比作開門、開窗、搭橋或打倒高牆，例如耶魯大學校長安吉爾（James Rowland Angell）就不曉得是自誇或是自嘲，將自己的跨學科計畫比作推倒「萬里長城」[7]。

　　此外，專門化的批評者經常使用政治比喻。十九世紀初葉，惠威爾便已經警告「科學共和國」將「宛如大帝國瓦解一般」分崩離析。專門化被稱作「巴爾幹化」或「學科沙文主義」。愛里

---

5　*Manchester Guardian*, January 1901.

6　Beardley Ruml, 'Recent Trends in Social Science', in Leonard D. White (ed.), *The New Social Science* (Chicago, IL, 1930); Martin Bulmer and Joan Bulmer, 'Philanthropy and Social Science in the 1920s', *Minerva* 19 (1981), 347–407, at 358.

7　James R. Angell, 'Yale's Institute of Human Relations', *Religious Education* 24 (1929), 583–8, at 585; cf. J. G. Morawski, 'Organizing Knowledge and Behavior at Yale's Institute of Human Relations', *Isis* 77 (1986), 219–42, at 219.

亞斯指出，「科學知識的各個領域如今就像許多國家各自為政」，司馬賀則說，「學科之於學術，就好比國家之於國際體制」[8]。

　　專門化的批評者目的各異，有些溫和，有些激進；有些如紐拉特充滿遠景，追求科學統一或普遍知識，有些基於務實的原因。賈塞特不完全反對專門化，但期望專門知識和「必然非專業」（no puede ser sino general）的「文化」彼此均衡[9]。博學者兼社會科學家坎貝爾面對學科間的重疊，提出了「魚鱗模式」（fish-scale model），提醒學者應該特別關注自身領域的相鄰學科[10]。

　　支持跨領域的學者使用的方法也各不相同，有些偏好設立新型組織，有些喜歡非正式交流。其中大致可以分成六個階段，不僅前後重疊，而且新舊並存。

　　第一個階段始於十九世紀中，是在沙龍、俱樂部和咖啡館集會討論的非正式或半正式社群。接著是多國學者聯合推動科學統一，再來是跨學科研究中心誕生，尤其是美國的社會學科，以及通才教育的理念再度盛行。第四個階段是政府支持自然科學研究

8　Guy V. Beckwith, 'The Generalist and the Disciplines: The Case of Lewis Mumford', *Issues in Integrative Studies* 14 (1996), 7–28, at 15; Norbert Elias, 'Scientific Establishments', in Elias, Herminio Martins and Richard Whitely (eds.), *Scientific Establishments and Hierarchie*s (Dordrecht, 1982), 3–69; Simon, *Models of My Life*, 173.

9　José Ortega y Gasset, *Misión de la universidad* (1930, rpr, in his Obras, vol. 4, 4th edn, Madrid, 1957), 313–53); Antón Donoso, 'The University Graduate as Learned Ignoramus according to Ortega', in *Ortega y Gasset Centennial* (Madrid, 1985), 7–18.

10　Donald T. Campbell, 'Ethnocentrism of Disciplines and the Fish-Scale Model of Omniscience', in Muztafa Sherif and Carolyn W. Sherif (eds.), *Interdisciplinary Relationships in the Social Sciences* (Boston, MA, 1969), 328–48.

和區域研究（area studies），同樣出現在美國。再來是致力於跨學科教學的新大學在歐洲等地成立，最後則是跨學科期刊出現，以及尖端研究機構數量大增。

換句話說，從十九世紀後半到二十世紀後半至今，我們已經從「將專門化制度化」轉向了「將反專門化制度化」（institutionalized anti-specialization）。

## 非正式社群

從以前到現在，非正式的討論社群都是促進跨學科的一種方式。「非正式」這個用語很難明確定義，從「半正式」社群去思考或許相對容易理解。這類社群通常在科系甚至大學以外聚會，有些社群是定時定點碰面，有固定成員，以選舉等方式入會，有些則在咖啡館碰面，由核心成員和邊緣參加者組成。不論如何，所有成員會從各自學科的觀點出發，探討某個共同主題或問題，靠著咖啡、葡萄酒或啤酒來刺激討論和言論自由。

這種智識交流方式介於西班牙傳統的藝文會（tertúlia）和學術研討會之間，前者更社交取向，除了談話討論，還有牌戲和音樂，後者雖然結束後可能到咖啡館或酒吧繼續，但更為智識取向[11]。

---

11 Andreas Gelz, *Tertulia: Literatur und Soziabilität im Spanien des 18. Und 19. Jahrhunderts* (Frankfurt, 2006); William Clark, 'The Research Seminar', in *Academic Charisma and the Origins of the Research University* (Chicago, IL, 2006), 141–82.

俱樂部、社團和學圈：按時序排列（一八五五到一九五〇左右）

1855波士頓，週六俱樂部（Saturday Club）

1869愛丁堡，愛丁堡傍晚俱樂部（Edinburgh Evening Club）

1872麻州劍橋，形上俱樂部（Metaphysical Club）

c.1887萊比錫，藍畢希特小組（Lamprecht group）

1905海德堡，愛諾斯學圈（Eranos Circle）

1908布達佩斯，伽利略學圈（Galileo Circle）

c.1915布達佩斯，週日學圈（Sunday Circle）

c.1922維也納，維也納學圈（Vienna Circle）

1923巴爾的摩，觀念史俱樂部（History of Ideas Club）

1928布拉格，布拉格學圈（Prague Circle）

1932麻州劍橋，帕累托學圈（Pareto Circle）

1949倫敦，比例俱樂部（Ratio Club）

c.1949芝加哥，無名俱樂部（Innominate Club）

1954格拉斯哥，格拉斯哥小組（Glasgow group）

早在「跨學科」一詞發明之前，就已經有渴望通識和多方討論的人創立這類性質的社團。一七六四年，約翰生和雷諾茲（Joshua Reynolds）創立「俱樂部」（The Club），成員會在倫敦一間酒館聚會。音樂史學家伯尼（Charles Burney）回憶，「約翰生希望這個俱樂部能匯集所有人文專業的人，但不是隨便找個主題紙上空談，而是討論或遇到疑慮時有人可以指教，從他的學科

得到啟發」[12]。

十九世紀，這類俱樂部如雨後春筍般出現。愛丁堡傍晚俱樂部每年十一月到七月每週聚會兩次，羅伯遜‧史密斯是成員之一，他形容俱樂部是一個「談話會」，「由住在愛丁堡或附近的人文界和科學界人士組成，目的是讓成員對所有想得到的主題至少都能精熟」[13]，因此既有專門化也有社群回應。

一九〇〇年左右，萊比錫大學一群學者開始於每週五晚飯後聚集在漢內斯咖啡館聊天、喝咖啡。後世稱他們為「萊比錫學圈」，成員包括馮特、奧斯特瓦爾德、藍畢希特和拉采爾，四人都是各有專精的博學者。馮特是心理學家，以實驗方法最為人知，但也是醫師、生理學家和哲學家，對「民族心理學（Völkerpsychologie）」及整合人文與社會科學深感興趣[14]。奧斯特瓦爾德是化學教授，但對哲學感興趣，出版過孔德的傳記。藍畢希特和馮特一樣，鍾情於群眾心理學，並應用在他的歷史作品中，在其相對保守的同行之間引發衝擊，但也啟發了二十世紀初期法國的「心態史」學派[15]。拉采爾通常被歸類為地理學家，但他感興趣的事物廣泛得多。他曾經擔任記者，遊歷過許多地方，

12 Marshall Waingrow (ed.), *The Correspondence and other Papers of James Boswell* (2nd edn, New Haven, CT, 2000), 331.

13 Bernhard Maier, *William Robertson Smith* (Tübingen, 2009).

14 Solomon Diamond, 'Wundt, Wilhelm', *DSB* 14, 526–9：該文只將他視為實驗心理學家；不同觀點可參考Woodruff Smith, 'Wilhelm Wundt: Völkerpsychologie and Experimental Psychology', in *Politics and the Sciences of Culture* (New York, 1991), 120–8.

15 Roger Chickering, *Karl Lamprecht: A German Academic Life (1856–1915)* (Atlantic Highlands, NJ, 1993).

喚醒了他對地理學的興趣。成為地理學教授後，他對民族學和政
治等鄰近學科也同樣熱中[16]。

　　奧斯特瓦爾德在自傳裡提到，自己和馮特「不時在非正式的
社交小圈子裡見面，每週一天晚飯後在劇院咖啡館聚會一小時左
右，前後持續了幾年」。要是能知道他們談了什麼，例如拉采爾
向藍畢希特學到多少歷史知識，或藍畢希特向馮特學到多少心理
學知識，那該有多好！從奧斯特瓦爾德的《文化科學的能量基
礎》（*Energetische Grundlagen der Kulturwissenschaft*, 1909）一書
中，可以清楚看到藍畢希特的貢獻[17]。

　　海德堡的愛諾斯學圈主要由信奉新教的學者組成，他們一起
討論宗教相關的論文，觀點來自各個學科，從經濟學到法律都
有。其成員包括神學家特洛爾奇（Ernst Troeltsch）、藝術史學家
托德（Henry Thode）、哲學家文德爾班（Wilhelm Windelband）
和博學者韋伯。韋伯知名的「新教倫理」論點最早就是在學圈裡
發表的[18]。

　　布達佩斯的「週日學圈」持續不久，只從一九一五年到一九
一九年為止，但彼此間的交流非常活躍。成員包括加入沒多久就

---

16　Johannes Steinmetzler, *Die Anthropogeographie Friedrich Ratzels und Ihre Ideengeschichtlich Würzeln* (Bonn, 1956); Wanklyn, *Friedrich Ratzel*.

17　Wilhelm Ostwald, *The Autobiography* (1926: English translation, n.p., 2017, 191–206; Woodruff D. Smith, 'The Leipzig Circle', in *Politics and the Sciences of Culture in Germany, 1840–1920* (New York, 1991), 204–9.

18　Hubert Treiber, 'Der Eranos: Das Glanzstück im Heidelberger Mythenkranz', in W. Schluchter and F. W. Graf (eds.), *Asketischer Protestantismus und der „Geist" des modernen Kapitalismus* (Tübingen, 2005), 75–153.

成為學圈領袖的盧卡奇、藝術史學家安塔爾（Frederick Antal）、
社會學家曼海姆、當時已經對哲學及經濟學感興趣的化學家邁
可‧博蘭尼，以及「為數驚人的卓越女性」，像是後來和曼海姆
結婚的心理學家蘭恩（Júlia Lang），而且她們在聚會時「感覺
不到男性知識分子對女性有任何高人一等的姿態」。據其中一名
參與者表示，「討論總是欲罷不能」，甚至有一回持續到隔天早
晨[19]。

　　一九二〇年代創立的兩個團體更是聞名遐邇。布拉格學圈由
捷克和流亡的俄國學者（包括雅柯布森）組成，在德比咖啡館聚
會討論語言、文學、民俗和符號學的問題。維也納學圈每週四傍
晚在中央咖啡館聚會，成員大多是哲學家，包括卡納普和石里克
（Moritz Schlick），但如同主要成員紐拉特所言，「我們當中沒有
一個是『純』哲學家，都各自出身於某個學科」，例如數學或物
理[20]。除了維也納學圈，維也納還有不少同性質的社群，當地的
咖啡館文化或許是這種智識交流的推手[21]。

　　跨學科俱樂部在英語世界出現較晚，主要有約翰霍普金斯大
學的觀念史俱樂部、哈佛大學的帕累托學圈、倫敦的比例俱樂部

---

19　Mary Gluck, 'The Sunday Circle', in *Georg Lukács and his Generation, 1900–
　　1918* (Cambridge, MA, 1985), 13–42; Eva Káradi and Erzsebet Vezér (eds.), *Georg
　　Lukács, Karl Mannheim und der Sonntagskreis* (Frankfurt, 1985); Lee Congdon,
　　*Exile and Social Thought: Hungarian Intellectuals in Germany and Austria, 1919–
　　33* (Princeton, NJ, 1991), 10–11, 52ff.

20　Otto Neurath, *Empiricism and Sociology*, eds. Marie Neurath and Robert S. Cohen
　　(Dordrecht, 1973), 304.

21　Charlotte Ashby, Tag Gronberg and Simon Shaw-Miller (eds.), *The Viennese Café
　　and Fin-de- Siècle Culture* (New York, 2013).

和格拉斯哥大學一個沒有名稱卻很重要的學者團體。

觀念史俱樂部一九二三年創立，來自哲學家洛夫喬伊、喬治・鮑亞士（George Boas）和席納爾的某次午餐談話。席納爾教授法國文學，但興趣廣泛。俱樂部每年聚會六次，固定於週四舉行，地點是約翰霍普金斯大學的一間研討室，與會成員先發表三十五至五十分鐘的論文，然後一起討論。俱樂部會章規定，「主題為成員共同有興趣的各種專業議題」，希望達成「有益交流」。雖然講者來自許多不同學科，但俱樂部核心成員多是哲學、歷史或文學出身[22]。

帕累托學圈一九三二年創立，構想來自博學者亨德森。亨德森對生物和社會系統很感興趣，認為帕累托的理論是比馬克思學說更好的選擇，因此在哈佛大學舉辦研討會，所有成員「下午花兩小時聚會」，主要聽他詮釋帕累托的《普通社會學》，然後一起討論。參與者包括人類學家、經濟學家、社會學家和歷史學家各一名，以及心理學家兼博學者米勒。本節提到的所有跨學科社群裡，這是討論範圍最集中的一個[23]。

比例俱樂部一九四九年創立於倫敦，有「英國模控學中心」之稱。成員每個月於國立神經醫院聚會兩次，喝啤酒、聽取論

22 Dorothy Stimson, 'The History of Ideas Club', in George Boas et al., *Studies in Intellectual History* (Baltimore, MD, 1953), 174–96; Irmeline Veit-Brause, 'The Interdisciplinarity of History of Concepts: A Bridge Between Disciplines', *History of Concepts Newsletter* 6 (2003), 8–13.

23 Barbara Heyl, 'The Harvard "Pareto Circle" ', *Journal of the History of the Behavioral Sciences* 4 (1968), 316–34; George Homans, *Coming to My Senses: The Autobiography of a Sociologist* (New Brunswick, NJ, 1984), 105.

文和討論後來稱作模控學的學問。參與者包括心理學家、生理學家、數學家、醫師和工程師，博學者圖靈和艾許比（W. Ross Ashby）也在其中。艾許比是精神科醫師，後來轉向神經科學、生物物理學和一般系統理論。為了維持聚會的非正式性質，俱樂部採取「無教授」規則，最終卻導致聚會於一九五八年解散，因為成員都升格為教授了[24]。

格拉斯哥小組大約始於一九五四年，每隔幾週就會有「十多位」學者在其中一名成員家中聚會，由一名成員發表論文，然後共同討論，主題圍繞在神學、哲學、心理學和文學之上。其中，連恩（R. D. Laing）應該是其中最頗具盛名的[25]。羅馬尼亞社會學家巴爾布（Zevedei Barbu）後來轉到薩塞克斯大學，加入另一個於一九六〇年代創立的類似團體，並自稱「休謨派」（Humans）[26]。

這類非正式社群鼓勵自由表達不同觀點，並藉由提供新思想來教育成員。而這些團體的成功證明了一個論點，就是「認知多

24　Philip Husbands and Owen Holland, 'The Ratio Club' in Husbands, Holland and Michael Wheeler (eds.), *The Mechanical Mind in History* (Cambridge, MA, 2008), 91–148.

25　Kenneth Collins, 'Joseph Schorstein: R. D. Laing's "rabbi"', *History of Psychiatry* 19 (2008), 185–201, at 195–7.

26　除了巴爾布，薩塞克斯小組還包括文學學者克魯克運克（John Cruickshank）、詹金斯（Cecil Jenkins）、喬西波維奇（Gabriel Josipovici）和納托（Tony Nuttall），哲學家哈里森（Bernard Harrison）和梅薩羅斯（István Mészaros），歷史學家亨諾克（Peter Hennock）、羅瑟里（John Rosselli）和筆者。聚會討論的文本包括休謨的《宗教自然史》、布伯的《我與你》、卡夫卡的短篇小說、李維史陀的《結構人類學》和《摩訶波羅多》。在此特別感謝喬西波維奇分享他對聚會的回憶。

元」比能力更有助於解決問題，也就是兩三個觀點永遠勝過單一視角。這些跨學科社群還證明了「協作圈」（collaborative circle）這個社會學理論[27]。這些團體通常很小，成員多半是二三十歲的年輕學者，藉由定期定點讓聚會固定下來，從創立到解散大約十年。但短命或許不是壞事，因為自發和半正式本來就很難維持超過十年。

## 統一知識的理論與實務

上一節提到的社群可說是對抗專門化和知識片段化的游擊軍，是面對這個問題的溫和手段。這些團體討論特定主題，並且只有一小群人參與，即使成員交談能產生「加乘效應」，影響也很有限。相較之下，推動科學統一是企圖心更強、範圍更廣的作法。

前面提到，追求知識統一淵遠流長，從普智派康門紐斯及其追隨者開始，就已經以整合片段化知識為理想[28]。十九世紀，亞歷山大‧洪堡認為，有關宇宙的知識和宇宙一樣是有機的整體；孔德對所有科學的共同原理深感興趣；斯賓賽則相信，知識是依據演化法則演進的統一體系。

---

27 Scott Page, *The Difference* (Princeton, NJ, 2007); Michael P. Farrell, *Collaborative Circles* (Chicago, IL, 2001).

28 Jordi Cat, 'The Unity of Science', in Edward N. Zalta (ed.), *The Stanford Encyclopedia of Philosophy* (Spring 2017 Edition), URL = https://plato.stanford. edu/archives/spr2017/ entries/scientific-unity; David Lowenthal, *Quest for the Unity of Knowledge* (London, 2019).

此外，自一九三〇年代起，便有學者組織起來，嘗試統一所有學科。前幾章提到，奧地利博學者紐拉特是該運動的領袖與組織者，將他的中央計畫調控構想從經濟活動延伸到智識領域[29]。哲學家卡納普即證實，「我們在維也納學圈的討論主要受紐拉特影響，所有哲學構想的核心信條都以知識統一為原則」[30]，但「紐拉特所謂的科學統一到底是什麼，實在很難說得明白」。他認為統一運動的主要目的之一，是「促進各式各樣的科學統合」，卻對系統化存有疑慮，認為與其追求知識「如**體系**般的徹底與完全」，不如「強調知識如百科全書般的不完整」[31]。換句話說，比起統一的「萬有理論」，他對搭橋更感興趣。

其他追求知識統一的嘗試則和系統觀有關。生物學方面，博學者貝塔朗菲和拉波波特於一九五四年創立一般系統論協進會（the Society for the Advancement of General Systems Theory），現今稱作國際系統科學學會（the International Society for the Systems Sciences）。前面提到，貝塔朗菲發展出「開放系統」的概念，

29　Georg A. Reisch, 'Planning Science: Otto Neurath and the "International Encyclopedia of Unified Science"', *British Journal for the History of Science* 27 (1994), 153–75; Jordi Cat, Nancy Cartwright and Hasok Chang, 'Otto Neurath: Politics and the Unity of Science', in Peter Galison and David J. Stump (eds.), *The Disunity of Science* (Stanford, CA, 1996), 347–69.

30　卡納普的評論引自 Neurath, *Empiricism and Sociology*, 43; Otto Neurath, 'Zur Theorie der Sozialwissenschaften', rpr. in his *Schriften* (1981). 參見 John Symons, Olga Pombo and Juan Manuel Torres (eds.), *Otto Neurath and the Unity of Science* (Dordrecht, 2004).

31　Neurath, 'Politics and the Unity of Science'; Richard Creath, 'The Unity of Science: Carnap, Neurath and Beyond', in Galison and Stump, *The Disunity of Science*, 158–69, at 161.

拉波波特則是關注「所有事物間的基本關聯」[32]。生物學家威爾森同樣關注知識統一。他十八歲便「著迷於統一學識的夢想」，後來更使用「融通」（consilience）來指稱維多利亞時代博學者惠威爾的「聯結」概念，主張「未來所有最具潛力的問題⋯⋯都將圍繞在知識體系的統一上」[33]。

## 大學的跨學科研究

　　二十世紀上半，許多大學正式成立跨學科的集體研究計畫。這些計畫不如統一科學派那麼雄心壯志，一九二三年，法蘭克福大學成立的社會研究所（Institut für Sozialforschung）就是早期最有名的例子，該校孕育出不少馬克思主義學者，成為所謂「法蘭克福學派」的搖籃[34]。霍克海默一九三〇年接掌研究所，開始以統合哲學、經濟學、社會學、歷史和心理分析為目標，希望用共同的科學大業取代他所謂的「混亂的專門化」[35]。後來博學者李奧・洛文塔爾（Leo Löwenthal）和阿多諾也加入同一陣營。洛文塔爾以文學社會學研究著稱，阿多諾則是和霍克海默合寫了

32　引自 Deborah Hammond, *The Science of Synthesis* (Boulder, CO, 2003), 157.

33　Edward O. Wilson, *Consilience: The Unity of Knowledge* (New York, 1999), 3, 8, 298. ＊譯註：中文版，威爾森，《知識大融通》，天下文化（2003）。

34　Martin Jay, *The Dialectical Imagination: A History of the Frankfurt School and the Institute for Social Research 1923–1950* (Boston, MA, 1973); Stuart Jeffries, *Grand Hotel Abyss: The Lives of the Frankfurt School* (London, 2016).

35　Max Horkheimer, 'The Present State of Social Philosophy and the Tasks of an Institute for Social Research' (1931: English translation in Horkheimer, *Between Philosophy and Social Science*, Cambridge, MA, 1993, 1–14), at 9.

《啟蒙的辯證》（*Dialektik der Aufklärung*, 1944），其中最有名的就是將流行文化視為一種「工業」來分析[36]。還有一些博學者活躍於法蘭克福學派外圍，如班雅明和克拉考爾，其中克拉考爾雖然多才多藝，卻以電影研究最為著名。

希特勒掌權後，社會研究所於一九三三年撤離到瑞士，隔年再轉往美國。此時阿多諾開始和一群學者合作進行一項大規模的跨學科研究，並出版《權威性人格》（*The Authoritarian Personality*, 1949），從不同觀點（社會學、政治和心理學）檢視權威性人格如何產生。一九四五年，社會研究所遷回法蘭克福，由既是哲學家，也是社會學家的博學者哈伯瑪斯主持所務，開啟該所的下一階段，除了哲學與社會學，也對法學和歷史學做出貢獻[37]。

集體研究計畫在美國尤其重要。慈善基金會、大學與政府都鼓勵自然和社會科學從事跨學科研究。例如，一九二二至一九二九年擔任洛克斐勒基金會社會科學研究主任的前心理學家魯姆就指出，現今「歷史學、經濟學、社會學和心理學等」的學科分野「毫無助益」，為「社會科學的整體發展」帶來重重阻礙[38]；一九三二至一九五五年擔任洛克斐勒基金會自然科學研究主任的韋佛也支持生物學與化學交會領域的研究。一九五〇年代任職於福特基金會的貝雷福森（Bernard Berelson）則是鼓勵對不同社會科學共有的「問題範疇」進行研究，如「價值與信念」和「社會變化與文化變遷」。

---

36　Stefan Müller-Doohm, *Adorno: A Biography* (Cambridge, 2005).

37　Stefan Müller-Doohm, *Habermas: A Biography* (Cambridge, 2016).

38　Ruml, 'Recent Trends in Social Science', 99–111, at 104.

有些美國頂尖大學成立超科系（super-department）以便整合社會科學。心理學家安吉爾曾經在芝加哥大學指導魯姆的博士論文，一九二一年成為耶魯大學校長，隨後於一九二九年創立社會關係研究所，將心理學、醫學、神經學、經濟學、法律、社會學和政治科學的學者匯集於同一棟大樓，對「攸關個人與社會調適的問題」發動「協同式科學攻擊」。該研究所每週一晚上都會舉行研討會，希望促成學科整合[39]。

哈欽斯三十歲接掌芝加哥大學，正是因為這位活力過人的新校長，芝大才成立了社會科學跨學科研究小組。該小組位於社會科學研究大樓內，一九二九年召開了一場跨學科會議，與會者來自醫學、神經學、法律、經濟學、社會學和人類學等領域，正式宣告小組啟動。哈欽斯為議事錄前言撰寫「致詞」，強調所謂「合作研究」的重要（當時「跨學科」一詞尚未普及）[40]，並於一九三一年延請魯姆擔任社會科學院院長，協助推動整合[41]。

有不少跨學科委員會也是基於同樣目的而成立。人類發展委員會（1940）以連結自然和社會科學為目標；社會思想委員會（1942）鼓勵不同人文學科的整合；行為科學委員會（1949）則是出於物理學家費米（Enrico Fermi）和心理學家米勒的構想。

二戰期間費米協助設計原子彈，戰後他很想理解「人為何會

---

39　Howard Spiro and Priscilla W. Norton, 'Dean Milton C. Winternitz at Yale', *Perspectives in Biology and Medicine* 46 (2003), 403–12; Mary Ann Dzuback, *Robert M. Hutchins: Portrait of an Educator* (Chicago, IL, 1991), 43–66.

40　該次會議的議事錄後來收錄於 Leonard D. White (ed.), *The New Social Science* (Chicago, IL, 1930).

41　Dzuback, *Hutchins*, 111.

戰爭又殺戮」，便建議米勒和其他學科的學者共事，將生物學與
社會科學整合起來。米勒同意後，便帶領小組推動「行為科學」
的體制化。和社會科學的不同之處是，行為科學包含心理學，而
米勒則聲稱，他是率先使用這個詞彙的人。他成立的小組獲得校
長哈欽斯鼓勵，也符合芝加哥大學的傳統，只是校方從一九四九
到一九五五年討論了六年之久，仍然未能成立行為科學研究所。

　　哈佛大學在一群心理學家和希望接觸其他學科的學者建議之
下，於一九四六年成立社會關係學系。這門新科系由曾是帕累托
學圈成員的社會學家帕森斯（Talcott Parsons）主導，召集了經
濟學家、心理學家、社會學家和人類學家（負責文化部分，社會
部分委由社會學家）進行分工，博學者莫瑞和摩爾（Barrington
Moore）都在系上任教。該系對跨學科的現代化理論做出重大貢
獻，是一九五〇和一九六〇年代的學術重鎮[42]。

　　有些跨學科合作並未持續太久。一九二九年，美國股市大崩
盤導致資金銳減，同時也有學者反對新的整合計畫。例如米勒在
芝加哥大學推動「行為科學」期間，就受到捍衛自身學術地盤或
不滿校長哈欽斯高壓手段的同行反對，以致在生物學和社會科學
之間「造成兩難」[43]。

---

42　Nils Gilman, *Mandarins of the Future: Modernization Theory in Cold War America* (Baltimore, MD, 2003), 72–112; Joel Isaac, *Working Knowledge: Making the Human Sciences from Parsons to Kuhn* (Cambridge, MA, 2012), 174–9.

43　Dzuback, *Hutchins*, 214–5; Hammond, *The Science of Synthesis*, 143–96; Philippe Fontaine, 'Walking the Tightrope: The Committee on the Behavioral Sciences and Academic Cultures at the University of Chicago, 1949–1955', *Journal of the History of the Behavioral Sciences* 52 (2016), 349–70.

## 通識教育

美國自一八九〇年代起，部分大學校長抱怨課程過度專門化，於是「通識教育」運動應運而起，和十九世紀德國的「教養」概念有異曲同工之妙[44]。例如，哥倫比亞大學校長巴特勒（Nicholas Butler）就支持公民教育，並於一九一九年召集歷史、經濟、哲學和政治學學系的教授聯合開設「當代文明」課程[45]。

英國方面，牛津大學於一九二〇年開設「哲學、政治與經濟」課程，除了吸引到未來的博學者如博爾丁，也對英國政治菁英的養成影響深遠[46]。同一時期，蘇格蘭也對過度專門化有所反彈，開始鼓勵其他學科的學生修習哲學，因此，直到一九六〇年代，「每年都有為數不少的學生接觸到哲學」[47]。

為了傳達通識教育的必要性，最為人所知的嘗試來自一九二九至一九四五年的芝加哥大學，亦即哈欽斯擔任校長期間。身為法學教授的哈欽斯興趣廣泛，使他後來成為《大英百科全書》的總編輯。雖然身為知名研究型大學的校長，但如我們之前所見，

---

[44] Roy Pascal, 'Bildung and the Division of Labour', *German Studies presented to W. H. Bruford* (Cambridge, 1962), 14–28

[45] Gilbert Allardyce, 'The Rise and Fall of the Western Civilization Course', *American Historical Review* 87 (1982), 695–725, at 703, 707.

[46] Andy Beckett, 'PPE: The Oxford Degree that Runs Britain', Guardian, 23 February 2017, https://www.theguardian.com/.../2017/.../ppe-oxford-university-degree-that-rules-brita，查詢日期為二〇一八年四月四日。

[47] George E. Davie, *The Crisis of the Democratic Intellect: The Problem of Generalism and Specialisation in Twentieth-century Scotland* (Edinburgh, 1986), 11–26, 46–7, 158.

他致力追求社會科學統一，並認為學校過度著重研究而輕忽教學。

哈欽斯認為，我們所需要的，是通識教育，強調一個擷取自古希臘以降文學和思想經典的「基本觀念庫」，一門以「經典巨著」為基礎的共同課程。他對於賈塞特批評過度專門化的說法印象深刻，甚至深受啟發，曾經在談到大學使命時提及賈塞特的論文，並表示自己非常認同作者對專門化的批評[48]。

經典巨著的課程並未維持多少年，通識教育的理念卻保留了下來。直到今天，芝加哥大學的大學部學生仍然必修「核心課程」，包括人文、自然和社會科學，占總上課時數的三分之一[49]。曾就讀芝加哥大學的博學者司馬賀和史坦納都指出，當年廣泛學習的經驗對他們非常重要。此外，桑塔格、傑拉德、拉波波特和西比奧克也都是芝大學生。

另一番嘗試學科整合的作法，至少在人文學科方面，是開設西方文明史課程，也就是哥倫比亞大學在更早以前的「當代文明」課程的歷史版。這類西方文明課曾經在美國不少頂尖大學風行過一段時間，除了強調西方民主的發展，也促成了所謂的思想「冷戰」。

---

48　Robert M. Hutchins, *The Higher Learning in America* (New Haven, CT, 1936), 60, 78, 81; idem., review of Ortega, *Annals of the American Academy of Political and Social Science* 239 (1945), 217–20. 參見 Dzuback, *Hutchins*, 88–108, 101–24; Donoso, 'The University Graduate', 12.

49　https://college.uchicago.edu/academics/college-core-curriculum.

## 政府的角色

美國政府自二戰起,便開始資助跨學科研究,尤其是自然科學。二戰期間的專責機關為科學研究發展室(1941),主持人是博學者工程師布希,其最有名的計畫就是在洛斯阿拉莫斯國家實驗室研發原子彈。這項計畫由物理學家、化學家和工程師通力完成,充分顯示問題導向法相較於學科導向法的優越處。

二戰結束後,由於冷戰之故,美國政府持續出資設立新的研究機構,包括一九五八年成立國家航空暨太空總署及國防部先進研究局,以回應蘇聯於前一年發射史普尼克人造衛星。先進研究局非公開的通訊系統阿帕網(ARPANET)更促成了大眾網路的誕生,成為科技發展史上「無心插柳柳成蔭」的絕佳示範[50]。

社會科學方面,麻省理工學院一九五二年獲中情局資助,成立國際研究中心(the Center for International Studies),成員包括經濟學家、政治科學家以及社會學家,致力研究現代化理論,並在智識上對抗共產主義[51]。

## 區域研究

二戰結束不久,美國政府發起「區域研究」計畫,和基金會攜手進行跨學科研究。

---

50 Stuart W. Leslie, *The Cold War and American Science* (New York, 1993); Erin C. Moore, 'Transdisciplinary Efforts at Public Science Agencies', in Frodeman, *Oxford Handbook*, 337–8.

51 Gilman, *Mandarins*, 155–202.

　　戰爭時常刺激人們對世界其他地區產生興趣。倫敦大學於一九一五年成立斯拉夫研究學院，隔年又成立東方研究學院，亦即後來的東方與非洲學院，簡稱亞非學院。美國也是受到「敵我衝突」的影響而開始研究日本。人類學家潘乃德（Ruth Benedict）正是受美國戰時情報局外國士氣分析處委託，完成知名大作《菊與刀》（*The Chrysanthemum and the Sword*, 1946）[52]。

　　冷戰期間，美國中情局助理局長蘭格（William Langer）呼籲政府支持區域研究；輔佐過兩任總統的國家安全顧問並成為福特基金會會長的邦迪（McGeorge Bundy）也希望，「從事區域研究的大學和美國情報蒐集單位能高度交流」[53]。基於「知己知彼，百戰不殆」的原則，美國政府和基金會大量投注俄國研究，其中又以哈佛大學一九四八年成立的俄羅斯研究中心最為著名。該中心由卡內基基金會出資，始終「和中情局保持密切的非正式關係」[54]。首任主任為人類學家克魯孔（Clyde Kluckhohn），他指出，研究是「跨學科性質」，以「人類學、心理學和社會學」為

---

52　Richard D. Lambert, 'Blurring the Disciplinary Boundaries: Area Studies in the United States', in David Easton and Corinne S. Schelling (eds.), *Divided Knowledge* (Thousand Oaks, CA, 1991), 171–94; Alan Tansman, 'Japanese Studies: The Intangible Act of Translation', in David L. Szanton (ed.), *The Politics of Knowledge: Area Studies and the Disciplines* (Berkeley, CA, 2002), 184–216, at 186.

53　Robin W. Winks, *Cloak and Gown: Scholars in America's Secret War* (London, 1987), 81；邦迪的評論引自 Sigmund Diamond, *Compromised Campus: The Collaboration of Universities with the Intelligence Community, 1945–55* (New York, 1992), 10.

54　David C. Engerman, *Know Your Enemy: The Rise and Fall of America's Soviet Experts* (Oxford, 2009), 48.

重點，但經濟學家、經濟史學家及政治學家在中心也很活躍[55]。

依循俄羅斯研究中心的模式，華盛頓於一九四六年成立中東研究所，哥倫比亞和哈佛大學則是於一九五四年成立中東研究所。一名哈佛教授甚至每年獲得十萬美元補助，對沙烏地阿拉伯進行祕密研究[56]。越戰期間，耶魯和康乃爾等大學成立東南亞研究中心[57]；卡斯楚於古巴掌權之後，拉丁美洲研究便開始獲得經費，連霍布斯邦也表示，「我們欠卡斯楚一個道謝」。例如哥倫比亞大學就於一九六二年成立拉丁美洲研究中心。

美國的基金會也資助國外研究機構，例如牛津大學聖安東尼學院、柏林東歐研究所和巴黎高等社會科學院，並且入境隨俗將區域研究改名為「文化研究」。至於資助者的期望，或許可從洛克斐勒基金會和高等社會科學院歷史研究中心主任布勞岱爾的關係略窺一二。基金會樂於資助中國史研究，但反對布勞岱爾挑選的兩名學者，因為其中一人是法國共產黨員，另一人則因為其研究的是十二世紀，被認為年代太久，缺乏用處。幸好布勞岱爾拒絕讓步，兩名學者最終順利獲聘[58]。

---

55　Clyde Kluckhohn, 'Russian Research at Harvard', *World Politics* 1 (1949), 266–71.

56　Timothy Mitchell (2004) 'The Middle East in the Past and Future of Social Science', in Szanton, *Politics of Knowledge*, 74–118.

57　Benedict Anderson, *The Spectre of Comparisons: Nationalism, Southeast Asia and the World* (London, 1998), 8–12. ＊譯註：中文版，安德森，《比較的幽靈》，譯林出版社（2012）。

58　Brigitte Mazon, *Aux origines de l'EHESS. Le role du mécenat américain* (1920–60) (Paris, 1988).

但就跨學科研究而言，人文和社會科學的成果就不如自然科學了。區域研究中心雖然提供不少資訊，也出版專著，可惜整合偏弱，例如哈佛大學的俄羅斯研究中心很快就落回「分科分系」。尤為甚者，司馬賀便批評區域研究「感覺就只是在區域專門化裡培養學科專門化，養出一群只研究俄國經濟、中國政府或印尼家族的專家」[59]。看來關注特定地區或「區域」對跨學科的助益並不如關注特定實務問題來得大。

## 新大學

從「經典巨著」和「西方文明」課程，到芝加哥、哈佛和耶魯大學出現的反社會科學整合聲浪，似乎再再暗示成立新機構往往比改革舊組織簡單[60]。樂觀來說，二十世紀初有兩所新大學鼓勵跨學科合作，分別是漢堡大學和（本章稍後會介紹的）史特拉斯堡大學。

漢堡大學於一九一九年成立，創校初期就已經開設環境研究所和外交政策研究所，並且還跟博學者沃伯格創立的文化研究圖書館合作。一九二〇年代，生物學家魏克斯庫爾在該校相當活躍，其作品啟發了另一位博學者——哲學家卡西勒（Ernst

---

59　Engerman, *Know Your Enemy*, 70, 75, 255, 259; Simon, Models, 173.

60　Peter Burke, *A Social History of Knowledge*, vol. 2, *From the Encyclopédie to Wikipedia* (Cambridge, 2012), 239–43. ＊譯註：中文版，柏克，《知識社會史下卷：從百科全書到維基百科》，浙江大學出版社（2016）。

Cassirer）。卡西勒跟沃伯格和文化研究圖書館的往來也很密切[61]。

二十世紀後半，跨學科研究的拓展主要歸功於新大學成立。
一九五〇至一九七五年期間，新成立的大學包括：

1950 英國北史丹佛郡大學（今基爾大學）

1961 英國薩塞克斯大學

1962 德國波鴻魯爾大學

1966 德國康斯坦茨大學

1967 澳洲樂卓博大學

1969 德國比勒費爾德大學

1970 瑞典林雪平大學

1971 澳洲格里菲斯大學

1972 丹麥洛斯基爾德大學

1974 澳洲迪肯大學

1975 澳洲梅鐸大學

如上所示，一九六〇年代至一九七〇年代初期，英國、德
國、北歐和澳洲成立了不少新大學，除了學科訓練，也提供通識
教育。其中，一九五〇年代創立、現今名為基爾大學的北史丹佛
郡大學是先行者，其大學課程為期四年，不像英國普遍為三年，

---

61 Barend van Heusden, 'Jakob von Uexküll and Ernst Cassirer', *Semiotica* 134 (2001), 275–92; Frederik Stjernfelt, 'Simple Animals and Complex Biology: The Double von Uexküll Inspiration in Cassirer's Philosophy', *Synthese* 179 (2009), 169–86.

並以大一為「一般基礎年」，嘗試彌補「兩種文化」的隔閡，比史諾提出這個概念還早了九年。人文科大二生必須選修一門自然科學「附屬」課程，反之，自然科大二生則必須選修一門人文科附屬課程[62]。

　　同樣的，一九六一年創立的薩塞克斯大學希望「重繪知識地圖」。這句名言出自協助創校規畫的歷史學家布里格斯（Asa Briggs）[63]。薩塞克斯大學原本沒有科系，只有「研究學院」（school of studies），如「英美研究」等同於美國大學的「美國研究」跨學科課程，「亞非研究」則依循「區域研究」模式，只是沒有軍方或政府資助。

　　薩塞克斯大學的大學部學生會選擇一門專業「核心」學科，但多數時間（二分之一人文科、三分之一自然科學）都用在學習其他知識，依據所屬學院修習所謂「脈絡」課程，例如所有社會研究學程的學生必修「當代英國」這門脈絡課程，而歐洲研究學程的學生則必修「現代歐洲心靈」，指定讀物包括馬克思、杜斯妥也夫斯基、尼采和佛洛依德等人的作品。人文研究學程必修哲學和歷史概論，大一、大二也常有由兩名教師（例如一歷史教師、一文學教師）主持的研討會，討論諸如「十七世紀英國科學、詩歌與宗教」或「路易十四時代的文學與社會」等跨學科主

---

62　W. B. Gallie, *A New University: A. D. Lindsay and the Keele Experiment* (London, 1960).

63　David Daiches (ed.), *The Idea of a New University: An Experiment at Sussex* (London, 1964), 67.

題[64]。我可以作證，這些研討會很有價值，不只對老師而言，是很好的教育途徑，也有其他許多益處[65]。

跨學科教育於一九六〇和七〇年代在全球蔚為風潮，至今仍然有不少地區及學校堅持不輟。康斯坦茨大學大力宣傳該校跨學科研究計畫，比勒費爾德大學在官網上宣告，該校以跨學科為使命[66]，洛斯基爾德大學則表示，「本校採跨學科導向，因為重大問題向來無法單靠某一學科之力解決」[67]。格里菲斯、迪肯和梅鐸這三所澳洲大學到現在依然主打跨學科學程，而美國和其他各地也有以「整合研究」或「綜合研究」為名的研究中心、課程及學位。

這些嘗試有成有敗，有些支持者甚至從此對跨學科取向感到幻滅。一九六〇年代成立的樂卓博大學便是其中一個例子，該校的跨學科學院不到十年就被各科系取代；而薩塞克斯大學也在進行了四十多年的跨學科嘗試之後，於二〇〇三年放棄這類組織方式，以及（至少一部分）相關目標。德國哲學家布魯門伯格和史學家科塞雷克（Reinhart Koselleck）原本支持跨學科，但布魯門伯格後來懊悔莫及，科塞雷克則是因為自己在比勒費爾德大學的親身經歷而感到幻滅[68]。

---

64　關於這些聯合研討會，可參考其中一名主要參與者的鮮明回憶：Laurence Lerner, *Wandering Professor* (London, 1999), 146–57.

65　Daiches, *The Idea of a New University*；我的個人經驗（我一九六二至一九七八年在該校的歐洲研究學院任教）。

66　https://www.uni-bielefeld.de/(en)/Universitaet/Serviceangebot/.../leitbild.html.

67　https://ruc.dk/en.

68　Annette Vowinckel, ' "Ich fürchte mich vor den Organisationslustigen": Ein Dialog zwischen Hans Blumenberg und Reinhart Koselleck', *Merkur* 68, no. 6 (2014), 546–50.

　　另一方面，愈來愈多傳統大學開設跨學科課程。一九六〇年代起，西方文明課程愈來愈受批評，認為太過強調歐洲白人男性，因而陸續廢除[69]，轉而開始研究之前被學術界忽略的族群，也就是黑人、女性以及拉美人。

　　美國主要大學紛紛開設非裔美國人（黑人）研究課程，其中有些要歸功於學生的直接行動，例如康乃爾大學[70]。女性研究則是因為一九七〇年代的婦女運動而興起，隨後則是性別研究。奇卡諾人（墨西哥裔美國人）研究，也就是後來的拉美人研究，進展較為緩慢，有時是依附或伴隨著拉美研究而進行。至於區域研究以跨學科方式進行，則是受政治驅動，然這回不再是上而下，而是由公民的角度向上討論政治。

　　有些跨學科研究以時代為主，例如中世紀研究、文藝復興研究、十八世紀研究和維多利亞時代研究；古典研究（德文稱Altertumswissenschaft）則是十九世紀初就有了。之後又有商業研究、認知研究、文化研究、發展研究、媒體研究、記憶研究、後殖民研究、宗教研究、科學研究、都市研究及視覺研究。

　　這些研究的主題往往塞不進單一學科，有些則拓展了某一學科的視野，例如從神學變成宗教研究，藝術史變成視覺文化研究；有些則是結合多個學科，例如認知研究結合心理學、語言學和計算機科學，文藝復興研究結合藝術、歷史與文學，而記憶研

---

69　Frederic Cheyette, 'Beyond Western Civilization', *The History Teacher* 10 (1977), 533–8; Allardyce, 'Rise and Fall', 720–4.

70　Lewis R. Gordon and Jane A. Gordon (eds.), *A Companion to African-American Studies* (Oxford, 2006).

究則是連結兩種文化，結合了實驗心理學、認知科學和歷史學。

文化研究結合了文學、社會學與歷史，至少在英國如此——尤其是英國十九世紀以降的歷史。其中最有名的當屬伯明罕大學一九六四年開設的當代文化研究，一九七二至一九七九年由文化理論家霍爾（Stuart Hall）主持[71]。至於美國的美國研究，也就是美國的文化研究運動，則是出於對當時文學教育的不滿，認為只著重「巨著」，強調所謂的「經典」，而忽略了文學的社會脈絡、大眾文化、女性作家及少數族群作家[72]。

都市研究在各大學應該是橫跨最多學科的，包括人類學、考古學、建築學、經濟學、地理學、歷史、文學、政治及社會學，但無不圍繞著幾個主要的都市問題，像是貧窮與暴力。這個領域向來吸引博學者，從齊美爾、齊美爾的學生帕克、葛德斯、葛德斯的門生芒福德到桑內特（Richard Sennett）皆然。其中，桑內特的作品不只是都市研究，也可以歸類為建築、社會學、歷史與哲學。

## 期刊與研究機構

前面提到，十九和二十世紀不少專業期刊問世，促成新學科

---

71 該中心後來催生出文化研究系，但二〇〇二年突然廢系。

72 Toby Miller (ed.), *A Companion to Cultural Studies* (Oxford, 2006)。德國的文化科學（Kulturwissenschaft）研究取向和英國的文化研究相當不同，參見 Heide Appelsmeyer and Elfriede Billmann-Mahecha (eds.), *Kulturwissenschaft* (Göttingen, 2001).

的出現。跨學科運動也是如此。二十世紀中葉出現了兩份重要期刊，分別是一九五三年由法國博學者凱窪創辦的《第歐根尼》（*Diogenes*）和一九五五年創刊的《代達羅斯》（*Daedalus*）。性質相同的期刊還包括一九七四年創刊的《跨學科研究年鑑》（*Internationales Jahrbuch für interdisziplinäre Forschung*）及《批判探究》（*Critical Inquiry*）。晚近則有一九九二年創刊的《共有知識》（*Common Knowledge*）。

前述各種「研究」除了學科期刊之外，也有專屬刊物，例如一九六四年創刊的《都市研究》、一九七五年《符號：文化與社會中的女性期刊》、一九八四年《文化研究》和二〇〇八年《記憶研究》。這些期刊和十九世紀《愛丁堡評論》之類的刊物不同，以學術社群為目標讀者，而非受過教育的一般大眾。

不同學科的對話合作依然是許多研究機構的正字標記。這些機構往往以「高等研究」為名，靈感來自普林斯頓大學一九三一年成立的高等研究院。高等研究院的早期成員包括愛因斯坦、博學者馮紐曼和藝術史學家潘諾夫斯基（Erwin Panofsky）。另一個廣受仿效的單位是加州帕羅奧圖的行為科學高等研究中心，一九五四年由福特基金會資助成立。在司馬賀的建議下，該研究中心不講學術階級，只進行研究及寫作。前面提到，不少興趣各異、極有天分的人才齊聚於此，並發現他們都對一般系統論感興趣。

這類研究機構和新興大學一樣，都是從一九六〇年代起大量出現。一九二三到二〇〇八年成立的機構包括：

1923 社會研究所，法蘭克福大學

1931 高等研究院，普林斯頓大學

1954 行為科學高等研究中心，帕羅奧圖

1962 人類科學基金會，巴黎

1963 高等研究院，維也納

1968 跨學科研究中心，比勒費爾德大學

1969 人文科學高等研究院，愛丁堡大學

1970 荷蘭高等研究院，瓦聖納

1970-81 普朗克研究所，施塔恩貝格

1972 人文科學研究中心，坎培拉

1980 高等研究院，柏林

1985 瑞典高等研究學院，烏普薩拉

1986 高等研究院，聖保羅大學

1987 萊斯大學人文科學研究中心，休士頓

1992-2011 布達佩斯高等研究所

1992 高等研究中心，奧斯陸

1994 高等研究院，倫敦大學

1998 韋伯學院，德國艾福特

2006 高等研究院，英國杜倫大學

2007 高等研究院，康斯坦茨大學

2007 高等研究院，巴黎

2008 高等研究院，弗萊堡

這些機構有些仿效帕羅奧圖的高等研究中心，只研究社會科

學，例如一九六三年就已成立的維也納高等研究院；有些局限在研究人文科學，如愛丁堡和坎培拉，有的則是毫不設限。有的機構特別著重跨學科研究。巴黎的人類科學基金會和比勒費爾德的跨學科研究中心便是其例[73]。

有些機構不介意學者獨力執行研究計畫，如普林斯頓大學高等研究院，有些則是鼓勵團隊研究，並專注於某些特定類別的問題。比勒費爾德的跨學科研究中心每年會選定一個研究主題；巴伐利亞施塔恩貝格的普朗克研究所在博學者魏茨澤克（Carl von Weizsäcker）和哈伯瑪斯主持期間，主要研究「科技世界的生活條件」；另一間普朗克研究所位於哥廷根，研究對象為多文化社會。

這些機構不論是否公開鼓勵跨學科研究，都促進了不同學科的學者交流與對話。有時在研討會之類的正式場合進行，發表論文，隨後討論，但多半都是非正式交流，在閱讀與寫作的空檔邊喝咖啡邊對話。

## 跨學科史

本節將以歷史為主，從案例來分析某一學科的學者如何向鄰近學科取經。前面提到的藍畢希特是早期的例子，他的文化史研究乃是受到好友馮特的群眾心理學啟發，儘管廣獲一般大眾閱

---

73　Jürgen Kocka, 'Realität und Ideologie der Interdisciplinarität: Erfahrung am ZiF Bielefeld', in *Einheit der Wissenschaften* (Berlin, 1991), 127–44; Wolf Lepenies, 'Interdisciplinarität und Institutes for Advanced Study', in 同前註，145–61.

讀，卻遭到多數同行抵制，僅少數例外，其中就包括荷蘭歷史學家懷金格。

懷金格顯然稱得上博學者。他以語文學者起家，曾經撰文探討印歐語系如何表達對光和聲音的感知，博士論文轉而談文學，討論古代梵語戲劇裡的弄臣角色。成為歷史學家後，懷金格「從來不曾定於某一領域、時代、國家或主題」[74]，其代表作《中世紀之秋》（*The Autumn of the Middle Ages*, 1919）主要歸功於他閱讀廣泛，從社會人類學到佛教無不涉獵。懷金格還是活躍的文學評論家、文化評論家和理論家，其中最有名的便是他對文化中遊戲成分的分析，並寫成《遊戲人》（*Homo Ludens*）於一九三八年出版。

一九三〇年代時，經濟史學家已經不用擔心探討經濟理論會失去同行尊敬，例如漢密爾頓（Earl Hamilton）便以十六世紀西班牙「物價革命」為主題，赫克歇爾（Eli Heckscher）則是研究重商主義的理論與實踐。當時興起的社會學同樣吸引不少歷史學家，包括受到涂爾幹作品啟發的布洛克（Marc Bloch）、援引韋伯理論的欽茲（Otto Hintze）和運用帕累托思想的那米爾（Lewis Namier）。

那米爾對佛洛依德也有興趣。但主流歷史學家直到二十世紀後半才開始明確運用心理分析的概念，例如蓋伊（Peter Gay）的《給歷史學家的佛洛伊德》（*Freud for Historians*, 1985）。蓋伊對

---

74 Johan Huizinga, 'My Path to History' (1943: English translation in Huizinga, *Dutch Civilization in the 17th Century and Other Essays*, London, 1968, 244–75), at 273–4.

佛洛依德的興趣始終不墜，甚至曾到西新英格蘭心理分析學院接受專業訓練。

一九六〇年代起，不少文化和社會史學家開始鍾情於社會及文化人類學，例如法國的勒高夫（Jacques Le Goff）、英國的湯瑪斯（Keith Thomas）和義大利的金茲伯格。金茲伯格和懷金格一樣算得上博學者。他因一九七〇年代研究十六世紀宗教與大眾文化而確立名聲，但之後的作品都在談藝術史和文學，也出版過談論各種主題的散文集。

有些機構鼓勵接觸其他學科。例如，美國有兩名歷史學家很好奇歷史學能從其他學科學到什麼，便於一九七〇年創辦《跨學科歷史期刊》（*The Journal of Interdisciplinary History*）。英國歷史學家布里格斯身為薩塞克斯大學的創辦人之一，也在作品中運用了經濟學和社會學。

法國「年鑑學派」歷史學家向來致力向鄰近學科取經，從以往到現在都是如此。比起自成學派，這群史學家更像在推展一場運動，而一切都始於一戰期間費夫賀和布洛克在史特拉斯堡大學相遇。該校在當時算是新大學，因為史特拉斯堡一九一九年才成為法國領土，而週六固定舉行的研討會吸引了不同的人文與社會學科的教授參加。

費夫賀本人算得上博學，除了編輯百科全書，著述談論地理學和語言學，同時受到心理學家和人類學家啟發，開始研究十六世紀心態史。他創立《年鑑》期刊（*Annales*, 1929）並擔任編輯，等於向歷史學和社會科學二分法宣戰，主張「藩籬過高有礙視野」。期刊編輯委員會成員包括一名地理學家、一名經濟學

家、一名社會學家和一名政治科學家[75]。

　　布勞岱爾是年鑑學派第二代掌門人，通曉地理、經濟學和社會學，甚至還會運用其他學科的知識，以追求他所謂的「整體歷史」，涵蓋人類所有活動。他曾經寫道，「嘗試結合歷史與地理或歷史與經濟學……只是浪費時間。一切必須同時進行，從整體出發重新定義問題（recréer des problématiques totalisantes）」[76]。

　　時間來到二十一世紀的第二個十年，歷史學家有了新伙伴。面對環境危機，環境史愈來愈受關注，而這個新興副學科有賴地理學、植物學、氣候學和其他自然科學的知識。研究人類與動物「共同演化」的歷史學家需要認識生物學，而情緒史學家則是找上了神經科學[77]。

　　沒有幾個歷史學家可以像布勞岱爾「同時進行一切」。前述種種努力的主要成果就是促成混合學科的出現，例如歷史人類學、歷史社會學和生物史等。

---

75　Peter Schöttler, 'Die frühen Annales als interdisziplinäre Projekt', in Matthias Middell (ed.), *Frankreich und Deutschland im Vergleich* (Leipzig, 1992), 112–86; Peter Burke, *The French Historical Revolution: The Annales School, 1929–2014* (2nd edn, Cambridge, 2015). *譯註：中文版，柏克，《法國史學革命：年鑑學派 1929-1989》，麥田（2006）。

76　引自 Pierre Daix, *Braudel* (Paris, 1995)，英譯出自作者。

77　Edmund Russell, 'Coevolutionary History', *American Historical Review* 119 (2014) 1,514–28.

## 激進與溫和

我在本章開頭將跨學科嘗試分為溫和與激進兩派別。激進派從統一科學到晚近對後學科的討論，都未能創造持久的成果，不少教育實驗也宣告中止，例如樂卓博大學和薩塞克斯大學。另一方面，溫和派卻取得了一定的成功，如上一節提到的年鑑學派和專注特定問題或主題（如恐懼與信任）而非泛泛追求跨學科的研究團隊[78]。

現況令人眼花撩亂，從機構到個人無不如此。我們或許可說是活在一個跨學科與學科並存的時代。更精確的說，是西班牙人所謂的「共存」（convivencia），強調跨學科與學科彼此互動，而不只是同時存在。不論美國或其他地方，科系（department）與區隔（compartment）並未凋零，而是和許多跨學科研究中心相傍相依[79]。

就個人而言，如今歷史學家在文章中若援引韋伯、佛洛依德或傅柯，已經不再令人詫異，就算探討古代、中世紀或現代早期的歐洲也是如此。眾所周知的「兩種文化」在可見的未來只會有更多交流，從生物史、生物政治到生物社會學都是證明。跨學科大業仍在進行，甚至在這個數位時代比過往更加迫切，因為第三波危機近在眼前，而我們將在「尾聲」討論。

---

78　Jan Plamper and Benjamin Lazier (eds.), *Fear Across the Disciplines* (Pittsburgh, PA, 2012); Diego Gambetta (ed.), *Trust: Making and Breaking Cooperative Relations* (Oxford, 1988).

79　有關現況的概論，參考 Frodeman, *Oxford Handbook*, and Graff, *Undisciplining Knowledge*.

# 尾聲

# 迎向第三波危機

　　走筆至此，我們終於來到數位時代。根據一般定義，數位時代始於一九九○年全球資訊網出現。有些人稱之為「數位革命」，或是「搜尋引擎社會」誕生——IE於一九九五年問世，Firefox和雅虎則是二○○四年，谷歌Chrome是二○○八年，Bing為二○○九年[1]。單從百科全書就能看出知識史晚近的改變。一九一一年版《大英百科全書》撰文者為一千五百零七人，第十五版增加到四千人，但比起維基百科（二○一八年為將近三千四百萬人）根本是小巫見大巫[2]。業餘者的貢獻不再限於「公眾科學」，而是擴及到所謂「公眾知識」。

　　許多知識變得更容易取得，但不是所有改變都往好的方向前進。我們是否面臨第三波知識危機仍不清楚，但顯然正處於一個快速變動、充滿混亂及焦慮的時代。至少對老一輩而言，紙本書日益凋零，甚至快速消失，被電子書取代，實在令人憂心。荷蘭

---

1　Alexander Halavais, *Search Engine Society* (Cambridge, 2009).

2　https://en.wikipedia.org/wiki/Wikipedia:Wikipedians.

有不少大學圖書館已經將藏書銷毀或扔棄,「每本書全荷蘭只要保留一冊就夠了」。所有人都在討論書本的未來,這項政策引發的爭議只是其中之一[3]。

電子書和紙本書的競爭其實是兩種閱讀方式的競爭。近年來有兩本書對此做出深具洞見的討論。沃夫(Maryanne Wolf)的《普魯斯特與烏賊》(*Proust and the Squid*, 2007)依據神經科學和我們分享了「閱讀腦的故事」。她一方面讚歎大腦的可塑性,得以再生神經元迴路以使用過去幾千年來發明的各種書寫系統,另一方面也對新興的神經元再生方式感到憂心,因為新方式以快速掃描資訊取代了慢讀。她警告讀者——在還有讀者存在的時候——未來世界變成「資訊解碼社會」的危險,人們不再有時間思考,並將資訊轉換為知識[4]。

卡爾(Nicolas Carr)的《網路讓我們變笨?》(2011)同樣引用神經科學,著重於網路時代對「我們思考、閱讀和記憶方式」的改變。這本書特別有說服力,因為作者並不反對網路,甚至是熱情擁護者,至少曾經如此。他形容「那種感覺很不舒服,好像一直有人或東西在擺弄我的大腦」,讓他無法專心於書或長

---

3　Rudolf Dekker, *The Road to Ruin: Dutch Universities, Past, Present and Future* (Amsterdam, 2015), 144; Angus Phillips, 'Does the Book Have a Future?', in Simon Eliot and Jonathan Rose (eds.), *A Companion to the History of the Book* (Oxford, 2007), 547–59.

4　Maryanne Wolf, *Proust and the Squid: The Story and Science of the Reading Brain* (London, 2008), 226. *譯註:中文版,沃夫,《普魯斯特與烏賊》,商周(2009)。

文裡的敘事或論證[5]。當初讓閱讀成為可能的大腦可塑性，如今反而讓閱讀變得愈來愈難。

　　簡而言之，這兩位作者都認為網路是個問題。歷史上有許多同樣的例子，原本的解決方法遲早會變成問題，而致使網路淪為問題的，便是過量和「超載」。這是人類史上第三次出現如此嚴重的狀況，從個人到社會都是。個人方面，新的傳播媒介導致訊息過剩；社會方面，新資訊出現之快之多，使得資訊無法「醞釀」，亦即來不及轉化成知識。

　　難怪常有人將「資訊焦慮」掛在嘴邊[6]，大談資訊「洪流」、「氾濫」或「海嘯」，甚至連討論資訊過剩的書都過剩了[7]。

　　如同以往，革命總是從緩慢的改動開始，直到瞬間遽變。同樣的，新詞再次成為改變來臨的線索。根據牛津英語詞典，英語於一九六四年首度出現「資訊爆炸」（information explosion）的說法；如今眾人耳熟能詳的「資訊超載」（information overflow）則是美國記者托佛勒（Alvin Toffler）於一九七〇年道創[8]。

---

5　Nicholas Carr, *The Shallows: How the Internet is Changing the Way we Think, Read and Remember* (New York, 2011). *譯註：中文版，卡爾，《網路讓我們變笨？》，貓頭鷹（2012）。

6　Richard S. Wurman, *Information Anxiety* (2nd edn, New York, 2000).

7　Alex Wright, *Glut: Mastering Information through the Ages* (Washington DC, 2007). 參見 David W. Shenk, *Data Smog: Surviving the Information Glut* (London, 1997). *譯註：中文版，申克，《資訊超載》，商周（1998）。

8　Alvin Toffler, *Future Shock* (1970, rpr. London, 1971), 11–12, 317–23. 參見 William van Winkle, 'Information Overload', www.gdrc.org/icts/i-overload/infoload.html, 查詢日期二〇一二年七月十九日。

不少統計數據支持這種「過量」感。二十世紀後半，書籍出版量大增，從一九六〇年的三十三萬兩千種增至一九九〇年的八十四萬兩千種[9]。二十一世紀則是數位資料急遽增加。據估計，二〇〇五年生成的數位資訊量為一百五十艾位元，二〇一〇年已經將近一千兩百艾位元[10]，這幾年更是以皆位元（一皆位元等於一千艾位元）計算。二〇一三年，全球數據總量為四點四皆位元，預估二〇二〇年將飆升至四十四皆位元[11]。

當然，我們處理「大數據」的能力也愈來愈強。感謝各種搜尋引擎，日常生活想查詢各種資訊變得前有未有地迅速又簡單。這場數位革命讓公司、政府以及學者都深蒙其利[12]，卻也有不好的一面。例如美國未能事先察覺九一一攻擊事件，就是因為資訊「過量」淹沒了國安單位提出的警告。如同美國前國務卿萊斯（Condoleeza Rice）所言，「系統內聲音太多」[13]。

搜尋引擎偏誤也是近來討論的焦點。有些偏誤是為了提高產品銷售，有些是為了散播特定政治（包括種族歧視）觀點。過去我們常聽到「監控國家」，如今則變成「監控資本主義」——當我們搜尋谷歌，谷歌也在搜尋我們[14]。「大數據」帶來的挑戰包括

---

9　聯合國教科文組織統計年鑑，引自 Michael Gibbons et al., *The New Production of Knowledge* (London, 1994), 94.

10　'Data Deluge', The Economist, 25 February 2010. 一艾位元等於十億吉位元（GB）或一百京（quintillion）位元。

11　Mikal Khoso, 'How Much Data is Produced Every Day?', 13 May 2016, www. northeastern. edu › Home › Authors › Posts by Mikal Khoso.

12　Jo Guldi and David Armitage, *The History Manifesto* (Cambridge, 2014).

13　引自 Jeffreys Jones, *The FBI: A History* (New Haven, CT, 2007), 232.

14　'How Google's Search Algorithm Spreads False Information with a Rightwing

資料儲存、分析、驗證與隱私侵犯[15]。

　　由於局勢尚不明朗，我們目前很難判斷紙本書和報刊被線上資訊取代的長遠後果會是如何。除了沃夫與卡爾，還有許多人擔心持續而專注的線性「慢讀」或「細讀」能力將會消失，被迅速瀏覽所取代。過去有不少速讀課，教學生一本書不必從頭讀到尾，如今卻需要慢讀課。樂觀者則是安慰我們，瀏覽和細讀早已並存許久，根本不用太過擔心。

　　局勢不明同時削弱了我們對知識結構改變的判斷。有人說，我們正在邁向「後學科時代」（post-disciplinary era）[16]。這樣的時代會是如何？知識的分門別類顯然不會消失，因為我們無法同時學習所有事物，而且不同問題需要不同的解決方法。總之，專門化仍會一往直前，知識樹將繼續開枝散葉。

　　最明顯的一點，就是博學者的固有根據地正備受威脅。前面提到，過去有許多博學者如萊布尼茲是圖書館員，但今日對圖書館員的期望是經理人。博物館也一樣，對館員的期望從學者兼看守者變成經理人。大學對博學者的接納也不如以往。教學負擔加重和會議頻繁剝奪了思考與研究的時間。我很好奇，倘使一九四八年發生在曼徹斯特大學的事件重演，一位化學教授如當年的博

Bias', Guardian, 12 December 2016, https://www.theguardian.com，查詢日期為二〇一七年七月十八日。有關網路偏誤，請見 Halavais, *Search Engine Society*, 55–60, 64–5. 參見 Shoshana Zubov, *The Age of Surveillance Capitalism* (London, 2019). ＊譯註：中文版，祖博夫，《監控資本主義時代》，時報（2020）。

15　Wikipedia, 'Big Data'，查詢日期為二〇一七年七月十八日。

16　瑞士納沙泰爾大學二〇一三年舉辦的一場學術會議就名為「後學科時代的旅遊」。

蘭尼說他想改而教授哲學，現今的大學校長會如何回應。

　　此外，自十七世紀後半以來便持續供養博學者的文化刊物也不斷萎縮，即使能靠發行線上版延續下去，但這個解決方法更適合報紙，因為文化刊物收錄的文章篇幅更長。難怪過去幾十年來，不少出色的獨立記者選擇到大學教書，像是博學的《新左評論》（*New Left Review*）編輯安德森（Perry Anderson）於一九八〇年代到紐約社會研究新學院教書，《旁觀者》（*The Spectator*）週刊國際版編輯賈頓艾許（Timothy Garton Ash）一九八九年加入牛津大學聖安東尼學院，前自由撰稿人布魯瑪（Ian Buruma）二〇〇三年開始在巴德學院授課。

　　儘管這種種困難，仍有些多面學者熬了過來，包括前面提到的三名爭議人物——史坦納、斯洛特戴克和齊澤克。法國學者拉圖爭議較少，曾被形容為無視學科疆界的「多產作家，談過的主題多得驚人」。他也可說是哲學家、社會學家、人類學家和跨學科的「科學的社會研究」學家。事實上，他涉獵的範圍不止於此。二〇一三年，拉圖獲頒郝爾拜獎，評審委員會指出，他的作品對「科學史、藝術史、歷史、哲學、神學、人類學、地理學、文學和法律」都做出貢獻[17]。他反對現代性，強調「計算中心」對科學史的重要性，在實驗室和法院（巴黎最高行政法院）進行「田野工作」，並提出所謂的「行動者網路理論」，類似愛里亞斯的形態社會學，但除了人，也包括思想與物體。

　　在我撰寫本書的二〇一九年一月，依然活躍的博學者包括哈

---

17　Gerard De Vries, *Bruno Latour* (Cambridge, 2016), 3 and passim.

伯瑪斯，有人形他「可以算是我們這個時代的亞里斯多德」；散文家安德森的興趣涵蓋歷史、哲學、政治、經濟和社會學；法官、經濟學家兼哲學家波斯納的著作「主題廣泛得近乎離譜」；義大利學者阿岡本既書寫哲學與文學，也書寫法律和歷史；巴西人溫格（Roberto Mangabeira Unger）協助發起批判法律研究運動，批評傳統經濟學，除了寫政治與宗教，最近也著手撰寫宇宙學[18]。前面提到，現今活躍的女博學者遠多於以往，主要是叢集通才，興趣涵蓋哲學、文學、心理分析、歷史及跨學科的性別研究，包括阿斯曼、巴爾、博登、巴特勒、西蘇、伊瑞葛來、克莉絲蒂娃、米歇爾、波洛克和史碧華克。

　　自然科學方面，美國科學家威爾森是典型的博學者。他和葛德斯與福勒一樣飽受眼疾之苦，於是將焦點從哺乳動物轉向昆蟲，尤其是螞蟻和「螞蟻社會」。而他對「社會生物學」的興趣，也就是將人類和人類社會視為演化的產物，則是令人聯想到葛德斯的「生物社會學」。前面也提到，威爾森的「融通」理論強調知識的統一[19]。

---

18　Stefan Müller-Doohm, *Habermas: A Biography* (Cambridge, 2016)；將哈伯瑪斯比作亞里斯多德的是傑伊（Martin Jay），引自該書封底。有關安德森，參見Stefan Collini, *Absent Minds* (Oxford, 2006), 469；有關波斯納，參見ames Ryerson, 'The Outrageous Pragmatism of Judge Richard Posner', *Lingua Franca* 10 (2000), 26–34; Roberto M. Unger and Lee Smolin, *The Singular Universe and the Reality of Time* (Cambridge, 2014).

19　Edward O. Wilson, *Sociobiology: The New Synthesis* (1975); idem., *Consilience: The Unity of Knowledge* (New York, 1998). *譯註：中文版，威爾森，《社會生物學：新綜合理論》，左岸文化（2013）；中文版，威爾森，《知識大融通》，天下文化（2001）。

　　澳洲學者梅伊（Robert May）是另一個例子。梅伊主修工程，後來拿到理論物理學博士，在大學教授數學，研究生物與生態學，應用數學技術研究動物群體，無疑是將興趣結合在一起。

　　有些博學者連結起眾所周知的「兩種文化」。英國學者羅斯原本主修生物，後來轉向社會學、心理學、哲學及神經科學。美國學者戴斯蒙是生理學家出身，後來研究鳥類與生態，如今最有名的，或許是他的世界史研究，尤其是《槍砲、病菌與鋼鐵》（1997）和《大崩壞》（2005）這兩部作品，更別提他始終對語言深感興趣。不少專家批評他的論點，卻不曾等閒視之。為了回應《大崩壞》，美國人類學會甚至於二〇〇六年舉辦研討會，並於會後出版專書，內容除了人類學家的觀點，也有歷史學家與考古學家的貢獻[20]。我們或許可以這樣說，戴斯蒙就和其他歷時通才一樣，不論你是否同意他的論點，這位外來者對自己闖入的學科所提出的問題都是既新穎且成果豐碩。

　　博學者會繼續繁衍，還是即將滅絕？不論本書提到或我心裡另外想到的例子，全都是數位革命發生前便已步入中年的學者。杭士基於一九二八年出生；哈伯瑪斯、史坦納和威爾森都是一九二九年；伊瑞葛來一九三〇年；博登和梅伊一九三六年；戴斯蒙和西蘇一九三七年；安德森一九三八年；詹克斯（Charles Jencks）和波斯納是一九三九年；米歇爾一九四〇年；克莉絲蒂娃一九四一年；史碧華克和阿岡本一九四二年；桑內特和史密爾

---

20　Patricia A. McAnany and Norman Yoffee (eds.), *Questioning Collapse* (Cambridge, 2010).

（Vaclav Smil）一九四三年；塔利斯（Raymond Tallis）一九四六年出生；阿斯曼、拉圖、尼可拉斯・羅斯、斯洛克戴特和溫格一九四七年；賈桂琳・羅斯和齊澤克一九四九年；巴特勒是一九五六年；列維廷（Daniel Levitin）和薩波斯基（Robert Sapolsky）一九五七年。一九五〇年以後人數減少，可能是個警訊。

　　新挑戰需要新策略，因此我們如果夠樂觀，就應該將希望寄託給數位世代[21]。總之，替博學者寫輓歌還為時過早。幸好如此，因為以目前的智識分工，我們仍需要通才，好讓我們看見十七世紀巴羅所謂的「萬物的關聯與觀念的相互依賴」。就像萊布尼茲說的，「世人需要全才，因為連結萬物者能以一當十」[22]。在這個超專門化的時代，我們比過往更需要這樣的人才。

---

21　John Palfrey and Urs Gasser, *Born Digital: Understanding the First Generation of Digital Natives* (New York, 2008).

22　引自 Maria Rosa Antognazza, *Leibniz: An Intellectual Biography* (Cambridge, 2009), 210. 英譯經作者改動。

# 附錄

# 西方博學者五百人

　　以下列出十五世紀初葉到現代的五百位西方博學者。這份名單絕非定案，我確信自己勢必遺漏了一些重要人物，尤其是我不通其語言的外國博學者。我刻意選擇五百這個數字，讓人一眼就明白這份名單是武斷的，純粹囿於個人所知有限。選入名單不代表這五百位博學者同樣重要，例如萊布尼茲對知識的貢獻就勝過基爾學。雖然正文提到不少當代博學者，但所有目前仍在世的博學者都不在名單中。

　　選入名單的五百位博學者均符合幾項標準。其中大多對數個（甚至多個）學科做出原創貢獻，但同樣列入的還包括：被動博學者如赫胥黎及波赫士，他們雖然不曾對任何學科做出貢獻，卻通曉多個領域；百科全書家如阿斯特德、狄德羅和費夫爾；知識分類者如法蘭西斯・培根、孔德與麥爾維・杜威；知識管理者如韋佛；以及語言通學者如赫爾伐斯。

| | 姓名 | 生卒年 | 國籍 | 擅長領域 |
|---|---|---|---|---|
| 1 | 布魯涅斯基（Filippo Brunelleschi） | 1377-1446 | 義大利 | 建築師、工程師、數學家、發明家、藝術家 |
| 2 | 塔可拉（Mariano da Jacopo 'Taccola'） | 1382-c.1453 | 義大利 | 公證人、雕刻家、工程師、發明家 |
| 3 | 托斯卡內利（Paolo Toscanelli） | 1397-1482 | 義大利 | 數學、天文學、地理學 |
| 4 | 尼各老（Nicholas of Cusa） | 1401-64 | 日耳曼 | 主教和樞機主教；哲學、神學、法學、天文學、數學 |
| 5 | 阿伯提（Leon Battista Alberti） | 1404-72 | 義大利 | 神父、人文學家、建築師、數學家 |
| 6 | 列奧尼切羅（Niccolò Leoniceno） | 1428-1524 | 義大利 | 哲學、醫學、植物學 |
| 7 | 馬丁尼（Francesco di Giorgio Martini） | 1439-1501 | 義大利 | 建築師、工程師 |
| 8 | 阿格里科拉（Rudolf Agricola） | 1443-85 | 荷蘭 | 人文學家、哲學家、藝術家、音樂家 |
| 9 | 伯拉孟特（Donato Bramante） | 1444-1514 | 義大利 | 建築師、畫家、詩人、音樂家 |
| 10 | 達文西（Leonardo da Vinci） | 1452-1519 | 義大利 | 藝術家、工程師、發明家、數學家和自然史學家等 |
| 11 | 特里特米烏斯（Johannes Trithemius） | 1462-1516 | 日耳曼 | 本篤會修道院院長；歷史、哲學、密碼學 |
| 12 | 米蘭多拉（Giovanni Pico della Mirandola） | 1463-94 | 義大利 | 貴族；嘗試通曉所有學科 |
| 13 | 費德蕾（Cassandra Fedele） | c.1465-1558 | 義大利 | 哲學、數學、天文學、教育 |
| 14 | 伊拉斯謨（Desiderius Erasmus） | 1466-1536 | 低地國 | 曾為修會修士，後為在俗司鐸；語文學、哲學、神學 |
| 15 | 契芮塔（Laura Cereta） | 1469-99 | 義大利 | 修辭、哲學、數學、天文學 |
| 16 | 哥白尼（Nicolaus Copernicus） | 1473-1543 | 日耳曼／波蘭 | 法政牧師，醫師；天文學、醫學、法學、人文學 |
| 17 | 卡爾卡格尼尼（Celio Calcagnini） | 1479-1541 | 義大利 | 神學、法學、醫學、修辭、天文學 |
| 18 | 孔塔里尼（Gasparo Contarini） | 1483-1542 | 義大利 | 樞機主教、主教；神學、哲學、天文學 |
| 19 | 阿格里帕（Heinrich Cornelius Agrippa） | 1486-1535 | 日耳曼 | 哲學、醫學、法學、煉金術、神祕學 |
| 20 | 敏斯特（Sebastian Münster） | 1488-1552 | 日耳曼 | 方濟會士轉路德教徒；製圖學、宇宙學、聖經研究、東方語言、數學 |
| 21 | 維握斯（Juan Luis Vives） | 1493-1540 | 西班牙 | 哲學、醫學、教育 |
| 22 | 阿格里科拉（Georg Agricola [Bauer]） | 1494-1555 | 日耳曼 | 醫師；醫學、歷史、地質學、礦物學。 |

| | 姓名 | 生卒年 | 國籍 | 擅長領域 |
|---|---|---|---|---|
| 23 | 拉伯雷（François Rabelais） | c.1494-1553 | 法國 | 方濟會士，後為醫師；醫學、法學、神學 |
| 24 | 墨蘭頓（Philip Melanchthon） | 1497-1560 | 日耳曼 | 路德派牧師；哲學、神學、天文學、占星學、解剖學、植物學、數學 |
| 25 | 卡爾達諾（Gerolamo Cardano） | 1501-76 | 義大利 | 醫師；醫學、數學、天文學、音樂、地質學 |
| 26 | 巴托利（Cosimo Bartoli） | 1503-72 | 義大利 | 數學、藝術、建築、文學、歷史 |
| 27 | 奧利維拉（Fernão de Oliveira） | 1507-81 | 葡萄牙 | 道明會士；文法、歷史、航海學 |
| 28 | 波斯特（Guillaume Postel） | 1510-81 | 法國 | 語言、歷史、神學、地理學、政治學、占星學 |
| 29 | 塞爾維特（Miguel Servet） | c.1511-53 | 西班牙 | 醫師、新教徒；醫學、解剖學、占星學、天文學、地理學、神學 |
| 30 | 拉秀斯（Wolfgang Lazius） | 1514-65 | 奧地利 | 醫師；哲學、醫學、歷史、地理學 |
| 31 | 拉姆士（Petrus Ramus） | 1515-72 | 法國 | 喀爾文教徒；哲學、修辭、數學 |
| 32 | 格斯納（Conrad Gessner） | 1516-65 | 瑞士 | 醫師；醫學、自然史、語言、書目學 |
| 33 | 阿爾德羅萬迪（Ulisse Aldrovandi） | 1522-1605 | 義大利 | 醫學、自然史、古文物 |
| 34 | 阿里亞斯（Benito Arias Montano） | 1527-98 | 西班牙 | 修辭、神學、古文物、東方研究 |
| 35 | 迪伊（John Dee） | 1527-1608 | 英格蘭 | 數學、地理學、占星學、煉金術、古文物、法術 |
| 36 | 博丹（Jean Bodin） | 1530-96 | 法國 | 加爾默羅會士，而後還俗；自然哲學、歷史、政治學、政治經濟學 |
| 37 | 布洛修斯（Hugo Blotius） | 1533-1608 | 低地國 | 圖書館員；修辭、法學、書目學 |
| 38 | 茨溫格（Theodor Zwinger the Elder） | 1533-88 | 瑞士 | 醫師；醫學、東方語言、哲學 |
| 39 | 波爾塔（Giambattista Della Porta） | 1535-1615 | 義大利 | 仕紳，閒人會（Otiosi）創辦人；密碼學、光學、記憶術、氣象學、物理學、占星學、面相學和數學等等 |
| 40 | 斯卡利傑（Joseph Scaliger） | 1540-1609 | 法國 | 語文學、年代學、東方研究、天文學 |
| 41 | 弗萊基烏斯（Johann Thomas Freigius） | 1543-83 | 瑞士 | 喀爾文教徒；哲學、法學、歷史、數學、政治經濟學 |
| 42 | 第谷（Tycho Brahe） | 1546-1601 | 丹麥 | 貴族；天文學、占星學、煉金術、醫學 |
| 43 | 利普修斯（Justus Lipsius） | 1547-1606 | 低地國 | 天主教徒和新教徒；與文學、哲學和年代學等等。 |
| 44 | 布魯諾（Giordano Bruno） | 1548-1600 | 義大利 | 道明會士；哲學、神學、宇宙學、記憶術、數學 |

| | 姓名 | 生卒年 | 國籍 | 擅長領域 |
|---|---|---|---|---|
| 45 | 蘇亞雷斯（Francisco Suárez） | 1548-1617 | 西班牙 | 耶穌會士；哲學、神學、法學 |
| 46 | 薩皮（Paolo Sarpi） | 1552-1623 | 義大利 | 聖母忠僕會修士；歷史、法學、哲學、神學、數學、解剖學 |
| 47 | 雷利（Walter Raleigh） | 1554-1618 | 英格蘭 | 侍臣；歷史、化學 |
| 48 | 卡索邦（Isaac Casaubon） | 1559-1614 | 法國 | 喀爾文教徒；語文學、文學、歷史、神學、地理學 |
| 49 | 克萊登（James Crichton） | 1560-c.1585 | 蘇格蘭 | 仕紳；嘗試通曉所有學科 |
| 50 | 培根（Francis Bacon） | 1561-1626 | 英格蘭 | 法學、歷史、哲學、自然哲學 |
| 51 | 德古內（Marie de Gournay） | 1565-1645 | 法國 | 人文學、煉金術，撰寫過一本論男女平等的專著 |
| 52 | 伯勒斯（Johannes Bureus） | 1568-1652 | 瑞典 | 古文物、煉金術、神祕術 |
| 53 | 康帕內拉（Tommaso Campanella） | 1568-1639 | 義大利 | 道明會士；哲學、神學、占星學、天文學、生理學、政治學 |
| 54 | 凱克曼（Bartholomäus Keckermann） | c.1572-1608 | 日耳曼 | 喀爾文教徒；哲學、神學、政治學、法學、修辭、天文學、地理學、物理學 |
| 55 | 貝索德（Christoph Besold） | 1577-1638 | 日耳曼 | 法學家，皈依天主教；法學、歷史、神學、政治學 |
| 56 | 伯頓（Robert Burton） | 1577-1640 | 英格蘭 | 聖公會牧師、圖書館員；醫學、哲學、神學、占星學 |
| 57 | 黑拉德·弗斯（Gerard Johannes Voss） | 1577-1649 | 荷蘭 | 神學、語文學、文學、歷史 |
| 58 | 佩雷斯克（Nicolas-Claude Peiresc） | 1580-1637 | 法國 | 貴族；古文物、自然史、解剖學和天文學等等 |
| 59 | 格老秀斯（Hugo Grotius） | 1583-1645 | 荷蘭 | 喀爾文教徒；法學、歷史、神學 |
| 60 | 塞爾登（John Selden） | 1584-1654 | 英格蘭 | 法學、歷史、古文物、語文學、東方研究 |
| 61 | 勞倫堡（Peter Lauremberg） | 1585-1639 | 日耳曼 | 新教徒；解剖學、數學、植物學、語文學 |
| 62 | 米德（Joseph Mede） | 1586-1638 | 英格蘭 | 聖公會牧師；神學、哲學、年代學、數學、自然史、解剖學、埃及學 |
| 63 | 阿斯特德（Johann Heinrich Alsted） | 1588-1638 | 日耳曼 | 喀爾文派牧師、百科全書家 |
| 64 | 沃姆（Ole Worm） | 1588-1654 | 丹麥 | 醫師；醫學、古文物、自然史 |
| 65 | 索梅茲（Claude Saumaise [Salmasius]） | 1588-1653 | 法國 | 新教徒；古典學、語文學、古文物、東方研究 |
| 66 | 尤尼烏斯（Franciscus Junius [de Jon]） | 1591-1677 | 低地國 | 語文學、古文物、文學 |

| | 姓名 | 生卒年 | 國籍 | 擅長領域 |
|---|---|---|---|---|
| 67 | 康門紐斯（Jan Amos Comenius [Komenský]） | 1592-1670 | 捷克 | 牧師；哲學、語言、教育 |
| 68 | 伽森狄（Pierre Gassendi） | 1592-1655 | 法國 | 司鐸；哲學、天文學、物理學 |
| 69 | 特沙烏洛（Emmanuele Tesauro） | 1592-1675 | 義大利 | 耶穌會士；修辭、哲學、歷史 |
| 70 | 馬爾奇（Johannes Marcus Marci） | 1595-1667 | 捷克 | 天主教徒；醫學、光學、力學、數學、天文學 |
| 71 | 尼雷貝格（Juan Eusebio Nieremberg） | 1595-1658 | 西班牙 | 耶穌會士；神學、哲學、自然史、天文學 |
| 72 | 笛卡兒（René Descartes） | 1596-1650 | 法國 | 哲學、幾何學、光學、天文學、音樂、醫學 |
| 73 | 霍斯騰紐斯（Lucas Holstenius） | 1596-1661 | 日耳曼 | 圖書館員，皈依天主教；歷史、古文物、神學 |
| 74 | 康斯坦丁・惠更斯（Constantijn Huygens） | 1596-1687 | 荷蘭 | 新教徒；自然哲學、解剖學、醫學、語言 |
| 75 | 里喬利（Giambattista Riccioli） | 1598-1671 | 義大利 | 耶穌會士；天文學、地理學、年代學、神學、力學、韻律學 |
| 76 | 柏夏（Samuel Bochart） | 1599-1667 | 法國 | 喀爾文派牧師；神學、地理學、語文學、東方研究 |
| 77 | 哈蒂里布（Samuel Hartlib） | c.1600-62 | 波蘭 | 資訊中間人 |
| 78 | 瑪金（Bathsua Makin [née Reynolds]） | c.1600-c.1681 | 英格蘭 | 教育、醫學、語言 |
| 79 | 諾得（Gabriel Naudé） | 1600-53 | 法國 | 圖書館員；歷史、政治學、書目學 |
| 80 | 基爾學（Athanasius Kircher） | 1602-80 | 日耳曼 | 耶穌會士；埃及學、漢學、磁學、數學、採礦、音樂；發明家 |
| 81 | 迪格比（Kenelm Digby） | 1603-65 | 英格蘭 | 天主教仕紳；嘗試通曉所有學科 |
| 82 | 詹斯頓（John Jonston） | 1603-75 | 蘇格蘭 | 醫師；醫學、自然史、神學、古文物 |
| 83 | 比斯特菲爾德（Johann Heinrich Bisterfeld） | 1605-55 | 日耳曼 | 喀爾文教徒；哲學、神學、數學、物理學 |
| 84 | 布朗（Thomas Browne） | 1605-82 | 英格蘭 | 醫師；醫學、古文物、哲學、自然史 |
| 85 | 康林（Hermann Conring） | 1606-81 | 日耳曼 | 路德教徒、醫師；醫學、法學、歷史、政治學 |
| 86 | 卡拉慕夷（Juan Caramuel y Lobkowitz） | 1606-82 | 西班牙 | 熙篤會士；神學、哲學、數學和歷史等等 |
| 87 | 凡舒爾曼（Anna Maria van Schurman） | 1607-78 | 荷蘭 | 語言、哲學、神學、教育 |

| | 姓名 | 生卒年 | 國籍 | 擅長領域 |
|---|---|---|---|---|
| 88 | 威爾金斯（John Wilkins） | 1614-72 | 英格蘭 | 主教；哲學、神學、天文學、數學、語言、密碼學 |
| 89 | 老巴托林（Thomas Bartholin the Elder） | 1616-80 | 丹麥 | 醫師；醫學、數學、神學、古文物 |
| 90 | 安東尼歐（Nicolás Antonio） | 1617-84 | 西班牙 | 法學、書目學 |
| 91 | 艾許莫爾（Elias Ashmole） | 1617-92 | 英格蘭 | 法學、占星學、煉金術、法術、紋章學、古文物 |
| 92 | 普法爾茨公主伊莉莎白（Elizabeth, Princess Palatine） | 1618-80 | 英格蘭 | 新教女修道院院長；數學、哲學、天文學、歷史 |
| 93 | 以撒克・弗斯（Isaac Voss） | 1618-89 | 荷蘭 | 語文學、年代學、地理學、物理學、古文物、數學 |
| 94 | 奧爾登博格（Henry Oldenburg） | c.1619-77 | 日耳曼 | 神學、自然哲學；資訊中間人 |
| 95 | 貝尼耶（François Bernier） | 1620-88 | 法國 | 醫學、東方研究、哲學 |
| 96 | 伊夫林（John Evelyn） | 1620-1706 | 英格蘭 | 仕紳；解剖學、化學、自然史、數學、力學 |
| 97 | 赫廷格（Johann Heinrich Hottinger） | 1620-67 | 瑞士 | 東方研究、神學、歷史 |
| 98 | 梅朋（Marcus Meibom） | 1621-1710 | 丹麥 | 古文物、語文學、數學 |
| 99 | 巴斯卡（Blaise Pascal） | 1623-62 | 法國 | 數學、物理學、哲學、神學；發明家 |
| 100 | 佩悌（William Petty） | 1623-87 | 英格蘭 | 發明家；醫學、解剖學、自然哲學、數學、政治經濟學、人口統計學 |
| 101 | 卡文迪許（Margaret Cavendish [née Lucas]） | c.1624-74 | 英格蘭 | 自然哲學、煉金術 |
| 102 | 魯道夫（Hiob Ludolf） | 1624-1704 | 日耳曼 | 語言 |
| 103 | 契瑞（János Apáczai Csere） | 1625-59 | 匈牙利 | 喀爾文教徒、數學家、百科全書家 |
| 104 | 韋格爾（Erhard Weigel） | 1625-99 | 日耳曼 | 數學、天文學、神學；建築師、發明家 |
| 105 | 瑞典女王克里斯蒂娜（Queen Christina of Sweden） | 1626-89 | | 哲學、神學、數學、煉金術、天文學、占星學 |
| 106 | 雷迪（Francesco Redi） | 1626-97 | 義大利 | 醫學、自然哲學、文學 |
| 107 | 波以耳（Robert Boyle） | 1627-91 | 英格蘭 | 貴族；哲學、神學、物理學、生理學、醫學、化學 |
| 108 | 蘭貝克（Peter Lambeck） | 1628-80 | 日耳曼 | 新教徒，後皈依天主教；圖書館員、文學史學家 |
| 109 | 克里斯蒂安・惠更斯（Christiaan Huygens） | 1629-95 | 荷蘭 | 仕紳；數學、天文學、物理學、力學 |

| | 姓名 | 生卒年 | 國籍 | 擅長領域 |
|---|---|---|---|---|
| 110 | 於耶（Pierre-Daniel Huet） | 1630-1721 | 法國 | 主教；數學、天文學、解剖學、自然史、化學、東方研究、歷史、神學、哲學 |
| 111 | 巴羅（Isaac Barrow） | 1630-77 | 英格蘭 | 聖公會牧師；數學、光學、神學、古文物 |
| 112 | 老盧德貝克（Olof Rudbeck the Elder） | 1630-1702 | 瑞典 | 解剖學、語言、音樂、植物學、鳥類學、古文物 |
| 113 | 格拉維斯（Johann Georg Graevius） | 1632-1703 | 日耳曼 | 喀爾文教徒；語文學、修辭、歷史學、古典學、古文物 |
| 114 | 普芬多夫（Samuel Pufendorf） | 1632-94 | 日耳曼 | 法學、政治學、歷史、哲學、神學、政治經濟學 |
| 115 | 雷恩（Christopher Wren） | 1632-1723 | 英格蘭 | 建築、數學、天文學、光學、力學、醫學、氣象學 |
| 116 | 馬利亞貝基（Antonio Magliabechi） | 1633-1714 | 義大利 | 圖書館員、資訊中間人 |
| 117 | 貝歇爾（Johann Joachim Becher） | 1635-82 | 日耳曼 | 礦物學、煉金術、自然哲學、教育、哲學、政治學、政治經濟學 |
| 118 | 虎克（Robert Hooke） | 1635-1703 | 英格蘭 | 數學、物理學、天文學、化學、醫學、生物學、地質學；發明家 |
| 119 | 瑪伽羅蒂（Lorenzo Magalotti） | 1637-1712 | 義大利 | 自然哲學、地理學 |
| 120 | 斯坦諾（Nicolas Steno） | 1638-86 | 丹麥 | 皈依天主教，主教；醫學、解剖學、自然史、哲學 |
| 121 | 莫爾霍夫（Daniel Georg Morhof） | 1639-91 | 日耳曼 | 圖書館員；歷史、煉金術 |
| 122 | 小盧德貝克（Olof Rudbeck the Younger） | 1660-1740 | 瑞典 | 解剖學、植物學、鳥類學、語文學 |
| 123 | 威特森（Nicolas Witsen） | 1641-1717 | 荷蘭 | 貴族（Patrician）；地理學、民族誌、古文物、自然史 |
| 124 | 舒爾茲弗雷許（Conrad Samuel Schurzfleisch） | 1641-1708 | 日耳曼 | 新教徒、圖書館員；修辭、歷史、哲學、法學、地理學 |
| 125 | 普拉修斯（Vincent Placcius） | 1642-99 | 日耳曼 | 法學、哲學、神學、醫學、書目學、歷史 |
| 126 | 柏內特（Gilbert Burnet） | 1643-1715 | 蘇格蘭 | 主教；歷史、神學、哲學 |
| 127 | 牛頓（Isaac Newton） | 1643-1727 | 英格蘭 | 數學、物理學、煉金術、年代學、神學 |
| 128 | 門克（Otto Mencke） | 1644-1707 | 日耳曼 | 神學、哲學；資訊中間人 |
| 129 | 基諾（Eusebio Kino [Kühn]） | 1645-1711 | 義大利／奧地利 | 耶穌會士；語言、地理學、天文學、哲學 |

| | 姓名 | 生卒年 | 國籍 | 擅長領域 |
|---|---|---|---|---|
| 130 | 貢戈拉<br>（Carlos Sigüenza y Góngora） | 1645-1700 | 墨西哥 | 數學、天文學、占星學、地理學、古文物 |
| 131 | 皮斯科琵亞<br>（Elena Cornaro Piscopia） | 1646-84 | 義大利 | 語言、神學、哲學、數學、音樂 |
| 132 | 萊布尼茲<br>（Gottfried Wilhelm Leibniz） | 1646-1716 | 日耳曼 | 哲學、數學、歷史、語言、法學、物理學、化學、自然史、醫學 |
| 133 | 貝爾（Pierre Bayle） | 1647-1706 | 法國 | 新教牧師；歷史、哲學、自然哲學、神學 |
| 134 | 胡安娜修女<br>（Sister Juana Inés de la Cruz） | 1651-95 | 墨西哥 | 神學、哲學、自然哲學、法學、音樂理論 |
| 135 | 巴斯納吉（Henri Basnage） | 1656-1710 | 法國 | 新教徒；歷史、詞典編纂法、神學、力學 |
| 136 | 豐特奈爾<br>（Bernard de Fontenelle） | 1657-1757<br>(sic) | 法國 | 哲學、歷史、自然科學 |
| 137 | 勒克萊（Jean Leclerc） | 1657-1736 | 瑞士 | 新教牧師；哲學、語文學、神學、歷史、文學 |
| 138 | 馬西里（Luigi 139Marsili） | 1658-1730 | 義大利 | 工程學、地理學、水文學、天文學、自然史、歷史 |
| 139 | 馮梅勒（Jacob von Melle） | 1659-1743 | 日耳曼 | 歷史、古文物、古生物學、詞典編纂法 |
| 140 | 斯隆（Hans Sloane） | 1660-1745 | 愛爾蘭 | 醫學、解剖學、化學、植物學、古文物 |
| 141 | 阿維拉尼（Giuseppe Averani） | 1662-1739 | 義大利 | 法學、物理學、神學、天文學、數學 |
| 142 | 佩拉爾塔<br>（Pedro de Peralta y Barnuevo） | 1664-1743 | 秘魯 | 數學、天文學、自然哲學、冶金學、法學和歷史等等 |
| 143 | 伍華德（John Woodward） | c.1665-1728 | 英格蘭 | 自然史、古文物 |
| 144 | 布爾哈夫（Herman Boerhaave） | 1668-1738 | 荷蘭 | 哲學、醫學、植物學、化學 |
| 145 | 法布里修斯<br>（Johann Albert Fabricius） | 1668-1736 | 日耳曼 | 修辭、哲學、神學、書目學、文學史（historia literaria） |
| 146 | 馮路德維希<br>（Johann Peter von Ludewig） | 1668-1743 | 日耳曼 | 歷史、法學、古文物 |
| 147 | 維科（Giambattista Vico） | 1668-1744 | 義大利 | 法學、修辭、歷史、哲學、語文學 |
| 148 | 史圖佛<br>（Burkhard Gotthelf Struve） | 1671-1738 | 日耳曼 | 哲學、政治學、歷史、法學、煉金術 |
| 149 | 修以策<br>（Johann Jacob Scheuchzer） | 1672-1733 | 瑞士 | 地質學、古生物學、氣象學、地理學、古文物 |
| 150 | 竇德蘭<br>（Johannes Alexander Döderlein） | 1675-1745 | 日耳曼 | 歷史、古文物、語文學、神學、東方語言 |

| | 姓名 | 生卒年 | 國籍 | 擅長領域 |
|---|---|---|---|---|
| 151 | 馬菲（Scipione Maffei） | 1675-1755 | 義大利 | 政治學、歷史、古文物 |
| 152 | 費伊豪（Benito Jerónimo Feijoó） | 1676-1764 | 西班牙 | 本篤會士；神學、哲學、語文學、歷史、醫學、自然史 |
| 153 | 錢伯斯（Ephraim Chambers） | c.1680-1740 | 英格蘭 | 百科全書家、詞典編纂者 |
| 154 | 瑞奧穆（René de Réaumur） | 1683-1757 | 法國 | 數學、冶金術、氣象學、自然史 |
| 155 | 貝爾（Matthias Bél） | 1684-1747 | 匈牙利／斯洛伐克 | 歷史、地理學、文法、修辭、語言 |
| 156 | 梅塞施密特（Daniel Gottlieb Messerschmidt） | 1684-1735 | 日耳曼 | 自然史、古文物 |
| 157 | 費雷萊（Nicholas Fréret） | 1688-1749 | 法國 | 歷史、年代學、地理學、宗教 |
| 158 | 史威登堡（Emanuel Swedenborg） | 1688-1772 | 瑞典 | 神學、哲學、冶金術、化學、天文學、占星學、生理學 |
| 159 | 孟德斯鳩（Montesquieu [Charles de Secondat]） | 1689-1755 | 法國 | 法學、歷史、地理學、地質學 |
| 160 | 洛多利（Carlo Lodoli） | 1690-1761 | 義大利 | 方濟會士；數學、建築、物理學、哲學、神學 |
| 161 | 伏爾泰（Voltaire [François-Marie Arouet]） | 1694-1778 | 法國 | 歷史、哲學、自然史 |
| 162 | 魁奈（François Quesnay） | 1694-1774 | 法國 | 政治經濟學、醫學、政治學、幾何學 |
| 163 | 萊瑪魯斯（Hermann Samuel Reimarus） | 1694-1768 | 日耳曼 | 神學、哲學、東方語言、數學、歷史、政治經濟學、自然史 |
| 164 | 法布里修斯（Johann Andreas Fabricius） | 1696-1769 | 日耳曼 | 修辭、哲學、語文學、歷史 |
| 165 | 凱姆斯勳爵霍姆（Henry Home, Lord Kames） | 1696-1782 | 蘇格蘭 | 法學、哲學、歷史、文學批評、政治經濟學 |
| 166 | 若古（Louis de Jaucourt） | 1704-79 | 法國 | 解剖學、植物學、化學、生理學、病理學、歷史 |
| 167 | 沙特萊侯爵夫人（Émilie du Châtelet） | 1706-49 | 法國 | 物理學、數學、哲學 |
| 168 | 富蘭克林（Benjamin Franklin） | 1706-90 | 英格蘭／美國 | 物理學、氣象學、政治學；發明家 |
| 169 | 布豐（Comte de Buffon [Georges-Louis Leclerc]） | 1707-88 | 法國 | 數學、地質學、生物學、古生物學；生理學 |
| 170 | 尤拉（Leonhard Euler） | 1707-83 | 瑞士 | 數學、光學、彈道學、音樂 |
| 171 | 林奈（Carl Linnaeus） | 1707-78 | 瑞典 | 自然史、醫學、政治經濟學、民族誌 |
| 172 | 哈勒（Albrecht von Haller） | 1708-77 | 瑞士 | 解剖學、生理學、植物學、書目學、神學 |

| | 姓名 | 生卒年 | 國籍 | 擅長領域 |
|---|---|---|---|---|
| 173 | 格梅林（Johann Georg Gmelin） | 1709-55 | 日耳曼 | 自然史、化學、醫學 |
| 174 | 約翰生（Samuel Johnson） | 1709-84 | 英格蘭 | 詞典編纂學、文學批評、歷史 |
| 175 | 博斯科維奇（Rudjer Boškovi） | 1711-87 | 克羅埃西亞 | 耶穌會士；數學、天文學、物理學、製圖學、哲學、考古學 |
| 176 | 休謨（David Hume） | 1711-76 | 蘇格蘭 | 哲學、歷史、政治經濟學 |
| 177 | 羅蒙諾索夫（Mikhail Lomonosov） | 1711-65 | 俄羅斯 | 化學、數學、物理學、冶金術、歷史、語文學 |
| 178 | 狄德羅（Denis Diderot） | 1713-84 | 法國 | 《百科全書》編輯 |
| 179 | 蒙博杜勳爵柏內特（James Burnett, Lord Monboddo） | 1714-99 | 蘇格蘭 | 法學、語言、哲學 |
| 180 | 達朗貝爾（Jean d'Alembert） | 1717-83 | 法國 | 數學、物理學、哲學、音樂理論、歷史 |
| 181 | 米夏埃利斯（Johann David Michaelis） | 1717-91 | 日耳曼 | 神學、東分研究、地理學、法學 |
| 182 | 阿涅西（Maria Gaetana Agnesi） | 1718-99 | 義大利 | 數學、哲學、神學 |
| 183 | 弗格森（Adam Ferguson） | 1723-1816 | 蘇格蘭 | 新教牧師；哲學、歷史、政治學 |
| 184 | 亞當・斯密（Adam Smith） | 1723-90 | 蘇格蘭 | 政治經濟學、哲學、修辭、神學、法學 |
| 185 | 涂爾戈（Anne Robert Turgot） | 1727-81 | 法國 | 政治經濟學、哲學、物理學、語文學 |
| 186 | 海訥（Christian Gottlob Heyne） | 1729-1812 | 日耳曼 | 語文學、修辭、古文物 |
| 187 | 伊拉斯謨・達爾文（Erasmus Darwin） | 1731-1802 | 英格蘭 | 醫學、生理學、自然史、哲學 |
| 188 | 普利斯萊（Joseph Priestley） | 1733-1804 | 英格蘭 | 語文學、教育、修辭、歷史、神學、物理學、化學 |
| 189 | 赫爾伐斯（Lorenzo Hervás y Panduro） | 1735-1809 | 西班牙 | 語言、古生物學、檔案學、教育 |
| 190 | 米拉（John Millar of Glasgow） | 1735-1801 | 蘇格蘭 | 法學、歷史、哲學 |
| 191 | 奧古斯特・馮・施勒澤（August von Schlözer） | 1735-1809 | 日耳曼 | 歷史、語言、民俗（Völkerkunde）、統計學（statistik） |
| 192 | 阿爾薩提（José Antonio de Alzate） | 1737-99 | 墨西哥 | 自然史、天文學 |
| 193 | 德莫維耶（Nicolas Masson de Morvilliers） | 1740-89 | 法國 | 地理學；百科全書家 |
| 194 | 帕拉斯（Peter Simon Pallas） | 1741-1811 | 日耳曼 | 自然史、地理學、語言 |
| 195 | 維洛索（José Mariano da Conceição Veloso） | 1741-1811 | 巴西 | 自然史、化學、數學、語言學、政治經濟學 |
| 196 | 班克斯（Joseph Banks） | 1743-1820 | 英格蘭 | 自然史、語言、民族誌 |
| 197 | 傑佛遜（Thomas Jefferson） | 1743-1826 | 美國 | 語言、自然史；發明家 |

| | 姓名 | 生卒年 | 國籍 | 擅長領域 |
|---|---|---|---|---|
| 198 | 拉瓦節（Antoine Lavoisier） | 1743-94 | 法國 | 化學、地質學、生理學、農業 |
| 199 | 孔多塞（Nicholas, Marquis de Condorcet） | 1743-94 | 法國 | 哲學、數學、政治經濟學、政治學、歷史 |
| 200 | 赫爾德（Johann Gottfried Herder） | 1744-1803 | 日耳曼 | 新教牧師；哲學、神學、歷史、語言學、文學和藝術批評、音樂 |
| 201 | 喬維拉諾斯（Gaspar Melchor de Jovellanos） | 1746-1811 | 西班牙 | 醫學、語言、政治經濟學、教育、法學、歷史地理學、神學、植物學、採礦 |
| 202 | 瓊斯（William Jones） | 1746-94 | 威爾斯 | 法學、東方研究、植物學 |
| 203 | 約翰·普萊菲（John Playfair） | 1748-1819 | 蘇格蘭 | 新教牧師；數學、地質學、天文學 |
| 204 | 歌德（Johann Wolfgang von Goethe） | 1749-1832 | 日耳曼 | 解剖學、物理學、化學、植物學、地質學 |
| 205 | 埃希宏（Johann Gottfried Eichhorn） | 1752-1827 | 日耳曼 | 神學、東方研究、歷史、貨幣學 |
| 206 | 斯塔西奇（Stanis aw Staszic） | 1755-1826 | 波蘭 | 司鐸；歷史、教育、地質學 |
| 207 | 威廉·普萊菲（William Playfair） | 1759-1823 | 蘇格蘭 | 工程、政治經濟學、統計學；發明家 |
| 208 | 波托茨基（Jan Potocki） | 1761-1815 | 波蘭 | 工程、埃及學、語言、歷史 |
| 209 | 昂貢特（Daniel Encontre） | 1762-1818 | 法國 | 新教牧師；文學、數學、神學、哲學 |
| 210 | 斯達爾（Germaine de Staël） | 1766-1817 | 瑞士 | 政治學、文學、地理學 |
| 211 | 沃拉斯頓（William Wollaston） | 1766-1828 | 英格蘭 | 生理學、光學、化學、地質學 |
| 212 | 威廉·馮·洪堡（Wilhelm von Humboldt） | 1767-1835 | 日耳曼 | 哲學、語言、歷史、政治學、文學、醫學 |
| 213 | 居維葉（Georges Cuvier） | 1769-1832 | 法國 | 新教徒；古生物學、自然史、比較解剖學、科學史 |
| 214 | 亞歷山大·馮·洪堡（Alexander von Humboldt） | 1769-1859 | 日耳曼 | 地理學、自然史、解剖學、政治學、考古學、人口統計學 |
| 215 | 多洛蒂亞·施勒澤（Dorothea Schlözer） | 1770-1825 | 日耳曼 | 通曉數學、植物學、動物學、光學、宗教、礦物學和藝術史 |
| 216 | 柯立芝（Samuel Taylor Coleridge） | 1772-1834 | 英格蘭 | 文學評論家、哲學家；興趣包括天文學、植物學、化學、地質學、醫學、歷史和語言 |
| 217 | 傑弗禮（Francis Jeffrey） | 1773-1850 | 蘇格蘭 | 文學批評、歷史、哲學、法學、政治學科學、宗教、地理學 |
| 218 | 楊格（Thomas Young） | 1773-1829 | 英格蘭 | 醫學、生理學、物理學、語言、埃及學 |
| 219 | 布勞姆（Henry Peter Brougham） | 1778-1868 | 蘇格蘭 | 記者；法學、物理學、教育 |

| | 姓名 | 生卒年 | 國籍 | 擅長領域 |
|---|---|---|---|---|
| 220 | 薩默維爾（Mary Somerville） | 1780-1872 | 蘇格蘭 | 數學、天文學、地理學 |
| 221 | 貝略（Andrés Bello） | 1781-1865 | 委內瑞拉 | 法學、哲學、語文學 |
| 222 | 德昆西（Thomas De Quincey） | 1785-1859 | 英格蘭 | 哲學、政治經濟學、歷史、生理學 |
| 223 | 卡魯斯（Carl Gustav Carus） | 1789-1869 | 德國 | 醫學、生理學、動物學、心理學、哲學、文學 |
| 224 | 迪維爾（Jules Dumont d'Urville） | 1790-1842 | 法國 | 製圖學、語言、植物學、昆蟲學 |
| 225 | 巴貝吉（Charles Babbage） | 1791-187 | 英格蘭 | 數學、物理學、神學；發明家 |
| 226 | 赫歇爾（John Herschel） | 1792-1871 | 英格蘭 | 天文學、數學、物理學、化學、植物學、地質學 |
| 227 | 惠威爾（William Whewell） | 1794-1866 | 英格蘭 | 聖公會牧師；數學、力學、礦物學、天文學、科學哲學和科學史、神學 |
| 228 | 卡萊爾（Thomas Carlyle） | 1795-1881 | 蘇格蘭 | 哲學、文學、歷史、數學 |
| 229 | 孔德（Auguste Comte） | 1798-1857 | 法國 | 哲學、社會學、科學史 |
| 230 | 麥考萊（Thomas B. Macaulay） | 1800-1859 | 蘇格蘭 | 歷史、散文 |
| 231 | 塔爾博特（William Henry Fox Talbot） | 1800-77 | 英格蘭 | 數學、物理學、植物學、天文學、化學、攝影、亞述學；發明家 |
| 232 | 卡塔尼歐（Carlo Cattaneo） | 1801-69 | 義大利 | 政治經濟學、歷史、數學 |
| 233 | 庫爾諾（Antoine Cournot） | 1801-77 | 法國 | 力學、數學、政治經濟學 |
| 234 | 費希納（Gustav Fechner） | 1801-87 | 德國 | 哲學、物理學、實驗心理學 |
| 235 | 馬什（George P. Marsh） | 1801-82 | 美國 | 語文學、考古學、地理學、生態學 |
| 236 | 克雷姆（Gustav Klemm） | 1802-67 | 德國 | 考古學、民族誌、歷史 |
| 237 | 馬蒂諾（Harriet Martineau） | 1802-76 | 英格蘭 | 神學、政治經濟學、教育、歷史 |
| 238 | 聖伯夫（Charles Sainte-Beuve） | 1804-69 | 法國 | 文學批評、哲學、歷史 |
| 239 | 托克維爾（Alexis de Tocqueville） | 1805-59 | 法國 | 政治科學、歷史、社會學、民族誌 |
| 240 | 勒普萊（Frédéric Le Play） | 1806-82 | 法國 | 工程、冶金術、經濟學、社會學 |
| 241 | 彌爾（John Stuart Mill） | 1806-73 | 英格蘭 | 哲學、經濟學、政治學、歷史 |
| 242 | 阿格西（Louis Agassiz） | 1807-73 | 瑞士 | 植物學、地質學、動物學、解剖學 |
| 243 | 泰勒（Harriet Taylor [née Hardy]） | 1807-58 | 英格蘭 | 彌爾的共同作者 |
| 244 | 達爾文（Charles Darwin） | 1809-82 | 英格蘭 | 動物學、植物學、地質學、古生物學、哲學 |
| 245 | 薩米恩托（Domingo Sarmiento） | 1811-88 | 阿根廷 | 教育、哲學、社會、法學、政治學 |
| 246 | 派蒂森（Mark Pattison） | 1813-84 | 英格蘭 | 聖公會牧師；歷史、神學、哲學、文學 |

| | 姓名 | 生卒年 | 國籍 | 擅長領域 |
|---|---|---|---|---|
| 247 | 布林（George Boole） | 1815-64 | 英格蘭 | 數學、邏輯、教育、歷史、心理學、民族誌 |
| 248 | 喬威特（Benjamin Jowett） | 1817-93 | 英格蘭 | 聖公會牧師；古典學、哲學、神學 |
| 249 | 路易斯（George Henry Lewes） | 1817-78 | 英格蘭 | 文學批評、歷史、哲學、生物學、生理學、心理學 |
| 250 | 莫里（Alfred Maury） | 1817-92 | 法國 | 醫學、心理學、民俗、考古學、地理學、地質學 |
| 251 | 布克哈特（Jacob Burckhardt） | 1818-97 | 瑞士 | 歷史、歷史哲學、藝術史、藝術批評 |
| 252 | 馬克思（Karl Marx） | 1818-83 | 德國 | 哲學、歷史、經濟學、社會學、政治學 |
| 253 | 喬治·艾略特（George Eliot [Marian Evans]） | 1819-80 | 英格蘭 | 歷史、哲學、地質學、生物學、物理學、天文學、解剖學 |
| 254 | 拉斯金（John Ruskin） | 1819-1900 | 英格蘭 | 藝術批評、地質學、歷史、經濟學、哲學 |
| 255 | 斯賓塞（Herbert Spencer） | 1820-1903 | 英格蘭 | 工程、哲學、社會學、顱相學、生物學、心理學 |
| 256 | 赫姆霍茲（Hermann von Helmholtz） | 1821-94 | 德國 | 醫學、解剖學、物理學、藝術感知、音樂理論 |
| 257 | 魏修（Rudolf Virchow） | 1821-1902 | 德國 | 醫學、解剖學、體質人類學、民族學、史前考古學、生物學 |
| 258 | 阿諾德（Matthew Arnold） | 1822-88 | 英格蘭 | 教育、文化批評 |
| 259 | 高爾頓（Francis Galton） | 1822-1911 | 英格蘭 | 生物學、心理學、數學、統計學、體質人類學、氣象學 |
| 260 | 萊迪（Joseph Leidy） | 1823-91 | 美國 | 解剖學、自然史、法醫學、古生物學 |
| 261 | 勒南（Ernest Renan） | 1823-92 | 法國 | 司鐸，後來還俗；哲學、語文學、東方語言、宗教史、考古學 |
| 262 | 布羅卡（Paul Broca） | 1824-80 | 法國 | 醫學、解剖學、體質人類學 |
| 263 | 湯瑪斯·亨利·赫胥黎（Thomas Henry Huxley） | 1825-95 | 英格蘭 | 醫學、生理學、解剖學、動物學、地質學、古生物學 |
| 264 | 拉薩爾（Ferdinand Lassalle） | 1825-64 | 德國 | 哲學、法學、經濟學 |
| 265 | 巴斯蒂安（Adolf Bastian） | 1826-1905 | 德國 | 心理學、民族誌、地理學、歷史 |
| 266 | 泰納（Hippolyte Taine） | 1828-93 | 法國 | 哲學、文學、歷史、心理學 |
| 267 | 邁耶爾（Lothar Meyer） | 1830-95 | 德國 | 醫學、生理學、化學、物理學 |
| 268 | 曼特加札（Paolo Mantegazza） | 1831-1910 | 義大利 | 醫學、自然史、民族誌 |
| 269 | 馮特（Wilhelm Wundt） | 1832-1920 | 德國 | 生理學、心理學、哲學 |
| 270 | 海克爾（Ernst Haeckel） | 1834-1919 | 德國 | 解剖學、動物學、體質人類學、生態學、科學哲學 |

| | 姓名 | 生卒年 | 國籍 | 擅長領域 |
|---|---|---|---|---|
| 271 | 盧伯克（John Lubbock） | 1834-1913 | 英格蘭 | 私人收入；考古學、人類學、自然史、史前考古學 |
| 272 | 瓦爾拉斯（Léon Walras） | 1834-1910 | 法國 | 數學、力學、經濟學 |
| 273 | 龍勃羅梭（Cesare Lombroso） | 1835-1909 | 義大利 | 法醫學、精神醫學、超心理學、犯罪學、體質人類學 |
| 274 | 白賚士（James Bryce） | 1838-1922 | 愛爾蘭 | 法學、歷史、政治學、植物學、「心理與道德科學」 |
| 275 | 馬赫（Ernst Mach） | 1838-1916 | 奧地利 | 物理學、心理學、哲學、科學史 |
| 276 | 阿爾陶夫（Friedrich Althoff） | 1839-1908 | 德國 | 教育與科學官員 |
| 277 | 皮爾士（Charles Sanders Peirce） | 1839-1914 | 美國 | 哲學、數學、化學、語言學、符號學、心理學、經濟學 |
| 278 | 梅爾茨（John Theodore Merz） | 1840-1922 | 英格蘭／德國 | 天文學、工程、哲學、歷史 |
| 279 | 勒龐（Gustave Le Bon） | 1841-1931 | 法國 | 醫學、人類學、心理學、地理學、社會學 |
| 280 | 皮特瑞（Giuseppe Pitrè） | 1841-1916 | 義大利 | 醫學、心理學、民俗 |
| 281 | 索姆（Rudolf Sohm） | 1841-1917 | 德國 | 法學、神學、歷史、宗教 |
| 282 | 華德（Lester Frank Ward） | 1841-1913 | 美國 | 植物學、地質學、古生物學、社會學 |
| 283 | 威廉・詹姆斯（William James） | 1842-1910 | 美國 | 哲學、心理學、宗教、教育 |
| 284 | 費雷（Manuel Sales y Ferré） | 1843-1910 | 西班牙 | 哲學、法學、社會學、歷史、地理學、考古學 |
| 285 | 塔爾德（Gabriel Tarde） | 1843-1904 | 法國 | 法學、人類學、心理學、哲學、社會學 |
| 286 | 埃皮納（Alfred Espinas） | 1844-1922 | 法國 | 哲學、教育、動物學、心理學、社會學 |
| 287 | 蘭格（Andrew Lang） | 1844-1912 | 蘇格蘭 | 歷史、文學批評、民俗、人類學 |
| 288 | 拉采爾（Friedrich Ratzel） | 1844-1904 | 德國 | 地理學、人類學、政治學 |
| 289 | 威廉・羅伯遜・史密斯（William Robertson Smith） | 1846-94 | 蘇格蘭 | 新教牧師，但遭到開除；數學、物理學、神學、東方研究、人類學、比較宗教學 |
| 290 | 畢歇爾（Karl Bücher） | 1847-1930 | 德國 | 經濟學、歷史、地理學、新聞研究 |
| 291 | 帕累托（Vilfredo Pareto） | 1848-1923 | 義大利 | 工程、經濟學、社會學、政治科學 |
| 292 | 梅特蘭（Frederic William Maitland） | 1850-1906 | 蘇格蘭 | 法律、歷史、哲學 |
| 293 | 馬薩里克（Thomas Masaryk） | 1850-1937 | 捷克 | 社會學、哲學、語文學、國際關係 |
| 294 | 麥爾維・杜威（Melvil Dewey） | 1851-1931 | 美國 | 書目學、知識分類 |
| 295 | 奧斯特瓦爾德（Wilhelm Ostwald） | 1853-1932 | 德國 | 化學、哲學、歷史、「能量學」 |

| | 姓名 | 生卒年 | 國籍 | 擅長領域 |
|---|---|---|---|---|
| 296 | 葛德斯（Patrick Geddes） | 1854-1932 | 蘇格蘭 | 植物學、生物學、社會學、都市研究 |
| 297 | 弗雷澤（James Frazer） | 1854-1941 | 蘇格蘭 | 古典學、比較宗教學、人類學 |
| 298 | 龐加萊（Henri Poincaré） | 1854-1912 | 法國 | 數學、物理學、天文學、科學哲學 |
| 299 | 吉丁斯（Franklin H. Giddings） | 1855-1931 | 美國 | 社會學、經濟學、政治學、文化史 |
| 300 | 哈登（Alfred Haddon） | 1855-1940 | 英格蘭 | 動物學、人類學、社會學 |
| 301 | 薩利亞斯（Rafael Salillas） | 1855-1923 | 西班牙 | 醫學、法學、心理學、人類學、語文學、歷史 |
| 302 | 藍畢希特（Karl Lamprecht） | 1856-1915 | 德國 | 歷史、心理學 |
| 303 | 克羅齊（Benedetto Croce） | 1856-1952 | 義大利 | 哲學、歷史、文學與藝術批評 |
| 304 | 佩拉約（Marcelino Menéndez Pelayo） | 1856-1912 | 西班牙 | 語文學、文學批評、歷史 |
| 305 | 佛洛依德（Sigmund Freud） | 1856-1939 | 奧地利 | 醫學、生理學、心理學 |
| 306 | 皮爾森（Karl Pearson） | 1857-1936 | 英格蘭 | 數學、歷史、哲學、統計學、優生學 |
| 307 | 范伯倫（Thorstein Veblen） | 1857-1929 | 美國 | 經濟學、哲學、社會學 |
| 308 | 鮑亞士（Franz Boas） | 1858-1942 | 德裔美國 | 物理學、地理學、人類學 |
| 309 | 涂爾幹（Émile Durkheim） | 1858-1917 | 法國 | 哲學、心理學、政治經濟學、社會學、人類學 |
| 310 | 薩洛蒙‧雷納赫（Salomon Reinach） | 1858-1932 | 法國 | 古典學、藝術史、考古學、人類學、宗教研究 |
| 311 | 齊美爾（Georg Simmel） | 1858-1918 | 德國 | 哲學、心理學、社會學 |
| 312 | 約翰‧杜威（John Dewey） | 1859-1952 | 美國 | 哲學、心理學、教育、宗教研究 |
| 313 | 克巨維茨基（Ludwik Krzywicki） | 1859-1941 | 波蘭 | 經濟學、社會學、政治、歷史、民族誌 |
| 314 | 提奧多‧雷納赫（Théodore Reinach） | 1860-1928 | 法國 | 法律、古典學、數學、音樂學、歷史 |
| 315 | 貝爾（Henri Berr） | 1863-1954 | 法國 | 哲學、歷史、心理學 |
| 316 | 朱諾（Henri-Alexandre Junod） | 1863-1934 | 瑞士 | 新教牧師；醫學、民族誌、植物學、昆蟲學 |
| 317 | 帕克（Robert E. Park） | 1864-1944 | 美國 | 哲學、社會學、都市研究 |
| 318 | 里弗斯（William Rivers） | 1864-1922 | 英格蘭 | 醫學、神經學、心理學、人類學 |
| 319 | 韋伯（Max Weber） | 1864-1920 | 德國 | 歷史、哲學、法學、經濟學、社會學 |
| 320 | 魏克斯庫爾（Jacob von Uexküll） | 1864-1944 | 愛沙尼亞 | 生理學、生物學、生態學、生物符號學 |
| 321 | 札米特（Themistocles Zammit） | 1864-1935 | 馬爾他 | 歷史、考古學、化學、醫學 |
| 322 | 特洛爾奇（Ernst Troeltsch） | 1865-1923 | 德國 | 新教牧師；神學、哲學、歷史、社會學、宗教研究 |

| | 姓名 | 生卒年 | 國籍 | 擅長領域 |
|---|---|---|---|---|
| 323 | 沃伯格（Aby Warburg） | 1866-1929 | 德國 | 影像史、文化研究 |
| 324 | 威爾斯（Herbert George Wells） | 1866-1946 | 英格蘭 | 生物學、歷史、未來學 |
| 325 | 許奈德（Karl Camillo Schneider） | 1867-1943 | 奧地利 | 動物學、解剖學、動物心理學、超心理學、未來學 |
| 326 | 維爾納茨基（Vladimir Vernadsky） | 1867-1945 | 俄羅斯 | 礦物學、地球化學、放射地質學、生物化學、哲學 |
| 327 | 奧特萊（Paul Otlet） | 1868-1944 | 比利時 | 分類世界 |
| 328 | 安吉爾（James R. Angell） | 1869-1949 | 美國 | 哲學、心理學、教育 |
| 329 | 尤爾卡（Nicolae Iorga） | 1871-1940 | 羅馬尼亞 | 歷史、哲學、評論；政治家、詩人、劇作家 |
| 330 | 懷金格（Johan Huizinga） | 1872-1945 | 荷蘭 | 東方研究、歷史、文化批評 |
| 331 | 牟斯（Marcel Mauss） | 1872-1950 | 法國 | 社會學、人類學、語文學、宗教研究 |
| 332 | 波格丹諾夫（Alexander Bogdanov） | 1873-1928 | 俄羅斯 | 醫學、心理學、哲學、經濟學，也寫科幻小說 |
| 333 | 洛夫喬伊（Arthur Lovejoy） | 1873-1962 | 美國 | 哲學、語文學、思想史 |
| 334 | 雷伊（Abel Rey） | 1873-1940 | 法國 | 哲學、科學史、社會學 |
| 335 | 卡爾·榮格（Carl Gustav Jung） | 1875-1961 | 瑞士 | 醫學、精神醫學、心理分析、宗教研究 |
| 336 | 福勒（Herbert Fleure） | 1877-1969 | 英國根西島 | 動物學、地質學、人類學、史前考古學、民俗、地理學 |
| 337 | 亨德森（Lawrence J. Henderson） | 1878-1942 | 美國 | 生理學、化學、生物學、哲學、社會學 |
| 338 | 費夫賀（Lucien Febvre） | 1878-1956 | 法國 | 歷史、地理學；百科全書家 |
| 339 | 斯班（Othmar Spann） | 1878-1950 | 奧地利 | 哲學、社會學、經濟學 |
| 340 | 齊默恩（Alfred Zimmern） | 1879-1957 | 英格蘭 | 古典學、歷史、國際關係 |
| 341 | 梅奧（George Elton Mayo） | 1880-1949 | 澳洲 | 心理學、社會學、管理理論 |
| 342 | 魏格納（Alfred Wegener） | 1880-1930 | 德國 | 天文學、氣象學、地球物理學 |
| 343 | 席納爾（Gilbert Chinard） | 1881-1972 | 法國 | 文學、歷史 |
| 344 | 奧爾蒂斯（Fernando Ortiz） | 1881-1969 | 古巴 | 法學、民族誌、民俗、歷史、語文學、地理學、經濟學、音樂學 |
| 345 | 德日進（Pierre Teilhard de Chardin） | 1881-1955 | 法國 | 耶穌會士；地質學、古生物學、哲學、神學 |
| 346 | 道爾斯（Eugenio d'Ors） | 1881-1945 | 西班牙 | 散文家，主題涵蓋藝術與文學等 |
| 347 | 弗洛連斯基（Pavel Florensky） | 1882-1937 | 俄羅斯 | 司鐸；數學、哲學、神學、藝術史、電機工程學 |
| 348 | 紐拉特（Otto Neurath） | 1882-1945 | 奧地利 | 經濟學、政治、社會學、歷史、文學；百科全書家 |

| | 姓名 | 生卒年 | 國籍 | 擅長領域 |
|---|---|---|---|---|
| 349 | 凱因斯（John Maynard Keynes） | 1883-1946 | 英格蘭 | 經濟學、歷史 |
| 350 | 賈塞特（José Ortega y Gasset） | 1883-1955 | 西班牙 | 哲學家、社會學家、歷史學家 |
| 351 | 菲利蒲·法蘭克（Philipp Frank） | 1884-1966 | 奧地利 | 物理、數學、哲學 |
| 352 | 沙皮爾（Edward Sapir） | 1884-1939 | 美國 | 語言學、人類學、心理學、哲學 |
| 353 | 盧卡奇（György Lukács） | 1885-1971 | 匈牙利 | 哲學、文學批評、歷史、社會學 |
| 354 | 卡爾·博蘭尼（Karl Polanyi） | 1886-1964 | 匈牙利 | 經濟學、歷史、人類學、社會學、哲學 |
| 355 | 凱因（Julien Cain） | 1887-1974 | 法國 | 歷史、藝術史；百科全書家 |
| 356 | 朱利安·赫胥黎（Julian Huxley） | 1887-1975 | 英格蘭 | 動物學、生理學 |
| 357 | 馬拉尼翁（Gregorio Marañón） | 1887-1960 | 西班牙 | 醫學、心理學、歷史、哲學 |
| 358 | 薛丁格（Erwin Schrödinger） | 1887-1961 | 奧地利 | 物理學、實驗心理學、生物學、哲學 |
| 359 | 羅克哈克（Erich Rothacker） | 1888-1965 | 德國 | 哲學、社會學、心理學、歷史 |
| 360 | 科林伍德（Robin George Collingwood） | 1889-1943 | 英格蘭 | 哲學、考古學、歷史 |
| 361 | 赫德（Gerald Heard） | 1889-1971 | 英格蘭 | 科學、宗教、超心理學 |
| 362 | 克拉考爾（Siegfried Kracauer） | 1889-1966 | 德國 | 藝術史、哲學、社會學、電影研究 |
| 363 | 奧格登（Charles Ogden） | 1889-1966 | 英格蘭 | 心理學、語言、教育 |
| 364 | 雷耶斯（Alfonso Reyes） | 1889-1959 | 墨西哥 | 哲學、文學 |
| 365 | 湯恩比（Arnold Toynbee） | 1889-1975 | 英格蘭 | 古典學、歷史、國際關係 |
| 366 | 布希（Vannevar Bush） | 1890-1974 | 美國 | 工程學、計算機科學；發明家 |
| 367 | 歐坎波（Victoria Ocampo） | 1890-1979 | 阿根廷 | 評論、傳記 |
| 368 | 邁可·博蘭尼（Michael Polanyi） | 1891-1976 | 匈牙利 | 化學、經濟學、哲學 |
| 369 | 班雅明（Walter Benjamin） | 1892-1940 | 德國 | 哲學、文學、歷史 |
| 370 | 霍爾丹（John B. S. Haldane） | 1892-1964 | 英格蘭 | 遺傳學、生理學、生物化學、生物統計學 |
| 371 | 曼海姆（Karl Mannheim） | 1893-1947 | 匈牙利 | 社會學、歷史、哲學 |
| 372 | 莫瑞（Henry A. Murray） | 1893-1988 | 美國 | 生理學、生物化學、心理學、文學 |
| 373 | 理查茲（Ivor Richards） | 1893-1979 | 英格蘭 | 哲學、文學、語言、心理學、教育 |
| 374 | 阿道斯·赫胥黎（Aldous Huxley） | 1894-1963 | 英格蘭 | 散文家和被動博學者 |
| 375 | 英尼斯（Harold Innis） | 1894-1952 | 加拿大 | 歷史、經濟學、傳播理論 |
| 376 | 波洛克（Friedrich Pollock） | 1894-1970 | 德國 | 經濟學、社會學 |
| 377 | 魯姆（Beardsley Ruml） | 1894-1960 | 美國 | 統計學、經濟學、社會科學 |
| 378 | 韋佛（Warren Weaver） | 1894-1978 | 美國 | 工程學、數學、農業、計算機科學 |

| | 姓名 | 生卒年 | 國籍 | 擅長領域 |
|---|---|---|---|---|
| 379 | 維納（Norbert Wiener） | 1894-1964 | 美國 | 數學、哲學、工程學、模控學 |
| 380 | 伍哲（Joseph Henry Woodger） | 1894-1981 | 英格蘭 | 動物學、哲學、數學 |
| 381 | 巴赫汀（Mikhail Bakhtin） | 1895-1975 | 俄羅斯 | 哲學、文學批評、語言、神學 |
| 382 | 富勒（Richard Buckminster ['Bucky'] Fuller） | 1895-1983 | 美國 | 工程師、發明家、未來學家 |
| 383 | 霍克海默（Max Horkheimer） | 1895-1973 | 德國 | 哲學、社會學、歷史、心理學 |
| 384 | 恩斯特・榮格（Ernst Jünger） | 1895-1998 | 德國 | 昆蟲學、哲學 |
| 385 | 芒福德（Lewis Mumford） | 1895-1990 | 美國 | 評論、社會學、歷史；興趣涵蓋地理學、地質學、經濟學、生物學與生態學 |
| 386 | 威爾森（Edmund Wilson） | 1895-1972 | 美國 | 評論、歷史、社會學 |
| 387 | 雅柯布森（Roman Jakobson） | 1896-1982 | 俄羅斯 | 語文學、文學、心理學、民俗 |
| 388 | 巴塔耶（Georges Bataille） | 1897-1962 | 法國 | 圖書館員；哲學、經濟學、社會學、人類學 |
| 389 | 肯尼斯・柏克（Kenneth Burke） | 1897-1993 | 美國 | 評論、修辭、哲學、社會學 |
| 390 | 愛里亞斯（Norbert Elias） | 1897-1990 | 德國 | 哲學、社會學、心理學、歷史 |
| 391 | 克雷尼（Károly Kérenyi） | 1897-1973 | 匈牙利 | 古典學、哲學、心理學 |
| 392 | 霍夫（Benjamin Lee Whorf） | 1897-1941 | 美國 | 工程學、語言學、人類學 |
| 393 | 巴斯蒂德（Roger Bastide） | 1898-1974 | 法國 | 哲學、社會學、人類學、心理分析 |
| 394 | 杜梅齊爾（Georges Dumézil） | 1898-1986 | 法國 | 哲學、比較宗教學 |
| 395 | 麥卡洛克（Warren McCulloch） | 1898-1969 | 美國 | 數學、哲學、心理學、神經科學、模控學 |
| 396 | 皮亞傑（Jean Piaget） | 1896-1980 | 瑞士 | 心理學、哲學、植物學、生物學 |
| 397 | 西拉德（Leo Szilard） | 1898-1964 | 匈牙利 | 工程學、物理學、生物學；發明家 |
| 398 | 波赫士（Jorge Luis Borges） | 1899-1986 | 阿根廷 | 哲學、語言、數學、歷史 |
| 399 | 海耶克（Friedrich [von] Hayek） | 1899-1992 | 奧地利 | 經濟學、政治科學、心理學、科學哲學。 |
| 400 | 哈欽斯（Robert M. Hutchins） | 1899-1977 | 美國 | 法學、教育 |
| 401 | 納博科夫（Vladimir Nabokov） | 1899-1977 | 俄羅斯 | 比較文學、昆蟲學 |
| 402 | 拉謝甫斯基（Nicolas Rashevsky） | 1899-1972 | 俄羅斯 | 物理學、數理生物學 |
| 403 | 舒茨（Alfred Schütz） | 1899-1959 | 奧地利 | 哲學、社會學 |
| 404 | 弗雷雷（Gilberto Freyre） | 1900-87 | 巴西 | 歷史、社會學、人類學 |
| 405 | 佛洛姆（Erich Fromm） | 1900-80 | 德國 | 心理學、歷史、哲學、社會學 |
| 406 | 傑拉德（Ralph W. Gerard） | 1900-74 | 美國 | 醫學、生物物理學、生物化學、神經科學和一般系統論 |

| | 姓名 | 生卒年 | 國籍 | 擅長領域 |
|---|---|---|---|---|
| 407 | 李奧‧洛文塔爾<br>（Leo Löwenthal） | 1900-93 | 德國 | 社會學、文學、哲學、歷史 |
| 408 | 李約瑟（Joseph Needham） | 1900-95 | 英格蘭 | 生物學（胚胎學）、漢學、科學史 |
| 409 | 諾伊曼<br>（Franz Leopold Neumann） | 1900-54 | 德國 | 法學、政治科學 |
| 410 | 伯納爾（John D. Bernal） | 1901-71 | 愛爾蘭 | 結晶學、生物學、物理學、科學史和科學社會學 |
| 411 | 貝塔朗菲<br>（Ludwig von Bertalanffy） | 1901-72 | 奧地利 | 哲學、生物學、心理學、一般系統論 |
| 412 | 拉札斯菲爾德<br>（Paul Lazarsfeld） | 1901-76 | 奧地利 | 數學、心理學、社會學 |
| 413 | 莫里斯（Charles W. Morris） | 1901-79 | 美國 | 工程學、心理學、哲學、符號學 |
| 414 | 鮑林（Linus Pauling） | 1901-94 | 美國 | 物理化學、數學物理學、生物學、醫學 |
| 415 | 艾德勒（Mortimer J. Adler） | 1902-2001 | 美國 | 哲學、法學、教育、心理學、經濟學 |
| 416 | 布勞岱爾（Fernand Braudel） | 1902-85 | 法國 | 歷史、地理學、經濟學、社會學 |
| 417 | 拉斯威爾（Harold Lasswell） | 1902-78 | 美國 | 政治科學、心理學、法學、社會學 |
| 418 | 莫根斯特恩（Oskar Morgenstern） | 1902-77 | 德國 | 經濟學、數學 |
| 419 | 阿多諾（Theodor W. Adorno） | 1903-69 | 德國 | 哲學、社會學、心理學、音樂學 |
| 420 | 艾許比（William Ross Ashby） | 1903-72 | 英格蘭 | 醫學、精神醫學、神經學、模控學 |
| 421 | 卜弼德（Peter A. Boodberg<br>[Piotr Alekseevich Budberg]） | 1903-72 | 俄羅斯 | 語言學家、漢學家 |
| 422 | 柯賓（Henry Corbin） | 1903-78 | 法國 | 哲學、神學、歷史、伊斯蘭研究 |
| 423 | 哈欽森<br>（George Evelyn Hutchinson） | 1903-91 | 英格蘭 | 動物學、生態學、藝術史、考古學、心理分析 |
| 424 | 勞倫茲（Konrad Lorenz） | 1903-89 | 奧地利 | 動物學、心理學、行為學、生態學 |
| 425 | 馮紐曼（John von Neumann） | 1903-57 | 匈牙利裔美國 | 數學、計算機科學、生物學、歷史 |
| 426 | 貝特森（Gregory Bateson） | 1904-80 | 英格蘭 | 人類學、心理學、生物學 |
| 427 | 阿隆（Raymond Aron） | 1905-83 | 法國 | 哲學、政治、社會學、歷史 |
| 428 | 沙特（Jean-Paul Sartre） | 1905-80 | 法國 | 哲學、評論、政治 |
| 429 | 史諾（Charles P. Snow） | 1905-80 | 英格蘭 | 物理化學、教育 |
| 430 | 哈斯克（Edward Haskell） | 1906-86 | 美國 | 社會學、人類學、哲學、科學統一。 |
| 431 | 塞謬爾‧早川<br>（Samuel Hayakawa） | 1906-92 | 美國 | 語言學、心理學、哲學、音樂學 |
| 432 | 雅霍達（Marie Jahoda） | 1907-2001 | 奧地利 | 心理學、社會學、科學研究 |

| | 姓名 | 生卒年 | 國籍 | 擅長領域 |
|---|---|---|---|---|
| 433 | 布羅諾斯基（Jacob Bronowski） | 1908-74 | 英格蘭 | 數學、生物學、科學史、思想史 |
| 434 | 馬蒂諾（Ernesto de Martino） | 1908-65 | 義大利 | 民族學、哲學、歷史；興趣涵蓋考古學和心理分析。 |
| 435 | 恩特拉哥（Pedro Laín Entralgo） | 1908-2001 | 西班牙 | 醫學、歷史、哲學 |
| 436 | 柏林（Isaiah Berlin） | 1909-97 | 英格蘭 | 哲學、歷史、俄羅斯研究 |
| 437 | 波比歐（Norberto Bobbio） | 1909-2004 | 義大利 | 哲學、法學、政治科學 |
| 438 | 杜拉克（Peter Drucker） | 1909-2005 | 奧地利裔美國 | 經濟學、社會學、心理學、管理理論。 |
| 439 | 宮布利希（Ernst Hans Gombrich） | 1909-2001 | 奧地利裔英格蘭 | 利用實驗心理學和生物學來剖析歷史與藝術史 |
| 440 | 黎士曼（David Riesman） | 1909-2002 | 美國 | 社會學、心理學、教育、法學、政治 |
| 441 | 許瓦布（Joseph Jackson Schwab） | 1909-88 | 美國 | 生物學、教育 |
| 442 | 博爾丁（Kenneth Boulding） | 1910-93 | 英格蘭 | 經濟學家，但也著述討論社會、知識、衝突、和平、生態學及歷史。 |
| 443 | 噶林（Marjorie Grene [née Glickman]） | 1910-2009 | 美國 | 哲學、生物學、科學史及科學哲學 |
| 444 | 霍曼斯（George C. Homans） | 1910-89 | 美國 | 社會學、歷史、人類學 |
| 445 | 古德曼（Paul Goodman） | 1911-72 | 美國 | 文學評論家、心理治療師、哲學家、社會學家 |
| 446 | 亨利（Louis Henry） | 1911-91 | 法國 | 人口統計學、歷史 |
| 447 | 麥克魯漢（Marshall McLuhan） | 1911-80 | 加拿大 | 文學、媒體研究 |
| 448 | 拉波波特（Anatol Rapoport） | 1911-2007 | 俄羅斯 | 數學、生物學、心理學、一般系統論 |
| 449 | 貝雷爾森（Bernard Berelson） | 1912-79 | 美國 | 文學、社會學、知識管理 |
| 450 | 杜意奇（Karl Deutsch） | 1912-92 | 捷克 | 法學、國際關係、政治科學、模控學 |
| 451 | 圖靈（Alan Turing） | 1912-54 | 英格蘭 | 數學家、哲學家、密碼專家、工程師、生物學家 |
| 452 | 魏茨澤克（Carl Friedrich von Weizsäcker） | 1912-2007 | 德國 | 天文學、物理學、哲學、社會學 |
| 453 | 凱窪（Roger Caillois） | 1913-78 | 法國 | 文學、社會學 |
| 454 | 摩爾（Barrington Moore） | 1913-2005 | 美國 | 社會學、政治、歷史 |
| 455 | 呂格爾（Paul Ricoeur） | 1913-2005 | 法國 | 哲學、心理分析、歷史、文學 |
| 456 | 巴爾布（Zevedei Barbu） | 1914-93 | 羅馬尼亞 | 哲學、心理學、社會學、歷史 |
| 457 | 布爾斯廷（Daniel Boorstin） | 1914-2004 | 美國 | 歷史、法學、社會學 |
| 458 | 巴羅亞（Julio Caro Baroja） | 1914-95 | 西班牙 | 歷史、人類學、語言學 |

| | 姓名 | 生卒年 | 國籍 | 擅長領域 |
|---|---|---|---|---|
| 459 | 道薩迪亞斯（Constantinos Doxiadis） | 1914-75 | 希臘 | 歷史、地理學、人類學、人類群居學（ekistics） |
| 460 | 羅蘭・巴特（Roland Barthes） | 1915-80 | 法國 | 評論、語言學、社會學、符號學 |
| 461 | 赫緒曼（Albert Hirschman） | 1915-2012 | 德裔美國 | 經濟學、政治、歷史、人類學 |
| 462 | 坎貝爾（Donald T. Campbell） | 1916-96 | 美國 | 心理學、社會學、人類學、生物學與哲學 |
| 463 | 詹姆斯・米勒（James G. Miller） | 1916-2002 | 美國 | 心理學、藥物學、生物學、一般系統論 |
| 464 | 夏農（Claude Shannon） | 1916-2001 | 美國 | 數學、工程學、遺傳學、計算機科學；發明家 |
| 465 | 司馬賀（Herbert Simon） | 1916-2001 | 美國 | 政治科學、經濟學、心理學、人工智慧 |
| 466 | 勞倫茲（Edward N. Lorenz） | 1917-2008 | 美國 | 數學、氣象學 |
| 467 | 博威斯特（Ray Birdwhistell） | 1918-94 | 美國 | 人類學、語言學、溝通、動作學（kinesics） |
| 468 | 費曼（Richard Feynman） | 1918-88 | 美國 | 物理學、生物學、天文學 |
| 469 | 古迪（Jack Goody） | 1919-2005 | 英格蘭 | 人類學、歷史、社會學 |
| 470 | 布魯門伯格（Hans Blumenberg） | 1920-96 | 德國 | 哲學、思想史、神學、文學（「隱喻學」） |
| 471 | 約翰・梅納德・史密斯（John Maynard Smith） | 1920-2004 | 英格蘭 | 工程學、生物學、數學 |
| 472 | 喬治・米勒（George A. Miller） | 1920-2012 | 美國 | 語言學、心理學、認知科學 |
| 473 | 西比奧克（Thomas Sebeok） | 1920-2001 | 匈牙利裔美國 | 語言學、人類學、民俗、符號學、動物符號學（zoosemiotics） |
| 474 | 卡本特（Edmund S. Carpenter） | 1922-2011 | 美國 | 人類學、考古學、傳播研究 |
| 475 | 洛特曼（Yuri Lotman） | 1922-93 | 俄羅斯 | 語文學、文學、歷史、符號學 |
| 476 | 希貝洛（Darcy Ribeiro） | 1922-97 | 巴西 | 人類學、社會學、歷史、教育 |
| 477 | 吉拉爾（René Girard） | 1923-2015 | 法國 | 歷史、哲學、文學、暴力理論 |
| 478 | 大衛・洛文塔爾（David Lowenthal） | 1923-2018 | 美國 | 地理學歷史、遺產研究 |
| 479 | 皮茨（Walter Pitts） | 1923-69 | 美國 | 數學、哲學、生物學、神經科學 |
| 480 | 陶伯斯（Jacob Taubes） | 1923-87 | 奧地利 | 神學、哲學、社會學 |
| 481 | 曼德博（Benoit Mandelbrot） | 1924-2010 | 法國 | 數學家；幾何學、物理學、地質學、經濟學 |
| 482 | 塞杜（Michel de Certeau） | 1925-86 | 法國 | 耶穌會士；哲學、神學、心理分析、歷史、社會學、人類學 |
| 483 | 德勒茲（Gilles Deleuze） | 1925-95 | 法國 | 哲學家、文學、藝術和電影評論家 |

| | 姓名 | 生卒年 | 國籍 | 擅長領域 |
|---|---|---|---|---|
| 484 | 葛爾納（Ernest Gellner） | 1925-95 | 捷克／英格蘭 | 哲學、人類學、歷史、社會學 |
| 485 | 傅柯（Michel Foucault） | 1926-84 | 法國 | 哲學、歷史、地理學、社會學、政治學 |
| 486 | 魯曼（Niklas Luhmann） | 1927-98 | 德國 | 社會學、法學、經濟學、政治、藝術、宗教、生態學、心理學 |
| 487 | 明斯基（Marvin Minsky） | 1927-2016 | 美國 | 數學、心理學、工程學、計算機科學 |
| 488 | 紐厄爾（Allen Newell） | 1927-92 | 美國 | 數學、心理學、計算機科學 |
| 489 | 普羅迪（Giorgio Prodi） | 1928-87 | 義大利 | 醫學、生物學、哲學、生物符號學 |
| 490 | 安德烈・岡德・法蘭克（André Gunder Frank） | 1929-2005 | 德裔美國 | 經濟學、社會學、歷史、人類學 |
| 491 | 布赫迪厄（Pierre Bourdieu） | 1930-2004 | 法國 | 哲學、人類學、社會學 |
| 492 | 德希達（Jacques Derrida） | 1930-2004 | 阿爾及利亞裔法國 | 哲學、語言學、文學批評 |
| 493 | 瓜達里（Pierre-Félix Guattari） | 1930-92 | 法國 | 心理分析、哲學、符號學、生態哲學（ecosophy） |
| 494 | 德沃金（Ronald Dworkin） | 1931-2013 | 美國 | 法學、哲學、政治 |
| 495 | 艾可（Umberto Eco） | 1932-2016 | 義大利 | 哲學、文學、符號學 |
| 496 | 薩克斯（Oliver Sacks） | 1933-2015 | 英格蘭 | 神經學、精神醫學、植物學、生物學、科學史 |
| 497 | 桑塔格（Susan Sontag [née Rosenblatt]） | 1933-2004 | 美國 | 哲學、評論和攝影等等 |
| 498 | 薩依德（Edward Said） | 1935-2003 | 美國 | 評論、哲學、歷史、後殖民理論、音樂 |
| 499 | 托鐸洛夫（Tristan Todorov） | 1939-2017 | 保加利亞 | 哲學、文學批評、歷史、社會學、政治 |
| 500 | 古爾德（Stephen J. Gould） | 1941-2002 | 美國 | 地質學、古生物學、生物學 |

# 注釋縮寫説明

ANB    *American National Biography*（美國人物傳記大詞典），24 vols. (New York, 1999)

DBI    *Dizionario Biografico degli Italiani*（義大利人物傳記大詞典）(Rome, 1960–)

DSB    Charles C. Gillespie (ed.), *Dictionary of Scientific Biography*（科學家傳記詞典），16 vols. (New York, 1970)

GDLI    *Grande Dizionario della Lingua Italiano*（義大利語大詞典），21 vols. (Turin, 1961–2002)

IESBS    *International Encyclopedia of Social and Behavioral Sciences*（社會和行為科學國際百科全書），2nd edn, ed. James Wright, 26 vols. (Amsterdam, 2015)

JHI    *Journal of the History of Ideas*（觀念史期刊）(University of Pennsylvania Press, 1940–)

ODNB    *Oxford Dictionary of National Biography*（牛津國家人物傳記大詞典），eds. Henry Matthew and Brian Harrison, 60 vols. (Oxford, 2004)

# 延伸閱讀

　　針對博學者的通盤考察很少，最近一本著作是阿邁德（Waqas Ahmed）的《博學者》（*The Polymath*, 2018），以訪問目前活躍的博學者為主軸。關於博學者極力反抗的專門化趨勢，可參考拙作《知識社會史》卷二（*A Social History of Knowledge*, 2012）的〈切分知識〉。至於跨學科研究，見弗洛德曼、克萊恩和米恰姆（Robert Frodeman, Julie T. Klein & Carl Mitcham）合編的《牛津跨學科手冊》（*The Oxford Handbook of Interdisciplinarity*, 2010）。

部分博學者著有自傳，包括如下：

Charles Darwin, *Autobiography* (c.1876–82: reprinted London, 1958)

Benjamin Franklin, *Autobiography* (1793: reprinted, London 1936)

Wilhelm Ostwald, *Autobiography* (1926: English translation, Cham, 2017)

Bertrand Russell *Autobiography* (1931: 3 vols., London, 1967–9)

Giambattista Vico, *Autobiography* (1728: English translation, Ithaca, NY, 1975)

Norbert Wiener, *Ex-Prodigy* (New York, 1953)

* 譯註：上列自傳已出版中文版的如下——
  《達爾文生平》（遼寧教育出版社，1998）
  《他改變了美國，也改變了世界：富蘭克林自傳》（久石文化，2013）
  《羅素自傳》（商務印書館，2015）。

## 下列則為博學者傳記（按傳記主角姓氏字母順序排列）：

David Lipset, *Gregory Bateson* (Boston, MA, 1982)

Howard Eiland and Michael W. Jennings, *Walter Benjamin: A Critical Life* (Cambridge, MA, 2014)

Jacques Roger, *Buffon: A Life in Natural History* (1989: English translation, Ithaca, NY, 1997)

Lisa Walters, *Margaret Cavendish: Gender, Science and Politics* (Cambridge, 2014)

François Dosse, *Le marcheur blessé: Michel de Certeau* (Paris, 2002)

Judith P. Zinsser, *Emilie du Châtelet, Daring Genius of the Enlightenment* (New York, 2007)

Susanna Åkerman, *Queen Christina of Sweden* (Leiden, 1991)

Richard Holmes, *Coleridge* (2 vols., London, 1989–99)

Adrian Desmond and James Moore, *Darwin* (New York, 1991)

Claudio Paolucci, *Umberto Eco tra Ordine e Avventura* (Milan, 2016)

Rosemary Ashton, *George Eliot* (Oxford, 1983)

Avril Pyman, *Pavel Florensky, a Quiet Genius* (London, 2010)

Didier Eribon, *Michel Foucault* (1989: English translation, Cambridge, MA, 1991)

Paddy Kitchen, *A Most Unsettling Person: An Introduction to the Ideas and Life of Patrick Geddes* (London, 1975)

Nicholas Boyle, *Goethe* (2 vols., Oxford, 1991–9)

Andrea Wulf, *The Invention of Nature: The Adventures of Alexander von Humboldt* (London, 2015)

James A. Harris, *Hume: An Intellectual Biography* (Cambridge, 2015)

Nicholas Murray, *Aldous Huxley* (London, 2003)

Octavio Paz, *Sor Juana Inés de la Cruz* (1983: English translation, Cambridge, MA, 1988)

Michael J. Franklin, *Orientalist Jones: Sir William Jones, Poet, Lawyer and Linguist, 1746–1794* (Oxford, 2011)

Paula Findlen (ed.), *Athanasius Kircher: The Last Man Who Knew Everything* (London, 2004)

Maria Rosa Antognazza, *Leibniz* (Cambridge, 2008)

Leonard Warren, *Joseph Leidy: The Last Man Who Knew Everything* (New Haven, CT, 1998)

Martin Kemp, *Leonardo* (1981: revised edition, Oxford, 2006)

Robert Shackleton, *Montesquieu: A Critical Biography* (Oxford, 1961)

Fiona McCarthy, *William Morris* (London, 1994)

Donald L. Miller, *Lewis Mumford* (New York, 1989)

Maurice Goldsmith, *Joseph Needham: A 20th-Century Renaissance Man* (London, 1995)

Norman Macrae, *John von Neumann* (New York, 1992)

Alex Wright, *Cataloging the World: Paul Otlet and the Birth of the Information Age* (New York, 2014)

Peter N. Miller, *Peiresc's Mediterranean World* (Cambridge, MA, 2015)

Gareth Dale, *Karl Polanyi: A Life on the Left* (New York, 2016)

Mary Jo Nye, *Michael Polanyi and his Generation* (Chicago, IL, 2010)

Gunnar Eriksson, *The Atlantic Vision: Olof Rudbeck and Baroque Science* (Canton, MA, 1994)

Hunter Crowther-Heyck, *Herbert A. Simon: The Bounds of Reason in Modern America* (Baltimore, MD, 2005)

Ian S. Ross, *The Life of Adam Smith* (2nd edn, Oxford, 2010)

Kathryn A. Neeley, *Mary Somerville* (Cambridge, 2001)

Daniel Schreiber, *Susan Sontag: A Biography* (2007: English translation, Evanston, IL, 2014)

Michel Winock, *Madame de Staël* (Paris, 2010)

Andrew Robinson, *The Last Man Who Knew Everything: Thomas Young* (London, 2006)

* 譯註:上列自傳已出版中文版的如下——

　《喬治‧艾略特》（上海譯文，2008）

　《博物學家的自然創世紀:亞歷山大‧馮‧洪堡德用旅行與科學丈量世界，重新定義自然》（果力文化，2016）

　《萊布尼茨傳》（中國人民大學，2015）

　《達文西的真實世界》（五南，2015）

　《孟德斯鳩評傳》（上海人民，2018）

　《劉易斯‧芒福德傳》（商務印書館，2015）

　《天才的拓荒者:馮‧諾伊曼傳》（上海科技教育，2008）

　《穿越歧路花園:司馬賀傳》（上海科技教育，2009）

　《蘇珊‧桑塔格:精神與魅力》（社會科學文獻，2018）

The Polymath
Copyright © 2020 by Peter Burke
Originally published by Yale University Press
This edition arranged with Yale Representation Limited
Though Bardon-Chinese Media Agency
Complex Chinese translation copyright © 2022
by Rye Field publications, a division of Citè Publishing Ltd.
All rights reserved.

國家圖書館出版品預行編目資料

博學者與他們的時代：通才是如何煉成的？從達文
西到桑塔格，文藝復興到當代最詳盡的知識人文化
史/彼得‧柏克（Peter Burke）著；賴盈滿譯. -- 初
版. -- 臺北市：麥田出版：英屬蓋曼群島商家庭傳
媒股份有限公司城邦分公司發行, 2022.05
面；　公分
譯自：The polymath : a cultural history from Leonardo
da Vinci to Susan Sontag.
ISBN 978-626-310-218-7（平裝）

1.CST: 知識分子　2.CST: 文化史　3.CST: 世界史

546.1135                                      111003749

# 博學者與他們的時代

通才是如何煉成的？從達文西到桑塔格，文藝復興到當代最詳盡的
知識人文化史

*The Polymath: A Cultural History from Leonardo da Vinci to Susan Sontag*

作　　　者／彼得‧柏克（Peter Burke）
譯　　　者／賴盈滿
特 約 編 輯／劉懷興
主　　　編／林怡君

國 際 版 權／吳玲緯
行　　　銷／闕志勳　吳宇軒　余一霞
業　　　務／李再星　李振東　陳美燕
編 輯 總 監／劉麗真
事業群總經理／謝至平
發 　行 　人／何飛鵬
出　　　版／麥田出版
　　　　　　115台北市南港區昆陽街16號4樓
　　　　　　電話：(886)2-2500-0888　傳真：(886)2-2500-1951
發　　　行／英屬蓋曼群島商家庭傳媒股份有限公司城邦分公司
　　　　　　115台北市南港區昆陽街16號8樓
　　　　　　客服服務專線：(886) 2-2500-7718、2500-7719
　　　　　　24小時傳真服務：(886) 2-2500-1990、2500-1991
　　　　　　服務時間：週一至週五09:30-12:00、13:30-17:00
　　　　　　郵撥帳號：19863813　戶名：書虫股份有限公司
　　　　　　讀者服務信箱E-mail：service@readingclub.com.tw
麥 田 網 址／https://www.facebook.com/RyeField.Cite/
香港發行所／城邦（香港）出版集團有限公司
　　　　　　香港九龍土瓜灣土瓜灣道86號順聯工業大廈6樓A室
　　　　　　電話：(852)2508-6231　傳真：(852)2578-9337
馬新發行所／城邦（馬新）出版集團Cite (M) Sdn Bhd.
　　　　　　41-3, Jalan Radin Anum, Bandar Baru Sri Petaling, 57000 Kuala Lumpur, Malaysia.
　　　　　　電話：(603)9056-3833　傳真：(603)9057-6622
　　　　　　讀者服務信箱：services@cite.my

封 面 設 計／兒日設計
印　　　刷／前進彩藝有限公司

■2022年6月28日　初版一刷
■2024年8月8日　初版三刷                          Printed in Taiwan.

定價：520元
著作權所有‧翻印必究
ISBN 978-626-310-218-7

城邦讀書花園
www.cite.com.tw

書店網址：www.cite.com.tw